Charlemos un poco

Charlemos un poco

REPASO Y CONVERSACIÓN

Jackie Jarest / Marsha Robinson

HEINLE & HEINLE PUBLISHERS, INC.
Boston, Massachusetts 02116 U.S.A.

Development Editor: Linda Cregg
Production Editor: Susana MacLean
Copyeditor: Margaret T. Alper
Cover and text design: Rafael Millán
Art Director: Len Shalansky
Cover Art: Dale Gottlieb
Illustrations: Linda King

Manufactured in the United States of America.

ISBN 0-8384-1363-3

10 9 8 7 6 5 4

To my family, with love.
In particular, to my wonderful parents,
Jack and Marilyn.

J. J.

For Grace and Gil Gilford and John Robinson.

M. R.

Contenido

Apéndices

Prefacio

Charlemos un poco: repaso y conversación, its companion reader **Ahora, leamos,** the workbook, and the laboratory component together offer instructors and students a complete and innovative program for intermediate college Spanish. The program's twofold objective is to help students develop practical communicative skills while giving them a better understanding of the modern Hispanic world.

The grammar component of the program, **Charlemos un poco,** is comprised of eleven chapters plus two comprehensive review chapters that introduce no new grammar but rather allow students to recombine vocabulary and structures from earlier chapters in a variety of communicative activities. Through careful integration of linguistic and cultural material, all thirteen chapters give students an opportunity to familiarize themselves with differing life styles in highly communicative, crosscultural contexts.

Because of the typically wide range in individual students' needs and abilities, **Charlemos un poco** briefly reviews the essentials of grammar as presented in most introductory textbooks before proceeding to a systematic, contextualized introduction to the use of more advanced structures. It is worth noting that the Spanish verb system is presented here as a two-tense system, present and past. In addition, the tenses of the subjunctive mood are introduced from the outset with the corresponding tenses of the indicative mood, thus providing greater opportunity for the students to understand and master the distinctions in use between the subjunctive and the indicative moods in Spanish. Attention is also given to the **vosotros** verb forms, in part because the nature of the readings is crosscultural, and also because the large number of student study programs in Spain requires that participants be able to use these forms.

Each chapter of **Charlemos un poco** opens with a reading selection drawn from a variety of contemporary topics chosen both to promote crosscultural understanding and to stimulate conversation. While some selections are primarily informational, others serve to introduce structures and vocabulary that are needed to accomplish practical tasks in everyday life. Some reading selections deliberately present controversial issues to provoke students to form and express opinions. A series of questions and exercises follow the readings and progress from comprehension questions to more open-ended "personalized" activities. The vocabulary used in these narrative readings (as well as in the dialogues of the later **Charlemos un poco** sections of the chapters) has been carefully monitored. New words are included in the vocabulary lists that immediately follow each narrative or dialogue. Instructors may elect to introduce the vocabulary either before or after presenting a given selection. Related words (often derivatives or opposites) are included in the vocabulary lists to aid students in recognizing new words as well as in understanding Spanish word formation.

A focal point, or highlight, in each chapter is the **Charlemos un poco** section, which appears toward the middle of the chapter. It is introduced by a lively dialogue that presents vocabulary and expressions relevant to specific situations in everyday life. The activities that follow the dialogue are designed wherever possible to encourage role playing and are in many instances modeled on ACTFL-ETS Oral Proficiency "situations." In other words, the activities of the **Charlemos un poco** section derive from the increasingly popular functional-notional approach to language acquisition and are designed to promote true communicative competence and self-expression.

A recurring feature of each chapter is the **¿Sabía usted esto?** section, which draws attention to items of special interest that may appear in either the readings or in the grammar. Consisting of what may be characterized as brief "asides," the **¿Sabía usted esto?** sections introduce communicative expressions, review and build vocabulary, and review essential grammar items.

The exercises in the recurring **Practiquemos** sections of each chapter either relate to the chapter theme or deal with everyday situations in which students or travelers may find themselves. They progress from contextualized manipulation of structures to open-ended communicative activities. Examples of the former include group- and pair-work activities designed to practice specific points of grammar in natural contexts. The latter include such end-of-chapter activities as exercises in debate format that encourage students to formulate and defend a point of view or opinion in response to deliberately provocative statements. Each chapter also provides exercise material that addresses reading comprehension skill development as well as reentry exercises that systematically integrate new and previously introduced grammar and vocabulary in fresh contexts.

A unique feature of **Charlemos un poco** is the wealth of reference material contained in its four appendices: the Spanish sound system, pronunciation of the alphabet, rules for accentuation, orthographic changes to preserve original pronunciation, spelling tips, recognition of cognates, and rules of punctuation; a review chart of pronouns; verb paradigms; and a glossary of grammatical terminology.

Accompanying the basic text are a workbook, a six-hour laboratory program, and an integrated reader. The exercises in the workbook and laboratory program are both designed to expand and reinforce the thematic content, the vocabulary, and the grammar of the text. Exercise material is contextualized throughout. The integrated reader, **Ahora, leamos,** builds on the thematic content of the text. An anthology of selections from articles, essays, and a short story, the reader may be used either concurrently or independently of the text. Each chapter of the reader contains a variety of reading comprehension strategies, vocabulary expansion, discussion activities, and exercises promoting the development of writing skills in Spanish.

Acknowledgements

In addition to the many individuals and companies who contributed to this book, we would especially like to thank the following people: R. Alberto Casás for his encouragement and careful scrutiny of the manuscript; M. Stanley Whitley for insisting upon semantic precision and linguistic accuracy; Alberto MacLean for his careful native readings of the manuscript; Sheila Sarkes, Jaime da Silva, Tyrone Jarest, Mark Trafton, Steve Wiswell, Ray De Marco, Jerry Bolnick, Bonnie Robinson and Raymond Mickewics for their generous advice and support; Jerry Larson, Harry Rosser and William Blue for their reviews of the manuscript during preparation; the entire production staff of Heinle and Heinle for seeing this project through its final stages; Stanley Galek for supervising the project; and Linda Cregg, our editor, whose friendship and strength allowed us to complete **Charlemos un poco** while maintaining our sanity.

M. R. and J. J.

Note to the Student

¡**Bienvenido(a)**! We hope that you will enjoy this text and that continuing with Spanish will be a rewarding experience for you. Many of the activities we have included are to help you to have fun while learning at the same time.

We have chosen not to include cumbersome glosses in the exercises—you will infer much of the vocabulary from the context. However, should you run into any unknown vocabulary, the glossary at the end of the text is very complete. In the glossary, the chapter in which a word appears as a vocabulary item is listed after the word's definition. In the vocabulary lists and in the glossary, stem-changes are given in italics after all stem-changing verbs. Irregular first person singular forms in the present indicative are listed in parentheses after the infinitive.

The following is a list of words used in the exercise directions. Some are introduced as vocabulary items later on; others are not. Since you will be seeing many of them frequently, it is to your advantage to learn them as soon as possible. (Many of them are commands.)

A continuación following
Adivine Guess
Añada Add
  añadiendo adding
Cambie Change
  el cambio change
Combine Combine
la concordancia agreement
Conjugue Conjugate
el (la) consejero(a) advisor
  los consejos advice
la contestación answer
  Conteste Answer
lo contrario (el opuesto) opposite
Corrija Correct
cualquier any
Dé Give
Defina Define
  Dé una definición Give a definition
el dibujo drawing
Diríjase Direct (yourself)
empleando using
  Emplee Use
en letra bastardilla in italics

encuentros personales personal encounters
la encuesta poll
Enfoquemos Let's focus
el ensayo essay
la entrevista interview
  Entreviste Interview
Escoja Choose
Explique Explain
la frase sentence
Haga el papel Play the role, part
He aquí Here is, are
Le toca a usted It's your turn
Llene los espacios Fill in the blanks
Narre Narrate
la oración clause; sentence
el párrafo paragraph
la pregunta question
  Pregunte Ask
Prepare de antemano Prepare ahead of time
Reaccione React
rellenar to fill out
  Rellene Fill out
la respuesta answer

el rompecabezas puzzle, riddle
quitando taking out, away
  Quite Take out, away
según according to
  según convenga ⎫ as
  según corresponda ⎭ necessary
  según el modelo according to
    the model
Siga Follow
  siguiente following *adj*

subrayado(a) underlined
Supla Provide
Sustituya Substitute
el tema theme
Termine Finish
Traduzca Translate
el trozo portion, part
Una Join

¡Que se divierta usted!

JACKIE L. JAREST and MARSHA ROBINSON

Estos chicos hispánicos sonrientes son de Washington, D.C., EE.UU.

capítulo
uno

¿QUÉ TIENE QUE VER LO HISPANO CON LOS ESTADOS UNIDOS?

¿En qué piensa Ud. al oír los siguientes nombres: Cristóbal Colón, Roberto Clemente, Pablo Picasso, Gabriel García Márquez, Menudo, Ricardo Montalbán, Rita Moreno? ¿Le gusta a Ud. comer enchiladas, tomates, patatas, tacos, tortillas, chile? ¿Emplea Ud. las palabras rodeo, chocolate, burro? Claro que sí. Todos son personas o palabras que muestran la influencia hispánica en los Estados Unidos.

Todos disfrutamos de estos beneficios; no hay que viajar a otro país porque el mundo hispano está también en los Estados Unidos. Esta influencia data del siglo XV con la ciudad de San Agustín en la Florida y continúa hasta hoy. Actualmente, los Estados Unidos tienen la cuarta población más grande de hispanohablantes del mundo, y estos ciudadanos contribuyen al desarrollo de la sociedad norteamericana. Los grandes pintores, como Pablo Picasso y Salvador Dalí, influyen en la pintura estadounidense, y los autores latinoamericanos contribuyen mucho a las obras literarias norteamericanas. De hecho, el ganador del Premio Nobel en 1983, Gabriel García Márquez, probablemente va a cambiar la literatura estadounidense.

EDICIONES ALFAGUARA S.A.

Grandes Premios en 1982

PREMIO NOBEL DE LITERATURA

Gabriel García Márquez

"Biblioteca de Gabriel García Márquez": Cien años de soledad - El otoño del patriarca • Ojos de perro azul • La hojarasca • La mala hora • El coronel no tiene quien le escriba • Los funerales de la Mamá Grande • La increíble y triste historia de la cándida Eréndira y de su abuela desalmada.

En el mundo de la música, hay varios participantes hispánicos: Carlos Santana, José Feliciano, Plácido Domingo, Menudo; y en el cine, hay muchas películas surrealistas influidas por el realizador español Luis Buñuel. Entre los vecinos hispánicos hay muchos jugadores logrados de béisbol en las ligas mayores, como Antonio Armas y Jorge Orta. Y, ¿quién puede resistir el sabor picante de la comida mexicana?

A pesar de estas contribuciones, el prejuicio, el odio o el miedo de lo no conocido por parte de los estadounidenses y de los hispanohablantes han causado situaciones difíciles. El problema resulta en la situación del obrero migratorio de México, por ejemplo. Este hombre viene en busca de empleo a los Estados Unidos a causa del desempleo en México. Pero como sólo habla castellano, no logra muchas veces la asimilación fácil de otros hispanos en la sociedad.

Los problemas que encuentra el hispano no son solamente económicos, sino también lingüísticos. Existe la cuestión de la lengua. ¿Deben los inmigrantes abandonar su propia habla o deben los Estados Unidos organizar un sistema nacional de educación bilingüe, dado el gran número de ciudadanos hispanos aquí?

Aunque estas cuestiones existen, podemos hallar soluciones si las discutimos porque vale la pena conversar en vez de luchar. Los esfuerzos para establecer una armonía pueden eliminar la falta de comprensión entre dos culturas que tanto comparten.

¿Qué cree Ud.?

¡Digamos la última palabra!

(Each indented word is related to the vocabulary word that precedes it.)

SUSTANTIVOS

el (la) ciudadano(a) citizen
  la ciudad city
el desarrollo development
  desarrollar to develop
el desempleo unemployment
el empleo job, employment
  emplear to employ; to use
el esfuerzo effort
la falta lack
  faltar to lack, be lacking
el (la) ganador(a) winner
  ganar to win, earn
el habla spoken language, speech
  hablar to speak
la lengua language; tongue
el miedo fear
la obra work (of art)
el (la) obrero(a) worker
el odio hate
  odiar to hate
la película film, movie

el (la) pintor(a) painter
  pintar to paint
la población population
  poblar ue to populate
el prejuicio prejudice
el (la) realizador(a) (film) director
  realizar to do, carry out
el sabor flavor
  sabroso(a) delicious, flavorful
el siglo century
el (la) vecino(a) neighbor
  la vecindad neighborhood

VERBOS

cambiar to change
  un cambio a change
deber ought to, should
disfrutar de to enjoy; to benefit from
hallar to find
influir (en) to influence
  la influencia influence

luchar to fight, struggle
  la lucha fight
mostrar *ue* to show
  la muestra example
viajar to travel
  el viaje trip

ADJETIVOS

dado(a) given
  dar to give
estadounidense pertaining to
    the United States
  los Estados Unidos (EE.UU.)
    the United States
logrado(a) successful
  lograr to succeed
mayor major; older
picante "hot," spicy
propio(a) own; characteristic
varios(as) several

ADVERBIO

actualmente presently
  actual present; modern

PREPOSICIONES

entre between; among
en vez de instead of
hasta even; until

EXPRESIONES UTILES

a causa de because of
a pesar de in spite of, despite
aunque although
claro que sí of course
de hecho as a matter of fact
en busca de in search of
  buscar to look for
lo no conocido the unknown
  conocer to know, be familiar
    with
pero but
por parte de on the part of
porque because
sino (que) rather, but
Vale la pena. It's worth it.
  valer to be worth

PRACTIQUEMOS

A. ¿Cierto o falso? Si las frases son falsas, explique por qué lo son.

1. La tradición hispánica es algo nuevo en los Estados Unidos.
2. La población hispánica es muy pequeña en los Estados Unidos.
3. Pablo Picasso es un gran escritor hispanoamericano.
4. El ganador del Premio Nobel en 1983 fue el pintor Plácido Domingo.
5. Hoy hay muchos jugadores hispanoamericanos de béisbol en los Estados Unidos.
6. En general, los mexicanos vienen a los Estados Unidos por razones políticas.
7. La comida mexicana es, por lo general, muy picante.
8. El odio y el miedo son los únicos problemas que impiden la asimilación hispana.
9. Los obreros migratorios buscan empleo en México.
10. No hay problemas de comunicación porque hay escuelas bilingües en los Estados Unidos.

B. ¿Tiene Ud. buena memoria? Conteste las preguntas según la lectura. Use las palabras que se dan entre paréntesis en su respuesta.

1. ¿Por qué es importante la ciudad de San Agustín? (datar/siglo)
2. ¿Quiénes son Pablo Picasso y Gabriel García Márquez? (pintor/escritor)

3. ¿Quién es Luis Buñuel? (realizador/surrealista)
4. ¿Cómo es la comida mexicana? (sabor/picante)
5. ¿Quiénes son Antonio Armas y Jorge Orta? (jugadores/ligas mayores)
6. ¿Por qué vienen a los Estados Unidos muchos mexicanos? (obreros migratorios/empleo)
7. ¿Por qué es difícil muchas veces la asimilación del hispano? (prejuicio/miedo)
8. ¿Qué problemas encuentra el hispano? (económico/lingüístico)
9. ¿Cómo podemos resolver estos problemas? (hablar/luchar)

C. Solicitamos su opinión.

1. ¿Es un fenómeno bueno o malo la entrada de obreros migratorios a los Estados Unidos? Explique.
2. ¿Deben vivir separadas las comunidades hispanas en los EE.UU.? ¿Es posible vivir en paz con las comunidades hispanas? ¿Por qué o por qué no?
3. ¿Cree Ud. que los hispanos que viven en los EE.UU. deben hablar inglés en vez del castellano*? ¿Por qué? ¿Opina Ud. que el sistema educacional debe ofrecer un programa nacional de educación bilingüe?
4. ¿Cree Ud. que es buena o mala la influencia extranjera en una sociedad? Explique.
5. ¿Por qué existe un estereotipo negativo del hispano? ¿De dónde vienen los estereotipos? ¿Es posible cambiarlos? ¿Cómo?

*Castellano is becoming more frequently used than **español** as the name of the Spanish language. Rather than identifying with a nationality, **castellano** refers to the place of origin of Spanish: Castilla.

Una firma de abogados en Nueva York. Fíjese Ud. en la combinación del castellano y del inglés para mejor servir al público estadounidense.

¿Sabía usted esto?

The following expressions will help you to expand your vocabulary and to speak more precisely.

«Costoso» **es un sinónimo de** «caro.»	*is a synonym of*
«Mayor» **es lo contrario de** «menor.»	*is the opposite of*
El término «surrealista» **se refiere a** la pintura.	*refers to*
«Grande» **describe** la población hispana.	*describes*
«Hallar» **quiere decir/significa** «encontrar.»	*means*
Un obrero es **una persona que** trabaja.	*a person who*
El desempleo es **una cosa que** queremos evitar.	*a thing that*
El odio es **algo que** puede causar problemas.	*something that*
El prejuicio es **una actitud que** no nos gusta.	*an attitude that*

Another way to increase your vocabulary is to learn to recognize and use cognates. A cognate is a word related in spelling, in pronunciation, and sometimes in meaning to a word in another language. For example, **televisión, teléfono, persona,** and **literario** are all cognates of English words. You must be careful, however, because there are several false cognates in Spanish and English. **Actualmente,** for example, looks like the English word *actually,* but it means *presently* in Spanish. (For more cognates, see **Apéndice I.**)

PRACTIQUEMOS

D. **¿Qué significa?** Explíquele en español a un(a) norteamericano(a) el significado de estas palabras.

1. un(a) ciudadano(a)
2. un(a) ganador(a)
3. un(a) realizador(a)
4. un(a) pintor(a)
5. una película
6. un(a) hispanohablante
7. viajar
8. influir
9. conversar
10. disfrutar (de)

E. **La influencia hispánica en la lengua inglesa.** Aquí sigue una lista de palabras inglesas. Busque Ud. el cognado en la lectura (*reading,* not *lecture*) y úselo en una frase original.

1. tomatoes
2. system
3. to organize
4. to establish
5. author
6. participant
7. influence
8. population
9. society
10. prejudice
11. comprehension

¿Sabía usted esto?

Pero and **sino** both mean *but;* however, they are not used interchangeably.

Pero means *but* in the sense of *however, on the other hand.* It introduces additional information. **Pero** may be used in an affirmative or negative sentence:

La asimilación puede ser fácil, **pero** a veces problemas resultan.	*Assimilation can be easy, but at times problems result.*

Sino means *but* in the sense of *but rather, but instead.* It contradicts the first part of the sentence, which must be negative. **Sino que** is used if there is a conjugated verb in the second part of the sentence:

Los problemas no son solamente económicos **sino** también lingüísticos.

Los problemas no son solamente económicos **sino que** también son lingüísticos.

The problems are not only economic, but also (they are) linguistic.

Porque means *because* and **a causa de** means *because of.* With **porque**, a conjugated verb must follow, and with **a causa de** a noun, or an infinitive that is used as a noun, must follow. **Dado (a, os, as)** is a synonym of **a causa de** (**por** can also mean *because of;* this will be discussed later):

Hay un problema **a causa del** desempleo.	*There is a problem because of unemployment.*
Dado el desempleo, hay un problema.	*Because of unemployment, there's a problem.*
Ellos buscan empleo aquí **porque** hay mucho desempleo en México.	*They look for employment here because there's a lot of unemployment in Mexico.*

PRACTIQUEMOS

F. ¡Socorro! Lo que sigue es una porción de un artículo escrito por un estudiante que no comprende bien el uso de **pero, sino, sino que, porque** y **a causa de.** Complete el párrafo, por favor.

La vida hispanoamericana en los Estados Unidos muchas veces es difícil. _____ la situación económica de México, muchos obreros migratorios no buscan trabajo en México _____ en los Estados Unidos. Muchos norteamericanos no quieren aceptar a los hispanos _____ sus diferencias étnicas, _____ la influencia hispánica es importante _____ forma parte de la historia norteamericana. El prejuicio hacia los hispanos existe muchas veces _____ la falta de comprensión y _____ los hispanos no hablan inglés _____ castellano. Los prejuicios son malos, _____ es posible cambiarlos.

ENFOQUEMOS EL IDIOMA

Los pronombres personales
Subject pronouns

These are the subject pronouns in Spanish:

Singular	Plural
yo	nosotros, nosotras
tú	vosotros, vosotras
usted (Ud.)	ustedes (Uds.)*
él	ellos
ella	ellas

The subject pronouns are used for emphasis, clarity and contrast. Whereas their use is required in English, they are not always used in Spanish because the verb itself often reveals the subject. Look at the following examples and explain the use or omission of the subject pronouns:

¿En qué piensa al mencionar la comida mexicana?
¿En qué piensa **él** al mencionar la comida mexicana?
¿En qué piensa **ella** al mencionar la comida mexicana?
¿En qué piensa **Ud.** al mencionar la comida mexicana?
Pienso en el sabor picante.
Yo pienso en el sabor picante y **él** piensa en los tacos.

There are four ways to express *you:*

Tú is used to address a member of one's family, a friend, a person younger than the speaker, or an animal.

Vosotros(as) is the plural of **tú** and is used in Spain to address more than one friend, relative, etc. In Latin America, **ustedes** is used.

Usted (Ud.) is used to address someone with whom the speaker is not personally familiar. This corresponds to the English use of Mr., Mrs., Ms., Miss, Dr., etc., while **tú** often corresponds to the use of first names in English.

Ustedes (Uds.) is the plural of **usted** and is used in Spain to address more than one person formally; in Latin America it is used as the formal and familiar plural of **usted** and **tú.**

If you are in doubt about whether to use **tú** or **Ud.**, use **Ud.** It's better to be too polite than to offend someone unintentionally. When the formality isn't necessary, a native Spanish speaker will suggest,

Vamos a tutearnos.   *Let's use the **tú** form.*

*****Ustedes** is also used as the plural form of **tú** in many parts of Latin America.

El presente del indicativo: verbos regulares
The present indicative: regular verbs

Spanish has three regular verb groups whose infinitives end in **-ar, -er,** and **-ir.**

-Ar verbs. To conjugate a regular **-ar** verb, remove the infinitive ending and add the corresponding subject ending to that stem:

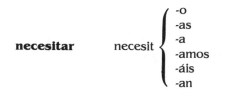

necesitar   necesit $\left\{\begin{array}{l} \text{-o} \\ \text{-as} \\ \text{-a} \\ \text{-amos} \\ \text{-áis} \\ \text{-an} \end{array}\right.$

Notice that the group vowel **a** is present in all forms except for the first person singular.

-Er, -ir verbs. Remove **-er, -ir** to obtain the stem. **-Er** and **-ir** verbs share the same endings except for the **nosotros** and **vosotros** forms:

deber   deb $\left\{\begin{array}{l} \text{-o} \\ \text{-es} \\ \text{-e} \\ \text{-emos} \\ \text{-éis} \\ \text{-en} \end{array}\right.$ **describir**   describ $\left\{\begin{array}{l} \text{-o} \\ \text{-es} \\ \text{-e} \\ \text{-imos} \\ \text{-ís} \\ \text{-en} \end{array}\right.$

Among the regular verb groups, there are some changes that occur in order to maintain the sound of the infinitive. (See **Apéndice I.**)

With verbs ending in **-ger, -gir** a **j** is needed instead of the **g** in the first person singular:

escoger   esco**j**o, escoges, escoge, escogemos, escogéis, escogen
elegir   eli**j**o, eliges, elige, elegimos, elegís, eligen

With verbs like **contribuir, construir, destruir, incluir,** and **oír** a **y** is added to the stem whenever an **i** does not follow—that is, in all forms except the first and second person plural (exception: **oigo**):

incluir   inclu**y**o, inclu**y**es, inclu**y**e, incluimos, incluís, inclu**y**en

With verbs ending in **-guir,** like **seguir, conseguir,** and **perseguir,** a **u** in the first person singular is not needed to retain the hard **g** sound:

seguir   si**g**o, sigues, sigue, seguimos, seguís, siguen

Convencer and **vencer** change from **c** to **z** in the first person singular:

convencer   conven**z**o, convences, convence, convencemos, convencéis, convencen

Stem-changing verbs are not irregular. They follow a pattern that has to do with stress. There are three kinds of stem-changing verbs in the present indicative: **e→ie, o→ue, e→i** (only in **-ir** verbs). The four forms that change stems do so because the stem is stressed. The stems of the **nosotros, vosotros,** and infinitive forms do not change because they are not stressed.

E→IE

empezar   empiezo, empiezas, empieza, empezamos, empezáis, empiezan

Verbs like **empezar: cerrar, comenzar, confesar, despertar, divertir, entender, pensar, perder, preferir, querer, sentir, tener (tengo), venir (vengo)**

O→UE

recordar   recuerdo, recuerdas, recuerda, recordamos, recordáis, recuerdan

Verbs like **recordar: almorzar, costar, demostrar, dormir, encontrar, jugar*, morir, mostrar, poder, resolver, volver**

E→I

pedir   pido, pides, pide, pedimos, pedís, piden

Verbs like **pedir: conseguir, decir (digo), elegir, perseguir, reír, repetir, seguir, servir, sonreír, vestir**

To make a sentence negative, place **no** in front of the conjugated verb and any object pronoun it has:

Puedo viajar ahora.	**No** puedo viajar ahora.
¿Quieres sangría?	No, **no** quiero sangría.
¿Nos hablas?	No, **no** os hablo.

In the latter examples, the first **no** answers the question. The second **no** makes the sentence negative.

PRACTIQUEMOS

G. Una comida mexicana. Aquí sigue lo que pasa cuando un norteamericano prepara una comida mexicana para algunos amigos mexicanos. Cambie los verbos para hacer concordancia con el nuevo sujeto entre paréntesis.

1. Los amigos *vienen* a las siete. (yo, tú, nosotros, él)
2. David *empieza* a preparar la comida mexicana a las cuatro. (ellos, yo, Uds., ella)

* **Jugar** is the only verb that changes from **u** to **ue: ju**e**go, ju**e**gas, ju**e**ga, jugamos, jugáis, ju**e**gan**

3. *Quiere* servir enchiladas, ensalada y flan. (mis amigos, yo, Uds., ella)
4. *Sigue* las instrucciones. (ellos, yo, Uds., Susana)
5. *Decide* que puede dormir un rato después de preparar la comida. (los vecinos, yo, Uds., ella)
6. *Duerme* tres horas. (ellos, yo, Uds., la mujer)
7. Los amigos *despiertan* a David y todos *ríen.* (yo, tú, nosotros, él)
8. Los amigos *dicen* que no importa porque *prefieren* la comida norteamericana. (yo, tú, nosotros, el hombre)

H. Un extranjero curioso. Manuel acaba de llegar aquí y quiere saber cómo los norteamericanos pasan el tiempo libre. Conteste las preguntas.

1. ¿Tienen Uds. muchos bailes tradicionales?
2. ¿A qué hora cierran las discotecas? ¿Sirven comida y bebidas en ellas?
3. ¿Prefieren Uds. la música clásica o la música popular?
4. ¿Juegan Uds. muchos deportes diferentes? ¿Cuáles?
5. ¿Cuesta mucho ver una película?
6. ¿Viajan Uds. mucho a otros países?
7. ¿Qué prefieren Uds., leer o ver televisión? ¿Por qué?

I. ¿Por qué estudiar castellano? Aquí siguen las razones por las que Scott Savage quiere estudiar castellano. Complete el párrafo con la forma correcta del verbo entre paréntesis.

_____ (Elegir—yo) estudiar castellano porque _____ (querer) aprender a comunicarme con mis vecinos hispánicos. Todos _____ (poder—nosotros) empezar a vivir en armonía si _____ (entender) una lengua en común. Es verdad que muchos _____ (aprender) inglés, pero yo _____ (pensar) que es igualmente importante hacer el esfuerzo para comunicarse en castellano. _____ (Confesar—yo) que a veces es difícil. Pero siempre _____ (recordar) que cuando _____ (practicar) el castellano con mis amigos hispánicos, se _____ (sonreír) porque _____ (estar) muy contentos con mi progreso. Entonces, ellos y yo nos _____ (sentir) muy contentos.

J. Comunicación. Conjugue los verbos y hágale las preguntas a un(a) compañero(a) de clase. Después, el compañero (la compañera) va a contestarle a Ud.

Modelo: pensar viajar
              —¿Piensas viajar?
              —Sí, pienso viajar. (No, no pienso viajar.)

1. preferir el castellano al inglés
2. encontrar interesante el castellano
3. decir muchas cosas en clase
4. oír a veces el castellano en la radio/televisión
5. poder entender a los hispanos cuando hablan
6. comenzar a apreciar la influencia hispánica en los Estados Unidos
7. entender la situación hispánica

8. tener miedo de lo no conocido
9. querer resolver el problema del prejuicio
10. demostrar tolerancia hacia personas de diferentes nacionalidades

Ahora, hágales las preguntas otra vez, usando el sujeto **vosotros.**

El presente del indicativo: verbos irregulares
The present indicative: irregular verbs

Most verbs that end in a vowel followed by **-cir** and **-cer** have **zc** in the first person singular form (exceptions: **hacer, decir**):

conocer	cono**zc**o, conoces, conoce, conocemos, conocéis, conocen
establecer	estable**zc**o, estableces, establece, establecemos, establecéis, establecen
merecer	mere**zc**o, mereces, merece, merecemos, merecéis, merecen
parecer	pare**zc**o, pareces, parece, parecemos, parecéis, parecen
producir	produ**zc**o, produces, produce, producimos, producís, producen

Many verbs in the **-er, -ir** conjugations have irregular first person singular forms. The rest of the verb is regular:

salir   **salgo,** sales, sale, salimos, salís, salen

Other verbs:

caer caigo	**tener** *ie* tengo
decir *i* digo	**traer** traigo
oír oigo	**valer*** valgo
poner pongo	**venir** *ie* vengo
saber sé	**ver** veo

Estar, Dar, Ir: Estar and **dar** are irregular only in the **yo** form. **Ir,** irregular also in the **yo** form, follows the **estar** and **dar** conjugation patterns:

Estar	**estoy,** estás, está, estamos, estáis, están
Dar	**doy,** das, da, damos, dais, dan
Ir	**voy,** vas, va, vamos, vais, van

The verb **ser** is completely irregular:

ser   **soy, eres, es, somos, sois, son**

The infinitive **haber** has a special verb form, **hay,** which means *there is* or *there are;* it stresses the existence of someone or something. **Hay** is not always translated into English by the word *there.*

Aquí **hay** un obrero.	*Here's/There's a worker.*
¿**Hay** prejuicio en la comunidad?	*Does prejudice exist/Is there prejudice in the community?*

***Valer** is most commonly used in the third person singular form in these expressions. **Vale la pena:** *It's worth it;* **Vale:** *OK* (Spain); ¿**Cuánto vale**? *How much is it?;* **Más vale:** *It's better.*

PRACTIQUEMOS

K. ¡Vale la pena conocer a los vecinos! Escriba la forma correcta de los verbos entre paréntesis.

Yo no _____ (conocer) muy bien al señor hispano que vive a mi lado. Por eso creo que _____ (ir) a visitar a mi nuevo vecino. _____ (Tener—yo) una planta para _____ le (dar) la bienvenida. _____ (Estar) un poco nervioso porque _____ (oír) castellano al otro lado de su puerta y no _____ (saber—yo) hablar la lengua. Después de entrar en su casa, _____ (ver) que todo _____ (parecer) igual a mi casa. _____ (Haber) casi las mismas cosas. Yo le _____ (decir) "Hello" y _____ (hacer) un esfuerzo para comunicarme con las manos porque no hablo bien el castellano. Mi vecino me _____ (sonreír) y me _____ (dar) la mano. Luego me _____ (decir): "Hi! Come on in!" en un inglés perfecto. _____ (Valer) la pena aprender otra lengua, ¿no?

L. Encuesta. Haga una lista de preguntas, usando los verbos en paréntesis y diríjaseles a los compañeros de clase. Discutan los resultados.

1. ¿(Saber) más de una lengua?
2. ¿(Valer) la pena aprender otra lengua?
3. ¿(Conocer) a algunos hispanos?
4. ¿(Tener) amigos hispanos?
5. ¿(Haber) estudiantes hispanos en esta clase?
6. ¿(Poner) mucho énfasis en la nacionalidad de una persona?
7. ¿(Tener) miedo de lo no conocido?
8. ¿(Oír) música latina en la radio a veces?
9. ¿(Ver) algunos ejemplos de la arquitectura hispana en esta ciudad?

Usos del presente del indicativo
Uses of the present indicative

These are the basic uses of the present indicative.

The present indicative is used to state a current fact:

Marcos **disfruta** de la influencia hispánica.

Mark enjoys the Hispanic influence.

It is used to indicate an on-going activity:

Anita **busca** empleo.

Anita is looking for a job.

It may also be used to indicate a near future event:

Ellos **vienen** mañana.

They are coming tomorrow.

There are several possible English translations for the present indicative.

Salgo a las tres.
$$\left\{\begin{array}{l}\textit{I leave at 3:00.}\\ \textit{I do leave at 3:00.}\\ \textit{I'm leaving at 3:00.}\\ \textit{I'll leave at 3:00.}\end{array}\right.$$

¿Salgo a las tres?
$$\left\{\begin{array}{l}\textit{Shall I leave at 3:00?}\\ \textit{Do I leave at 3:00?}\end{array}\right.$$

The verb **querer** in question form often means *will* and can substitute for a direct command:

¿Quieres ayudar?   *Will you help?*

Here are some other uses of the present indicative:

The present indicative of the verb **ir** followed by the preposition **a** and an infinitive is the equivalent of the English construction *going to* + infinitive*:

Vamos a aprender mucho de ellos.   *We're going to learn a lot from them.*

The present indicative of the verb **acabar** followed by the preposition **de** and an infinitive corresponds to the English *to have just* + past participle:

Acabamos de hallar la obra de Picasso.   *We have just found Picasso's work.*

Hace followed by a period of time and **que** uses the present indicative to indicate an action that began in the past and is continuing into the present:

¿Cuánto tiempo **hace que** los hispanos **viven** en los Estados Unidos?   *How long have Hispanics lived in the United States?*

Hace muchos años **que viven** aquí.   *They have been living here for many years.*

Desde, by itself, is used with the present indicative to mean *since;* it also indicates an action that began in the past and continues into the present:

¿**Desde** cuándo viven aquí los hispanos?   *Since when have Hispanics lived here?*

Los hispanos viven aquí desde el siglo XV.   *Hispanics have lived here since the fifteenth century.*

Desde, followed by **hace** and a period of time, is synonymous with the construction **hace** + period of time + **que:**

Conozco a mi mejor amigo **desde hace** cuatro años.
Hace cuatro años **que** conozco a mi mejor amigo.
$$\left.\begin{array}{l}\\ \\ \\ \end{array}\right\}$$ *I've known my best friend for four years.*

*Many verbs can be followed by an infinitive without a preposition. Some of the more common ones are **querer, deber, necesitar, poder, gustar.**

Una fiesta hispánica en las calles de Washington, D.C. ¡Qué divertida!

PRACTIQUEMOS

M. La vida norteamericana de Raúl Martínez. Traduzca al español.

1. Raúl Martínez has been living in the US for six years. 2. He has been a US citizen for several months. 3. He has just found another **(otro)** job and he'll start tomorrow. 4. He's been looking for work since 1984. 5. He's going to construct houses in Miami. 6. Raúl has been wanting to build houses for a long time. 7. There has been a lot of prejudice toward **(hacia)** Cubans since the Cuban Revolution because of unemployment. 8. Despite the prejudice, Raúl has enjoyed living in the United States for six years.

N. Conversemos. Con un(a) compañero(a) de clase, haga las preguntas según el modelo.

Modelo: jugar al tenis (tú, yo)

—¿Vas a jugar al tenis?
—No, acabo de jugar al tenis.
—¿Cuánto tiempo hace que juegas al tenis?
—Hace cuatro años que juego al tenis.
  (Juego al tenis desde hace cuatro años.)

1. jugar al béisbol (vosotros, nosotros)
2. escuchar la música latina (tú, yo)
3. viajar a Puerto Rico (Ud., yo)
4. ver las películas españolas (Uds., nosotras)

REPASEMOS

O. ¿Puede Ud. descifrar el recado? Ud. tiene un amigo que quiere ayudarle en sus estudios de español. En su casa, encuentra Ud. un recado de su amigo escrito en forma telegráfica pero sin orden lógico de frases. Para poder entender el recado, escríbalo en una prosa correcta, añadiendo la(s) palabra(s) necesaria(s) y haciendo la concordancia necesaria. No cambie el orden de las palabras. Luego, ponga en un orden lógico las frases.

1. ¡Deber (tú) / practicar / más! / ¡Acabar (yo) / recibir / tu carta / y / ser / horrible!
2. Si / pronunciar (tú) / bien / palabras / ir (nosotros) / escuchar / música latina / discoteca nueva.
3. Ir (yo) / llegar / casa / ocho / para comer contigo.
4. Después de la comida / estudiar (nosotros) / el castellano.
5. Hace mucho tiempo / no / oír (yo) / el ritmo latino.
6. No / ir (nosotros) / restaurante guatemalteco / sino / restaurante cubano.
7. Te / ver (yo) / entonces, más tarde.

P. Encuentros personales. Con un(a) compañero(a) de clase, haga los papeles en cada situación.

1. A classmate asks you if you want to go see the new Spanish movie in town. Thank him or her and refuse, saying you have to study for a test you have tomorrow. Invite him or her to your home the following day for a Spanish meal. He or she asks what you are serving. Answer, and complete your conversation.
2. A friend has just asked you why you are studying Spanish. Describe how Hispanics and the Spanish language have affected the US.

CHARLEMOS UN POCO

LAS CORTESÍAS SOCIALES

Steven Markham y su amigo, Rogelio Enríquez, conversan mientras toman café en el Centro Estudiantil de la Universidad de Arizona. Steven va a viajar a México para estudiar allí un semestre. Va a vivir con una familia mexicana.

STEVEN	—Rogelio, quisiera pedirte un favor.
ROGELIO	—Cómo no. ¿En qué puedo servirte?
STEVEN	—Pues, estoy un poco ansioso. Aunque sé bastante bien el español, tengo miedo de ofender a alguien en México. Es decir, no estoy muy al tanto de las cortesías sociales. ¿Me puedes ayudar?
ROGELIO	—¡Pero claro!
STEVEN	—Bueno, la primera cosa que me da miedo es la posibilidad de no entender si alguien me habla muy rápidamente.
ROGELIO	—Puedes decir simplemente, «Lo siento, pero no entiendo.» O puedes decir, «Repita, por favor» o «Hable más despacio, por favor.»
STEVEN	—Bien. Ahora, ¿puedes enseñarme cómo se debe presentar a una persona?
ROGELIO	—Sí. Imagínate que la señora de la casa donde vas a vivir tiene una amiga, la señora Reyes de Fernández. La señora le dice a su amiga, «Señora Reyes de Fernández, quiero presentarle a Steven.» Tú dices, «Mucho gusto en conocerla» o «Encantado,» y puedes darle la mano si quieres. Entonces, ella te dice, «Igualmente» o «El gusto es mío.»
STEVEN	—Otra pregunta: ¿Qué pasa si estoy solo en casa y viene un amigo de la familia?
ROGELIO	—¡Primero le abres la puerta! Luego le dices, «Pase Ud.» Y cuando entra, «Siéntese.» Muchas veces, los dueños de la casa, al abrir la puerta dicen, «Está en su casa.»
STEVEN	—¡Me encanta esa última expresión! Es imposible no sentirse bienvenido si alguien dice eso.
ROGELIO	—Es verdad. Por eso debes recordar esa expresión.
STEVEN	—Bien. Ahora, ¿cómo se dice "Excuse me" en castellano?
ROGELIO	—Depende. Hay tres maneras. Si quieres llamar la atención a alguien, dices, «Perdone» o «Perdóneme.» Si quieres pasar por delante de alguien, dices, «Con permiso.» Y si por casualidad haces una indiscreción, dices, «Disculpe.»
STEVEN	—A lo mejor voy a necesitar emplear esa palabra muchas veces. No pienso ofender a nadie, pero siempre es posible decir algo sin querer.
ROGELIO	—No debes estar tan inquieto. Claro está que la cortesía es importante. Pero si sabes las expresiones necesarias, no vas a tener problemas. Y si por casualidad dices algo indiscreto, al-

guien te lo va a explicar. A veces un malentendido es muy cómico, como el hombre que dice, «Estoy embarazado» sin saber que quiere decir "I'm pregnant."

STEVEN —¡Ja! ¡Ja! ¡Ja! Muchísimas gracias, Rogelio. Ahora tengo un poco más de confianza.

ROGELIO —No hay de qué. ¡Buen viaje!

Palabras prácticas

SUSTANTIVOS

la indiscreción a tactless remark
  indiscreto(a) tactless
el malentendido misunderstanding
  malentender *ie* to misunderstand

VERBOS

dar miedo to frighten, scare
pensar *ie* to think; to intend
  pensar en, de to think about, of
sentirse *ie* to feel

ADJETIVOS

Bienvenido(a). Welcome.
  la bienvenida welcome
Encantado(a). Delighted.
  encantar to delight

inquieto(a) worried, anxious
  inquietar to worry, disturb

ADVERBIO

Igualmente. Likewise, equally.
  igual equal

PREPOSICION

delante de in front of

EXPRESIONES UTILES

a lo mejor most likely, probably
¡Cómo no! Of course!
¿Cómo se dice . . . ? How do you say . . . ?
Con mucho gusto. With pleasure.
  gustar to be pleasing, to like
dar la mano to shake hands
El gusto es mío. My pleasure.
¿En qué puedo servirte? How can I help you? May I help you?
es decir that is (to say)
Está en su casa. Make yourself at home.
estar al tanto de to be up with
Hable más despacio. Speak more slowly.
Lo siento. I'm sorry.
  sentir *ie* to be sorry; to feel, perceive, sense
Me gusta . . . ; me encanta . . . I like. . .

Dar la mano.

¿Me puedes ayudar? Can you help me?

  la ayuda help

Mil gracias ... , Muchísimas gracias (por) ... Thanks a lot (for). . .

Mucho gusto en conocerlo(a). Pleased to meet you.

No hay de qué; De nada. You're welcome.

Pase Ud. Come in.

Perdone; Perdóneme. Excuse me.

  perdonar to pardon, excuse

«Pase usted.»

«Siéntese.»

Con permiso. Excuse me.

Disculpe. Excuse me.

¡Pero claro! Of course!

Por favor. . . Please . . .

Quiero presentarte a . . . I'd like to introduce you to . . .

  la presentación introduction

Quisiera pedirte un favor. I'd like to ask you a favor.

  (**Quisiera:** I would like; this is more polite than **quiero:** *I want.*)

Siéntese. Sit down.

  sentarse *ie* to sit down

sin querer by mistake, accident; unwillingly

PRACTIQUEMOS

A. ¡Ahora lo sabe todo! ¿Qué dice Ud. después de oír lo siguiente?

1. Encantado.
2. Muchas gracias.
3. ¿Me puedes ayudar?
4. Quiero presentarle a Sofía Morales.
5. (A la puerta) ¿Está la señora Casás?

B. Las cortesías sociales. Un señor va a ir a México y le hace a Ud. estas preguntas. Contéstele.

1. ¿Qué dice cuando quiere la ayuda de alguien?
2. ¿Qué dice Ud. si no entiende a alguien?
3. Ud. acaba de conocer a alguien. ¿Qué dice?

4. ¿Qué dice la persona después de conocerlo(a) a Ud.?
5. ¿Cuándo le da Ud. la mano a alguien?
6. Alguien está a la puerta. ¿Qué dice Ud.?
7. ¿Qué dice Ud. cuando pasa por delante de alguien?
8. ¿Qué dice Ud. cuando quiere llamar la atención a alguien?
9. Acaba de hacer una indiscreción. ¿Qué dice Ud.?
10. ¿Qué dice Ud. si quiere agradecer a alguien?

C. Encuentros personales. Con unos compañeros de clase, haga los papeles de los personajes en las siguientes situaciones.

1. A friend of your father's has just come to visit. Welcome him and invite him in. Introduce him to your sister.
2. You are on a bus traveling to Guadalajara, Mexico, and need help. Get the attention of another passenger and ask him or her for help. The passenger responds too quickly and you need to say, "slow down and please repeat."
3. You are at a marketplace in Mexico City that is very crowded. Excuse yourself— you have bumped into someone by accident. Apologize and excuse yourself again as you try to get by the person.
4. A friend invites you to dinner. Accept the invitation and ask if you can help prepare or bring anything.

ENFOQUEMOS EL IDIOMA

Los números cardinales
Cardinal numbers

Cardinals 0-30	
cero	dieciséis (diez y seis)
uno	diecisiete (diez y siete)
dos	dieciocho (diez y ocho)
tres	diecinueve (diez y nueve)
cuatro	veinte
cinco	veintiuno (veinte y uno)
seis	veintidós (veinte y dos)
siete	veintitrés (veinte y tres)
ocho	veinticuatro (veinte y cuatro)
nueve	veinticinco (veinte y cinco)
diez	veintiséis (veinte y seis)
once	veintisiete (veinte y siete)
doce	veintiocho (veinte y ocho)
trece	veintinueve (veinte y nueve)
catorce	treinta
quince	

Notice that the numbers 16-19 and 21-29 have two possible spellings. Note the accents.

Cardinals 30-1,000,000		
treinta	doscientos(as)	mil
cuarenta	trescientos(as)	dos mil
cincuenta	cuatrocientos(as)	diez mil
sesenta	quinientos(as)	un millón (de)
setenta	seiscientos(as)	dos millones (de)
ochenta	setecientos(as)	
noventa	ochocientos(as)	
ciento, cien	novecientos(as)	

Y is used only in numbers 16-99:

> treinta **y** dos
> doscientos tres

Hundreds and the number one agree with the noun they modify:

> doscient**os** cuarenta y **un** hombres
> doscient**as** cuarenta y **una** mujeres

This is not true with the number 100. **Ciento** shortens to **cien** when it precedes nouns and numbers larger than itself. For counting, use **cien:**

> **cien** libros
> **cien** mil

Ciento is used when it precedes numbers smaller than itself:

> **ciento** cuarenta y seis
> **ciento** uno
> **ciento** diez

The plural of **mil** is **miles** when it is used as a noun:

> **miles** de personas   *thousands of people*

The form **mil** is used for counting. To express *one thousand,* **un** is not used:

> **mil** dólares   *one, a thousand dollars*

Mil is used to express dates:

> 1932   **mil** novecientos treinta y dos

In Spanish, the use of the period and comma with numbers is opposite that of English:

> 2.000   dos mil
> 50,5   cincuenta y cinco décimos (50 and 5/10)

Millón is a noun and therefore has a plural form. If a noun follows **millón, de** must be used:

> un millón **de** libros
> tres millones **de** libros

Los números ordinales
Ordinal numbers

The ordinal numbers 1st through 10th have special forms:

Ordinals 1-10	
primero (1^r, 1°, 1^a, 1os, 1as)	**sexto** (6°, 6^a, 6os, 6as)
segundo (2°, 2^a, 2os, 2as)	**séptimo** (7°, 7^a, 7os, 7as)
tercero (3^r, 3°, 3^a, 3os, 3as)	**octavo** (8°, 8^a, 8os, 8as)
cuarto (4°, 4^a, 4os, 4as)	**noveno** (9°, 9^a, 9os, 9as)
quinto (5°, 5^a, 5os, 5as)	**décimo** (10°, 10^a, 10os, 10as)

Ordinal numbers agree in number and gender with the noun they modify.

Primero and **tercero** (like **uno**) shorten to **primer** and **tercer** in front of masculine singular nouns. The abbreviations shown in the parentheses above are often used, and they must agree with the noun they modify:

el 1^r ganador
la 1ª celebración

Ordinals 11-1,000,000			
undécimo, decimoprimero	11th	**trigésimo**	30th
duodécimo, decimosegundo	12th	**cuadragésimo**	40th
decimotercero	13th	**quincuagésimo**	50th
decimocuarto	14th	**sexagésimo**	60th
decimoquinto	15th	**septuagésimo**	70th
decimosexto	16th	**octogésimo**	80th
decimoséptimo	17th	**nonagésimo**	90th
decimoctavo	18th	**centésimo**	100th
decimonono	19th	**milésimo**	1000th
vigésimo	20th	**millonésimo**	1,000,000th

Colloquially, cardinal numbers follow the noun to express ordinals beyond tenth:

la película **trece**   *the thirteenth film*

In formal usage, especially in written Spanish, ordinals are used. Thus, **la decimonona persona** is used in formal Spanish, while in colloquial Spanish, it is **la persona diecinueve.**

In fractions, the numerator is the cardinal number and the denominator is the ordinal number (exceptions: 1/2 una **mitad**; 2/3 dos **tercios**).

2/4 dos cuartos
3/5 tres quintos

Notice that if the numerator is greater than one, the denominator is pluralized:

1/5 un quinto
2/5 dos quinto**s**

Medio is the adjective for *half*:

Una **mitad** del grupo trae **media** docena de lápices al examen.

Half of the group brings half a dozen pencils to the exam.

PRACTIQUEMOS

D. Números, números y más números. Exprese en español lo siguiente.

1. 1530 people (**personas**)
2. 3/5 of a liter (**litro**)
3. the tenth painting
4. 100,605 workers
5. 5/6 of the class
6. 1917 (date)
7. the eighth winner
8. 315 men and 421 women
9. two million citizens
10. 4/7 of the group
11. the 25th winner

E. Las matemáticas. Haga estos problemas matemáticos.

1. La universidad invita a 53 pintores latinos a hablar de la influencia hispánica en el arte. Otros 18 quieren participar. ¿Cuántos pintores va a haber en total?
2. Micaela estudia castellano desde 1972. ¿Cuántos años hace que ella estudia castellano?
3. Los Fernández quieren viajar a Puerto Rico. El viaje cuesta $2.500. Tienen $2.400. ¿Cuánto dinero más necesitan?
4. Hace 13 años que Rafael González vive en Tejas. ¿Desde qué año está en Tejas?
5. Cuando empieza el concierto de música latina, hay 725 personas presentes. Despúes llegan unas 240 más. ¿Cuántas personas hay en total?
6. Magdalena, una estudiante puertorriqueña, necesita $50 para pagar la electricidad, $49 para el teléfono, $60 para la comida y $70 para el carro. ¿Cuánto necesita en total?
7. La Universidad de Massachusetts tiene aproximadamente 38.000 estudiantes norteamericanos y 800 estudiantes hispanos. ¿Cuántos hay en total?
8. Desde ayer Carlos tiene $115,00. Mañana va a comprar un libro por $20, pagar $15 por comida y ver una película por $5. ¿Cuánto dinero va a tener después de mañana?
9. Juanita tiene que leer 100 páginas de historia. Acaba de leer 79 páginas. ¿Cuántas más debe leer?
10. El señor Quintana es rico. Tiene $15 millones en el Banco Nacional y $17 millones en el Banco Internacional. ¿Cuántos millones de dólares tiene?

F. Las partes de un todo. Exprese en fracciones las soluciones de cada problema.

1. Mariluisa acaba de leer 2/3 de una novela de Gabriel García Márquez. ¿Cuánto más tiene que leer?

2. Tengo $100,00. Voy a comprar una pintura guatemalteca que cuesta $40. ¿Qué porción de mi dinero voy a usar?
3. Hay seis tacos en la mesa. Rafael come dos y Lorenzo come uno. ¿Qué porción del total comen?
4. Tenemos cien minutos para tomar un examen en la clase de español. Acaba de pasar media hora. ¿Qué porción del total tenemos para terminar?
5. ¿Qué porción de una hora son 45 minutos?

¿Qué hora es?
What time is it?

Time in Spanish is expressed with the verb **ser.**

Es la una.	*It's 1:00.*
Son las dos.	*It's 2:00.*

For time from the hour to the half hours, **y** is used:

Es la una **y** tres.	*It's 1:03.*
Es la una **y** cuarto.	*It's 1:15.*
Es la una **y** media.	*It's 1:30.*

For time from the half hour to the hour, **menos** is used:

Es la una **menos** tres.	*It's 12:57.*
Son las cuatro **menos** cuarto.	*It's 3:45.*

An alternative construction, that corresponds to the English construction *It's quarter to four,* is possible:

Faltan quince para las cuatro.	*It's quarter to four.*
Faltan tres para la una.	*It's three minutes to one.*

Because of the popularity of digital clocks and watches, it is now very common to hear time expressed to the minute:

Son las dos y cincuenta y cinco.	*It's 2:55.*

Also, 24-hour time for official purposes is used:

Son las seis de la tarde. ⎫ Son las dieciocho. ⎭	*It's 6:00 PM*

Be careful when you are answering the following questions:

—¿Qué hora es?	*What time is it?*
—**Son** las nueve.	*It's nine o'clock.*
—¿A qué hora empieza la clase?	*What time does class begin?*
—**A** las nueve.	*At nine.*

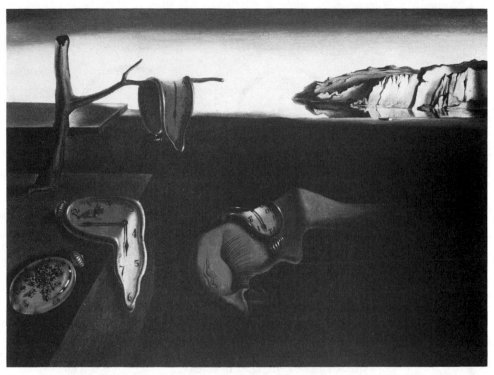

Dalí, Salvador. *The Persistence of Memory.* 1931. Oil on canvas. 9½ × 13″. Collection, The Museum of Modern Art, New York. Given anonymously.

Time Expressions	
el mediodía	noon
la medianoche	midnight
en punto	exactly, on the dot
de la mañana/madrugada	AM
de la tarde/noche	PM
la madrugada	dawn
de madrugada	at daybreak
¿A qué hora?	At what time?
¿Qué hora es?	What time is it?
Son las tres y pico.	It's just after three.
por la mañana/tarde/noche*	in the morning, afternoon, evening
el reloj	clock, watch

Vamos a clase **por** la mañana.
Vamos a clase a las nueve **de** la mañana.

We're going to class in the morning.
We're going to class at nine o'clock in the morning.

* **por la mañana/tarde/noche** cannot be used if specific time is mentioned.

PRACTIQUEMOS

G. ¿Qué hora es?

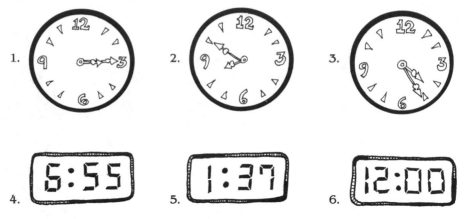

1. 2. 3.

4. 6:55   5. 1:37   6. 12:00

H. ¿Está Ud. alerta? Haga los cálculos de los problemas de aritmética.

1. El pintor empieza a pintar en una hora y media. Son las ocho. ¿A qué hora empieza la pintura?
2. Estoy aquí desde las diez. Hace cinco horas que estoy aquí. ¿Qué hora es?
3. Mis amigos hispanos vienen a las siete y media. Tengo que esperar una hora y quince minutos. ¿Qué hora es?
4. Rogelio va a ver una película española en una hora. Son las 7:50. Es una película de dos horas. ¿A qué hora termina?
5. Hace tres horas que Rita busca empleo. Es el mediodía. ¿Desde qué hora busca empleo?

¡Todos sufrimos dolores de cabeza! Una estrella hispana famosa promueve este producto estadounidense.

¿Sabía usted esto?

The English word *time* is expressed in Spanish in several ways.

La hora refers to clock time and also means *hour*:

¿Sabes la **hora**?
¿Qué **hora** es?

What time is it?

Es hora de followed by an infinitive means *It's time to*:

Es hora de comer. It's time to eat.

Ya es hora means *It's about time* or *It's already time*:

Ya es hora de que vinieras, Miriam. It's about time you came, Miriam.

El tiempo means *time* in a general sense (it can also mean *weather*):

Tengo bastante **tiempo**. I've got enough time.

La vez (veces) means *time* in the sense of event or occasion:

Esta es la primera **vez** que vengo aquí. This is the first time I've been here.

La época refers to a period of time:

Es la **época** de la colonia. It is the colonial period.

Divertirse, pasar un buen rato and **pasarlo bien** mean *to have a good time*:

Voy a pasar **un buen rato** el sábado. I'm going to have a good time Saturday.

PRACTIQUEMOS

I. ¿Qué palabra debo usar? Escoja la palabra más apropiada de las mencionadas arriba.

Juan necesita saber qué _____ es porque debe pasar _____ en su lección de historia. Estudia la historia de la _____ colonial española. Juan siempre _____ en clase por estar bien preparado. Esta _____ él planea estar mejor preparado porque hay examen. Va a pasar dos _____ más en sus estudios y leer el capítulo dos _____ más. Luego va a _____ con sus amigos en el Centro Estudiantil.

J. Una encuesta personal. Conteste las siguientes preguntas.
1. ¿A qué hora empieza Ud. a estudiar generalmente?
2. ¿Cuántas veces lee Ud. las lecturas?
3. ¿Qué hace Ud. para pasarlo bien?

4. ¿Cómo prepara Ud. para la época de exámenes finales?
5. ¿Qué hace Ud. con su tiempo libre?
6. ¿Qué es hora de hacer ahora?

¿Qué tiempo hace hoy?
What's the weather like today?

Many weather expressions use the verb form **hace** + a noun.

Hace (mucho) frío.	*It's (very) cold.*
Hace (mucho) calor.	*It's (very) hot.*
Hace sol.	*It's sunny.*
Hace viento.	*It's windy.*
Hace fresco.	*It's cool.*
Hace (muy) buen tiempo.	*It's (very, really) nice out.*
Hace (muy) mal tiempo.	*The weather is (very) bad.*

The following expressions do not use **hace** because they are verbs.

Llueve.	*It's raining; it rains.*
Llovizna.	*It's drizzling; it drizzles.*
Graniza.	*It's hailing; it hails.*
Nieva.	*It's snowing; it snows.*

Weather Expressions and Words	
¿Qué tiempo hace?	What's the weather?
Está despejado.	It's clear.
Está nublado.	It's cloudy.
Hay nubes.	It's cloudy.
Está oscuro.	It's dark.
Hace 80 grados.	It's 80 degrees.
llover *ue*	to rain
la lluvia	rain
nevar *ie*	to snow
la nieve	snow
granizar	to hail
el granizo	hail
lloviznar	to drizzle
la llovizna	drizzle
la estación	season
el invierno	winter
el verano	summer
el otoño	autumn, fall
la primavera	spring
la tormenta	storm
el aguacero	downpour
el trueno	thunder
el relámpago	lightning
la niebla	fog
la neblina	mist, dew
el rocío	dew
el cielo	sky

PRACTIQUEMOS

K. ¿Es Ud. meteorólogo(a)? Conteste las preguntas con frases completas.

1. ¿Qué tiempo hace en la primavera? ¿en el otoño? ¿en el verano? ¿en el invierno?
2. ¿Cuándo hace mucho calor? ¿frío? ¿viento¿ ¿sol?
3. ¿Qué tiempo prefiere Ud.? ¿Por qué?
4. ¿Cómo está el cielo cuando hay tormenta?
5. ¿Qué oye Ud. durante una tormenta? ¿Qué ve Ud.?
6. ¿Qué tiempo hace cuando hay nubes?
7. ¿Prefiere Ud. la lluvia o la nieve? ¿Por qué?
8. ¿Cuántos grados hace normalmente durante cada estación donde Ud. vive?

L. ¿Qué tiempo hace? Describa estos dibujos, empleando todos los detalles posibles.

1.

2.

3.

REPASEMOS

M. ¡A escribir ya! Imagínese que Ud. está en la foto en la página 15. Describa la escena. Escriba un ensayo bien organizado basándose en las preguntas siguientes.

Es el doce de octubre, o sea, el Día de la Raza. Ud. llega a un barrio hispano y ve una celebración muy grande en la calle. Ud. quiere participar.

1. ¿Qué tiempo hace?
2. ¿A cuántas personas ve Ud.?
3. ¿Qué hay de interés?
4. ¿Qué tipo de música oye Ud.?
5. ¿Qué come Ud.?
6. ¿Conoce a muchas personas?
7. ¿Practica Ud. el español? ¿Qué dificultades tiene Ud. cuando habla?
8. ¿Pasa Ud. un buen rato en la celebración?
9. ¿Cuánto tiempo hace que Ud. está allí?
10. ¿Qué hora es cuando Ud. sale?
11. ¿Qué piensa Ud. de la celebración?

N. Una carta. Aquí sigue parte de una carta de Lorenzo Suárez a su amiga Rosalinda. Termine las frases de una manera original.

Necesito la ayuda de mi amigo Luis, pero hay un problema. Luis me dice que no soy la primera persona hoy en pedirle un favor. Necesito alguna información sobre la situación hispánica en _____ porque _____. Sé que Luis es experto, pero _____. Luis dice que lo siente, pero _____. Hace dos horas que yo _____. Bueno, voy ahora _____. Por falta de tiempo_____. Empiezo a entender _____. ¿Quieres _____ ? Bueno, es hora de _____.

Tu amigo,

Lorenzo

O. Debate. Formen grupos. Un grupo defiende la idea siguiente y el otro la ataca.

No es necesario aprender castellano en los Estados Unidos. Los hispanohablantes nativos que no hablan inglés deben hacer el esfuerzo de aprender inglés. No es necesaria la educación bilingüe porque todos deben hablar inglés.

Algunos ejemplos de intercambios culturales. ¡Compartimos las mismas diversiones!

capítulo

dos

¡NO SOMOS TODOS VAQUEROS!

¿De dónde vienen el café, las bananas, mucho del petróleo y 80 por ciento de los minerales que usamos en los Estados Unidos? ¡De Latinoamérica, por supuesto! El comercio del mundo hispano afecta la vida diaria norteamericana. Pues, funciona igualmente al revés: los Estados Unidos también influyen el mundo hispano, a veces superficialmente y, en cuanto al desarrollo tecnológico, bastante a fondo.

Es muy probable que un viajero no acostumbrado al mundo hispano se sorprenda al principio. Es posible que experimente un tipo de choque cultural doble: primero, por las diferencias en el estilo de vida, y segundo, por las semejanzas con su propia vida. Si va al campo, el viajero percibe grandes diferencias. Pero no hay duda de que las ciudades hispanas tienen algo en común con las ciudades norteamericanas.

Si el viajero va a un mercado al aire libre, ve y compra productos oriundos de los países hispanos. Pero si va a una tienda o a un supermercado, reconoce mucho: galletas Ritz, chocolate Nestlé y la Coca Cola (¡para los hambrientos!). Puede también comer en un restaurante popular: McDonald's. En otras tiendas hay radios, computadoras, o sea, un sinnúmero de los mismos productos que se compran en los Estados Unidos. Algunos de estos productos son importados y otros se fabrican en las sucursales de las compañías estadounidenses que se encuentran allí.

No es extraño que sea así. Nosotros dependemos de los productos agrícolas y de los recursos naturales de los países hispanos. Y los países hispanos, especialmente los subdesarrollados, necesitan la tecnología estadounidense. Este contacto comercial hace que los dos mundos compartan varios aspectos de la vida. El resultado es que hay un intercambio cultural y económico.

No es solamente en la tecnología donde el viajero nota el impacto de los Estados Unidos. Considere Ud. las diversiones. Los cantantes populares norteamericanos son de igual importancia con la juventud hispana. Los programas de televisión norteamericanos son también populares. (¡Es probable que el turista norteamericano tenga que convencer a algunos hispanos que la mayoría de nosotros no somos ni vaqueros ni materialistas egoístas como los personajes de *Dallas*!) El béisbol, el deporte más estadounidense, también tiene millones de aficionados al igual que muchos participantes en algunos países hispanos.

La lengua castellana está un poco modificada por el contacto con los Estados Unidos, especialmente en los medios de difusión. Si se leen los periódicos, es muy probable que se vean algunas expresiones (especialmente en economía) no traducidas al español: «joint venture» y «ranking,» por ejemplo. En cuanto a otras actividades, es posible «ir de camping» y «hacer footing.» Estos cambios no afectan la estructura básica de la lengua, por eso, ¡está OK usarlos!

No es que exista el peligro de que todas las culturas se hagan iguales. Cada país mantiene su carácter único; es simplemente que una cultura disfruta de lo que ofrece la otra.

¿Puede Ud. sugerir otros ejemplos de intercambios culturales?

A pesar del nombre, este banco no está situado en Massachusetts, sino en Buenos Aires, Argentina.

¡Digamos la última palabra!

SUSTANTIVOS

el (la) aficionado(a) fan, enthusiast

el campo countryside, field; area

el comercio trade, commerce, business
comercial *adj* commercial

el choque clash, shock, collision
chocar to clash, shock, crash

la computadora computer
computar to compute

el deporte sport
deportivo(a) *adj* sport, sporty

el intercambio exchange
intercambiar to exchange

la juventud youth
joven young

la mayoría majority
mayor major; older

los medios de difusión mass media

el peligro danger
peligroso(a) dangerous

el personaje character (in a role or in literature)

el recurso resource

el resultado result
resultar to result, end up

la semejanza similarity
semejante similar

el sinnúmero endless number

la sucursal (business) branch

la tienda store

el (la) vaquero(a) cowboy, cowgirl
la vaca cow

VERBOS

compartir to share
depender de to depend on
  la dependencia dependence
encontrar *ue* to find; to meet
  el encuentro meeting
experimentar to experience
  la experiencia experience
fabricar to manufacture
  la fábrica factory
funcionar to work, function
    (machines; figurative)
  la función function
notar to notice
percibir to perceive
reconocer (reconozco) to
    recognize

ADJETIVOS

agrícola agricultural
diario(a) daily
  el día day
egoísta selfish
hambriento(a) hungry
  el hambre *f* hunger

igual equal
  la igualdad equality
mismo(a) same
oriundo(a) de native to,
  indigenous
subdesarrollado(a) underdeveloped
  el subdesarrollo underdevelopment
único(a) unique, only (only one)

EXPRESIONES UTILES

a fondo in depth
a veces sometimes
al aire libre open air, outdoors
al igual que as well as, just like
al principio at the beginning;
  at first
en cuanto a concerning, with
  regard to, as for
estar acostumbrado(a) a to be
  used to
o sea rather, or, that is
por supuesto of course
tener en común to have in
  common

PRACTIQUEMOS

A. Ud., el (la) periodista. Ud. tiene que escribir un artículo para un periódico mexicano. Su jefe quiere que mencione en su artículo lo siguiente:

1. el choque cultural de un viajero a un país hispano
2. la dependencia de recursos naturales y de la tecnología
3. los productos norteamericanos en los países hispanos
4. el impacto de la televisión norteamericana en el mundo hispano
5. el inglés y el castellano en contacto
6. el béisbol y el mundo hispano

B. Ud., el escritor (la escritora). Ud. acaba de conseguir un empleo nuevo en una
compañía que produce diccionarios bilingües. La parte inglesa está completa, pero
la española no. Su jefe le da a Ud. las siguientes palabras. Tradúzcalas al español
y dé una definición adecuada.

1. business branch
2. mass media
3. trade
4. hungry
5. to share
6. fan, enthusiast
7. selfish
8. resource
9. similarity

C. Solicitamos su opinón. Defienda o critique las siguientes ideas.

1. La gente de los Estados Unidos debe tener interés en la industrialización del mundo hispano.
2. El futuro económico de los países latinos depende únicamente de los Estados Unidos.
3. Los estereotipos del norteamericano rico o del vaquero son una forma de prejuicio étnico.
4. No debe haber intercambios lingüísticos.
5. Con tanto contacto comercial, todos los países pierden su propia identidad.
6. Cada país debe usar sus propios productos, sin importar los de otros países.

¿Sabía usted esto?

There is a construction in Spanish that involves the pronoun **se.**

Se can signal an impersonal subject of a sentence. In English, we use the words *one, you, they, the people,* or *it is* + past participle to express general or impersonal ideas:

Se ve cómo los hispanos afectan la vida norteamericana.	*One can see how Hispanics affect North American life.*
Se dice que la industria es esencial.	*They say that industry is essential.*
Eso **no se hace** en los negocios.	⎧ *That isn't done in business.* ⎨ *One doesn't do that in business.* ⎩ *You don't do that in business.*

In the English sentences above, the subjects do not refer to anyone specific, but rather they are general, impersonal statements. In Spanish, **se** is used to express these general or impersonal ideas.

In the **se** constructions, the verb is always in the third person singular. The implicit idea is that someone (but nobody specific) is doing the action.

When the subject is unknown or unimportant, the Spanish construction corresponds to the English passive voice with no expressed agent. This common Spanish form is expressed by the pronoun **se** and a verb. In this passive **se** (**se pasivo**) construction, the verb must agree with the object:

Se crea el producto.	*The product is created.*
Se crean los productos.	*The products are created.*

Notice that the noun usually follows the verb and functions as the subject. When the noun is singular, the verb is singular. When the noun is plural, the verb is plural.

The passive **se** construction cannot be used if the noun is a person; instead, the impersonal **se** construction is required, and the personal **a**, denoting an existing human direct object, precedes the object:

Se ven los productos.	*The products are seen.*
Se ve a las personas.	*The people are seen.*

PRACTIQUEMOS

D. Un estudio de una compañía. Esta compañía norteamericana acaba de preparar un informe para la sucursal en la Argentina. Tradúzcalo al español.

1. The computers are manufactured here. 2. It is believed that the branch is successful. 3. The workers are trained **(entrenar)** well. 4. Excellent results are expected **(esperar)**. 5. New developments are perceived. 6. More resources are needed soon. 7. They say that the future is promising **(prometedor).**

¿Sabía usted esto?

Many nouns and adjectives are directly related to verbs. Here are some examples:

Verbo	Sustantivo	Adjetivo
almorzar *ue*	el almuerzo	
cantar	el (la) cantante	
	la canción	
chocar	el choque	chocante
colonizar	la colonización	colonizado(a)
	la colonia	colonial
	el (la) colonizador(a)	
desarrollar	el desarrollo	desarrollado(a)
divertir *ie*	la diversión	divertido(a)
emplear	el (la) empleado(a)	empleado(a)
	el empleo	
explotar	la explotación	explotado(a)
	la explosión	
fabricar	la fabricación	fabricado(a)
	el (la) fabricante	
	la fábrica	
formar	la formación	formado(a)
	la forma	
intercambiar	el intercambio	intercambiado(a)
		intercambiable
jugar *ue*	el juego	
	el (la) jugador(a)	
	el juguete	
lograr	el logro	logrado(a)
modernizar	la modernización	moderno(a)
	la modernidad	
significar	el significado	significado(a)

PRACTIQUEMOS

E. Palabras y sus parientes. Ud. está en España, caminando por la ciudad de Madrid. Ve varias cosas interesantes. Llene los espacios con la forma correcta del verbo entre paréntesis. Puede ser verbo, sustantivo o adjetivo.

Ud. acaba de experimentar una _____ (formar) de _____ (chocar) cultural. En la Gran Vía en la ciudad de Madrid, Ud. ve un edificio y reconoce inmediatamente qué _____ (significar) el letrero: ¡Es un Wendy! Muchos españoles _____ (almorzar) allí. Es muy _____ (divertir) ver que la comida norteamericana es igualmente popular en España. Es un buen ejemplo de la _____ (modernizar) norteamericana en España. ¡El mundo hispano y el norteamericano _____ (lograr) un _____ (intercambiar) cultural!

ENFOQUEMOS EL IDIOMA

Una definición del subjuntivo.
A definition of the subjunctive

There are two verbal moods in the Spanish language, the indicative and the subjunctive. They are not to be confused with tenses. Each mood has a present and a past tense system. The indicative mood (e.g., the present, as studied in **Capítulo uno**) is an objective recording of what has happened, what is happening, or what will happen.

Grammatically, the subjunctive is found in the subordinate verb of a sentence that has at least two clauses. A clause is a phrase that contains a subject and a verb. A main or independent clause (**la oración principal**) can function as a complete sentence. A subordinate or dependent clause (**la oración subordinada**) also contains a subject and a verb, but it depends on a main clause to complete a sentence:

main clause	subordinate clause
He is sure /	that the computers are good.

With very few exceptions, the subjunctive is used only in the subordinate clause; the indicative can be used in both main and subordinate clauses.

The subjunctive is used more frequently in Spanish than in English. The meaning of the verb in the main clause often, but not always, determines the mood of the verb in the subordinate clause. The subjunctive is needed when expressing the following: influence, commentary, emotion, doubt, negation, nonexistence, anticipation of events, and contrary-to-fact situations. It represents subjectivity or unreality and contrasts with the indicative. The difference between the use of the indicative and the subjunctive in subordinate clauses is one of attitude: objective reality (indicative) as opposed to subjectivity (subjunctive).

El presente del subjuntivo: verbos regulares
The present subjunctive: regular verbs

To form the present subjunctive of many verbs, you take the first person singular of the present indicative, remove the **o** ending, and add the appropriate subjunctive endings.

-Ar verbs. Use the **e** vowel marker to conjugate a regular **-ar** verb in the subjunctive:

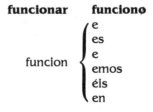

funcionar   **funciono**

funcion
- e
- es
- e
- emos
- éis
- en

-**Er** and **-ir** verbs. Use the **a** vowel marker to conjugate regular **-er** and **-ir** verbs in the subjunctive.

creer	**creø**		**existir**	**existø**
cre	a	exist	a
	as		as
	a		a
	amos		amos
	áis		áis
	an		an

Verbs whose first person singular form is irregular in the present indicative use that irregular stem throughout the present subjunctive conjugation:

caer caigø:	caiga, caigas, caiga, caigamos, caigáis, caigan
conocer conozcø:	conozca, conozcas, conozca, conozcamos, conozcáis, conozcan
decir digø:	diga, digas, diga, digamos, digáis, digan
hacer hagø:	haga, hagas, haga, hagamos, hagáis, hagan
incluir incluyø:	incluya, incluyas, incluya, incluyamos, incluyáis, incluyan
oír oigø:	oiga, oigas, oiga, oigamos, oigáis, oigan
parecer parezcø:	parezca, parezcas, parezca, parezcamos, parezcáis, parezcan
poner pongø:	ponga, pongas, ponga, pongamos, pongáis, pongan
salir salgø:	salga, salgas, salga, salgamos, salgáis, salgan
tener tengø:	tenga, tengas, tenga, tengamos, tengáis, tengan
traer traigø:	traiga, traigas, traiga, traigamos, traigáis, traigan
valer valgø:	valga, valgas, valga, valgamos, valgáis, valgan
venir vengø:	venga, vengas, venga, vengamos, vengáis, vengan
ver veø:	vea, veas, vea, veamos, veáis, vean

Several verbs have orthographic changes in the present subjunctive.

Verbs that end in -**gar** must add **u** to the stem:

pagar pago: pague, pagues, pague, paguemos, paguéis, paguen

Verbs that end in -**car** change the **c** to **qu**:

buscar busco: busque, busques, busque, busquemos, busquéis, busquen

Verbs that end in -**ger** and -**gir** change the **g** to **j**:

escoger escojo: escoja, escojas, escoja, escojamos, escojáis, escojan

Verbs that end in -**cer** change the **c** to **z**:

convencer convenzo: convenza, convenzas, convenza, convenzamos, convenzáis, convenzan

Verbs that end in -**zar** change the **z** to **c**:

empezar empie**z**o: empie**c**e, empie**c**es, empie**c**e, empe**c**emos, empe**c**éis, empie**c**en

In the first four groups the changes are necessary in order to maintain the original sound of the infinitive. The change from **z** to **c** (as in empe**z**ar) does not affect the pronunciation, but rather is necessary because of spelling requirements: there are very few words in Spanish that have a **z** followed by an **e**.

-**Ar** and -**er** stem-changing verbs observe the same stem-change pattern in the present subjunctive as they do in the indicative, the **nosotros** and **vosotros** stems remain like the infinitive, and the other forms change because of stress:

pensar	pienso		**volver**	vuelvo
piens	e, es, e		vuelv	a, as, a
pens	emos, éis		volv	amos, áis
piens	en		vuelv	an

-**Ir** stem-changers have two stem changes in the present subjunctive. All forms, except the first and second plural, follow the regular stem-change pattern (**o→ue**, **e→i** or **e→ie**). The **nosotros** and **vosotros** forms undergo another change, **o→u**, **e→i**:

o→ue, u		**e→i, i**		**e→ie, i**	
dormir	duermo	**pedir**	pido	**sentir**	siento
duerm	a, as, a	pid	a, as, a	sient	a, as, a
durm	amos, áis		amos, áis	sint	amos, áis
duerm	an		an	sient	an

El presente del subjuntivo: verbos irregulares
The present subjunctive: irregular verbs

These verbs are irregular in the present subjunctive:

dar   dé, des dé, demos, deis, den
estar   esté, estés, esté, estemos, estéis, estén
(**Dar** and **estar** are irregular because the subjunctive is not formed on the basis of the indicative **yo** form.)

haber (hay)   haya, hayas, haya, hayamos, hayáis, hayan
ir   vaya, vayas, vaya, vayamos, vayáis, vayan
saber   sepa, sepas, sepa, sepamos, sepáis, sepan
ser   sea, seas, sea, seamos, seáis, sean

The subjunctive will always be used with the expression **ojalá (que)**. **Ojalá** comes from Arabic and means *May Allah grant*. It translates more loosely as *I hope, I wish*. **Ojalá** may be followed by an optional **que**.

PRACTIQUEMOS

F. La hora. Su amigo es muy curioso y está obsesionado con la hora. Quiere saber todas las actividades de Ud. de hoy. Conteste todas sus preguntas según el modelo.

Modelo: —¿A qué hora vienen? (2:00)
—No sé, pero ojalá que vengan a las dos.

1. ¿A qué hora almuerzas hoy? (12:00)
2. ¿A qué hora termináis tú y Rogelio el trabajo? (3:00)
3. ¿A qué hora sale Rogelio para tu casa? (5:30)
4. ¿A qué hora come tu familia la cena? (6:00)
5. ¿A qué hora vais al centro? (7:00)
6. ¿A qué hora empieza la película? (7:15)
7. ¿A qué hora llegas a casa? (11:00)
8. ¿Cuándo hago la última pregunta? (¡ahora!)

G. ¡Vamos a Puerto Rico! Un grupo de nosotros va a pasar dos semanas en la hermosa isla de Puerto Rico. Todos estamos entusiasmados, como lo muestran nuestros comentarios. Use el subjuntivo y cambie el verbo subordinado a la persona indicada.

1. Es fantástico que Pamela y Patricia **quieran** ir con nosotros. (tú, vosotros, él, Maricarmen)
2. Espero que yo no **tenga** problemas con la lengua. (tú y Enrique, nosotros, Susana y Tomás, Roberto)
3. ¡No creo que Alberto y Paco **duerman** bastante! (nosotros, Carlos, ellas, tú)
4. Vamos a divertirnos mucho, ¿no? ¡Es dudoso que Herberto y yo **volvamos** a casa pronto. (vosotros, yo, nosotros, Daniel)

H. Las esperanzas, los deseos y las dudas. Toda persona quiere expresar sus propias ideas: he aquí algunos ejemplos. Con el sujeto indicado en cada ejemplo, dé la forma apropiada del presente del subjuntivo de los verbos entre paréntesis.

1. Carlos, hablando por teléfono con Tito. **(Tú.)**
   Espero que _____ (venir) a mi casa hoy. Necesito que me _____ (dar) alguna información, y quiero que _____(contestar) algunas preguntas que tengo. ¿Qué te parece?
2. Dos amigos, pensando en el futuro. **(Nosotros.)**
   Ojalá que _____ (ser) amigos íntimos para siempre. Es importante que _____ (disfrutar) de esta amistad. Es natural que _____ (pensar) que nuestra amistad es especial, ¿no?
3. Reflexiones de un viajero. **(Yo.)**
   Ramón y Luisa esperan que lo _____ (pasar) bien en Chile y que _____ (desear) volver algún día. Quieren que les _____ (decir) que lo paso bien aquí. ¡Es verdad!
4. Un profesor a sus estudiantes. **(Uds.)**
   Deseo que _____ (percibir) que hay diferencias entre el mundo hispano y el norteamericano. Es necesario que _____ (conocer) a algunos hispanos y que les _____ (pedir) información sobre sus países. Si lo hacen es muy posible que _____ (apreciar) mucho más el estudio de castellano.

5. Una discusión entre compañeros. **(Vosotros.)**
   Prefiero que vosotros me _____ (escuchar). Quiero que _____ (saber) mis opiniones sobre este asunto. Es muy probable que _____ (tener) ideas similares a las mías. Pero es mejor que las _____ (discutir) conmigo de todos modos.

6. Una empleada hablando de otra. **(Ella.)**
   No creo que Susana _____ (trabajar) mucho hoy. Dudo que _____ (empezar) antes de las 11:00. Temo que _____ (perder) su empleo si no cambia.

Los usos del subjuntivo
Uses of the subjunctive

The most frequent use of the subjunctive is with noun clauses. A noun clause is an entire clause that functions as a noun (a direct object or subject of the main verb). For example, I insist *that you go*. The italicized section of this sentence functions as a noun, answering the question *what*. The subjunctive in noun clauses is used in several ways.

It expresses influence versus reporting:

Permito **que Ud. fabrique** los productos.	*I permit you to manufacture the products.*
Es cierto **que Ud. fabrica** los productos.	*It is certain that you manufacture the products.*

In the first example, the speaker influences the behavior of the other party. In such cases, the subjunctive is necessary in the subordinate clauses. Verbs of influence include **aconsejar, decir, desear, hacer, impedir, insistir (en), mandar, necesitar, pedir, permitir, preferir, prohibir, querer, recomendar, sugerir***. Impersonal expressions of influence include **es esencial, es importante, es necesario.**

In the second example, a fact is simply being reported, therefore the indicative is used in the subordinate clause. It is important to understand the difference between the two uses. Many verbs of communication can function both as verbs of reporting and as verbs of influence:

Les digo a Uds. **que compartan** los recursos.	*I'm telling you to share the resources.* (influence)
Les digo a Uds. **que comparten** los recursos.	*I'm saying that you are sharing (do share) the resources.* (reporting)

Other verbs that can function both ways include **advertir, indicar, insistir, proponer**, and **sugerir.**

Notice that there is an important difference between English and Spanish structure: whereas an infinitive construction is possible in English (order you *to go*, tell you *to share*), it must be expressed by a noun clause in Spanish

---

*This list and those that follow are not complete. It is not important to memorize a certain list of cues, but rather to understand the meaning of the main verb.

Hay alguien que está aquí.
Es cierto que está aquí.
Es cierto que estuvo aquí.
Es cierto que estaba aquí.
Es cierto que estará aquí.

La mente objetiva: lo que pasa, lo que pasó, lo que va a pasar.

No hay nadie que esté aquí.
Dudo que esté aquí.
Es fantástico que esté aquí.
Necesito que esté aquí.
Me alegraré cuando esté aquí.

La mente subjetiva: negación, duda, emoción, anticipación, voluntad.

(que vaya, que comparta). Aconsejar, mandar, permitir, and **prohibir** are exceptions, and can be used both ways:

Le permito **que fabrique** los
productos.
Le permito **fabricar** los productos.
⎫
⎬
⎭
I permit you to manufacture the products.

With these verbs, both ways are correct; but this is not the case with the majority of the verbs of influence, However, with any verb of influence, when there is no change of subject, an infinitive construction is used:

Quiero **que Ud. fabrique** los
productos.
Quiero **fabricar** los productos.

I want you to manufacture the products.
I want to manufacture the products.

The subjunctive in noun clauses also expresses doubt versus certainty:

Dudo **que Ud. fabrique** los
productos.
No dudo **que fabrica** los
productos.

I doubt that you manufacture the products.
I don't doubt that you manufacture the products.

When in doubt, use the subjunctive! When the speaker is not certain about events or information, that uncertainty is expressed in the main verb and usually requires the subjunctive in the subordinate verb. On the other hand, when certainty is expressed, the indicative is required in the subordinate clause.

The subordinate verb requires the subjunctive when the main verb is one of the following:	The subordinate verb requires the indicative when the main verb is one of the following:
dudar	no dudar
hay duda	no hay duda
negar *ie*	no negar
no creer	creer
no es cierto	es cierto
no es evidente	es evidente

no es que	es que
no es verdad	es verdad
no estar seguro(a)	estar seguro(a)
no imaginarse	imaginarse
no parecer	parecer
no pensar *ie*	pensar

In the doubt-versus-certainty category a negative main verb usually dictates the subjunctive in the subordinate clause, whereas an affirmative main verb usually calls for the indicative. This is the only category in which such a distinction is important.*

The verbs **creer** and **pensar** merit special attention. Their affirmative meanings, *to believe, to think,* convey a much stronger sense of certainty than they do in English, and for this reason they require the indicative. When the subjunctive is used, the speaker is uncertain about what is being questioned:

¿Cree que **tenga** razón?	*Do you believe I'm right?*
¿No cree que yo **tenga** razón?	*Don't you believe I'm right?*

When the indicative is used, the speaker shows certainty and is sure that the other party shares the same opinion.

¿Cree que **tengo** razón?	*Do you believe I'm right?*
¿No cree que **tengo** razón?	*Don't you believe I'm right?*

Finally, the subjunctive in noun clauses expresses commentary and emotion:

When the speaker makes a comment or shows an emotion conveying a certain subjective attitude toward information being given, the subjunctive is used:

Esperan que la máquina **funcione.**	*They hope that the machine works.*

Other expressions in this category include **alegrarse (de), estar alegre, estar contento(a), estar triste, ojalá, sentir,** and **tener miedo.** Many impersonal expressions of commentary and emotion require the subjunctive in a subordinate clause: **es absurdo que, es bueno (malo) que, es difícil que, es extraño que, es fácil que, es fantástico que, es (im)posible que, es (im)probable que, es interesante que, es una lástima que, es lógico que, es sorprendente que.**

Es fácil/es difícil, when followed by **que,** mean *it's likely / it's unlikely.*

*When certainty is implied in an exclamation, the indicative may be used even when the main verb is expressed negatively:

¡No es cierto que María **viene**!	*It's not true that María is coming!*
¡No es verdad que Juan **es** feo!	*It's not true that Juan is ugly!*

With impersonal expressions, when there is no *que* to introduce another clause, the infinitive is used:

Es bueno **fabricar** los productos.

It's good to manufacture the products.

Es bueno que **fabriquemos** los productos.

It's good that we manufacture the products.

Esperar, temer and **sentir** have dual meanings; they may take the indicative as well as the subjunctive:

Espero que fabriquen los productos.

I hope that they manufacture the products. (emotion, desire)

Espero que fabrican los productos.

I expect that they manufacture the products. (certainty)

Siente que no compartan los recursos.

He's sorry that they don't share the resources. (emotion)

Siente que no comparten los recursos.

He feels (perceives) *that they don't share the resources.* (certainty)

Tememos que no reconozcan los peligros.

We're afraid that they won't recognize the dangers. (emotion)

Tememos que no reconocen los peligros.

We're afraid that they don't recognize the dangers. (certainty)

Grammatically, the only differences between the two sentences in each of these examples is the subjunctive or indicative mood of the subordinate verb. Therefore, it is essential to put these sentences into a context in order to distinguish their meanings.

In review, these are the criteria for using the subjunctive:

● There must be a minimum of two clauses joined by que.
● A change of subject is usually required:

Espero que **ellos** puedan fabricar los productos.

I hope that they can manufacture the products.

Although the subjunctive may be used without a change of subject, the infinitive is usually used:

Espero que **pueda** fabricar los productos.
Espero poder fabricar los productos.

I hope to be able to manufacture the products.

● The verb of the main clause must be one of those mentioned in the above categories: influence, emotion, commentary, or doubt.

Since there is no future subjunctive, the translation of the future is absorbed into the present subjunctive:

Dudo que fabriquen mucho el año que viene.

I doubt that they will manufacture very much next year.

Esperan que funcione la máquina has three translations, depending on the context:

They hope that the machine { *works.* / *is working.* / *will work.* }

PRACTIQUEMOS

I. Una reunión de seis personas de negocios. Estos negociantes hablan de la posibilidad de abrir negocios en Venezuela con su compañía de computadoras. Algunos son optimistas, otros pesimistas. Sustituya las expresiones entre paréntesis por las expresiones en letra bastardilla y haga los cambios necesarios.

1. *No dudo* que hay otras sucursales de computadoras en Venezuela. (Es probable, No niego, Espero, Es fácil, Los legisladores están contentos)
2. *Es esencial* que todos pensemos en las posibilidades de un futuro desarrollo. (Insisto en, Mando, Es cierto, Es necesario, Recomiendo)
3. *Es obvio* que los Estados Unidos es un líder en el mundo tecnológico. (Sé, No es verdad, Estoy seguro, No es cierto, Digo)
4. *Es probable* que podamos mejorar la economía. (Ojalá, Creo, No parece, Es posible, No hay duda, Parece)
5. *Es cierto* que fabricamos productos en Venezuela. (Vale la pena, Es una buena idea, Dudo, Es fácil)

J. Bosquejos de la vida. He aquí unos trozos de varias conversaciones y situaciones. Llene los espacios con la forma correcta del presente del subjuntivo, del indicativo o con el infinitivo.

1. Susana Pérez Enríquez, charlando con su consejero académico en cuanto a sus cursos:
   —Mis padres prefieren que _____ (estudiar-yo) castellano. Ellos no están seguros de que _____ (valer) la pena estudiar otra lengua porque me dicen que el castellano _____ (ser) muy importante en el mundo hoy en día. No hay duda de que _____ (tener-ellos) razón.
2. Carlos Armamayo Reyes es un estudiante de primer semestre. En una carta a sus padres les escribe lo siguiente:
   —Los profesores prohiben que _____ (dormir-nosotros) en clase. Piden también que siempre _____ (estar) preparados porque quieren que _____ (entender) la materia. Es difícil no _____ (hacer) lo que piden, pero es fácil que no todos _____ (seguir) sus instrucciones.
3. Cristina Graciela Sánchez, una guía de turistas, ve todos los productos norteamericanos en la Ciudad de México y dice:
   —Es sorprendente que _____ (haber) tantos productos de los Estados Unidos en los países hispanos. Es cierto que el comercio _____ (lograr) efectuar este fenómeno. Parece imposible que esto _____ (influir) tanto en el estilo de vida, pero así es.
4. Roberto Aparicio Gómez, hablando con sus compañeros Luis y Tomás:
   —Siempre quiero que vosotros me _____ (hacer) favores. Estoy muy contento que me _____ (ayudar) tanto. Espero que _____ (saber-vosotros) que _____ (apreciar-yo) mucho vuestros esfuerzos. Debéis saber que también _____ (estar-yo) listo para ayudaros a vosotros si lo necesitáis.
5. Raúl Martín Fernández sugiere que sus colegas _____ (buscar) información sobre el desarrollo económico latinoamericano. Para él, es esencial que todos _____ (desarrollar) opiniones sobre este tema. Desea _____ (planear) un debate para discutir la fabricación internacional. Sus colegas prefieren que Raúl _____ (empezar) el debate porque están seguros de que _____ (poder-él) articular bien sus ideas. No niegan que _____ (saber-él) más que ellos.

Las discotecas de México se parecen mucho a las de los Estados Unidos.

K. ¿Es Ud. consejero(a)? Las siguientes situaciones requieren los consejos de una persona muy lógica. ¿Puede Ud. compartir su infinita sabiduría con los demás? Conteste las preguntas según las situaciones.

1. Ud. tiene un amigo que quiere pasar por delante de alguien. ¿Qué recomienda Ud. que diga?
2. Ramón está triste. Quiere visitar España pero no tiene dinero. ¿Qué le sugiere Ud.?
3. Carmen y Jorge dan la impresión de que lo saben todo. ¿Qué duda Ud.? ¿Qué es cierto?
4. Ud. y un amigo van a la Florida. Ud. desea practicar el castellano. ¿Qué le aconseja a Ud. su amigo?
5. Su amiga Luisa va a abrir una tienda de «blue jeans» en la Argentina. ¿De qué está Ud. seguro(a)?

L. ¡El chismorreo! A todos les gusta hablar de sus compañeros. Termine las frases con ingenio, empleando a sus compañeros de clase. ¡Sea simpático(a)!

1. Es evidente que tú y (*nombre*) _____ .
2. Creo que (*nombre*) _____ , pero no creo que _____ .
3. No estoy seguro(a) de que (*nombre*) _____ .
4. Es muy importante que (*nombre*) y (*nombre*) _____ .
5. Es verdad que (*nombre*) _____ .
6. Prefiero que (*nombre*) _____ .
7. Es fantástico que yo _____ .

REPASEMOS

M. Una conversación telefónica. Alberto y Marcos son compañeros de cuarto. Ud. acaba de telefonearle a Marcos porque necesita su ayuda inmediatamente. Marcos no está. Explíquele a Alberto lo que quiere decirle a Marcos. Complete las frases según la conversación.

Alberto	—Lo siento, pero Marcos no está. ¿Puedo ayudarte?
Ud.	—Sí. Necesito _____ .
Alberto	—Creo que va a volver pronto.
Ud.	—Quiero que _____ .
Alberto	—Ah, Uds. tienen examen mañana en la clase de negocios.
Ud.	—Sí, y no estoy seguro(a) de _____ .
Alberto	—Sé que Marcos sabe mucho de la fabricación en sucursales extranjeras.
Ud.	—Sí, pero yo _____ .
Alberto	—Sé también que Marcos es experto en los negocios internacionales.
Ud.	—Tienes razón, pero también es verdad que _____ .
Alberto	—Entonces, ¿cómo puedo ayudarte?
Ud.	—Es necesario que _____ . Y, también es importante que _____ .
Alberto	—Está bien. Voy a decírselo todo a Marcos. ¿Algo más?
Ud.	—Sí, no es cierto que yo _____ .
Alberto	—Bueno, voy a decirle a él que te llame después de las ocho.
Ud.	—Muchas gracias por _____ . Ah, una cosa más, por favor. Te pido que _____ .
Alberto	—Muy bien. Hasta luego.
Ud.	—_____ .

N. Una encuesta personal. Conteste las siguientes preguntas refiriéndose al contacto entre el mundo hispano y el estadounidense. Use dos oraciones en su respuesta.

Modelo: ¿Qué es importante?

                    1   2
Es importante/que yo tenga interés en el mundo hispánico.

1. ¿De qué tiene miedo?
2. ¿De qué no está seguro(a)?
3. ¿De qué está seguro(a)?
4. ¿Qué es cierto?
5. ¿Qué duda Ud.?
6. ¿Qué es posible?
7. ¿Qué quiere Ud.?
8. ¿Qué cree Ud.?
9. ¿Qué es fácil?

Ahora, diríjale a un(a) compañero(a) de clase las preguntas de la sección anterior. ¡A ver si Uds. tienen opiniones similares o diferentes!

CHARLEMOS UN POCO

EL TELÉFONO

Jesús González Cortes está de visita en California, donde viven sus tíos. Echa de menos a sus padres que están en México. Decide hacer una llamada de larga distancia.

JESÚS	—Quisiera hacer una llamada de persona a persona de cobro revertido a México.
OPERADORA	—¿Cuál es la zona telefónica? ¿Y el número?
JESÚS	—La zona telefónica es la 52 y el número es el 26 07 10.
OPERADORA	—Gracias. ¿Con quién quiere Ud. hablar?
JESÚS	—Con Jorge González.

La operadora marca el número. Jesús oye que suena el teléfono. Oye la voz de su papá.

JORGE	—Bueno.
OPERADORA	—Jesús González Cortes llama al señor Jorge González con cobro revertido a Jorge González. ¿Está el señor allí?
JORGE	—Soy yo.
OPERADORA	—¿Acepta Ud. el pago?
JORGE	—¡Sí, por supuesto! *(a sí mismo)* ¡No me importa una cuenta telefónica alta!
OPERADORA	—Siga.
JESÚS	—¡Hola, papá! ¿Qué tal. . .?

Hablan unos cinco minutos. Cuando Jesús cuelga el auricular, se siente mucho mejor.

Lucy Marshall es una mujer de negocios norteamericana. Está ahora en Madrid. Va a una cabina telefónica. Quiere ir a Segovia para un asunto comercial, pero no sabe a qué hora sale el tren. Necesita llamar la estación, pero no tiene guía telefónica. Llama al operador para pedir información.

OPERADOR	—Diga.
LUCY	—Buenos días. Quisiera el número de la estación de Atocha.
OPERADOR	—230-27-08.
LUCY	—Gracias.
OPERADOR	—No hay de qué.

Lucy marca el número, y la línea está ocupada. Espera unos momentos y vuelve a marcar el número.

SEÑOR	—Diga.
LUCY	—Quisiera saber cuándo sale el tren para Segovia.
SEÑOR	—¿Cómo?
LUCY	—¿Puede Ud. decirme a qué hora sale el tren para Segovia?
SEÑOR	—Esta no es la estación de trenes. Parece que Ud. está equivocada de número.
LUCY	—Disculpe.
SEÑOR	—No hay problema.

Lucy vuelve a marcar el número. Finalmente, ¡es la estación!

EMPLEADO	—Diga.
LUCY	—Quisiera saber cuándo sale el tren para Segovia.
EMPLEADO	—Un momento, por favor. Hay salidas a las once de la mañana y a la una de la tarde. De vuelta, sale uno de Segovia a las seis y media y a las nueve de la noche.
LUCY	—Muchas gracias por su ayuda.
EMPLEADO	—De nada. Adiós.
LUCY	—Adiós.

Palabras prácticas

SUSTANTIVOS

el asunto matter, deal
el auricular receiver
la cabina telefónica phone booth
la cuenta (factura) telefónica phone bill
la guía telefónica phone directory
la llamada phone call
  llamar to call
la llamada de cobro revertido collect call
la llamada de larga distancia long distance call (in Spain: **una conferencia)**

la llamada de persona a persona person-to-person call
la mujer (el hombre) de negocios businesswoman (businessman)
el número de teléfono phone number
el teléfono telephone
  el teléfono público public telephone
  telefonear to telephone
la zona telefónica area code

VERBOS

colgar *ue* to hang up
echar de menos to miss (someone)
esperar to wait for; to hope; to expect
sonar *ue* to ring, sound
volver a + *inf.* to + *verb* again

EXPRESIONES UTILES

aceptar el pago to accept the charges
Aló. (Colombia, Ecuador, Perú)
A ver. (Colombia)
Bueno. (México)
Diga; Dígame. (Spain)
Hola. (Argentina, Uruguay) } Hello?
de vuelta on the return trip
¿Está? Is he (she) in?
estar equivocado(a) de número to dial the wrong number

hacer una llamada to make a phone call
La línea está ocupada. The line is busy.
marcar directamente to dial direct
marcar un número to dial a number
Siga. Go ahead.

UNAS PALABRAS MAS

cobrar al número llamado to reverse the charges
cortar to cut off
dejar un recado to leave a message
la llamada común station-to-station call
la llamada local local call
la señal para marcar dial tone
la tarifa charge, rate

PRACTIQUEMOS

A. El uso del teléfono. ¡Ud. es experto(a) ahora! ¿Puede contestar estas preguntas, empleando todo el vocabulario necesario?

1. ¿Cuáles son las diferencias entre los varios tipos de llamadas telefónicas: local, de larga distancia, de persona a persona y de cobro revertido?
2. ¿Por qué es mejor que una persona marque directamente?
3. ¿Qué hay que oír antes de marcar?
4 Ud. quiere llamar a María, pero Jorge contesta y él no la conoce. ¿Qué pasa ahora?
5. Ud. quiere hablar con el señor Ramírez. Marca el número de su oficina. Su secretaria le dice que no está. ¿Qué hace Ud.?

B. Una llamada importante. He aquí una situación que requiere que Ud. hable por teléfono en español. Siga el desarrollo de la situación y conteste las preguntas.

1. Ud. está en la ciudad y necesita hacer una llamada a su amiga Josefina. ¿Adónde va Ud.?
2. No sabe el número. ¿Qué consulta Ud.?
3. Es una llamada de larga distancia y Ud. no tiene suficiente dinero. ¿Qué hace Ud.?
4. La línea está ocupada. ¿Qué hace Ud.?
5. Ud. espera diez minutos. ¿Qué vuelve a hacer Ud.?

Finalmente Ud. marca el número y la madre de Josefina contesta. Complete el diálogo con lo que Ud. le dice a ella.

Madre	—Bueno.
Operadora	—_____.
Madre	—Sí, cómo no. ¡Hola, *(su nombre)*! ¿Qué tal?
Ud.	—_____.
Madre	—Ella también quiere verte.
Ud.	—_____.
Madre	—Piensa volver mañana por la tarde.
Ud.	—_____.
Madre	—¡Me alegro! ¿Cuánto tiempo más vas a estar en la ciudad?
Ud.	—_____.
Madre	—Sí, por supuesto. ¿Qué quieres que le diga a Josefina?
Ud.	—_____.
Madre	—Bien, Josefina planea llegar para las cuatro. Entonces, le voy a decir que te llame a las cinco.
Ud.	—_____.
Madre	—No hay de qué. Adiós, *(su nombre)*.
Ud.	—_____.

C. **Encuentros personales.** Con unos compañeros de clase, haga los papeles de los personajes en las siguientes situaciones.

1. Call the operator. When he answers, tell him that you are in a phone booth. The operator asks how he can help you. Tell him that your home phone isn't working. The operator asks if it's a mechanical (**mecánico**) problem. You say that it isn't and that the problem is that you are expecting an important person-to-person call. The operator says that there is nothing he can do — you'll have to call the phone company. End the conversation.
2. Call the operator. When she answers, tell her that you want to make a collect call to your friends in Venezuela. She asks for the area code. You don't know it. Tell her that you think the number is 20-57-13, but you're not sure. The operator asks you the name of your friends and their address. She asks you if you prefer a person-to-person collect call. You say yes, since you aren't sure of the number.
3. Call information. You dial several times and get the wrong number. Call the operator and explain what's happening. She asks you what information you need. Tell her that you need the area code and telephone number of the Texaco branch in Madrid. She says that she can look up the number if you can wait a few minutes. You agree to this. The operator asks for your phone number and says that she will call you back with the information.
4. Practice making phone calls with each other. Try asking for all types of services (collect calls, reversed charges and so forth). When you finally reach the person to whom you wish to speak, strike up a conversation. (Possible topics of conversation: studies, work, social life, etc.)

¿Sabía usted esto?

The verb **tener** + noun is used in several expressions in Spanish where English uses the verb *to be* + adjective.

These expressions use the verb **tener**:

tener . . .años (de edad) to be . . . years old (of age)
tener calor* to be hot
tener celos to be jealous
tener cuidado to be careful
tener éxito to be successful
tener frío* to be cold
tener hambre to be hungry
tener . . . metros** (de alto/largo)** to be . . . meters (tall)

tener miedo to be afraid
tener paciencia to be patient
tener prisa to be in a hurry
(no) tener razón to be right (wrong)
tener sed to be thirsty
tener sueño to be sleepy
tener suerte to be lucky
tener vergüenza to be ashamed

tener cuidado

tener éxito

tener prisa

Two expressions, **tener ganas de** and **tener que**, are followed by an infinitive:

Tengo ganas de jugar al béisbol.
Tengo que investigar la situación.

I feel like playing baseball.
I have to investigate the situation.

Tener que ver con means *to have to do with*:

Esto **tiene que ver con** la importancia económica de los Estados Unidos.

This has to do with the economic importance of the United States.

Tener que and **hay que** followed by an infinitive mean *to have to*. **Hay que** is more impersonal than **tener que**. Look at these examples:

Tienen que compartir.
Hay que compartir.

They have to share.
You (impersonal) must share. One must share.

* refer to people, not weather
** refers to objects; **medir . . .metros** used for people

No hay que means one *must not*, one *shouldn't*.

> **No hay que llamarla.** One *must not call her.*

Deber followed by an infinitive means *ought to, should*.

> **Debo** llamar a mi amigo. *I ought to (should) call my friend.*

PRACTIQUEMOS

D. ¿Es Ud. un(a) buen(a) detective? Los detectives tienen que estar muy alertas y no permiten ningún error. Decida si las frases siguientes son ciertas. Si no, corríjalas.

1. Los habitantes de Nueva York tienen calor en el invierno.
2. Acabo de hacer mucho ejercicio y ahora quiero comer. Tengo sueño.
3. No está seguro, pero va a tratar de contestar. El profesor sonríe. El estudiante tiene razón.
4. Acaban de comer un plato muy picante. Necesitan beber algo. Tienen hambre.
5. Estamos en julio y hace mucho calor. El niño tiene miedo.
6. Los estudiantes contestan la pregunta incorrectamente. Tienen vergüenza.
7. La mujer de negocios tiene que hacer muchas cosas en poco tiempo. Tiene prisa.
8. Acabo de ganar un millón de dólares en la lotería. Tengo muy poca suerte.

E. Una encuesta personal. Conteste las siguientes preguntas.

1. ¿De qué tiene Ud. miedo?
2. ¿De qué tiene vergüenza?
3. ¿Qué tiene que ver el español con su futuro?
4. ¿Qué hace cuando tiene hambre?
5. ¿Cuántos años tiene Ud.?
6. ¿Qué tiene que hacer esta noche? ¿Y mañana?
7. Además de lo que tiene que hacer hoy, ¿qué más debe hacer?
8. ¿Cuándo tiene mucha paciencia? ¿Cuándo tiene poca paciencia?
9. ¿De quién tiene celos? ¿Por qué?
10. ¿En qué quiere tener éxito? ¿Por qué?
11. ¿Tiene Ud. suerte? ¿En qué?
12. ¿Con qué cosas tiene mucho cuidado? ¿Por qué?

Ahora, con más de un(a) compañero(a) de clase, haga las mismas preguntas de la sección anterior. ¿Son Uds. diferentes o similares? (Practique con las formas de **Uds.** y también con las de **vosotros.)**

ENFOQUEMOS EL IDIOMA

El artículo definido
The definite article

The definite article is more frequently used in Spanish than in English. When referring to specific things, the definite article is used in both languages.

A difference between English and Spanish is that when nouns are referred to in a general sense, the definite article is required in Spanish but not in English.

Consider this sentence:

Los recursos naturales son esenciales.

The sentence is ambiguous in Spanish, and it has two possible English translations:

The (specific) natural resources are essential.
Natural resources (in general) are essential.

In Spanish, the context determines whether a general or specific sense is implied. If a noun refers to an unspecified quantity, the definite article is omitted.

No hago **llamadas** a larga distancia.	*I don't make (any) long distance phone calls.*
Las llamadas a larga distancia cuestan mucho.	*Long distance phone calls (in general) cost a lot.*

When referring to someone addressed by a title, Spanish speakers use the article with the name:

El señor Casás es un buen hombre de negocios.	*Mr. Casás is a good businessman.*

When speaking to that person, the article is not used:

—Señor Casás, ¿cómo está?	*Mr. Casás, how are you?*

By the way, professional titles are commonly used to address someone in Spanish-speaking countries. Just as with **señor, señora,** and **señorita,** the titles are not capitalized unless they are the first word of a sentence:

El ingeniero Morales, **la** profesora Espinoza, y **el** abogado Fernández son todos de Chile.

The definite article must accompany the days of the week, except when they are used with an adverb of time or when they follow the verb **ser.** *On* a certain day or days is expressed by the article. Look at these examples:

El sábado es mi día favorito.	*Saturday is my favorite day.*
Es lunes.	*It's Monday.*
Mañana **es** martes.	*Tomorrow is Tuesday.*
No hay clase **los** martes.	*There's no class on Tuesdays.*

The definite article is used with clock time and with seasons:

Es **la** una y media.   *It's one-thirty.*
Vamos a **las** dos.   *We're leaving at two o'clock.*
La primavera es mi estación
favorita.   *Spring is my favorite season.*

The definite article is used with rivers and mountain ranges. It must also be used with the following places: **El Escorial, La Habana, El Salvador.** It can be used with the following countries: **la Argentina, el Brasil, el Canadá, el Ecuador, los Estados Unidos, el Japón, el Panamá, el Paraguay, el Perú, el Uruguay.**

With expressions of location, the definite article is required:

El criminal va a **la** cárcel.   *The criminal is going to jail.*
Estamos en **el** trabajo.   *We're at work.*

Some exceptions are **a/en casa, a/en clase**:

¿Están ellos en (la) clase?   *Are they in class?*
No, están en (la) casa.   *No, they're (at) home.*

After the verbs **aprender, comprender, enseñar, entender, escribir, hablar,** and the preposition **en,** the definite article is usually omitted when the name of a language immediately follows:

Enseña portugués.   *He (she) teaches Portuguese.*

When an adverb immediately modifies the verb, the article must be used, but the article is omitted if the verb and adverb are separated:

Enseña bien **el** portugués.   ⎫
Enseña portugués bien.   ⎬   *He (she) teaches Portuguese well.*
                                 ⎭

When the name of a language is modified, the article must be used:

Hablan **el** francés **canadiense.**   *They speak Canadian French.*

The definite article must be repeated in an enumeration:

Las hamburguesas, **los** refrescos y   *Hamburgers, soft drinks, and*
los deportes son populares en   *sports are popular in Latin*
Latinoamérica.   *America.*

The masculine plural definite article is used to pluralize a family name. The name itself is not pluralized:

Los Smith van a visitar a **los**   *The Smiths are going to visit the*
García.   *Garcías.*

PRACTIQUEMOS

F. Ud. viaja a Sudamérica. He aquí el itinerario de sus aventuras. Lo único que falta son los artículos definidos. Llene los espacios con los artículos cuando es necesario.

Acabo de decidir viajar a _____ Sudamérica para estudiar _____ influencia estadounidense en _____ lengua castellana en un país fuera de _____ España. Al llegar a _____ Lima, voy a ir inmediatamente a mi hotel. Des-

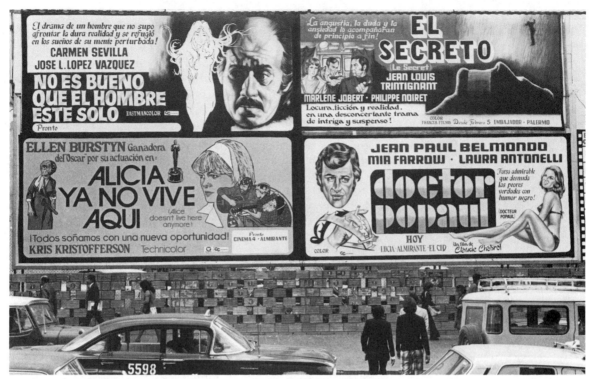

Este cine colombiano demuestra un interés en varias culturas: la hispana, la francesa y la estadounidense.

pués de viajar por este país, quiero ir a _____ Chile y cruzar _____ Andes para entrar en _____ Argentina. Yo tengo un amigo que vive en _____ Buenos Aires. Este amigo, _____ profesor Agustín, enseña _____ inglés en _____ Universidad de _____ Buenos Aires. _____ abogada famosa, _____ señora Agustín, también es amiga de mi familia. Voy a quedarme algunos días en casa de _____ Agustín y entonces, quiero pasar por Brasil. Hace muchos años que quiero ver _____ río Amazonas. Voy a salir _____ sábado porque creo que es mejor viajar _____ fines de semana. Hoy es _____ lunes y tengo mucho que hacer. Tengo que ir a _____ farmacia y a _____ agencia de viajes y a _____ banco. Espero que todo me vaya bien. Espero también divertirme mucho. Bueno, ya son _____ once de _____ mañana. Debo irme ahora. ¡Adiós!

G. El béisbol y sus aficionados. Aquí tiene Ud. el punto de vista de un gran aficionado al béisbol. Traduzca las frases al español.

1. Mr. Rodríguez always says that baseball needs fans, and fans need baseball. 2. It's not surprising that baseball is a popular sport in Latin America and in the United States. 3. Trade makes this exchange possible. 4. On Saturday, I'm going to see my favorite team **(equipo).** 5. Carlos Velázquez, from Havana, is an excellent player. 6. The game **(partido)** begins at two in the afternoon. 7. I don't need (any) money. 8. Mr. Rodríguez is going to buy the tickets **(entradas).** 9. Sports are important, especially baseball. 10. We need sports to **(para)** enjoy life.

Las preposiciones **a** y **de**
*The prepositions **a** and **de***

The preposition **a** *(to, at)* combines with **el** to form the contraction **al.** The other definite articles do not contract with **a.** There is no contraction with **él (veo a él)** or with **El** that is part of a proper name or title of literature. (Vamos a **El** Salvador.)

Here are some of the ways **a** is used:

- **A** is used with verbs of motion and location such as **estar (a** la puerta/ mesa), **ir, llegar, salir, viajar.**

- When the direct object of a sentence refers to a real or existing person, **a** must precede it (this **a** is called the personal **a**):

Busca **a** Pablo.	*He(she) is looking for Pablo.*
Busca **al** niño.	*He(she) is looking for the child.*

But there is no personal **a** when the existence is uncertain or hypothetical:

María busca un hombre ideal.	*María is looking for an ideal man.*

The personal **a** is not used with the verb **hay** or with **tener** when the object is unspecific:

Tengo cinco hermanos.	*I have five brothers and sisters.*
Hay seis hijos en la familia.	*There are six children in the family.*

However, when attention is called to the direct object, the **a** is used:

No tengo hermanos, pero sí tengo **a** mi amigo que es como un hermano.	*I don't have any brothers or sisters, but I do have a friend who's like a brother.*

Note the following verbs, which take prepositions in English, but which do not require prepositions in Spanish: **buscar** algo, *to look for (something);* **mirar** (algo), *to look at (something);* **pedir** (algo), *to ask for (something);* **escuchar** (algo), *to listen to (something);* **esperar** (algo), *to wait for (something).* Examples:

¿Buscas la cabina telefónica?	*Are you looking for the phone booth?*
Esperamos el autobús.	*We're waiting for the bus.*

Of course, in a Spanish sentence, if the direct object is a person, **a** is required:

¿Buscas **al** hombre de negocios?	*Are you looking for the businessman?*
Esperamos **a** los hombres.	*We are waiting for the men.*

- When a subject follows a verb, **a** may be used with nouns that do not refer to people, in order to distinguish the subject from the object.

¿Sigue el apellido **al** nombre, o al revés?	*Does the last name follow the first name, or the opposite?*

● **A** is used to express *at* (a certain time).

¿Te llamo **a** las cinco?   *Shall I call you at five?*

● **A** accompanies some verbs when they are followed by an infinitive. For example, **a** follows **aprender, comenzar, empezar, enseñar,** and **ir** + infinitive.

The preposition **de** (*of, about, from*) combines with **el** to form the contraction **del.** Like **a, de** does not contract with **él**, or with **El** as part of a proper name.

● **De** is used to express possession (there is no 's in Spanish):

Es la computadora **de** la compañía.   *It's the company's computer.*

● **De** accompanies certain verbs: **acabar de** + infinitive, **alegrarse de** + infinitive or noun, **depender de** + noun, **estar seguro(a) de** + infinitive or noun, **gozar/disfrutar de** + infinitive or noun, **tratar de** + infinitive or noun:

¿Estás seguro **de** tener la   *Are you sure of having the*
información?   *information?*
¿Estás seguro **de** la información?   *Are you sure of the information?*

● **De** distinguishes prepositions from adverbs: **antes de, antes** *(before)*; **cerca de, cerca** *(near)*; **dentro de, adentro** *(inside)*; **después de, después** *(after)*; **fuera de, afuera** *(outside)*; **lejos de, lejos** *(far)*. The prepositions use **de:**

Estoy dentro **de** la casa.   *I'm inside the house.*

The adverbs omit **de:**

Estoy **adentro.**   *I'm inside.*

● **De** is required to form prepositional phrases that are expressed in English by a noun used as an adjective:

el número **de** teléfono   *telephone number*
la reunión **de** negocios   *business meeting*
una clase **de** español   *Spanish class*
un examen **de** biología   *biology exam*

PRACTIQUEMOS

H. Las crisis de Rodolfo. El pobre Rodolfo tiene problemas con su teléfono. Complete el cuento con los artículos definidos y las preposiciones **a** y **de**, si es necesario. Cuidado con las contracciones **al** y **del.**

Según él, _____ teléfono _____ Rodolfo Morales no funciona. Como depende mucho _____ teléfono, decide llamar _____ operadora para informarle _____ ella _____ problema. Debe llamar _____ su esposa _____ tres _____ tarde. Hace dos horas que trata _____ llamarla. Ella visita _____ su hermana en _____ Habana. Cuando Rodolfo marca _____ número, no contesta nadie; parece que no hay _____ nadie en _____ casa. Rodolfo está triste porque echa _____ menos _____ su esposa. Rodolfo descubre que no oye _____ señal para marcar en su teléfono.

Va _____ casa _____ un amigo para usar su teléfono. Por fin contesta _____ operadora. Rodolfo le explica _____ operadora _____ problema y ella le dice que va _____ tratar _____ repararlo. Rodolfo vuelve _____ casa. En unos minutos, hay una llamada _____ puerta _____ Rodolfo. Es _____ vecino _____ Rodolfo. _____ vecino le dice _____ Rodolfo que _____ operadora quiere hablarle _____ él. Rodolfo entra en _____ casa _____ su vecino y contesta _____ operadora. Ella dice que acaba _____ llamar _____ compañía telefónica. Ellos dicen que Rodolfo no pagó su cuenta _____ teléfono. Rodolfo tiene vergüenza.

Por fin, Rodolfo decide mandarle un telegrama _____ su esposa. Busca _____ dirección _____ hermana _____ su esposa pero no puede encontrarla. Quiere decirle _____ su esposa que acaba _____ ganar _____ lotería nacional por tres millones _____ dólares. ¡Ahora puede comprar su propia compañía telefónica!

Los días de la semana, los meses y las fechas
Days of the week, months and dates

The days of the week in Spanish are **lunes, martes, miércoles, jueves, viernes, sábado, domingo.**

Days of the week are not capitalized and are all masculine. Those days ending in **s** form the plural by using the masculine plural definite article (**los lunes,** etc.).* The plurals of **sábado** and **domingo** are formed in the usual way: **los sábados, los domingos.**

The months of the year are **enero, febrero, marzo, abril, mayo, junio, julio, agosto, septiembre, octubre, noviembre, diciembre.** They are not capitalized.

To express a date in Spanish **el** + cardinal number + **de** + month + **de** + year is used:

Hoy es **el** dos **de** octubre **de** mil *Today is October 2, 1988.*
novecientos ochenta y ocho.

The ordinal number **primero** is used for the first day of the month; the cardinal numbers are used for the rest of the days:
el **primero** de febrero, el **dos** de febrero, el **tres** de febrero

When the day is mentioned, the definite article is often omitted:

¿Cuál es la fecha?
¿A cuántos estamos? } *What is the date?*
¿Qué fecha es hoy?

*This is part of a general rule for all nouns ending in an unstressed vowel + **s: la crisis/las crisis, el tocadiscos/los tocadiscos, la dosis/las dosis.**

Hoy es martes, dos de octubre de mil novecientos ochenta y ocho.	*Today is Tuesday, October 2, 1988.*

When the date appears by itself, there is no article:

20 de octubre de 1988	*October 20, 1988*

In a numerical representation, the day comes first, followed by the month and the year: 6/7/86 or 6/VII/86 for July 6, 1986 (Roman numerals are often used for the months).

MAS VOCABULARIO UTIL

hoy today
ayer yesterday
mañana tomorrow
anteayer day before yesterday
  pasado mañana day after tomorrow
el mes pasado last month
el mes que viene next month
la semana pasada last week
la semana que viene next week
el día day

la semana week
el mes month
el año year
la década decade
el siglo century
la época epoch, period
el cumpleaños birthday
a principios de (mes) at the beginning of (the month)
a mediados de in the middle of
a fines de at the end of

PRACTIQUEMOS

I. ¡Qué memoria! Su amigo Juan siempre está distraído. Nunca recuerda nada. Finalmente, Ud. le sugiere que prepare una lista de las preguntas que siempre olvida. Dele a Juan las repuestas.

1. ¿Cuál es tu mes favorito? ¿Por qué? ¿En qué estación está?
2. ¿Cuál es tu mes menos favorito? ¿Por qué?
3. ¿Cuáles son los meses de la primavera? ¿del otoño? ¿del verano? ¿del invierno?
4. ¿Cuál es la fecha de hoy?
5. ¿Cuándo es tu cumpleaños? ¿En qué estación está? ¿Qué tiempo hace?
6. ¿Cuál es la fecha de la Declaración de Independencia de los Estados Unidos? ¿del descubrimiento de América? ¿del día de San Valentín? ¿del día de San Patricio?
7. ¿Es esencial que recuerdes algunas fechas importantes durante el año? ¿Cuáles son? ¿Por qué son importantes?
8. ¿Qué días de la semana vas a la clase de español? ¿Qué días no vas?

REPASEMOS

J. Un telegrama importante. La sucursal boliviana de una compañía norteamericana acaba de recibir este telegrama. Escríbalo en una prosa completa. Añada cualquier palabra que sea necesaria. No cambie el orden de las palabras.

Nosotros / acabar / enviar / productos / fabricado / en / Estados Unidos. / Es esencial / se / vender / pronto. / (Nosotros) querer / Uds. / pedir / dinero / que necesitar / a nuestra compañía. / Es cierto / Uds. / ir / ganar / mucho dinero / y / que / Uds. / poder / contribuir / más / en / compañía / más tarde. / Nosotros / ir / llevar / presidente / compañía / Uds. / reunión / internacional / 15 / marzo. / (Nosotros) esperar / todo / ir / bien.

K. La cultura de los anuncios. Observe bien estos anuncios: el de McDonald's es de España y el otro es de México. Conteste las preguntas en párrafos bien organizados a base del tema de esta lección.

1. ¿Qué sugieren los anuncios?
2. ¿Qué es interesante para Ud.?
3. ¿Qué es sorprendente?
4. ¿Con qué aspectos de la vida tienen que ver estos anuncios?
5. ¿Qué hay de interés en cuanto a la lengua que se utiliza en los anuncios?
6. ¿Le dan a Ud. estos anuncios una diferente perspectiva del mundo hispano? Explique.
7. ¿Qué significados culturales le sugieren los anuncios?

L. Debate. Formen grupos. Un grupo defiende la idea siguiente y el otro la ataca.

El comercio entre los Estados Unidos y el mundo hispano es la clave a un mejor futuro económico para todos.

Una pareja campesina ecuatoriana. ¿Es macho el hombre? ¿Es feminista la mujer? ¿Son importantes estas actitudes en el campo?

capítulo
tres

EL MACHISMO Y EL FEMINISMO: ¿ACTITUDES EN CONFLICTO?

Por todo el mundo, se encuentran problemas causados por el machismo o por el feminismo. Tradicionalmente, se ha considerado a España y a los otros países hispanos como sociedades patriarcales, o sea, sociedades en las que el hombre es la figura dominante. El machismo, la actitud que promueve la superioridad del hombre y la inferioridad de la mujer, no se encuentra exclusivamente en el mundo hispano. Hay un movimiento contrario, el feminismo, que insiste en la igualdad entre hombres y mujeres (o en casos extremos, en la superioridad de la mujer). Este movimiento efectúa cambios en las actitudes tradicionales hispánicas y las del resto del mundo.

Las posibilidades para la mujer hispana son muy amplias. Por muchos años, la mujer tenía muy pocas opciones profesionales y la más común ha sido la de madre y esposa. Hoy en día, en varios lugares, la mujer puede escoger y prepararse para una carrera, mientras que en otros lugares el hombre definitivamente domina.

Hay que considerar la clase social de donde viene la mujer. En las clases bajas, que están atrasadas económicamente, se ven rasgos muy fuertes de machismo. Y no es que esta actitud se perciba sólo con los hombres, sino que las mujeres también ven al hombre como superior. Para las chicas en los pueblos pobres, la instrucción no es esencial: sólo necesitan encontrar un hombre, casarse y tener familia. Recientemente, las chicas que rechazan estas actitudes en busca de algo mejor tienen conflictos tanto con la madre como con el padre.

Una desventaja es que muchas mujeres se sienten incapaces de sobrevivir sin la ayuda del hombre, y dependen de ellos por su propia sobrevivencia como por la de sus niños. Audrey Bronstein, en su libro *La lucha triple: las campesinas latinoamericanas*, cita las palabras de una campesina ecuatoriana que dice que las mujeres son sumisas y tímidas, no sólo fuera sino dentro de la casa porque «el día en que su marido decida dejar de darles dinero para comprar alimentos, todos se morirán de hambre.»

Esta dependencia explica tal vez la aceptación, por parte de la mujer, de la libertad sexual del hombre. Las mujeres frecuentemente necesitan el permiso de sus esposos simplemente para ir a visitar a su familia. No tienen ningún control sobre el hombre. Lo irónico es que estas mujeres que parecen tan débiles sean realmente fuertes. Hay familias en que el padre está ausente, pero la familia sobrevive porque la madre es fuerte.

Sin embargo, esto es solamente una parte de la realidad. El futuro de la mujer tiene que ver con la clase media y con el desarrollo económico de los países hispanos. De esta clase viene la mujer liberada, la que domina su propio destino. Tiene derecho a elegir una carrera. Hoy en día en las universidades hispanas, una mitad de los estudiantes son mujeres. Entran en profesiones consideradas antes masculinas: medicina, ciencias, derecho. Hay muy poca diferencia entre una mujer hispana con título universitario y una mujer estadounidense instruida. Además, no es raro hoy en día que una mujer tenga una familia y siga una carrera; la mujer ya no tiene que escoger. Y así como en los Estados Unidos, hay personas que están muy a favor de estos cambios mientras que todavía existen otros muy conservadores que no están de acuerdo con esto en absoluto.

Ahora en España, las mujeres forman ya parte de las Fuerzas Armadas españolas, un fenómeno bastante reciente. También hay mujeres en la Marina y en la Aviación. Esto tiene dos beneficios: reduce el tremendo desempleo español, y borra las diferencias entre hombres y mujeres. Todos son bastante iguales.

Otro fenómeno nuevo en cuanto a la liberación femenina es que cada vez más mujeres solteras viven solas, aparte de sus familias. Son independientes y fuertes, y resulta que ya no es esencial que dependan ni de su familia ni de un hombre si no lo quieren. Ya empezada la liberación, ¡va a ser difícil volver al pasado!

¿Ve Ud. algunas semejanzas o diferencias entre la mujer hispana y la estadounidense? ¿Qué ve Ud. para el futuro de la mujer en general?

¿Es ésta la imagen verdadera de la mujer actual? ¿Qué cree Ud.?

¡Digamos la última palabra!

SUSTANTIVOS

el alimento food, nourishment
  alimentar to feed
la ayuda help
  ayudar to help
la carrera career
el derecho (study of) law; right
  (privilege)
la desventaja disadvantage
  la ventaja advantage
el esposo (marido) husband
  la esposa wife
las fuerzas armadas armed
  forces
el rasgo characteristic, trait
el título (university) degree

VERBOS

casarse to get married
  casado(a) married
dejar de + *inf* to stop + *verb* + -ing
efectuar (efectúo)* to effect,
  bring about
  el efecto effect
promover *ue* to promote (idea,
  product, etc.)
  la promoción promotion
rechazar to reject
  el rechazo rejection
resultar to result
  el resultado result
sobrevivir to survive
  la sobrevivencia survival

ADJETIVOS

atrasado(a) behind
  atrás back, behind
ausente absent
  la ausencia absence

bajo(a) low
  bajar to lower; to get down
débil weak
  la debilidad weakness
fuerte strong
  la fuerza strength, force
incapaz incapable
  capaz capable
instruido(a) educated
  la instrucción education
medio(a) middle
soltero(a) single, unmarried
sumiso(a) submissive

PREPOSICIONES

dentro de inside of, within
fuera de outside of

ADVERBIOS

antes before
bastante quite, enough
  (also used as an adjective)
  bastar to be enough

EXPRESIONES UTILES

borrar las diferencias to close
  the gap
cada vez más more and more
derecho a + *inf* the right to + *inf*
en absoluto at all
estar a favor de to be in favor of
estar de acuerdo (con) to agree
  (with)
hoy en día nowadays
sin embargo however;
  nevertheless
tal vez maybe; perhaps
todavía still; yet
ya already
ya no no longer

---

*Some verbs that end in **-iar** and **-uar** require a written accent when the stem is stressed. For example, **efectuar**: efectúo, efectúas, efectúa, efectúan. Such verbs will be noted (by the inclusion of the **yo** form) in the vocabulary lists as they occur.

PRACTIQUEMOS

A. Reacciones. Usando las palabras que se dan en paréntesis, responda, positiva o negativamente, a cada una de las siguientes declaraciones.

Modelo: Los hombres son superiores a las mujeres. (rasgo)
             Esta actitud es un fuerte rasgo del machismo.

1. La mujer moderna tiene dos opciones: ser madre y esposa o trabajar. (carrera)
2. La mujer debe depender del hombre para su vida. (sobrevivir)
3. El movimiento feminista no hace nada. (efectuar)
4. Los pueblos pobres son mucho más conservadores en cuanto al papel de la mujer. (atrasado)
5. Hoy en día, la mujer tiene ventajas en cuanto al trabajo. (desventaja)
6. Los hombres y las mujeres en contra del movimiento feminista no deben continuar su oposición. (dejar de)
7. En general, los profesionales no están de acuerdo con el movimiento feminista. (estar a favor de)
8. La mujer no debe participar en las fuerzas armadas. (derecho)
9. Hay más hombres que mujeres en las universidades hispanas. (ya no)
10. Ni los hombres ni las mujeres deben pensar que son superiores. (rechazar)

B. Hablando con Juanita. Juanita Suárez es psicóloga. Durante una consulta con uno de sus pacientes, decide usar la técnica de asociaciones. Ud., el(la) paciente, debe suplir lo contrario de las palabras que menciona ella. Luego, use las palabras en frases completas.

1. presente
2. después
3. la ventaja
4. aceptar
5. fuerte
6. dentro de
7. avanzado
8. casado
9. alto

C. Solicitamos su opinión.

1. ¿Existe el machismo en los EE.UU.? ¿En qué partes de la sociedad? Explique.
2. ¿Cuál es la diferencia entre una mujer femenina y una mujer feminista?
3. ¿Cuáles son las características de un hombre macho? ¿Y de una mujer feminista?
4. ¿Puede ser machista una mujer? Explique.
5. ¿Puede tener un hombre características feministas? Explique.
6. ¿Participa Ud. en el movimiento de la liberación de la mujer? ¿Cómo?
7. ¿Debe existir una separación entre los sexos? ¿Dónde? ¿Cuándo?
8. ¿Qué recomienda Ud. que hagan los líderes del movimiento feminista para borrar las diferencias entre los hombres y las mujeres?
9. ¿Ve Ud. algunos casos de discriminación sexual en su propia vida?
10. ¿Cree Ud. que hay discriminación contra el hombre causada por el movimiento de liberación femenina?

¿Sabía usted esto?

Questions in Spanish can have the same word order as statements. The only difference is the intonation.

In *yes/no* questions, the pitch rises, and in statements the pitch descends. There is no rise in pitch in information questions; this will be discussed later.

Statements	Questions
La mujer es abogada.	¿La mujer es abogada?
Es abogada la mujer.	¿Es abogada la mujer?
Es la mujer abogada.	¿Es la mujer abogada?

Questions of this type require a *yes/no* answer. The final word of the statement or question is the one on which the most emphasis falls, but the emphasis has more to do with the position of the word in the sentence than with stress.

It is important to notice that word order in Spanish is much more flexible than it is in English.

In Spanish statements the subject can be placed after the verb—or after objects—for emphasis. Be careful not to confuse the subject with the object when both refer to people:

Ve al hombre la mujer.   *The woman sees the man.*
Ve la mujer al hombre.

Ve a la mujer el hombre.   *The man sees the woman.*
Ve el hombre a la mujer.

In the first example, the only possible subject is **la mujer,** since the preposition **a** indicates that **el hombre** is the object. The reverse is true in the second example. Placing the subject at the end of the sentence gives it greater emphasis. Direct and indirect objects may also be displaced for emphasis; this will be explained later.

Tags are often used at the end of a statement to make a *yes/no* question.

La mujer es abogada, **¿verdad?**	*The woman is a lawyer, isn't she?*
La mujer no es abogada, **¿verdad?**	*The woman isn't a lawyer, is she?*
La mujer es abogada, **¿no?**	*The woman is a lawyer, isn't she?*
Es una abogada excelente, **¿no crees? /**	*She's an excellent lawyer, don't*
¿no te parece?	*you think?*

The tag **¿no?** does not usually appear at the end of a negative statement.

"Si me obligas a limpiar mi cuarto voy a tomar complejo de mujer humillada".

La familia española, como toda familia, es una institución sagrada.

PRACTIQUEMOS

D. Un señor curioso. Salvador Jiménez, un hombre de cincuenta años, acaba de encontrar un nuevo empleo. Es el primer día de trabajo y al entrar en la oficina, descubre que su nueva jefa es Magdalena Figuerra, una mujer de treinta y dos años. Aquí tiene Ud. las respuestas de Magdalena a las preguntas numerosas de Salvador. Supla, por favor, las preguntas.

Salvador	—
Magdalena	—Sí, Salvador, soy la jefa de la oficina.
Salvador	—
Magdalena	—Sí, soy bastante joven.
Salvador	—
Magdalena	—Sí, tengo dos títulos: uno en negocios y el otro en administración.
Salvador	—
Magdalena	—Sí, tengo diez años de experiencia.
Salvador	—
Magdalena	—No, no tengo esposo ni niños.
Salvador	—
Magdalena	—No, señor. Es que la mujer actual tiene opciones. Puede trabajar, o tener familia, o hacer las dos cosas. Es su propia decisión.
Salvador	—

| Magdalena | —Sí, Salvador. Soy su jefa y tengo ideas liberales. Somos individuos, no mujer contra hombre. Espero que podamos trabajar muy bien juntos. ¿Alguna pregunta más? |
| Salvador | —Sí. ¿Por qué no empezamos el trabajo? |

E. Una discusión fuerte. Susana y Rafael tienen opiniones opuestas. ¡Nunca están de acuerdo! Cuando Rafael propone algo, Susana responde enfáticamente que no es así. Siga el modelo, usando el sujeto entre paréntesis.

Modelo:
 — El hombre busca soluciones. (la mujer)
 — No busca soluciones el hombre, sino que busca soluciones la mujer.

1. Gregorio visita a Consuelo frecuentemente. (José Luis)
2. El tiene puntos de vista feministas. (ella)
3. Consuelo tiene un problema de identidad. (su novio)
4. Nosotros criticamos demasiado a las mujeres. (tú)
5. José Luis quiere armonía. (Consuelo)
6. Las mujeres sufren. (los hombres y las mujeres)

ENFOQUEMOS EL IDIOMA

Los mandatos
Commands

There are two types of commands in Spanish. As you will remember from **Capítulo Dos,** indirect commands are formed by using the subjunctive after a verb of influence:

Le digo que **haga** el trabajo.   *I tell him to do the work.*

A direct command omits the verb of influence but still uses the subjunctive in the **Ud., nosotros,** negative **tú,** and **Uds.** forms. For example:

Haga el trabajo.   *Do the work.*

The subjects of commands are **nosotros, tú, vosotros, Ud.,** and **Uds.**

● Formation of **nosotros** commands
Commands using the **nosotros** verb form are really suggestions and correspond to the English *Let's . . .* The verb form is the same as the present subjunctive **nosotros** form. The title of your text and its subsections are commands:

Charlemos.	*Let's chat.*
Enfoquemos.	*Let's focus.*
Practiquemos.	*Let's practice.*
Repasemos.	*Let's review.*

To make a command negative, add **no** before the verb form:

Resolvamos el problema.   *Let's solve the problem.*
No resolvamos el problema.   *Let's not solve the problem.*

An alternative construction, with **vamos a** + infinitive is also possible, but only in the affirmative:

Vamos a resolver el problema ⎫   *Let's solve the problem.*
Resolvamos el problema.   ⎭
No resolvamos el problema.   *Let's not solve the problem.*

There are two *let's* forms for the verb **ir.** The present indicative is used for the affirmative command; the present subjunctive is used for the negative command:

Vamos.   *Let's go.*
No vayamos.   *Let's not go.*

● Formation of affirmative **tú** and **vosotros** commands
Familiar affirmative (**tú**) commands are just like the third person singular of the indicative (or the **tú** form without the **s**):

Habla conmigo.   *Speak with me.*
(This could also mean *he, she, you is/are speaking with me.*)

To emphasize the subject or to avoid ambiguity, the subject pronoun may be added. It always follows a command form:

Habla **tú** conmigo.   *Speak with me.*

The following verbs have irregular affirmative **tú** forms:

decir	**di**		salir	**sal**
hacer	**haz**		ser	**sé**
ir	**ve**		tener	**ten**
poner	**pon**		venir	**ven**

There are no irregularities in the **vosotros** affirmative commands. It is formed by simply removing the **r** from the infinitive and adding **d:**

efectua**r**	efectua**d**
promove**r**	promove**d**
sobrevivi**r**	sobrevivi**d**

● Other forms: **Ud., Uds.,** all negative commands
With the three exceptions mentioned (affirmative **tú, vosotros** commands, and the **vamos a** + infinitive), all commands have the same form as the present subjunctive. For example,

Rechazar

tú	**rechaza**	no rechaces
Ud.	rechace	no rechace
nosotros	rechacemos	no rechacemos
vosotros	**rechazad**	no rechacéis
Uds.	rechacen	no rechacen

Verbs that are irregular, or that have spelling or stem changes in the present subjunctive, show these same changes in the command form.

Hacer

tú	**haz**	no hagas
Ud.	haga	no haga
nosotros	hagamos	no hagamos
vosotros	**haced**	no hagáis
Uds.	hagan	no hagan

Empezar

tú	**empieza**	no empieces
Ud.	empiece	no empiece
nosotros	empecemos	no empecemos
vosotros	**empezad**	no empecéis
Uds.	empiecen	no empiecen

● Alternative forms

In Spanish, circumlocutions are often preferred to command forms because they are not as strong in tone. Look at the following examples:

Tenga la bondad de ayudar con esto.

Be good enough to help me with this.

Haga el favor de ayudar con esto.

Do me a favor and help with this.

¿**Quiere** ayudar con esto?

Will you help with this?

The use of the preposition **a** with an infinitive conveys the same message as a command and often suggests enthusiasm or a stern command.

¡**A empezar!** is another way to state
$$\begin{cases} \textbf{¡Empecemos!} \\ \textbf{¡Empieza!} \\ \textbf{¡Empezad!} \\ \textbf{¡Empiece!} \\ \textbf{¡Empiecen!} \end{cases}$$

PRACTIQUEMOS

F. El valor de los consejos. Conchita Garón acaba de graduarse de la Universidad de Salamanca en España, y no tiene ideas claras en cuanto al papel de la mujer moderna en España. Decide pedirles a su madre y a su abuela consejos pero no aprende nada. Con un(a) compañero(a) de clase, haga los papeles de la madre y de la abuela según el modelo.

Modelo: Conchita —Acabo de graduarme de la universidad. ¿Debo buscar empleo?
Madre —Sí, busca empleo.
Abuela —No, no busques empleo.

1. ¿Debo salir a buscar apartamento?
2. ¿Debo seguir estudios avanzados?
3. ¿Debo poner énfasis en mi carrera?

4. ¿Debo buscar marido?
5. ¿Debo empezar a tener familia inmediatamente?
6. ¿Debo encontrar empleo?
7. ¿Debo tener familia y no trabajar fuera de la casa?
8. ¿Debo pagar los gastos si tengo esposo?
9. ¿Debo pedir ayuda por otras partes?

G. ¿Quién tiene razón?

1. Cristina y Rodolfo. Cristina va a hacer una presentación en una conferencia que promueve la independencia de la mujer. Su novio Rodolfo es un poco macho. Cristina está un poco irritada porque ella toma en serio sus propias ideas, pero Rodolfo no. Llene los espacios con la forma del mandato con **tú.**
   —Rodolfo, no _____(rechazar) mis ideas antes de escucharlas. _____ (Dejar) de pensar que las mujeres somos tímidas y sumisas. _____ (Usar) tu energía para ver que somos individuos capaces y no _____ (promover) más la superioridad del hombre. _____ (Decir) que estás de acuerdo conmigo y no _____ (decir) que no tengo razón. ¡No _____ (ser) tan crítico!

2. Cristina da su presentación. He aquí una parte de lo que dice. Use el sujeto **vosotros.**

   _____ (Ser) agresivas. No _____ (aceptar) como hecho la idea de que el hombre es más capaz. _____ (Buscar) empleo en lo que queréis. _____ (Ir) a la universidad y _____ (conseguir) títulos. No _____ (olvidar) participar en las reuniones políticas de vuestros pueblos y ciudades. Y no _____ (hacer) el papel de la mujer sumisa y tímida. _____ (Estar) a favor del progreso.

3. Un hombre informado. Un señor de la Argentina oye la conferencia. Las mujeres no saben que está presente, pero él desea expresar sus opiniones. Use las formas **Uds.** y **nosotros.**

   —¡No _____ (protestar) Uds. tanto y no _____ (ser) tan negativas! _____ (Pensar) Uds. en lo que dicen antes de ponerse furiosas. _____ (Ser) honestos Uds. y yo. _____ (Efectuar) nosotros cambios en el sistema trabajando juntos, no separados. ¡_____ (Seguir) nosotros con el progreso! ¡No _____ (impedir) nosotros la armonía! Y Uds., las mujeres, ¡no _____ (creer) que estén solas! No _____ (perder) nosotros más tiempo. _____ (Recordar) Uds. que no todos los hombres somos el enemigo.

4. Ud., el (la) consejero(a). Ud. está el lado de una mujer que escucha a Cristina y al señor de la Argentina. Parece confundida y Ud. le da los siguientes consejos. Forme mandatos con **Ud.**

   a. Establecer sus propias opiniones.
   b. Identificar las necesidades de todos.
   c. Oír lo que dicen Cristina y el señor argentino.
   d. Ayudar a la causa.
   e. Insistir en la cooperación.

H. Una conversación entre amigos. Con un(a) compañero(a) de clase, practique las formas alternativas de los mandatos. Una persona puede sugerir algo y la otra le contesta. ¡Sean originales!

> *Modelo:*   —¿Quieres hablar del sexismo?
>   —¡Pues, hablemos! (¡A hablar!)

El artículo indefinido
The indefinite article

The definite article (**el, la, los, las**) is used more in Spanish than in English; the opposite is true of the indefinite article (**un, una,** *a/an;* **unos, unas,** *some*).

With professions, nationalities, and religions, the indefinite article is omitted unless it is modified by an adjective. Compare these sentences:

Maricarmen es mujer de negocios; es argentina.	*Maricarmen is a businesswoman; she's Argentine.*
Maricarmen es **una** mujer de negocios argentina.	*Maricarmen is an Argentine businesswoman.*

With **cierto** and **otro,** there is a strong tendency for English speakers to use the article, but it is not needed in Spanish:

Cierto hombre que conozco . . .	*A certain man that I know . . .*
Otro hombre que conozco . . .	*Another man that I know . . .*

The indefinite article is not needed in exclamations:

¡Qué idea!	*What an idea!*

With **tener, buscar, haber, sin,** and **con,** the indefinite article may be omitted when the noun is unmodified—that is, when no reference is made to any particular thing or person. Compare these sentences:

No tengo idea.	*I don't have an idea (any idea).*
No tengo **una** idea nueva.	*I don't have a new idea.*
Va a buscar empleo.	*He's going to look for a job.*
Va a buscar **un** buen empleo.	*He's going to look for a good job.*

Tengo una idea focuses on the number rather than on the existence or non-existence of the idea (I have one idea):

Hay **una** desventaja.	*There is a (one) disadvantage.*

PRACTIQUEMOS

I. Una conferencia interesante. A continuación, tenemos un párrafo que describe una conferencia. Supla las formas adecuadas de los artículos indefinidos cuando es necesario, y póngalas en los espacios apropiados.

_____ grupo de profesionales viene a _____ hotel de Caracas, Venezuela. Van a discutir _____ problemas sobre el movimiento feminista, y _____ modos de aumentar la participación de _____ mujeres de la clase obrera. Juana Hernández, que es _____ abogada chilena, va a hablar de la ley que dice que _____ mujer debe obedecer a su esposo. _____ otra ley que va a mencionar es la que le da al hombre el derecho a decidir el lugar de residencia. _____ otra persona que va a hablar es _____ monja, Sor Catalina de la Cruz. Es _____ católica liberal y protesta las leyes de la Iglesia en cuanto al divorcio. Busca _____ ayuda de _____ otros católicos para eliminar la discriminación contra _____ ciertas mujeres. Hay también _____ participantes que van a entrevistar a _____ mujeres y a _____ hombres de la clase baja para señalar y examinar sus opiniones, sus prejuicios y sus temores. ¡Qué _____ conferencia va a ser!

J. El consultorio sentimental. Graciela Muñoz tiene un problema y decide escribirle una carta a «Doña Inés,» la «Querida Abby» del mundo hispano, para pedirle consejos. Supla, si es necesario, la forma correcta del artículo indefinido, y luego, conteste la carta, ofreciendo soluciones.

Doña Inés,
Soy _____ madre y trabajo en _____ compañía telefónica. Soy _____ empleada muy capaz, pero tengo _____ problema. Mi esposo no quiere que tenga _____ empleo. _____ cierto hombre que él conoce dice que _____ mujeres con niños son incapaces de trabajar y de tener familia. Hay _____ problema aquí de orgullo, el orgullo de mi esposo. Es _____ hombre muy macho y yo soy _____ mujer que quiere _____ carrera y _____ familia. ¿Qué debo hacer? Ayúdeme, por favor.
Se despide de Ud. atentamente,

Graciela Muñoz

Ahora, escriba una respuesta a la carta de Graciela. ¿Qué le recomienda Ud. que haga?

REPASEMOS

K. Los pesimistas. Muchas veces, las personas pesimistas necesitan que alguien les diga lo que no quieren oír. Siga las instrucciones y responda a las situaciones que siguen (1) con un mandato afirmativo original, (2) con un mandato negativo original y (3) con una frase con dos oraciones. Emplee la imaginación y tráigales la felicidad a sus amigos.

Modelo: La persona dice —Quiero trabajar.
                Ud. dice 1. —Pues, busque (busca) trabajo.
                        2. —No espere (esperes) más.
                        3. —Es evidente que necesita (necesitas) algo.
                           —Espero que encuentre (encuentres) algo.

Responda con la forma de **Ud.** y luego con la de **tú.**

1. Tengo una crisis de identidad.
2. Trabajo en un ambiente machista.
3. Quiero trabajar y tener una familia también, pero a mi esposo no le gustan mis ideas.
4. Necesito consejo para escoger una carrera.
5. No quiero ser soltera.

Ahora, responda con la forma de **Uds.** y luego con la de **vosotros.** (Y, si tiene mucha energía, ¡también puede responder con la forma de **nosotros**!)

1. Queremos ganar más dinero.
2. Nunca estamos de acuerdo con el jefe.
3. Trabajamos demasiado.
4. No nos gustan las condiciones de trabajo.
5. Queremos efectuar cambios.

L. Encuentros personales. Con un(a) compañero(a) de clase, haga los papeles en los siguientes dramas.

1. You are a new employee. Ask your boss exactly what your responsibilities are. Your boss will command you affirmatively and negatively. Discuss the tasks with each other.
2. You are on a crowded train traveling to Madrid. All the seats (**asientos**) are taken. An older woman is standing and a younger woman is seated. The older woman feels that she should have the younger woman's seat but the younger woman doesn't agree. What happens? Try to convince each other of your feelings.
3. You have applied for a job and have been refused because of your sex. Convince the boss that you can do the job as well as any member of the opposite sex.

CHARLEMOS UN POCO

LOS QUEHACERES DOMÉSTICOS

Son las tres de la tarde. Rufina Suárez decide darle una sorpresa a Luis y visitarlo. Pero es ella la que está sorprendida. Al entrar al apartamento de Luis . . .

RUFINA —¡Por Dios! ¡Qué desastre!

LUIS —Mira, me da vergüenza, pero detesto los quehaceres domésticos. ¿Puedes ayudar?

RUFINA —Luis, ¡por favor! ¡No esperes que te limpie el apartamento!

LUIS —¡No, por supuesto! Sólo quiero que me des unas lecciones.

RUFINA —¿Cómo puedes vivir así? ¡Qué desorden!

LUIS —¡No me critiques, por favor! Estoy ocupado con mi empleo.

RUFINA —Igual que yo. También trabajo, pero mi apartamento está normalmente limpio.

LUIS —Es porque eres mujer.

RUFINA —Con palabras así, ¡no esperes que esta lección sea fácil!

LUIS —Bueno, basta de comentarios. ¡Empecemos! Realmente necesito tu ayuda.

RUFINA —¿Nosotros? No vamos a empezar nosotros. ¡Empieza tú!

LUIS —¡Qué va! ¿No me ayudas?

RUFINA —*(sonriendo)* Sólo en que te doy las órdenes.

LUIS —¡Qué mujer! Bien, ¿qué hago?

RUFINA —Primero, algo fácil. Cambia las sábanas sucias y haz la cama.

Pasan diez minutos.

LUIS —¡Hecho! ¿Y ahora?

RUFINA —Vacía el cubo de la basura.

Pasan cinco minutos.

LUIS —¡Fácil! No sé por qué se quejan las mujeres.

RUFINA —¡Cuidado! Ahora, lava los platos, y no olvides los vasos sucios y los ceniceros en la sala. Después, seca los platos.

Pasa media hora.

LUIS   —¡Ya está! ¡Mucho mejor! ¡Gracias, Rufina! Ahora, ¿qué tienes ganas de hacer?

RUFINA   —Esto es sólo el principio, amigo mío. ¡Acabas de empezar! Ahora, barre el suelo de la cocina.

Pasan diez minutos.

LUIS   —*(en una voz cansada)* ¿Ya?

RUFINA   —¡Claro que no! Ahora pasa la aspiradora; está muy sucia la alfombra. Pero antes, tienes que quitar el polvo de todo.

LUIS   —*(un poco irritado)* ¿Por qué sonríes?

RUFINA   —Parece que estás cansado. ¿Tengo razón?

LUIS   —¡No! ¡No creas que esto me resulte difícil! ¡No es nada!

RUFINA   —¡Ja! ¡Ja! ¡Ja! ¡Vamos a ver!

Pasan cuarenta y cinco minutos.

LUIS   —¡Finalmente!

RUFINA   —¡No señor! Tienes que hacer varios recados.

LUIS   —¿Como qué?

RUFINA   —Tienes que lavar la ropa y comprar comida. No tienes nada. También necesitas jabón, papel higiénico, pasta dentífrica, champú y desodorante. No entiendo cómo vives solo, Luis. Y finalmente, tienes que ir a la florería a comprarme flores.

LUIS   —¡No me tomes el pelo! ¿Por qué debo comprarte flores?

RUFINA   —Pues, por ayudarte, bobo.

LUIS   —¡No exageres! Esto no es ayuda. ¡Es pura tortura!

RUFINA   —*(sonriendo)* Ahora, ¿comprendes que la limpieza no es tan fácil?

LUIS   —Sí, supongo que sí. ¿Por qué te ríes? ¿Te sorprende ver a un hombre tan liberado como yo? ¡Ja! ¡Ja!

RUFINA   —No pierdas tiempo llorando.

LUIS   —No, no lloro. Realmente te doy las gracias.

RUFINA   —*(con sorpresa)* Pero, ¿por qué?

LUIS   —Primero, ahora sé hacer estas cosas. Segundo, espero mantener limpio mi apartamento de ahora en adelante. Tercero, es hora de admitir que la limpieza no es cosa de mujeres sino cuestión de responsabilidad.

RUFINA   —¡Por eso te quiero! Aunque a veces parezca que tienes una actitud machista, no es así. Para celebrar tu nuevo descubrimiento, te invito a cenar a mi casa.

LUIS   —¡Pero no sé cocinar nada!

RUFINA   —No, yo lo cocino todo. Y tú *(riendo)* . . . pues, puedes poner la mesa, lavar los platos, barrer el suelo. . .

LUIS   —¡Basta ya!

RUFINA   —¡En broma, Luis! ¡En broma!

Palabras prácticas

SUSTANTIVOS

la alfombra carpet, rug
la aspiradora vacuum cleaner
el (la) bobo(a) dummy (used affectionately)
el cenicero ashtray
el desodorante deodorant
el desorden disorder, mess
el jabón soap
la limpieza cleaning
  limpiar to clean
el papel higiénico toilet paper
la pasta dentífrica toothpaste
  los dientes teeth
el quehacer doméstico
  household chore, housework
el vaso glass

VERBOS Y FRASES

barrer el suelo to sweep the floor
cambiar las sábanas to change
  the sheets
cocinar to cook
  la cocina kitchen
hacer la cama to make the bed
hacer recados to do errands
lavar los platos to wash the dishes
lavar la ropa to do the laundry
  la lavadora washer
limpiar to clean
  limpio(a) clean
llorar to cry

olvidar to forget
pasar la aspiradora to vacuum
perder tiempo to waste time
poner la mesa to set the table
quejarse to complain
  la queja complaint
quitar el polvo to dust
secar los platos to dry the dishes
  la secadora hair dryer
suponer (supongo) to suppose
**vaciar (vacío) el cubo de la
    basura** to empty the trash
  vacío(a) empty

ADJETIVOS

limpio(a) clean
  limpiar to clean
sucio(a) dirty

EXPRESIONES UTILES

¡Basta! That's enough!
  bastante enough
  ¡Basta ya! Cut it out!
de ahora en adelante from now
  on
de nuevo again
en broma just kidding, in jest
¡Hecho(a)! Done! Finished!
¡Qué va! C'mon!
Te quiero. I love you.
tomar el pelo to pull one's leg
¡Ya está! There!

PRACTIQUEMOS

A. ¿Comprende Ud. bien? Asocie las palabras de la primera columna con las de la segunda.

1. el cenicero
2. los platos
3. las sábanas
4. ir de compras
5. la alfombra
6. la basura
7. el desorden
8. cocinar
9. la limpieza
10. el polvo

a. poner la mesa
b. hacer recados
c. los quehaceres domésticos
d. sucio
e. fumar cigarrillos
f. la aspiradora
g. comer
h. la cama
i. quitar
j. el cubo

Un letrero peruano que promueve fuertemente la igualdad de la mujer.

B. Una encuesta personal. Conteste las preguntas según su experiencia personal.

1. ¿Dónde vive Ud.: en una residencia estudiantil, en un apartamento o con su familia?
2. ¿Es importante que el lugar donde Ud. vive esté limpio? ¿Por qué o por qué no?
3. ¿Qué quehaceres domésticos hace Ud. con frecuencia?
4. ¿Cuáles son sus quehaceres favoritos? ¿Y los menos favoritos?
5. Cuando Ud. tiene que hacer recados, ¿adónde va y qué hace?
6. ¿Cree Ud. que los hombres deben saber limpiar tan bien como las mujeres? ¿Por qué o por qué no?
7. ¿Qué prefiere Ud.: cocinar o lavar los platos? ¿Por qué? ¿limpiar con aspiradora o barrer? ¿Por qué? ¿hacer recados o limpiar? ¿Por qué?

C. Encuentros personales. Con un(a) compañero(a) de clase haga los papeles de los personajes en las siguientes situaciones.

1. You are at home. Your mother tells you that the Cedeño family is coming to visit tonight. Your mother tells you to clean the kitchen. You protest, saying that you have other plans. Describe your plans.
2. Your roommate answers the phone and gives you the message that your boy-friend's/girlfriend's mother is coming to visit. Your apartment is a mess. Tell your roommate that you need help. Assign him (her) chores in every room.
3. You are hurrying to clean your apartment. Go through the motions of several household chores. See if your classmates can guess what you're doing. Take turns doing the pantomime and the guessing.

ENFOQUEMOS EL IDIOMA

Las palabras interrogativas
Interrogative words

Information questions in Spanish are formed as follows:

Question word + predicate + subject or complement

The intonation is descending, in contrast to a *yes/no* question:

¿Qué haces?   ¿Haces el trabajo?

Dónde seeks location:

    ¿Dónde están?   *Where are they?*

De dónde seeks origin:

    ¿De dónde eres?   *Where are you from?*

Adónde (used with verbs of motion) asks for destination:

    ¿Adónde vamos?   *Where are we going (to)?*

Notice that whenever a preposition is part of the question phrase, it must precede the interrogative word and cannot be left out.

Cuándo asks for nonspecific time:

    ¿Cuándo es la lectura?   *When is the reading?*

A qué hora asks for specific clock time:

    ¿A qué hora empieza?   *(At) what time does it begin?*

Quién (Quiénes) can be used as the subject of a question, as the direct object, or as the object of a preposition. Remember that the **a personal** must be used when **quién** is the direct object. Look at these examples:

¿Quién viene? **¿Quiénes vienen?**	*Who is coming?*	(subject)
¿A quién busca Rafael?	*For whom is Rafael looking?* *Who(m) is Rafael looking for?*	(direct object)
¿Con quién vas?	*Who(m) are you going with?* *With whom are you going?*	(object of preposition)

De quién can mean either *from whom* or *whose*:

¿**De quién** es el recado?	{ *From whom is the message?*
	Who(m) is the message from?
¿**De quién** son estos hijos?	*Whose children are these?*

Qué means *what* and is used when asking for a definition, for identification, or for an explanation.

¿**Qué** es el feminismo?	*What is feminism?*

Qué clase/tipo means *what kind?*

¿**Qué clase** de conferencia es?	*What kind of lecture is it?*

Cuál (Cuáles) means *which* or *what* and implies a choice.

¿**Cuál** es la fecha de la conferencia?	*What's the date of the lecture?* (Of all the possible dates, on which will the lecture take place?)

Although **cuál** is often used before a noun, **qué** is preferred as an interrogative adjective.

¿**Qué alfombra prefieres?**	*Which rug do you prefer?*

Cuál is used when **ser, de** or a verb follow—when a choice is offered:

¿**Cuál es** la alfombra que prefieres?	*Which is the rug that you prefer?*
¿**Cuál de** las alfombras prefieres?	*Which of the rugs do you prefer?*
¿**Cuál** prefieres?	*Which one do you prefer?*

Por qué, the interrogative *why,* should not be confused with the conjunction **porque,** which means *because:*

—¿**Por qué** vas?	*Why are you going?*
—Voy **porque** estoy interesada.	*I'm going because I'm interested.*

Para qué also means *why.* **Por qué** is *why* in the sense of *for what reason or cause.* **Para qué** means *why* in the sense of *for what purpose:*

—¿**Por qué** se dice eso?	*Why (for what reason) is that said?*
—Se dice **porque** es verdad.	*It's said because it's true.*
—¿**Para qué** se usa la aspiradora?	*Why (for what purpose) is the vacuum cleaner used?*
—Se usa **para** limpiar la alfombra.	*It's used to clean the carpet.*

Cómo asks what something or someone is like, how something or someone is, or how something is done. It can be used to express *what* to ask someone to repeat something that was not understood, or to express surprise:

¿**Cómo** es él?	*What's he like?*
¿**Cómo** están Uds.?	*How are you?*

—¿**Cómo** haces el trabajo?	*How do you do the work?*
—Lo hago rápidamente	*I do it quickly.*

—Ella es mujer de negocios.	*She's a businesswoman.*
—¿**Cómo?**	*What? (Pardon?)*

Be very careful with the word *how:* it is not always translated by **cómo.** Expressions corresponding to the English *how* + adjective or *how* + adverb can be formed by using **qué** + noun:

¿Con **qué** frecuencia ves a Consuelo?	*How often do you see Consuelo?*
¿**Qué (Cuánta)** importancia tiene esto?	*How important is this?*
¿A **qué** distancia está tu apartamento del mío?	*How far is your apartment from mine?*

Two common expressions are ¿**Qué le parece . . .** ? and ¿**Qué tal?** which mean *How do you like . . . ?* or *What do you think of . . . ? ¿**Qué tal?** also means *How are you?* or *How's it going?* Don't confuse these expressions with **cómo:**

—¿**Cómo** tomas el café?	*How do you take you coffee?*
—Con crema.	*With cream.*
—¿**Qué te parece** el café? —¿**Qué tal** el café?	*How's the coffee?*
—Muy bien.	*Fine.*

Adjectives and adverbs can be used with the following constructions to express **how.**

Cuán + adjetivo/adverbio:	¿**Cuán** rápido es el coche?	
Qué tan* **Cómo de*** } + adjetivo:	¿**Qué tan** rápido es el coche? ¿**Cómo de** rápido es el coche?	*How fast is the car?*

Other adjectives that can be used with these constructions include **ancho, cierto, eficaz, grande, importante,** and **largo.**

Cuánto means *how much* or *how many* and must agree with the gender and the number of nouns:

¿**Cuántos metros** de alto tiene?	*How tall is it?*
¿**Cuántas computadoras** hay en la oficina?	*How many computers are there in the office?*

Cada cuánto means *how often* and is a synonym of **Con qué frecuencia. Cuánto tiempo** means *how long.*

Notice that all interrogative words have accents. The same is true of words used to ask indirect questions:

Aquí es **donde** vive Carlos, pero no sé **dónde** vive Maribel. ¿**Dónde** vive ella?	*Here is where Carlos lives, but I don't know where Maribel lives. Where does she live?*

*These forms are used primarily in the Caribbean.

PRACTIQUEMOS

D. ¡Rompecabezas! Le damos ahora una serie de respuestas con unas palabras en bastardilla. Usando palabras interrogativas, haga Ud. preguntas que produzcan las respuestas ya escritas, y que generen las palabras en bastardilla. Adivine de qué se habla.

Modelo: **¿De qué color es?** Es *rojo.*

1. _____ Es *una cosa.*
2. _____ *Su función* es que sirve al público.
3. _____ Se usa *bastante frecuentemente.*
4. _____ *Todos* lo usamos.
5. _____ Se encuentra *en casas, en oficinas y en lugares públicos.*
6. _____ Se usa *para hablar con alguien.*
7. _____ Los hay de *varios colores.*
8. _____ *Se marca un número.*

¿De qué se habla? _____

E. Más rompecabezas. Haga preguntas nuevas que correspondan a las respuestas, y adivine lo que es.

1. _____ Es *una cosa.*
2. _____ Generalmente es *rectangular.*
3. _____ Normalmente tiene *más o menos 2 metros de largo y 1,5 metros de ancho.*
4. _____ Se encuentra *en casas y en hoteles.*
5. _____ Se usa *todos los días.*
6. _____ Se usa *unas ocho horas por día.*
7. _____ Se usa *de noche.*
8. _____ Se cubre *con sábanas.*
9. _____ Se usa *para dormir.*

¿De qué se habla? _____

F. Rompecabezas tres. Ahora, trabaje (o mejor dicho, juegue) con un(a) compañero(a) de clase. Uno(a) de ustedes debe pensar en un objeto o en una persona y el (la) otro(a), haciendo preguntas, debe adivinar de qué se trata.

G. ¡Veinte preguntas! Las respuestas que se dan tienen que conformar con las preguntas que Ud. haga. Haga Ud. las preguntas de modo que produzcan los segmentos en bastardilla de cada respuesta.

La vida de una mujer importante.

1. _____ Se llama *Luisa Enríquez Peña.*
2. _____ Es *mujer de negocios.*
3. _____ Estamos interesados *porque es una feminista famosa.*
4. _____ Repito: *es una feminista famosa.*
5. _____ Cree en *la igualdad de la mujer.*
6. _____ ¡Es *muy* famosa!
7. _____ Sabemos eso *porque hay muchos artículos escritos sobre ella.*
8. _____ *Un sinnúmero* de artículos.
9. _____ Luisa está *en casa* ahora.

10. _____ *Se prepara para ir a una reunión.*
11. _____ *¡Una reunión de feministas,* claro!
12. _____ Va *al Centro de Mujeres.*
13. _____ Es *esta noche.*
14. _____ Es *a las ocho de la noche.*
15. _____ Va *con sus colegas.*
16. _____ Van a hablar *de la independencia de la mujer.*
17. _____ Hay una reunión *cada semana.*
18. _____ Luisa *no sabe nada de su popularidad.*
19. _____ Queremos que hable *porque es una mujer fascinante.*
20. _____ *No todos están de acuerdo con sus ideas,* pero cada persona tiene derecho a expresarse.

Pronombres de complemento indirecto
Indirect object pronouns

Indirect objects can usually be identified by asking *to/for/of/on/from whom* or *what.* The answer is the indirect object. With a verb of communication, the person to whom one is communicating is the indirect object.* When an action involves someone else *(to/for/of/on/from),* that person is the indirect object.

These are the indirect object pronouns in Spanish:

me *to/for/of/on/from me*	**nos** *to/for/of/on/from us*
te *to/for/of/on/from you*	**os** *to/for/of/on/from you*
le *to/for/of/on/from him/her/you* (Ud.)	**les** *to/for/of/on/from them, you* (Uds.)

Indirect object pronouns are used to replace the indirect object noun and/or to repeat the indirect object noun. The second function is known as the redundant use of the indirect object pronoun. When the indirect object noun is stated, it is preferable to use the redundant construction, which uses the indirect object pronoun with the prepositional phrase:

Luis **le** da flores **a Rufina.**	*Luis gives Rufina flowers.* (redundant construction)
Luis **le** da flores.	*Luis gives her flowers.* (pronoun replaces noun)
Luis **le** da flores **a ella,** no **a Ud.**	*Luis gives her flowers, not you.* (emphatic redundant construction)

Notice the other possible translations of the indirect object pronoun:

Rufina no **le** hace los quehaceres domésticos **a** Luis.	*Rufina doesn't do the chores for Luis.*
Luis **le** pide un favor **a** Rufina.	{ *Luis asks Rufina for a favor.* { *Luis asks a favor of Rufina.*
Al salir, Luis **le** pone la chaqueta **a** Rufina.	*When they leave, Luis puts Rufina's jacket on her.*
Rufina no **le** roba **a** él el placer de ayudarla.	*Rufina doesn't rob him of the pleasure of helping her.*

*Exception: **llamar** takes a direct object.

The indirect object noun may come before the verb. When the indirect object precedes the verb, the inclusion of the corresponding object pronoun is essential:

A Rufina Luis **le** compra flores.   *Luis buys flowers for Rufina.*

Note the differences among these sentences:

¿**Quién** busca la información?   *Who's looking for the information?* (subject)

¿**A quién** busca?   *For whom is he looking?* (direct object)

¿**A quién le** busca la información? }   *For whom is he looking for the*
¿**Para quién** busca la información? }   *information? (indirect object)*

The position of the indirect object pronoun is usually in front of the conjugated verb, except in the affirmative command form, where the pronoun is attached to the verb form. The pronoun may also be attached to an infinitive. In a negative sentence, the word **no** precedes the object pronoun. Look at these examples:

Te pongo la mesa.   *I'll set the table for you.*
No te pongo la mesa.   *I won't set the table for you.*
Te voy a poner la mesa. }   *I'm going to set the table for you.*
Voy a ponerte la mesa. }

Ponme la mesa.   *Set the table for me.*
No me pongas la mesa.   *Don't set the table for me.*

PRACTIQUEMOS

H. Unos favores. Marilinda necesita un favor. ¿Quién puede ayudarla? Cambie las palabras en bastardilla por las que están entre paréntesis. Haga los cambios necesarios.

1. Marilinda acaba de pedir*me* información. (a Tomás, a nosotros, a ti, a vosotros, a ellos)
2. *Me* sugiere que yo le ofrezca ayuda. (a Tomás, a nosotros, a ti, a vosotros, a ellos)
3. *Me* menciona que busca una buena abogada famosa. (a Tomás, a nosotros, a ti, a vosotros, a ellos)
4. *Me* pregunta si conozco a alguien. (a Tomás, a nosotros, a ti, a vosotros, a ellos)
5. *Me* dice que aprecia la información. (a Tomás, a nosotros, a ti, a vosotros, a ellos).

I. Una carta. Manuela y Alfonso Fuentes son médicos venezolanos. Ahora hacen su práctica en un hospital de los Estados Unidos. Están muy ocupados y no tienen tiempo para escribir. Manuela recibe una carta de sus padres, llena de preguntas. Conteste las preguntas de los padres.

Querida Manuela,
        ¿Por qué no nos escribes más? ¿Puedes darnos noticias de Alfonso? ¿Le hablas regularmente? ¿Cómo les van las cosas allí? ¿Podemos ofrecerte algo? ¿Y a Alfonso? ¿Quieres que les mandemos algo a Uds.? ¿Qué necesitan? ¿Prefieres

que te telefoneemos en vez de escribirte? Y Alfonso, ¿prefiere él que le telefoneemos? Es que hace mucho tiempo que no oímos nada de Uds.

Estamos preocupados por Uds. ¿Qué nos aconsejan Uds.? ¿Nos das buenas noticias? ¿Y Alfonso? Cuídense y escríbanos, por favor.

Recibe un abrazo fuerte de tus papás, que te quieren.

Mami y Papi

Una mujer de Chile: ¿es la norma o la excepción?

J. El futuro. Hay una reunión internacional de sociólogos en la que participan sociólogos de España y de la América del Sur. El tema central es el futuro de la mujer. Presentamos aquí una porción de una discusión. Conteste las preguntas con mandatos, siguiendo las indicaciones en paréntesis.

Modelo: —¿Le pido información a Ud.? (Sí; Ud.)
—Sí, pídame información.

1. ¿Les ofrecemos a Sofía y a Rafael otras opiniones? (No; vosotros)
2. ¿Te repetimos los problemas que la mujer sufre hoy en día? (Sí; Uds.)
3. ¿Les explico a Uds. las circunstancias? (No; Ud.)
4. ¿Les sugerimos a Uds. unas alternativas? (Sí; Uds.)
5. ¿Os señalo los peligros? (No; tú)
6. ¿Les repetimos a las mujeres que hay esperanza para el futuro? (Sí; nosotros)
7. ¿Les damos a Uds. ideas para resolver el problema? (Sí; Uds.)

K. Otro apartamento desastroso. Carmen y Teresa, amigas de Luis, también viven en un apartamento desordenado. Traduzca su conversación al español.

Carmen	—We need to ask a favor of Luis.
Teresa	—What favor?
Carmen	—Rufina has just given him a lesson and now he knows how to clean his apartment.
Teresa	—Do you think he can repeat the lesson to us?
Carmen	—Or should we borrow some ideas from Rufina?
Teresa	—Yes! Call Rufina. Tell her that I'll cook her a meal if she comes here.
Carmen	—Tell me how I should ask Rufina to come here.
Teresa	—Mention to her that you need her help. Luis told me that Rufina loves to help her friends!

Complementos de preposición
Prepositional pronouns

These are some common Spanish prepositions: **a, alrededor de, con, contra, de, delante, detrás de, en, hacia, para, por, sin, sobre.** After most prepositions, the following pronouns must be used:

mí	nosotros(as)
ti	vosotros(as)
él	ellos
ella	ellas
Ud.	Uds.
sí	sí

No podemos empezar **sin ella.**	*We can't begin without her.*
Pon la silla **delante de mí.**	*Put the chair in front of me.*

Notice that except for **mí, ti,** and **sí,** prepositional pronouns are the same as subject pronouns.

Sí has a reflexive meaning:

Juan le habla a él.	*Juan speaks to him.*
Juan se habla a **sí** (mismo).	*Juan talks to himself.*
Juan habla para **sí** (mismo).	

After **entre, como** and **que,** the subject pronouns are used:

entre **tú** y **yo**	*between you and me*
Ella es tan capaz como **yo.**	*She is as capable as I.*
El es más incapaz que **yo.**	*He is more incapable than I.*

After the preposition **con,** the pronouns **mí, ti,** and **sí** change form:

con + mí = conmigo   **con + ti = contigo**   **con + sí = consigo**

Prepositional pronouns used with the preposition **a** are frequently used to clarify or to emphasize an object pronoun.

In the following example, **a él, a ella** and **a Ud.** clarify the pronoun **le:**

Le señalo $\begin{Bmatrix} \textbf{a él} \\ \textbf{a ella} \\ \textbf{a Ud.} \end{Bmatrix}$ la solución.   *I point out the solution* $\begin{cases} \textit{to him.} \\ \textit{to her.} \\ \textit{to you.} \end{cases}$

In this redundant construction, the prepositional phrase is optional, but the indirect object pronoun is mandatory.

PRACTIQUEMOS

L. El machismo: ¿constructivo o no? Traduzca las palabras entre paréntesis y sustitúyalas por las palabras en bastardilla.

1. El machismo no es para *ellos*. (us, him, her, me, them [feminine], you [singular familiar])
2. Entre *Uds.* y *nosotros,* es una actitud horrible. (him and her, you [singular familiar] and me, them and you [plural familiar])
3. Ellos tienen que desarrollar actitudes positivas hacia *ellas*. (me, us, her, them [masculine], you [singular familiar], you [plural familiar])
4. Hay que cambiar la situación actual para *ellos*. (us, him, her, me, you [plural familiar])
5. Los hombres tienen que aprender a comunicarse con *ellas*. (you [singular familiar], us [feminine], me, her, you [plural formal])

Verbos como **gustar**
Verbs like gustar

The following verbs usually appear in the third person singular and plural forms and must be accompanied by an indirect object pronoun:

caer bien/mal to get/not get along with	**importar** to be important; to matter; to care about
desagradar to displease, dislike	**interesar** to interest
doler *ue* to hurt, ache	**ir bien/mal** to go well/badly
encantar to delight (like very much, love)	**molestar, fastidiar** to bother, annoy
faltar to lack; to not have; to be missing	**parecer** to seem, appear
fascinar to fascinate	**quedar** to remain; to have left
gustar to like (be pleasing to)	**sobrar** to be or to have left over
hacer falta to need	**sorprender** to surprise
	venir bien/mal to suit/not suit

With verbs of this type, the English subject and object may be reversed in Spanish. For example, in English **gustar** means *to like,* but it is actually formed like *to be pleasing to:*

Me gusta la igualdad.
O.   S.
$\begin{cases} \textit{I like equality.} \\ \textit{Equality is pleasing to me} \\ \textit{S.} \qquad\qquad\qquad \textit{O.} \end{cases}$

Les gusta la igualdad.
$\begin{cases} \textit{They like equality.} \\ \textit{Equality pleases them.} \end{cases}$

Nos gusta.
$\begin{cases} \textit{We like it.} \\ \textit{It pleases us.} \end{cases}$

Be careful with agreement between the subject and the verb. The subject is that to which the person (expressed by the indirect object pronoun) is reacting:

| ¿No te encanta mi idea? | Don't you love my idea? |
| ¿No te encantan mis ideas? | Don't you love my ideas? |

When one or more infinitives are the subject of the sentence, the verb is always in the singular:

| Nos **hace** falta pensar. | We need to think. |
| Nos **hace** falta pensar y reaccionar. | We need to think and react. |

Prepositional pronouns are frequently used with these verbs for emphasis or clarification and may precede or follow the verb:

A **mí** me quedan quince minutos.	
Me quedan a **mí** quince minutos.	I have fifteen minutes left.
Me quedan quince minutos a **mí.**	

Más, not **mejor,** is used with **gustar** to mean *to like better:*

| Me gustan **más** las personas emocionalmente fuertes que las débiles. | I like emotionally strong people better than weak ones. |

A subordinate verb (joined to the main clause by **que**) will take the subjunctive if one of the following verbs is the verb in the main clause: **desagradar, encantar, fascinar, gustar, hacer falta, importar, interesar, molestar, sorprender.** Examples:

| Nos **importa** que Uds. **escuchen** nuestras opiniones. | It matters to us that you listen to our opinions. |
| Me **sorprende** que no **estés** de acuerdo conmigo. | It surprises me that you aren't in agreement with me. |

PRACTIQUEMOS

M. Algunas opiniones sobre la limpieza. Todos tenemos la misma opinión. Cambie los pronombres de complemento indirecto por los que están entre paréntesis.

1. ¡Me desagradan los quehaceres domésticos! (a nosotros, a ti, a Luis, a Juana y a Eugenio, a vosotros)
2. Me interesa más estar con amigos. (a ti y a mí, a Susana, a Uds., a vosotros, a Juan y a María)
3. No me gusta una casa sucia pero me faltan el deseo y la paciencia para limpiar. (a ella, a Rita y a Sara, a nosotros, a Carlos, a ti)
4. Me parece que debo cambiar de actitud. (a ellos, a nosotros, a vosotros, a Uds., a Jorge)
5. Me faltan las ganas de limpiar. (a mi amigo Raúl, a ti y a Manuel, a ellos, a ti y a mí, a Ud.)

N. ¿Qué le gusta a Ud.? Cambie las palabras en bastardilla por las que están entre paréntesis y hágale las preguntas a un(a) compañero(a) de clase.

1. ¿Le interesa *la ley contra la discriminación sexual*? (las reacciones hacia el movimiento feminista, la situación mundial, la política)
2. ¿Le importan *las opiniones*? (la actitud de otros, la igualdad de los sexos, los platos sucios)
3. ¿Le encanta *expresar su opinión*? (cambiar las sábanas, tomarles el pelo a sus amigos, limpiar y preparar la comida)
4. ¿Le desagrada *su carrera*? (las conferencias, los quehaceres domésticos, la vida)
5. ¿Le sobra *comida*? (champú, jabón y pasta dentífrica, dinero)

O. **Una invitación inesperada.** Rosalía ve a su amigo Rodrigo y quiere hablar con él. Presentamos su conversación pero sin los verbos ni los pronombres del complemento indirecto. Supla Uds. los verbos en su forma correcta y los pronombres.

Rosalía	—Rodrigo, ¿a ti _____ _____ (gustar) ir al teatro?
Rodrigo	—Sí, a mí _____ _____ (encantar) las producciones teatrales.
Rosalía	—Pues, ¿qué _____ _____ (parecer) si te invito a ver *Don Juan Tenorio*?
Rodrigo	—¡A mí _____ _____ (interesar) mucho! ¿Por qué me invitas?
Rosalía	Es que a mí _____ _____ (sobrar) dos boletos. Ahora, sólo _____ _____ (quedar) a nosotros invitar a una persona más. A mí _____ _____ (hacer falta) pensar en alguien. ¿Crees que a Tina _____ _____ (interesar) el teatro?
Rodrigo	—¡Estoy seguro que a ella no _____ _____ (faltar) ni el interés ni el entusiasmo!
Rosalía	—Entonces, ¡vámonos! No _____ _____ (quedar) a nosotros mucho tiempo.

P. **La vida doméstica.** Aquí tiene Ud. algunas escenas típicas en varias casas. Traduzca al español.

1. Lorenzo, the perfect husband:
   Lorenzo's wife works outside the home. It's important to Lorenzo that she have free time. He helps with the housework and Lorenzo's wife likes that (**eso**).
2. Federico and Graciela, another couple:
   Federico —Graciela, does it surprise you that housework bothers me?
   Graciela —No, I dislike it too. It seems to me that we need domestic help. What do you think?
3. Jorge has a big problem:
   Jorge needs help because he doesn't have much time to finish the cleaning. Things are not going well for Jorge today.
4. One roommate to two others (use **vosotros**):
   I don't like you to forget to empty the trash. You don't like me to forget, do you? It seems to me that we need some cooperation (**cooperación**).
5. A mother to her children (use **Uds.**):
   I'm very happy. The house is clean and now we have two hours left (extra) before dinner.

REPASEMOS

Q. ¡Ahora le toca a Ud.! Practique con las formas afirmativas y negativas del mandato con un(a) compañero(a) de clase. Ud. es el jefe (la jefa). Dé algunas órdenes y emplee la imaginación! Posibles temas: (1) compañeros de cuarto—los quehaceres domésticos; (2) jefe/empleado—en la oficina; (3) madre o padre—los quehaceres domésticos; (4) consejera académica/estudiante—las carreras, los estudios, etc.

R. Una encuesta personal. Teniendo presente los efectos del machismo y del feminismo en su vida, conteste las siguientes preguntas.

1. ¿Qué le sorprende a Ud.?
2. ¿Qué cosas le importan a Ud.?
3. ¿Qué cosas le fascinan a Ud.?
4. ¿Qué le fastidia a Ud.?

5. ¿Qué le disgusta a Ud.?
6. ¿Qué le falta a Ud.?
7. ¿Qué le hace falta a Ud.?

Ahora, entreviste a un(a) compañero(a) de clase respecto al movimiento de liberación femenina.

1. ¿Qué le parece evidente?
2. ¿Qué le molesta?
3. ¿Qué aspectos le gustan?

4. ¿Qué le desagrada?
5. ¿Qué le sorprende?

S. ¡Vamos a debatir! Forme dos grupos, uno que presente y defienda las siguientes ideas y el otro que las ataque. No importa que Ud. esté en un grupo cuyas ideas son contrarias a las suyas. Lo importante es la lógica de su defensa y de su argumento.

1. La mujer no debe participar en el servicio militar.
2. El feminismo empeora la situación entre hombres y mujeres.
3. Cuando los dos padres trabajan fuera de casa, los niños sufren.
4. El hombre macho es un mito.
5. Ciertas profesiones deben ser sólo para hombres y otras sólo para mujeres.
6. Las compañías, para las cuales trabajan muchos padres, deben ofrecer programas de supervisión de los niños.
7. Las mujeres no deben ser consideradas iguales a los hombres.

T. ¡Vamos a escribir! Ahora escriba una pequeña composición bien pensada recordando los puntos del ejercicio anterior. Compare o contraste la situación de las mujeres con la de los hombres.

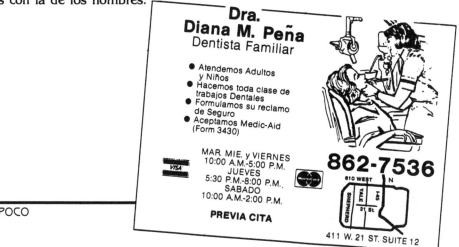

Esta mujer mexicana estudia para arquitecta. No es la imagen estereotipada de la mujer hispana.

capítulo
cuatro

LOS ESTEREOTIPOS:
LA GENTE NO ES NECESARIAMENTE ASÍ

¿Es Ud. rico(a) y egoísta? ¿Tiene Ud. dos coches? ¿un televisor en cada habitación de su casa? ¿Come Ud. hamburguesas, papas fritas y Coca-Cola cada día? Claro que no. Este es un país de individuos —de rubios, trigueños, pelirrojos, de todo color de piel y de muchas creencias religiosas. Y toda la gente de estas razas y herencias variadas pertenece a un país.

Es muy fácil clasificar a una población por medio de estereotipos. Las preguntas del principio representan la percepción estereotípica que tienen muchos del estadounidense. Los estereotipos son peligrosos. Todos somos culpables de usarlos a menudo. Lo malo es que demasiados juzguen a otros por medio de estas generalizaciones y clasificaciones despectivas. Por eso rehúsan concederles sus derechos, emplearlos o darles vivienda.

En cuanto al hispano, una encuesta de estudiantes universitarios de segundo y tercer año revela que es común la percepción estereotípica del mundo hispano. La mayoría tiende a considerar a los hispanos como un grupo homogéneo, como una nacionalidad, en vez de muchas diferentes nacionalidades. El estereotipo más prevalente es el del hispano perezoso, vestido de campesino, con sandalias y un sombrero grande, que descansa recostado en un cacto. Esto es totalmente falso. Un ejemplo que demuestra lo trabajadores que son los hispanos es lo que hacen los obreros migratorios. Estos hombres, juntos con mujeres y niños, consiguen trabajos increíblemente difíciles que muchos norteamericanos rehúsan hacer. Estos obreros, por lo general, están muy preocupados por ganarse la vida o, mejor, por la sobrevivencia. Dependen de este empleo, afuera, en el sol durante los días más calientes del año, por el bienestar de su familia. Tienen que estar listos para cualquier trabajo en cualquier lugar, y aguantan condiciones miserables de vivienda.

Otro estereotipo común tiene que ver con la comida hispana y con la apariencia física del hispano. La mayoría cree que los platos hispanos son todos picantes. En realidad, la comida varía mucho. Por ejemplo, cuando se habla de tortillas se piensa en una tortilla hecha de maíz, llena de algo picante, servida con arroz o

¿Son los estadounidenses así?

frijoles. Este es un plato mexicano y guatemalteco. Pero hay también la tortilla española, que se hace con huevos y patatas—completamente diferente—y las tortillas sudamericanas, con huevos y carne. Hay variedad también en la apariencia física del hispano. Aquí se cree que todos tienen el pelo trigueño, los ojos negros y la piel no muy clara, sino color de oliva. De hecho, hay personas hispánicas de diversa apariencia física a través del mundo hispano.

Muchas veces, al conocer a una persona se forma una impresión inmediata basada en la ropa que lleva y en su apariencia general. Esa impresión inicial puede determinar la actitud total hacia tal persona y controlar nuestras relaciones con ella. Nadie puede aguantar ninguna clasificación que le quite la individualidad, y es la falta de comprensión de otras culturas o de otras personas la que contribuye a la formación de estereotipos.

¿Cómo podemos prescindir de estas generalizaciones dañinas? ¿Es posible luchar contra su uso?

¡Digamos la última palabra!

SUSTANTIVOS

el arroz rice
el bienestar well-being
el(la) campesino(a) peasant
el coche/carro car
la creencia belief
  creyente believing; believer
  creer to believe
la encuesta poll
el frijol bean
la habitación room
  habitar to inhabit, live in
la herencia heritage
el huevo egg
el maíz corn
el ojo eye
el pelo hair
la percepción perception
  percibir to perceive
la piel skin
la raza race (of people)
el televisor television set
la variedad variety
  variar (varío) to vary
la vivienda housing, living accommodations
  vivir to live

VERBOS

aguantar to put up with, stand, bear

clasificar to classify
  la clasificación classification
conceder to give, grant
considerar to consider, think about
  la consideración consideration
descansar to rest, relax
  el descanso rest
juzgar to judge
  el(la) juez judge
pertenecer a (pertenezco) to belong to
prescindir de to dispel; to do without, dispense with
rehusar (rehúso) to refuse
tender *ie* **a** to tend to
  la tendencia tendency

ADJETIVOS

caliente hot
  el calor heat *n*
claro(a) clear; light
cualquier any, any at all
culpable guilty
  culpar de to blame for
dañino(a) harmful
  el daño harm
  dañar to harm
demasiado(a) too much, excessively; too
demasiados(as) too many

despectivo(a) insulting, derogatory
juntos(as) together
  juntar to gather
listo(a) ready; smart
lleno(a) full
  llenar to fill
peligroso(a) dangerous
  el peligro danger
pelirrojo(a) redheaded
perezoso(a) lazy
  la pereza laziness
recostado(a) en leaning against
rubio(a) blond
trabajador(a) hardworking
  trabajar to work
  el trabajo work
trigueño(a) brunette, dark-haired
vestido(a) (de) dressed (in)
  vestir i to dress someone
  vestirse i to get dressed

PREPOSICIONES

a través de through, across
  atravesar ie to cross
contra against
durante during
  durar to last

ADVERBIO

afuera outside

EXPRESIONES UTILES

a base de, basado(a) en on the basis of
además besides
a menudo often
por falta de for lack of
por medio de by means of

PRACTIQUEMOS

A. Ud., el (la) juez. Tiene Ud. que decidir si las ideas siguientes son verdaderas o falsas y explicar por qué.

1. Los estereotipos son generalizaciones negativas.
2. Por lo general, una sola raza vive en un país.
3. Los estereotipos son buenos porque facilitan la comprensión de una cultura.
4. Hay personas que ofrecen empleo y vivienda basados en los estereotipos.
5. Hay muchos que piensan que el hispano representa una sola nacionalidad.
6. La comida de todos los países hispánicos es básicamente igual.
7. A los obreros migratorios no les importa el dinero ni la familia porque viajan mucho.
8. Los hispanos son perezosos.
9. El uso de estereotipos destruye la individualidad.

B. Ud. a la defensa. Alfonso Infante es un señor de Bolivia. Sólo conoce a unos cuantos norteamericanos, pero los clasifica a todos igualmente. Aquí tiene Ud. una oportunidad de rechazar los estereotipos. Use las palabras entre paréntesis en su defensa.

1. Los norteamericanos están obsesionados con el trabajo. (descansar)
2. Los norteamericanos no están interesados en la familia. (juzgar)
3. Todos los norteamericanos son conservadores. (creencia)
4. Todos los norteamericanos son ricos. (percepción)
5. Por interés propio los norteamericanos tienden a explotar a todos; son oportunistas. (crítica despectiva)
6. A los norteamericanos no les interesa aprender otras lenguas. (a menudo)
7. La comida norteamericana favorita es la de McDonald's. (platos regionales)
8. Los norteamericanos no aguantan a los extranjeros. (generalización peligrosa)

¿Qué estereotipo se ve en el dibujo?
¿Es cómico o despectivo?

C. Solicitamos su opinión.

1. ¿En qué se basan los estereotipos?
2. ¿Usa Ud. estereotipos? ¿Cuáles?
3. ¿Le gustan a Ud. los estereotipos asociados con los norteamericanos? ¿Por qué o por qué no?
4. ¿Qué nos revelan los vestidos de una persona? ¿Son una buena indicación de su personalidad? ¿Por qué o por qué no?
5. Muchos hispanos en los EE.UU. tienen problemas de asimilación. ¿Es posible que esto tenga algo que ver con los estereotipos? Explique.
6. ¿Qué otros estereotipos de los hispanos conoce Ud.? ¿Y de los norteamericanos?

¿Sabía usted esto?

In Spanish, two conjunctions change because of a following sound.

The word **y** changes to **e** in front of words beginning with the sound /i/:

padres **e** hijos

The word **o** changes to **u** in front of words beginning with the sound /o/:

mujer **u** hombre

After the preposition **al**, the infinitive is used.

Al + the infinitive means *upon* or *when*, followed by the gerund in English:

Al pensar en una cultura, muchos usan estereotipos.	When ⎰ *thinking about a culture, many* Upon ⎱ *people use stereotypes.*

Both **saber** and **conocer** mean *to know* but they have very different uses.

Saber is used with infinitives to mean *to know how*; it is also used with factual information or with acquired knowledge:

Nosotros **sabemos** prescindir de los estereotipos.	*We know how to dispel stereotypes.*
El **sabe** cuál es la fecha.	*He knows what the date is.*
Ella **sabe** dónde está la casa.	*She knows where the house is.*

Conocer means *to know* in the sense of *to be familiar with* and is used with people, things, or places; it presumes personal experience with something:

Conozco la ciudad.	*I know (my way around) the city.*
Conocemos al señor, pero no **sabemos** donde vive.	*We know the man, but we don't know where he lives.*

Both **pedir** and **preguntar** mean *to ask*, but like **saber** and **conocer,** they have different uses. **Pedir** and **preguntar** take indirect objects in Spanish.

Pedir *i* means *to ask for, to request*; it is also used to order food:

Le **pido** a él que vaya a la tienda.	*I ask him to go to the store.*
Pido la información.	*I ask for the information.*
En este restaurante, Pamela siempre **pide** langosta.	*In this restaurant, Pamela always orders lobster.*

Preguntar is used to ask a question. When it is followed by the preposition **por**, it means *to ask for* or *to ask about (someone)*:

El **pregunta** qué hora es.	*He asks what time it is.*
Siempre **preguntan por** ti.	*They always ask about you.*

Hacer una pregunta can also be used to mean *to ask a question*:

El me **hace una pregunta.**	*He asks me a question.*

PRACTIQUEMOS

D. ¡Qué persona más indecisa! Después de hablar, Tomás decide que la tercera palabra debe estar en primer lugar. Ayúdele, cambiando el orden de los grupos de palabras.

1. hijos y padre
2. aburridos e interesados
3. orgulloso y honesto
4. obreros o jefes
5. ideas y opiniones

6. mañana y hoy
7. hispanos y norteamericanos
8. hipocresía o prejuicio
9. huevos y patatas
10. orgullo o indiferencia

E. Al conocerse el uno al otro. Complete las frases de una manera original.

1.
a Al ver a un(a) hispano(a), yo _____.
b Al ver a un(a) norteamericano(a), el (la) hispano(a) _____.

2.
a Al hablar con él (ella), yo _____.
b Al hablar conmigo, el(la) hispano(a) _____.

3.
a Al conocer al (a la) hispano(a) mejor, yo _____.
b Al conocerme a mí mejor, él(ella) _____.

F. Una persona que conozco.

1. Llene los espacios con las formas apropiadas de **saber** o de **conocer**.

(Yo) _____ a un señor que tiende a juzgar a muchos por medio de estereotipos. No quiere _____ nada de una persona nueva ni quiere _____ a la persona. Siempre le digo que _____ a una persona antes de juzgarla pero él cree que lo _____ todo y no quiere escucharme. Es posible que no _____ llevarse bien con otros. (Yo) no _____, pero espero que, algún día, él vea que tengo razón.

2. Ahora, use la forma apropiada de **pedir** o **preguntar**.

Un amigo mío siempre _____ por ti y me _____ dónde estás. Cuando vamos al restaurante chileno (él) _____ tu plato favorito como recuerdo de la cena contigo. Me _____ que otra vez te invite a comer con nosotros. Y yo le _____ por qué no te _____ él mismo. ¿Por qué no le _____ tú que cene contigo?

ENFOQUEMOS EL IDIOMA

Género y número de sustantivos y adjetivos
Gender and number of nouns and adjectives

Spanish nouns are divided into two gender groups, masculine and feminine. Most nouns ending in **-o, -r, -s, -l,** and **-n** are masculine; most nouns ending in **-a** are feminine (exceptions: **la mano; el día**). There are some predictable patterns to help you to learn the gender of other Spanish nouns as well as how to spot exceptions.

Many nouns ending in **-ma, -pa** or **-ta** are masculine:

el problema, el clima, el tema, el idioma, el sistema (exception: **la víctima); el mapa; el poeta, el planeta**

Nouns ending in **-dad, -(c)ión, -tad, -umbre** and **-ie** are usually feminine:

la sociedad; la clasificación; la libertad; la costumbre; la serie

Nouns referring to people are masculine or feminine depending on the person.

el doctor	la doctora
el amigo	la amiga
el profesor	la profesora

Many nouns referring to people end in **-a,** and only the article changes to show gender:

el artista	la artista
el optimista	la optimista
el atleta	la atleta
el idiota	la idiota
el maya	la maya

These nouns are always feminine:

la gente	la persona
la pareja	la víctima

In referring to a group of people, the masculine plural is used:

Los **hispanos, mujeres y hombres,** no quieren aguantar los estereotipos.

Most Spanish nouns can be either singular or plural. The singular articles **el, la, un, una,** and the plural articles, **los, las, unos, unas,** must agree with the noun.

Nouns ending in vowels usually take an **-s** in the plural form; nouns ending in consonants usually take **-es** in the plural:

el hombre	los hombre**s**
una mujer	unas mujer**es**

There are a few exceptions:

Nouns ending in **z** change to **c** before adding **-es**.

la ve**z**	las ve**ces**
el lápi**z**	los lápi**ces**

Nouns ending in an unstressed **-es, -is,** or **-as** don't change in the plural:

el/los mart**es**	la/las cris**is**	el/los atl**as**

Generally, nouns ending in the accented vowels **-á, -é,** or **-ó** take an **-s** in the plural:

el sofá	los sofá**s**
el café	los café**s**
el dominó	los dominó**s**

Nouns ending in the accented vowels **-í** or **-ú** can take either **-s** or **-es** in the plural:

el maniquí	los maniquí**s**
	los maniquí**es**
el tabú	los tabú**s**
	los tabú**es**

Plural subjects that refer to parts of the body and clothing require the singular of the definite article when it is understood that each person is the owner of one item of clothing or body part:

Ellos se ponen **el** sombrero.	*Each one puts on his (her) hat.*
Les duele **el** estómago.	*Their stomachs ache.*

Most Spanish adjectives agree in gender and in number with the nouns they modify.

Adjectives ending in **-o** have four different forms. For example, **rubio:**

el niño rubi**o**	la niña rubi**a**
los niños rubi**os**	las niñas rubi**as**

Adjectives ending in **-e, -a, -i** and most consonants show only number agreement. For example, **joven:**

el hombre jov**en**	la mujer jov**en**
los hombres jóv**enes**	las mujeres jóv**enes**

Other adjectives in this group include **cortés, pesimista, valiente, optimista, realista, inteligente, interesante, leal, fiel, mayor, menor, mejor, peor, belga, agrícola,** and **mi.**

Adjectives of nationality ending in a consonant take **-a** in the feminine form:

el hombre alemán	la mujer aleman**a**
los hombres alemanes	las mujeres aleman**as**

Other adjectives ending in consonants that show a gender change include **trabajador, hablador, parlanchín, encantador, acogedor, burgués,** and **conservador.**

These adjectives drop the **-o** before a masculine singular noun: **uno, bueno, malo, alguno (algún), ninguno (ningún), primero,** and **tercero.** For example:

un **buen** chico

The **-o** is retained for masculine plural nouns:

unos **buenos** chicos

PRACTIQUEMOS

G. La televisión instruye. Carlota habla de lo que aprende de la televisión. (a) Haga frases completas y gramaticalmente correctas de los grupos de palabras que se dan enseguida. Haga todos los cambios necesarios; añada las palabras que se necesiten, pero no cambie el orden de las palabras. (b) Luego, convierta las frases al plural (excepto las palabras en bastardilla) y haga los ajustes necesarios.

1. Lunes / (yo) / siempre / querer / ver / mi / programa / favorito
   a. _____.
   b. _____.
2. Título / ser / «Hispano / joven / en / sociedad / moderno»
   a. _____.
   b. _____.
3. Este / bueno / programa / tener que ver con / *gente* / hispano / de hoy
   a. _____.
   b. _____.
4. Programa / ofrecer / perspectiva / optimista / y / interesante
   a. _____.
   b. _____.
5. Yo / estar / contento / que / mujer / actual / junto / con hombre / realista / poder / prescindir / *machismo* / pasado
   a. _____.
   b. _____.
6. También / a mí / gustar / que / mucho / *gente* / hacer / esfuerzo / grande / para rechazar / estereotipo / negativo
   a. _____.
   b. _____.
7. A mí / parecer / que / se / necesitar / comunicación / verdadero / para evitar / otro / estereotipo / despectivo / dañino
   a. _____.
   b. _____.

H. ¡No olvide Ud. los detalles importantes! He aquí una lista de personas. Descríbalas con tres adjetivos por lo menos.

1. Ud. mismo(a)
2. sus padres
3. sus mejores amigos
4. su mejor amigo(a)
5. su profesor(a) de español
6. el (la) presidente de los Estados Unidos

La Bolsa, Madrid. ¿Qué ve Ud. de lo estereotípico aquí? Claro, ¡la ausencia de mujeres!

Ahora, pídale a su compañero(a) de clase que le describa las siguientes personas o cosas. Luego descríbaselas Ud.

1. el (ella) mismo(a)
2. sus profesores
3. su vida
4. la persona ideal
5. el esposo (la esposa) ideal
6. sus clases

La posición de los adjectivos
Adjective position

Descriptive adjectives that distinguish certain nouns from others of the same group usually follow the noun they modify:

Estos platos mexicanos son picantes.

These Mexican dishes (and not the others) are spicy.

Nondescriptive adjectives (those not giving qualities to a noun), such as numbers, quantitative adjectives, and articles, precede the noun. For example: **tres** hombres,

muchos hombres, **la** clasificación. Demonstratives and possessives can, however, be placed after the noun to emphasize it.

estos niños   los niños estos

When numbers are placed after the noun, they become ordinals. For example:

el quinto capítulo⎫
el capítulo cinco ⎭ *the 5th chapter*

When there are two or more adjectives modifying one noun, the following guidelines should be observed.

● Articles should always precede other adjectives:

las tres mujeres   **unos** buenos niños

● If the adjectives are different, that is, if one is a descriptive adjective and the other is a nondescriptive adjective, their position is unchanged (i.e., the nondescriptive precedes the noun and the descriptive follows it):

Tres hombres **mexicanos**   *Three Mexican men belong to this*
pertenecen a este grupo.   *group.*

● If the adjectives have the same function, they can both be placed before or after the noun, often joined by **y**:

el estereotipo dañino y **peligroso**
el **dañino** y **peligroso** estereotipo

This could also be expressed **El dañino estereotipo peligroso,** in which case the speaker is emphasizing the adjective **dañino.**

If the speaker refers to a modified noun as a single item, the **y** is omitted.

una tortilla española **deliciosa**   *a delicious Spanish tortilla*

Spanish tortilla is viewed here as one unit.

Most Spanish adjectives can either precede or follow the noun:

un buen coche   or   un coche bueno

There is, however, a slight difference in meaning: before the noun, **bueno** in the above example implies an inherent or taken-for-granted characteristic of the car; after the noun, **bueno** distinguishes the car from all others, implying that this car is better than others.

Some adjectives may show a change in meaning (or at least in translation) depending upon their position. Study the following examples, noting that with the more descriptive meaning, the adjective is placed after the noun.

Conozco a **cierta** *(certain)* mujer que no tiene información **cierta** *(definite).*

El **gran*** *(great)* señor es un hombre **grande** *(big, large).*

Mi **nuevo** *(new, recently acquired)* coche no es un coche **nuevo** *(brand new).*

El hombre **pobre** *(without money)* no se considera un **pobre** *(unfortunate)* hombre.

***Grande** shortens to **gran** before a singular noun; it remains **grandes** in front of plural nouns.

Sus **propias** *(own)* ideas son opiniones **propias** *(characteristic)* de su generación.

Es **pura** *(sheer)* suerte que el agua esté **pura** *(pure, uncontaminated)*.

No digo **semejantes** *(such)* cosas; tengo ideas **semejantes** *(similar)* a las de Ud.

Las **mismas** *(same)* personas acaban de llamar otra vez; quieren hablar con el juez **mismo** *(himself)* y no con su secretaria.

Es un **simple** *(mere)* chico; no es un chico **simple** *(simple-minded, simple)*.

Es un **perfecto** *(sheer)* accidente que tenga un examen **perfecto** *(without error)*.

Mi **viejo** *(old, former)* jefe va a jubilarse pronto porque es un hombre **viejo** *(old)*.

PRACTIQUEMOS

I. Los planes de Francisco y Rosa. Dé la forma correcta de los adjetivos y póngalos en los lugares apropiados.

1. Francisco y Rosa son sociólogos. (excelente, dos)
2. Son expertos en la sociología de la gente. (indio, actual)
3. Van a Bolivia para hacer investigaciones. (unos, importante)
4. Acaban de conseguir información antes desconocida. (mucho, necesario)
5. Tiene que ver con problemas (vario, serio) de indios. (el, boliviano)
6. Hay personas (vario, inteligente) que creen en la superstición.
7. La Iglesia no acepta eso. (católico, moderno)
8. Por eso, los indios (inocente, pobre) son víctimas de actitudes (mucho, despectivo)
9. Ojalá que este viaje (sociológico, primero) produzca resultados.

J. La biografía de Lucía Peláez. Un periódico nacional español, *El país,* quiere reproducir este artículo en castellano. Haga Ud. el favor de traducirlo.

1. Lucía Peláez is a great woman who travels across the country and talks about problems in society. 2. Her lectures **(conferencias)** have to do with old stereotypes, especially the negative stereotypes against poor Hispanics who don't have jobs. 3. Lucía doesn't want these unfortunate people to put up with these beliefs. 4. Lucía is a perfect example of a hard-working person. 5.

She belongs to a variety of groups that insist upon equal rights for all people. 6. She depends upon other people who have similar opinions. 7. During her lectures, Lucía often says that many people refuse to give housing and employment to others because of prejudice **(prejuicio)** based on stereotypes. 8. According to Lucía, the perfect solution is to make people appreciate **(apreciar)** the great Spanish heritage in the US. 9. In her opinion, there is no place for simple-minded attitudes. 10. When ending **(terminar)** each lecture, she suggests that everyone raise **(levantar)** his right hand to **(para)** show support **(apoyo).**

¿Está Ud. de acuerdo con el punto de vista de Lucía Peláez? Explique en sus propias palabras por qué o por qué no.

El participio pasado como adjetivo
Past participles as adjectives

The past participle in both English and Spanish can be used as an adjective. In Spanish, it must agree in number and in gender with the noun it modifies:

las herencias **variadas** the varied heritages
los estereotipos **percibidos** the perceived stereotypes

To form the past participle, replace the infinitive ending with **-ado** for **-ar** verbs and **-ido** for **-er** and **-ir** verbs:

clasificar→clasific**ado**
comer→com**ido**
percibir→percib**ido**

-Er and **-Ir** verbs whose stems end in a vowel must be written with an accent to preserve the /i/ sound:

leer→le**ído**
traer→tra**ído**

These verbs (and most verbs derived from them, like **revolver, exponer** etc.) have irregular past participles*:

escribir	escrito	**decir**	dicho
describir	descrito	**hacer**	hecho
resolver	resuelto	**ver**	visto
volver	vuelto	**abrir**	abierto
romper	roto	**cubrir**	cubierto
poner	puesto	**descubrir**	descubierto

When used with the verb **estar,** the past participle stresses the results of an action:

Acabo de abrir la ventana. *I have just opened the window.*
La ventana **está abierta** ahora. *The window is open now.*

There are however, some past participles that also function as adjectives and do not necessarily imply the result of an action. Some examples are **divertido** *(fun)*, **pesado** *(heavy or boring)*, **aburrido** *(boring)*, and **parecido** *(similar)*.

*The past participle for the irregular verb **ir** is **ido.**

PRACTIQUEMOS

K. Una cena especial. Un amigo va a visitar a la familia Fuentes esta noche. Para preparar para la visita, la señora Fuentes les da a sus hijos una serie de mandatos. Contéstele a la señora según el modelo.

Modelo: La señora —Escribe la invitación.
                       Su hijo —¡Ya está escrita!

1. Pancho, limpia tu habitación y haz la cama.
2. Susita, abre las ventanas.
3. Raúl, lava los platos.
4. Carmen, prepara las hamburguesas.
5. Susita, pon la mesa.
6. Pancho, trae las comidas.
7. Raúl, sirve las Coca-Colas.
8. Hijos, ¡no se preocupen!

L. Las creencias de Josefina. Llene los espacios con la forma correcta del participio pasado usado como adjetivo.

Hay varias opiniones _____ (asociar) con los hispanos que son erróneas. Es un problema que no está _____ (resolver). Y Josefina está _____ (aburrir) con todas las generalizaciones. Es una mujer muy _____ (liberar) que acepta los hechos. Sabe que hay, a veces, malas actitudes _____ (causar)

Criar animales y labrar la tierra representan la gran tradición hispánica. Esta escena contrasta con las profesiones más técnicas, y una es tan importante como la otra.

por la falta de comprensión. Quiere que los hispanos dejen de ser _____ (clasificar) por estereotipos. Tiene un punto de vista liberal _____ (hacer) a base de experiencias personales, y está muy _____ (interesar) en promover la armonía mutua. Josefina prefiere ser _____ (describir) como una persona muy a favor del bienestar para todos.

M. Una encuesta personal. Conteste estas preguntas según el modelo.

Modelo: ¿Va a escribir la encuesta?
No, ya está escrita.

1. ¿Va a considerar las respuestas?
2. ¿Va a desarrollar sus opiniones?
3. ¿Va a romper los estereotipos?
4. ¿Va a demostrar sus creencias?
5. ¿Va a juzgar las generalizaciones?

El sufijo -ísimo
The suffix -ísimo

The suffix **-ísimo** (**-ísima, -ísimos, -ísimas**) can be added to the last consonant of an adjective to mean *extremely:*

alto	alt**ísimo**
fácil	facil**ísimo**

This is more emphatic than **muy** or **sumamente** + adjective.

The following regular spelling changes must be observed when adding **-ísimo:**

c→qu	rica→ri**qu**ísima
g→gu	largos→lar**gu**ísimos
z→c	feliz→feli**c**ísimo

PRACTIQUEMOS

N. ¿Es Ud. entusiasta? Conteste las preguntas usando los adjetivos en las preguntas con el sufijo en la forma correcta de **-ísimo(a,os,as).**

1. ¿Es interesante la herencia hispana en los EE.UU.?
2. ¿Es malo el estereotipo del mexicano perezoso?
3. ¿Son peligrosas las generalizaciones?
4. ¿Está rico el arroz con frijoles?
5. ¿Están interesados en una buena discusión?
6. ¿Están claras las opiniones de sus amigos?
7. ¿Es Ud. una persona trabajadora?
8. ¿Son Uds. inteligentes?
9. ¿Son fáciles los idiomas extranjeros?
10. ¿Da Ud. respuestas largas y complicadas a estas preguntas?

El artículo neutro **lo**
*The neuter article **lo***

Lo is used with the masculine singular form of an adjective. It means *the (adjective) part* or *the (adjective) thing,* but no Spanish noun is implied:

Lo malo es el estereotipo negativo.	*The bad part (thing) is the negative stereotype.*

Lo can also be used with an adjective or an adverb to mean *how* in an emphatic sense. The adjective must agree with the noun modified:

No sabes **lo listo** que es Jorge.	*You don't know how smart Jorge is.*
No sabes **lo lista** que es Carmen.	*You don't know how smart Carmen is.*
¿Sabes **lo bien** que habla inglés?	*Do you know how well he speaks English?*

Lo que is used as the subject or object of a clause and means *what (that which).* (**Que** cannot be used by itself in this construction.)

Lo que no aguantamos es el prejuicio.	*What we can't bear is prejudice.*
El prejuicio es **lo que** no aguantamos.	*Prejudice is what we can't bear.*

PRACTIQUEMOS

O. El viajar: algunos consejos. Traduzca al español. Use el infinitivo para traducir las palabras en bastardilla.

1. The difficult thing about *traveling* is the problem of communication. 2. The easy part is *arriving* there (**allá**); the hard part is *surviving* if you don't know the language. 3. What is important is *to go* with an open mind (**la mente**) and the good part is that people don't judge others on the basis of their language. 4. What some people don't know is how (much) fun it can be to communicate in another language. 5. *Learning* about other cultures is what makes *traveling* a wonderful experience.

P. ¿Qué dice Ud.? Conteste las siguientes preguntas. Luego haga listas de las varias respuestas de sus compañeros de clase. ¡A ver si están de acuerdo!

1. ¿Qué es lo bueno de su vida?
2. ¿Qué es lo malo?
3. ¿Qué es lo fascinante?
4. ¿Qué es lo aburrido?
5. ¿Qué es lo cómico?
6. ¿Qué es lo importante de saber otra lengua?
7. ¿Qué es lo esencial para sobrevivir en este mundo?
8. ¿Qué es lo que Ud. necesita ahora?

9. ¿Qué es lo que quiere, pero no necesita?
10. ¿Qué es lo que no aguanta?
11. ¿Qué es lo que Ud. considera importante en la vida?
12. ¿Qué es lo que Ud. puede aprender de la gente hispana?

Los adverbios
Adverbs

Adverbs modify verbs and tell *how.* Many Spanish adverbs are formed by adding **-mente** to the feminine singular form of adjectives:

profundo→profunda→profunda**mente**
loco→loca→loca**mente**
claro→clara→clara**mente**

The suffix **-mente** is also added to adjectives whose forms are the same for both masculine and feminine nouns:

fácil→fácil**mente**
inteligente→inteligente**mente**

Many words are already in adverb form and do not require the suffix. For example: **despacio, mucho, lejos, cerca, bien, mal.**

When two or more adverbs are joined by a conjunction, the last adverb carries the **-mente** ending and the others use the feminine singular form of the adjective:

El señor conversa **lista, precisa** y **claramente.**

PRACTIQUEMOS

K. Use la imaginación. Haga adverbios de los siguientes adjetivos. Luego úselos en frases originales.

1. racional
2. difícil
3. peligroso
4. abierto
5. actual
6. inteligente
7. necesario

8. igual
9. mucho
10. perezoso
11. despectivo
12. completo
13. único
14. increíble

R. ¿Cómo hace Ud. las cosas? Conteste las preguntas con dos adverbios en cada respuesta.

1. ¿Cómo habla Ud. el español?
2. ¿Cómo estudia?
3. ¿Cómo comparte sus cosas?
4. ¿Cómo rehúsa una invitación?

La artesanía es sólo un aspecto muy importante del mundo hispano. Fíjese Ud. en los detalles del vestido de esta tejedora talentosa.

REPASEMOS

S. Cómo conocemos a la gente. Este párrafo incluye un poco de toda la gramática de la primera parte de esta lección. Tradúzcalo al español.

1. I belong to a Spanish club **(el club)** and it's extremely fascinating. 2. There are many North Americans and Hispanics who participate. 3. The fantastic thing is that everyone helps a great deal and the atmosphere **(el ambiente)** is relaxed. 4. Our goal **(nuestro propósito)** is to promote complete harmony between Hispanic and non-Hispanic people. 5. Certain people do not always agree with us, but, incredibly, we do not really have too many problems. 6. Everyone has his own ideas, but we believe that it's important that everyone learn to consider other beliefs. 7. It's a great bilingual organization. 8. Well-developed opinions and excellent discussions are the important aspects that make the club good.

CHARLEMOS UN POCO

¿EL REGATEAR? ¿QUÉ ES?

Stuart y John Kressler, dos hermanos norteamericanos, visitan un mercado al aire libre en México.

EL VENDEDOR	—Buenas tardes, señor. ¿Le puedo ofrecer algo?
STUART	—Sí, por favor. ¿Cuánto valen esos pantalones negros y esa camisa blanca?
EL VENDEDOR	—¿Cuál es su talla?
STUART	—Bueno, creo que es la 48, pero no estoy seguro.
EL VENDEDOR	—El traje completo se lo vendo a 3000 pesos, pero debe Ud. probárselo porque no puede devolverlo más tarde.
STUART	—Gracias, señor. *(Después de un rato)* Señor, la camisa está apretada y las mangas me están cortas. Los pantalones están largos y muy sueltos. ¿Puedo probarme otros?
EL VENDEDOR	—Claro. Aquí están.
STUART	—Gracias. *(Después de un rato)* Bueno, estos me quedan muy bien. Aquí tiene Ud. los 3000 pesos.
JOHN	—¡Un momento!

John habla aparte con su hermano; el vendedor no oye.

STUART	—Hombre, ¿qué pasa? ¡Quiero comprar esa ropa! Y también, unas sandalias. Tiene mi número, y hacen juego con los pantalones.
JOHN	—¡Espera! ¿No sabes que es costumbre regatear un poco? Los vendedores lo esperan.
STUART	—¿Cómo? ¿Qué es regatear?
JOHN	—Regatear, tú sabes. Es ofrecerle menos de lo que el vendedor te pide. ¡Es un juego!
STUART	—¿Quieres decir que los precios no están fijos?
JOHN	—¡Eso es! En los almacenes, los precios sí están fijos; aquí no. En los mercados es diferente. Normalmente es necesario pagar con dinero en efectivo aunque a veces se aceptan cheques de viajero. No se puede usar tarjetas de crédito aquí ni se puede cambiar nada.
STUART	—¡Pero no puedo regatear! ¡No soy agresivo!
JOHN	—No tiene nada que ver con la agresividad. Es un arte. ¿Quieres que yo regatee por ti?
STUART	—Sí. A ver qué pasa.
JOHN	—Bien.

Vuelven a la tienda.

JOHN	—*(Con confianza.)* Perdone. Mi hermano no está satisfecho con el precio de estos pantalones y camisa.
EL VENDEDOR	—Pero valen más de 3000 pesos. ¡Eso es una ganga!
JOHN	—Sólo le puedo ofrecer 2000 pesos.

EL VENDEDOR	—Pero, ¡señor! ¡Tengo que ganarme la vida! ¡Por favor! ¿Qué le parecen 2900 pesos? Le añado estos guantes, gratis.
JOHN	—Mi oferta es 2500, más los guantes y este gorro.
EL VENDEDOR	—¡Ay, no! ¡Señor! El precio más bajo es 2600. Y con eso pierdo dinero.
JOHN	—Dicho y hecho. Aquí los tiene Ud.
EL VENDEDOR	—Muchas gracias. ¿Quiere Ud. que se los envuelva?
STUART	—No, gracias. Buenas tardes. *(A John)* ¡Impresionante! ¡Regateas muy bien!
JOHN	—*(orgulloso)* Sólo se tiene que mostrarles que uno no es ingenuo. ¡Es muy fácil!
EL VENDEDOR	—*(A otro vendedor)* ¡Otra venta hecha! Ese traje no vale más de 1500 pesos. ¡Qué divertido!

El regatear es muy divertido. Hay que recordar que los vendedores son artistas en esta destreza. Hacen creer a los clientes que siempre salen con una ganga. Y como todos están satisfechos, ¡no hay problema!

CURIOS MARKET

Mercado "LOS FAROLES"

REVILLAGIGEDO No. 29
MEXICO 1, D. F.

TODA CLASE DE ARTESANIAS MEXICANAS

Palabras prácticas

SUSTANTIVOS

el almacén department store
la camisa shirt
la destreza skill
la ganga bargain
el gorro, la gorra cap
los guantes gloves
la manga sleeve
el número shoe size

los pantalones pants (one or more pairs)
el pantalón one pair of pants
las sandalias sandles
el traje suit
la talla garment size

VERBOS

devolver *ue* to return something
envolver *ue* to wrap up

envuelto(a) wrapped up
llevar, llevar puesto to wear
probarse *ue* to try on
  el probador fitting room
regatear to bargain
  el regateo bargaining
usar to use, wear
  el uso the use

ADJETIVOS

apretado(a) tight
  apretar *ie* to be tight, to squeeze
corto(a) short
  cortar to cut
fijo(a) fixed, set (e.g., price)
  fijar to fix, set
gratis free of charge
  gratuito(a) *adj* free
ingenuo(a) naive
largo(a) long; length
orgulloso(a) proud
  el orgullo pride
satisfecho(a) satisfied
  satisfacer (satisfago) to satisfy
suelto(a) loose
  soltar *ue* to loosen; to release

EXPRESIONES UTILES

al aire libre open air, outdoors
A ver. Let's see.
¿Cuánto vale(n), cuesta(n)? How much does it (do they) cost?
un cheque de viajero traveler's check
el dinero en efectivo cash
dicho y hecho OK; accepted
ganarse la vida to make a living
hablar aparte con (alguien) to take (someone) aside to talk
hacer juego (con) to match
quedarle bien, mal to fit well, poorly
la tarjeta de crédito credit card

LOS COLORES

amarillo(a) yellow
anaranjado(a) orange
azul blue
beige beige
blanco(a) white
café brown
marrón brown
morado(a) (violeta) purple
negro(a) black
rojo(a) red
rosado(a) pink
verde green

LA ROPA

el abrigo coat
la blusa blouse
los bluyines (vaqueros) blue jeans
la bolsa pocketbook, bag, purse
las botas boots
los calcetines socks
los calzoncillos men's undershorts
los calzones shorts; women's underpants
la cartera wallet
la corbata necktie
la chaqueta americana jacket
la falda skirt
  la minifalda miniskirt
  la maxifalda maxiskirt
el impermeable raincoat
las medias stockings, socks
la pantimedia pantyhose
la ropa clothing
la ropa interior underwear
el saco jacket (Lat. Am.)
el sombrero hat
el suéter sweater
el vestido dress
  vestir *i* to dress (someone)
  vestirse to get dressed
los vestidos clothes
los zapatos shoes

PRACTIQUEMOS

A. ¿Es Ud. un diccionario ambulante? Ud. y su hermano van a estar de visita en Chile. Ud. habla español muy bien, pero su hermano acaba de empezar su estudio de castellano y está muy confundido en cuanto a la ropa. Durante el viaje a Chile, Uds. deciden practicar el vocabulario necesario, con diversos juegos. Haga estos juegos con unos compañeros de clase.

Su hermano le dice a Ud. la palabra y Ud. la define en un español perfecto.

Modelo: las botas
Algo que se pone en los pies para caminar, especialmente en el invierno.

1. el sombrero
2. la bolsa
3. el saco
4. la ropa interior
5. las sandalias
6. la camisa
7. el abrigo
8. los pantalones
9. el vestido
10. la pantimedia
11. los guantes
12. el suéter
13. los zapatos
14. los calcetines

Ahora jueguen con asociaciones de palabras. Ud. menciona una palabra o una frase y su hermano suple el nombre de la ropa que se asocia con la palabra.

14. la pierna
15. el pie
16. la cabeza
17. las manos
18. la lluvia
19. la nieve
20. el calor y el sol
21. una ocasión formal
22. una ocasión informal

Ud. tiene otra idea brillante para practicar las palabras. Esta vez Ud. va a mencionar una profesión y su hermano va a describir la ropa y los colores de la ropa que convencionalmente llevaría una persona asociada con esta profesión.

23. un hombre de negocios
24. una mujer de negocios
25. una estudiante típica
26. un secretario
27. un médico
28. una profesora

B. Encuentros personales. Con unos compañeros de clase, haga los papeles en las siguientes situaciones.

1. Your roommate bought you a sweater for your birthday but it doesn't fit. At the store you tell the salesperson it doesn't fit and that you would like to return it. The salesperson asks you if you would like to exchange it for something else. Choose something else and finish the scene by discussing the price.
2. You are at an open-air market and have found a skirt/shirt that you like. Ask the vendor to find a blouse/tie to match the garment. Ask the vendor how much they cost and if you can try them on. Barter with him or her for the items. Give reasons for your price suggestions.
3. You have purchased a garment for your brother that he didn't like. You take it back to the store. The salesperson of the store tells you that the store's policy is not to accept returns for money, but rather for an exchange of merchandise. Tell a salesperson that you need help finding something else in your brother's size. Tell him or her the size and the color you want and ask for suggestions. You can't find anything suitable, so ask for your money back. The salesperson tells you that you'll have to speak to the manager. You protest and try to convince the salesperson to return your money. (Use the size chart on page 116.)

Shoe and clothing sizes in Spain and in Latin America are quite different from American sizes. In Hispanic countries the metric system is used, while the English system is used in the United States.

Women

Dresses/Suits

American	10	12	14	15	18
Continental	38	40	42	44	46

Shoes

American	6	7	8	9
Continental	37	39	40	41

Men

Suits/Overcoats

American	36	38	40	42	44
Continental	46	48	50	52	54

Shirts

American	15	16	17	18
Continental	38	41	43	45

Shoes

American	6	7	8	9	10
Continental	39	40	41	43	44

¿Quiere comprar algo en este mercado? ¡Vamos a regatear!

ENFOQUEMOS EL IDIOMA

Los usos de **ser** y **estar**
The uses of ser and estar

In Spanish both **ser** and **estar** mean *to be.* The use of each verb must be learned very well so that unintended meanings can be avoided. This chart summarizes the required uses of **ser** and **estar.**

SER

● For time and location of events, to take place:

La cena **es** aquí.	*Dinner is being held here.*
La fiesta **es** a las ocho.	*The party is at eight.*

● To equate the subject and predicate:

profession	Juan **es** médico.
religion	Juan **es** católico.
nationality	Juan **es** cubano.
trait or characteristic	Juan **es** rubio y alto.

● With time expressions:

Es la una.	*It is one o'clock.*
Es lunes.	*It is Monday.*
Es de noche.	*It is night.*

● With impersonal expressions:

Es necesario.	*It is necessary.*
Es importante.	*It is important.*

● With the preposition **de:**

origin	**Soy** de México.
possession	El coche **es** de él.
material	El reloj **es** de oro.

● With the preposition **para** to show destination:

El regalo **es** para Juan.	*The present is for Juan.*
El tren **es** para Madrid.	*The train is (headed) for Madrid.*

ESTAR

● For location of people and things:

La cena **está** aquí.	*The dinner (itself) is here.*
Tomás **está.**	*Tom is here.*

(Often words like **aquí** and **allí,** indicating location, are omitted after **estar.**)

- With a past participle to stress the resulting condition of an action:

La ventana **está** abierta.   *The window is open.*

- With certain idioms:

Estar de acuerdo, **estar** de vacaciones, **estar** de vuelta, **estar** de viaje, **estar** bien, **estar** claro, **estar** seguro, etc.

The verbs **ser** and **estar** can both be used with predicate adjectives, but the resulting meaning is different depending upon the verb.

With the verb **estar,** a particular condition at a particular time is stressed. Often these conditions deal with personal observations or reactions, and they frequently involve one of the five senses:

Esta tortilla española **está** deliciosa.	*This Spanish tortilla is (tastes) delicious.*
Susana **está** linda.	*Susan looks pretty (is especially pretty right now).*

The verb **estar** can also suggest that a change has taken place, or is likely to take place, in the condition of something or someone:

La sopa **está** fría.	*The soup has gotten cold.*
Susana **está** enferma.	*Susan is ill.*
La luz **está** verde.	*The light is green.*

Ser is used to indicate the normal characteristic of something or the perceived norm after a period of time has elapsed.

La tortilla española **es** deliciosa.	*Spanish tortilla is delicious.*
Susana **es** linda.	*Susana is pretty.*
La sopa **es** fría.	*The soup is (a) cold (soup).*
Susana **es** enferma.	*Susana is sickly.*
La luz **es** verde.	*The light is (a) green (light).*

One of the best ways to discern the uses of **ser** and **estar** with adjectives is to contrast sentences. Study these examples carefully:

1. Miguel **es** pobre. Acaba de ganar la lotería nacional.	*Miguel is poor (norm). He has just won the national lottery.*
Ahora **está** rico.	*Now he is rich (change).*
Después de diez años, Miguel **es** rico.	*After ten years, Miguel is a rich man (new norm).*
2. Martín **es** distraído.	*Martín is an absent-minded person.*
Martín **está** distraído.	*Martín is distracted (by something).*
3. Sara **es** feliz.	*Sarah is a happy person (part of her personality).*
Sara **está** feliz.	*Sarah is (seems) happy (now, because of something).*
4. La fruta **es** verde.	*The fruit is green (its natural color).*
La fruta **está** verde.	*The fruit is green (unripe).*

Miguel **es** pobre.   Acaba de ganar la lotería nacional.   Ahora **está** rico.

PRACTIQUEMOS

C. Ahora le toca a Ud. Explique la distinción entre los siguientes pares de frases:

1. Margarita es enferma. Margarita está enferma.
2. Felipe es aburrido. Felipe está aburrido.
3. La comida es deliciosa. La comida está deliciosa.
4. El examen es aquí. El examen está aquí.

D. Una encuesta. Formen grupos. Completen las preguntas con el verbo **ser** o **estar** con la forma apropiada, y luego pregúntenselas a más de un(a) compañero(a) de clase.

1. ¿Uds. _____ de España?
2. ¿Uds. _____ aburridos en clase?
3. ¿Por qué _____ Uds. aquí?
4. ¿A qué hora _____ su clase de español?
5. ¿Uds. quieren que su profesor _____ más estricto?

Ahora, use el sujeto **vosotros.**

1. ¿Vosotros _____ siempre de acuerdo con el profesor?
2. ¿Cómo _____ vosotros? (Ask about their personality.)
3. ¿Cómo _____ vosotros? (Ask about their health.)
4. ¿De dónde _____ vosotros?
5. ¿Vosotros _____ hartos de los verbos?

Ahora, hágale estas preguntas a cada compañero(a) individualmente.

1. ¿Te gusta _____ aquí?
2. ¿Crees tú que la clase _____ interesante hoy?
3. ¿Sabes si la fiesta _____ aquí mañana?

4. ¿Las preguntas _____ para ti o para mí?
5. ¿Quieres _____ de vacaciones ahora?

Ahora invente cinco preguntas más y continúe la encuesta.

E. El deseo de Pamela. Una agencia de modelos acaba de recibir un telegrama presentando a una joven que quiere ser modelo. Haga Ud. el favor de completar el telegrama y dé la forma necesaria de **ser** o de **estar**.

¡Buenos días!
  (Yo) _____ de la República Dominicana y _____ en Nueva York por dos semanas. Mis ojos _____ verdes y _____ trigueña. Mi piel _____ morena y muy clara. _____ alta y delgada y _____ lista para trabajar. _____ inteligente y muy trabajadora. _____ aquí para planear una entrevista con Uds. Ahora _____ en el hotel Marriott. Si _____ necesario, puedo quedarme más de dos semanas. Muchas gracias.

Pamela Asturias

F. ¿Qué cree Ud.? Supla la forma apropiada de **ser** o **estar**.

¿_____ Ud. una persona que pone mucho énfasis en la apariencia de otros? ¿_____ la ropa importante cuando se da o recibe una impresión? Hay muchos que no creen que se deba juzgar a una persona por su ropa. Pues no _____ una clave de su personalidad. Si la ropa _____ buena o si no _____ de un color grotesco, por ejemplo, por lo general se acepta a una persona en la sociedad. Conozco a una persona, que vive en mi residencia estudiantil, que siempre se viste bien. _____ porque su familia _____ rica y no _____ resultado de su personalidad. No _____ esencial que (ella) _____ tan elegantemente vestida; _____ que quiere impresionarnos solamente. Todos sus amigos, y tiene muchos, _____ muy impresionados con su ropa y con su dinero. _____ importante notar, sin embargo, que (ella) _____ inteligente y que no le faltan virtudes. Pero creo que (ella) _____ aburrida, _____ muy distraída y no _____ muy considerada con otros. Por ejemplo, cuando no quiere ir a clase, me dice que _____ enferma o que _____ cansada pero que necesita mis apuntes. No _____ porque (yo) _____ su amiga. _____ muy peligroso juzgar a una persona por su apariencia. ¿Qué cree Ud.?

G. Estoy muy distraído(a). Hoy debemos investigar la comida y la población en nuestra clase de sociología. Les presento a Uds. una lista de lo que pienso que debemos hacer, pero resulta que mi compañero(a) de cuarto anuncia que todo ya está hecho. Siga Ud. el modelo.

Modelo: Yo —Tienes que terminar el experimento hoy.
      Mi compañero(a)—Pero, ya está terminado.

1. Tenemos que comprar los ingredientes.
2. Marcos tiene que hacer los frijoles.
3. Los otros tienen que cocinar otro plato regional.
4. Tienen que servir arroz y maíz.
5. Tenemos que clasificar los platos de acuerdo con la población.
6. Tenemos que escribir unos estereotipos basados en esta comida.
7. Después, la clase tiene que analizar estas generalizaciones.
8. Y por fin, tenemos que probar la comida.

¿Sabía usted esto?

Like **es/son** and **está/están**, the verb **hay** (from **haber**) can also be translated as **is/are.** There are, however, differences in the uses of these verbs.

Haber is used to focus on the existence of someone or something; **estar** is used to focus on their location. Compare these sentences:

Hay un televisor en la habitación.	There's a television set in the room.
El televisor **está** en la habitación.	The television set is in the room.

In the first sentence, the mere existence of a television set, not its location, is stressed, and in the second sentence the location of the television set (already mentioned at some previous time) is emphasized.

Hay is often used with indefinite articles and quantifying adjectives:

Hay mucha gente aquí
Hay un televisor aquí

Do not confuse the verbs **es/son, está/están,** and **hay** when you are referring to events that can also be objects. Compare these sentences:

Hay un examen aquí	There's an exam here. (existence)
El examen **es** aquí	The exam is here. (focus on an event being held here)
El examen **está** aquí.	The exam is here. (the object)

Hay is often used in questions for *Do you have any?* or *Are there any?*:

¿**Hay** gangas en esta tienda?	Are there any bargains in this store?

PRACTIQUEMOS

H. Unas conversaciones. Llene los espacios con las formas necesarias de **ser, estar,** o **haber.**

1. —Se dice que _____ una cena aquí.
   —Sí, claro. La cena _____ a las ocho y media. ¿Quieres venir?
   —Con mucho gusto. ¿Qué _____ de comida?
   —No sé exactamente. Marcos la prepara ahora. Los ingredientes _____ en la cocina y la cena misma va a _____ en la mesa a las ocho y media en punto. ¿_____ bien?
   —Sí, por supuesto. ¿_____ vino?
   —Sí, _____ allí en la mesa.

2. —¿Dónde _____ la película?
   —No sé. Acabo de ponerla sobre la mesa.
   —Debes encontrarla lo más pronto posible. ¿No _____ de acuerdo?
   —¿Por qué?

—Porque la película _____ aquí esta noche y _____ muchas personas que quieren verla. _____ también una cuenta que debemos pagar si mostramos la película o no.

I. Ahora, escriba Ud. Haga seis frases originales, usando los verbos **ser, estar** y **haber.** Tradúzcalas al inglés después de escribirlas.

1. **Ser** (eventos)
   a)
   b)

2. **Estar** (localización)
   a)
   b)

3. **Haber** (existencia)
   a)
   b)

REPASEMOS

J. Entrevista. Entrevístense Ud. y un(a) compañero(a) de clase. Pida esta información específica y cualquier otra información que sea interesante. Prepare de antemano las preguntas y preste atención al uso de **ser** o de **estar.**

1. salud
2. nacionalidad
3. lugar de nacimiento
4. religión

5. personalidad
6. gustos
7. condición actual
8. cambios que Ud. nota en su compañero(a)

K. Tema escrito. Estudie las fotografías que se dan en la página e invente la historia de una de las personas ficticias. Incluya en su pequeño ensayo una descripción física de la persona, su profesión, su origen, su personalidad, etc. Cree una identidad completa de la persona. Trate Ud. de incorporar el vocabulario de este capítulo.

L. ¿Quién será? Hagan que una persona salga de la clase por unos minutos. Escojan a un(a) compañero(a) que está en la clase o a una persona famosa. Hagan que la otra persona vuelva a la clase y, haciendo preguntas cuyas respuestas son sólo **sí** o **no,** la persona recién vuelta debe adivinar la identidad de la persona o del personaje famoso. ¡Diviértanse!

La pescadería es solo una de las tiendas a que la gente va de compras.

capítulo
cinco

UN DÍA DE COMPRAS: ¿VALE LA PENA HACERLO A LO HISPANO?

Pepita y Maricarmen trabajan en una oficina en Sevilla, España. Pepita nota que Maricarmen parece preocupada.

PEPITA —Maricarmen, ¿qué tienes que hacer hoy?

MARICARMEN —*(un poco distraída y apresurada)* Voy a pedirle a mi jefe que me permita salir temprano esta tarde. Tengo un millón de cosas que hacer.

Primero, necesito ir a la librería a comprar la última novela de Carlos Fuentes, uno de mis autores favoritos. Cuando salga de esa tienda, voy a la papelería; necesito papel de escribir y bolígrafos. Allí cerca está el quiosco del señor Ramos, donde siempre compro el periódico. No conozco a nadie que sea tan amable como el señor Ramos, y siempre charlo con él un rato después de comprar el periódico.

También necesito sellos, pero no necesito ir a la oficina de correos, que está al otro lado de la ciudad. Hay un estanco al lado de la papelería, y puedo comprar sellos allí.

Luego voy a la lavandería y a la tintorería a dejar la ropa sucia. Hace años que mi familia y yo conocemos a los dueños, de manera que lavan y limpian nuestra ropa estupendamente. ¡Somos sus clientes preferidos! Cerca de allí está la farmacia, donde tengo que comprar esmalte para las uñas y hacer llenar una receta.

En cuanto termine mis compras, pienso descansar un rato en mi café favorito. Allí puedo escribir unas tarjetas postales mientras tome un café con leche.

Bueno, mañana mis padres cumplen veinte y cinco años de matrimonio. Fantástico, ¿no?

Maricarmen no permite que su compañera le conteste; ¡sigue hablando!

—Para que sepan lo mucho que los queremos, mis hermanos y yo vamos a hacer una gran fiesta. ¡Me han elegido a mí para hacer las compras!

¡Cuántas cosas! Voy a la relojería y a la joyería a comprar regalos para mis padres. Por último, voy a comprar la comida para que todo esté fresco.

PEPITA —¿Eso es todo?

MARICARMEN —No, para comprar la comida, voy primero a la carnicería del señor Pérez. No hay lugar que tenga mejor carne. Luego, tengo que ir a la panadería a comprar pan, al mercado a comprar legumbres y frutas y a la florería a comprar rosas. En la bombonería voy a comprar los bombones que le encantan a mi mamá. Luego, sigo a la bodega a comprar vino y cerveza. Y

finalmente, paso por la pastelería para recoger la torta de aniversario. ¡Espero que no haya nada de que me olvide esta tarde! Tan pronto como termine, mi hermana quiere que la llame para que ella me recoja.

Mañana, va a ser difícil planear la fiesta sin que nuestros padres se enteren. Por eso, les hicimos citas en la peluquería y en la barbería. ¡Es muy probable que sospechen algo!

Todo debe salir muy bien a menos que ocurra algo inesperado. Bueno, es hora de volver al trabajo. Tengo mucho que hacer antes de salir. ¡Hasta luego!

Y Ud., ¿qué rutina sigue al planear una fiesta? Y, ¿cómo hace Ud. las compras?

¡Digamos la última palabra!

SUSTANTIVOS

la barbería barbershop
  la barba beard
la bodega wine store
el bolígrafo pen (ball point)
la bombonería candy store
  el bombón chocolate, candy
el café coffee shop; coffee; brown *adj*
la carne meat
la carnicería butcher shop
la cerveza beer
  la cervecería bar; brewery
la cita apppointment; date
la compra purchase
  comprar to buy
el (la) dueño(a) owner
el esmalte para las uñas nail polish

el estanco tobacco shop (Sp.)
  la tabaquería (Lat. Am.)
la farmacia drugstore, pharmacy
la florería flowershop
  la flor flower
la joyería jewelry store
  la joya jewel
la lavandería laundry
  lavar to wash
la legumbre vegetable
la librería bookstore
  el libro book
el lugar place
el mercado market
la novela novel
la oficina de correos post office
la panadería bakery
  el pan bread
el papel de escribir stationery
la papelería stationery store;

print shop
el papel   paper
la pastelería   bakery
el pastel   pie, cake
la peluquería   beauty salon;
   barbershop
   (also: **el salón de belleza)**
el pelo   hair
el periódico   newspaper
el (la) periodista   journalist
el periodismo   journalism
el quiosco   newsstand
la receta   prescription; recipe
recetar   to prescribe
el regalo   present, gift
regalar   to give as a present
la relojería   watch shop
el reloj   watch; clock
el sello   (postage) stamp
la tarjeta postal   postcard
la tintorería   dry cleaning store
la torta   cake
el vino   wine

VERBOS

cumplir (con)   to fulfill; to
   complete
charlar   to chat
la charla   chat
dejar   to drop off; to leave behind;
   to stop; to allow
enterarse (de)   to find out;
   discover (about)

llenar   to fill
lleno(a)   full
pasar a recoger   to pick up; to
   meet
planear   to plan
el plan   plan
recoger (recojo)   to pick up
sospechar   to suspect
la sospecha   suspicion
sospechoso(a)   suspicious

ADJETIVOS

apresurado(a)   in a hurry
apresurarse   to hurry up
fresco(a)   fresh; cool

ADVERBIOS

cerca   near
cerca de   *prep* near
en cuanto   as soon as

EXPRESIONES UTILES

al lado de   beside
al otro lado de   on the other
   side of
de manera que   so that
hacer las compras   to shop
hacer llenar   to have filled
ir de compras   to go shopping
por último   finally

PRACTIQUEMOS

A. ¿Tiene Ud. buena memoria? Tomás está un poco confundido con el itinerario de Maricarmen. Corríjale las frases, explicando por qué está equivocado.

1. Maricarmen hace sus planes mientras está en casa.
2. Ella va a hablar con Carlos Fuentes después de comprar el periódico.
3. Va al quiosco a comprar bolígrafos.
4. Tiene que ir a la oficina de correos a comprar sellos.
5. Va a descansar en un café antes de ir a la lavandería.
6. Va a la relojería y a la joyería a comprar cosas personales para sí misma.
7. Va a la carnicería del señor Pérez porque es amable.
8. Maricarmen va a la bombonería porque tiene hambre.
9. Mañana los padres de Maricarmen van a estar en casa todo el día.

B. ¿Es Ud. una persona expresiva? Defina las siguientes palabras y úselas en frases originales.

Modelo: **el periódico**
Lo que se lee para saber lo que ocurre en el mundo.
Leo el periódico al tomar el desayuno.

1. charlar
2. la receta
3. el sello
4. el bolígrafo
5. cumplir
6. el café

C. Solicitamos su opinión.

1. ¿Es importante que Ud. conozca personalmente a los dependientes de las tiendas donde hace las compras? ¿Por qué o por qué no?
2. ¿Prefiere Ud. ir a una sola tienda, como un supermercado, para hacer las compras, o ir a varias? ¿Por qué?
3. ¿Cuáles son sus tiendas favoritas, y por qué? ¿Qué le gusta a Ud. comprar con frecuencia?
4. ¿Qué hace Ud. cuando planea una fiesta grande? ¿Prefiere Ud. hacer las compras u organizar la fiesta? ¿Por qué?

Estas personas miran las gangas en esta zapatería de Madrid.

¿Sabía usted esto?

In Spanish, many names of stores and their owners or employees are often directly derived from the product that is sold: for example, **zapato**. To form the name of the store, add **-ería** to the final consonant: **zapatería**. Other words that follow this pattern include **bombón, carne, flor, joya, libro, pan, papel, pastel, reloj**. **Carne** and **pan** add an additional syllable: **carnicería, panadería**. To form the name of the employee, remove the **-ía** ending from the name of the store and add the masculine **o** or the feminine **a**: **zapatero, zapatera**.

Bodeguero(a) and **estanquero(a)** are derived by adding **-ero(a)** to the final consonant of the store.

Floristero(a) means *florist* and **farmacéutico(a)** means *pharmacist*. Names of employees are not derived from words such as **bombón** or **papel**. In cases like these, use **el (la) dependiente** (clerk).

PRACTIQUEMOS

D. ¿Puede Ud. deducir? Le damos los nombres de algunos productos. Primero, defina el producto. Luego, dé el nombre de la tienda y describa lo que hace el empleado. ¡Cuidado! No todos los nombres de las tiendas aquí ni de las personas se forman a base de los productos.

Modelo: **la carne**
Es algo que se come. Se compra en la carnicería. El carnicero es la persona que la vende.

1. el reloj
2. el vino
3. el pastel
4. el libro
5. el papel de escribir

6. la medicina
7. la flor
8. el periódico
9. el pan
10. los sellos y el tabaco

Librería Fernando Fé

ABRA S.L.

PUERTA DEL SOL, 14 • TELF. 221 34 57
MADRID - 14

¿Sabía usted esto?

These words are used in affirmative statements and questions:	These words are used in negative statements and questions:
algo	**nada**
alguien	**nadie**
alguno	**ninguno**
siempre	**nunca/jamás**
algún día	nunca
también	tampoco
o . . . o	ni . . . ni

(Notice that the negative counterpart of **algún día** is **nunca**.)

Affirmative:
Ramón **siempre** dice **algo** bueno de **alguien, también.**

Ramón always says something good about someone, also.

Negative:
Ramón **nunca** dice **nada** bueno de **nadie, tampoco.**

Ramón never says anything good about anyone, either.

All of the affirmative elements must be made negative in Spanish, making a multiple negative grammatically correct and often mandatory. Although **nada, nadie, ninguno, nunca,** and **tampoco** mean *nothing, nobody/no one, no/none, never, neither,* they can also mean *anything, anybody/anyone, any, ever,* or *either* in English negative sentences. **Alguno** and **ninguno** have these forms: **algún/ningún, alguno/ninguno, alguna/ninguna, algunos/ningunos, algunas/ningunas.** The plural of **ninguno** is used only when a noun is inherently plural, such as **gafas** *(eyeglasses):* ¿Hay algunas gafas baratas? No, no hay **ningunas** (gafas). With other nouns, **ninguno(a)** is used:

¿Hay algunas peluqueras aquí?
No, no hay **ninguna** (peluquera).

Are there any hairdressers here?
No, there are none.

Alguno and **ninguno** refer to persons and things, but **alguien** and **nadie** are used strictly for persons.

If a negative word precedes the verb, **no** is not needed; when there is no negative word before the verb, **no** is used:

Nunca dice nada. }
No dice nada nunca. }

He(she) never says anything.

Jamás is a synonym of **nunca,** but it is used less frequently. In affirmative statements and questions it means *ever.*

¿Has ido **jamás** a esta panadería?

Have you ever gone to this bakery?

●　　●　　●

When an infinitive modifies a noun, **que, para** or **a** come between the noun and the infinitive. **Que** is the most common word used. **A** and **para** are synonyms, except that when *in order to* is implied, **para** is used:

Hay muchas cosas **que (para)** hacer.
Necesito tiempo **para** hacerlas.

There are a lot of things to do.
I need time to (in order to) do them.

PRACTIQUEMOS

E. José está de mal humor. Sara trata de animarlo, pero José siempre le contesta negativamente. ¿Qué dice él?

1. ¿Quieres hacer algo conmigo?
2. ¿Quieres ir de compras conmigo algún día?
3. ¿También quieres ayudarme a planear una fiesta grande?
4. ¿Qué prefieres, hacer las compras o preparar la comida?
5. ¿Necesitas algunas ideas sobre regalos para alguien?

La pobre Sara está muy triste ahora porque José sigue de mal humor. ¿Qué le sugiere Ud. a ella?

F. Los planes para la fiesta. Traduzca al español.

1. Maricarmen has a lot of things to buy for the party and some personal errands to do, too.
2. She has a prescription to fill, laundry to drop off, a cake to pick up, and presents to choose.
3. Nobody can help her with any of the errands she has to do because her brothers and sisters have their own problems to solve.
4. Maricarmen hopes to be able to rest a little later; she has several postcards to write.
5. Later, there is going to be food to prepare, people to invite, and joy **(alegría)** to be shared.
6. There's nothing more to say!

Aunque es común ir de compras a varias tiendas, es muy común tambien ir a un mercado al aire libre. Aquí, ¡el regatear es esencial!

ENFOQUEMOS EL IDIOMA

El subjuntivo en oraciones adjetivales
The subjunctive in adjective clauses

An adjective (or relative) clause is an entire clause that functions as an adjective (modifies a noun). The bold-faced words in these sentences modify the word **hombre:**

Conozco a un hombre **amable.**

Conozco a un hombre **que es amable.**

In adjective clauses, when the existence of the noun is unknown, questioned, denied, or uncertain, the subjunctive is necessary:

¿Existe una persona que **sea** tan amable como él? (questioning existence)
No, no conozco a nadie que **sea** tan amable como él. (existence denied)

But when the noun is known to exist and is identifiable, the indicative is used in the subordinate clause:

Sí, hay alguien que **es** tan amable como él. (existence certain)

With adjective clauses, the mood of the verb is what carries the information:

Busco un libro que **explica** esto.

The fact that the verb is in the indicative implies that such a book exists, and that the speaker could identify it.

Busco un libro que **explique** esto.

The verb in the subjunctive implies uncertainty as to the existence of such a book.

The absence of the personal **a** often indicates the uncertainty of the existence of the direct object and thus can cue the subjunctive. Compare these sentences:

Busco una persona que me **ayude.**
Busco la persona que me ayud**e.** } (existence uncertain)

Busco **a** una persona que me ayud**a.**
Busco **a** la persona que me ayud**a.** } (existence certain)

(Notice that using the definite or indefinite article does not determine the certainty of the existence of a noun.)

The personal **a** is used with **alguien** and **nadie** when they are the direct object, whether the existence of the noun is certain or uncertain:

Conozco **a** alguien que me ayud**a.** (existence certain)
Quiero conocer **a** alguien que me ayud**e.** (existence uncertain)
No conozco **a** nadie que me ayud**e.** (existence denied)

After **tener** and **hay** the personal **a** is not used:

Tengo alguien aquí que me ayud**a.** (existence certain)
Hay alguien aquí que me ayud**a.** (existence certain)
No hay nadie aquí que me ayud**e.** (existence denied)

PRACTIQUEMOS

(¡Cuidado! No olvide los otros usos del subjuntivo, presentados en el **Capítulo Dos.**)

G. Luisa va de compras. Llene los espacios con la forma correcta de los verbos entre paréntesis.

Cerca de donde vive Luisa, hay varias tiendas que _____ (ser) excelentes. Primero, hay una panadería que _____ (vender) pan francés sabrosísimo. Luisa no cree que _____ (haber) otro lugar que _____ (tener) mejor pan. Al lado de la panadería hay un café que _____ (preparar) un café con leche que le _____ (encantar) a Luisa. Cerca de ese café, hay una librería que _____ (anunciar) que vende todo tipo de libro. Luisa va allí esta tarde porque busca un libro que la _____ (ayudar) con su vida amorosa. No está segura de que tal libro _____ (existir), pero tiene una curiosidad que no _____ (poder) satisfacer.

H. ¿Qué dicen Uds.? Formen grupos de tres personas y sigan el modelo.

Modelo: **libro/gustar**
Persona 1: Forme preguntas de las palabras que se dan.
   —¿Hay algún libro que te guste?
Persona 2: Conteste negativamente.
   —No, no hay ningún libro que me guste.
Persona 3: Conteste afirmativamente.
   —Sí, hay un libro aquí que me gusta.

1. regalo / querer
2. compras / necesitar hacer
3. una buena carnicería / estar cerca de aquí
4. legumbres / no comer
5. alguien / charlar demasiado
6. bombones / preferir

I. ¡La persona ideal! Ahora Ud. tiene la oportunidad de expresar sus sentimientos personales. Complete las frases aquí, escribiendo un párrafo completo.

1. Algunas veces me pregunto: ¿Hay personas que _____?
2. Algún día quiero conocer a alguien que _____.
3. Quiero que esa persona _____.
4. Ahora no conozco a nadie que _____.
5. Pero sí conozco a varias personas que _____.
6. Espero que esta persona ideal _____.
7. Es evidente que _____.
8. Es muy probable que _____.

El subjuntivo en oraciones adverbiales
The subjunctive in adverbial clauses

With the following adverbs, both the subjunctive and the indicative can be used, depending upon the conditions specified below.

cuando when	**a la vez que** at the same time
en cuanto ⎫	**aunque** although
así que ⎬ as soon as	**como** as; however
tan pronto como ⎭	**según** as; according to
hasta que until	**donde (adonde)** where
después (de) que after	**de modo que** ⎫ so that
mientras (que) while	**de manera que** ⎭

The indicative is used in the subordinate clause when the event has been completed in the past or is known to be a customary action in the present or in the past —it is real and has been experienced:

Ayer hablé con el señor Ramos después de que me **vendió** el periódico.	*Yesterday I spoke with Mr. Ramos after he sold me the newspaper.* (completed action—preterite)
(Todos los días) hablo con el señor Ramos después de que me **vende** el periódico.	*(Every day) I speak with Mr. Ramos after he sells me the newspaper.* (habitual action in present—present indicative)
(Todos los días) hablaba con el señor Ramos después de que me **vendía** el periódico.	*(Every day) I used to speak with Mr. Ramos after he sold (used to sell, would sell) me the newspaper.* (habitual action in past—imperfect)

The subjunctive is used when an event is anticipated or the action has not yet occurred:

(Mañana) voy a hablar con el señor Ramos después de que él me **venda** el periódico.	*Tomorrow I'm going to speak with Mr. Ramos after he sells me the newspaper.* (anticipated action— present subjunctive)

Since the simple present indicative may be used in the main clause to indicate a future occurrence, the mood of the subordinate clause carries the necessary information to determine whether the event is a customary action or is anticipated:

Salgo/Voy a salir cuando **termine.**	*I'm leaving/going to leave when I finish.* (anticipated)
Salgo cuando **termino.**	*I leave when I finish.* (customary action)

Cuando, como (según) and **donde/adonde** may be translated as *whenever, however,* and *wherever* respectively:

¿Cuándo quieres salir?	*When do you want to leave?*
Cuando **quieras.**	*Whenever you wish.* (anticipated)
¿Cuándo sales?	*When do you leave?*
Cuando **quiero.**	*Whenever I wish.* (customary)

With adverbial clauses, the order of the clauses may be reversed:

Cuando yo termine, salgo.	*When I finish, I'm leaving/going to leave.*
Salgo cuando yo termine.	*I'm leaving/going to leave when I finish.*

The subjunctive is always used with the following expressions because they introduce events as yet unexperienced:

Para que, a fin de que, a que (with verbs of motion) mean *so that* and express the purpose of the main clause:

Les damos la fiesta para que **sepan** que los queremos.

We are giving them the party so that they will know that we love them. (Intention: no guarantee that this will come about!)

When the subjunctive is used with **de modo que / de manera que,** *(so that)* purpose is also expressed:

Les damos la fiesta de modo que **sepan** que los queremos.

We are giving them the party so that they will know we love them. (Purpose: we want them to know this.)

The indicative with these expressions expresses logically inferred, or known and experienced, consequence and result:

Les dimos la fiesta de modo que ahora **saben** que los queremos.

We gave them the party, so that now they know we love them. (Result: they *do* know this.)

En caso (de) que *(in case)*, **a condición (de) que / con tal (de) que** *(provided that)*, **sin que** *(without)*, **a no ser que / a menos que** *(unless)* set up conditions between the main and subordinate verbs:

Vamos a servir la comida con tal de que todos **tengamos** hambre.

We're going to serve the food provided that we are all hungry.

Antes (de) que *(before)*, because of its meaning, always expresses an anticipated action:

No vamos a empezar antes de que ellos **salgan.**

We're not going to begin before they leave.

When the subject of the adverbial clause is the same as that of the main clause, the adverbial clause becomes an infinitive phrase, and the **que** is dropped. English operates similarly, but the gerund (verb + *-ing*) is often used instead of the infinitive.

The following adverbial expressions drop the **que** when there is no change of subject: **después de, hasta, a fin de, para, con tal de, antes de, sin, en caso de.** For example:

Vamos allí para charlar con el señor Ramos después de **hacer** las compras.

We're going to chat with Mr. Ramos after doing the shopping.

But **que** + the subjunctive is required when there is a change of subject:

Vamos allí para **que** el señor Ramos **pueda** charlar con nosotros después de **que** yo **haga** las compras.

We're going there so that Mr. Ramos can chat with us after I do the shopping.

PRACTIQUEMOS

J. Un viernes típico en la vida de Raúl. Empleando la(s) palabra(s) entre paréntesis, una las oraciones y haga los cambios necesarios.

Modelo: Hoy Raúl va al mercado. Sale del trabajo.
(tan pronto como)
Hoy Raúl va al mercado tan pronto como salga del trabajo.

1. Todos los viernes Raúl Martínez va de compras. Recibe su cheque. (después de)
2. Este viernes quiere ir a la barbería. Sale de su trabajo. (así que)
3. Pero no puede ir a la peluquería. Va primero al banco. (antes de)
4. Raúl piensa leer el periódico. Está en la peluquería. (mientras)
5. Luego tiene que ir a sus tiendas favoritas. Charla demasiado con el peluquero. (a no ser que)
6. Debe comprar alimentos. Cocina una cena deliciosa. (para)
7. Raúl y sus amigos siempre cenan juntos. Pueden. (cuando)
8. Este viernes Raúl puede servir vino. Mariluisa empieza a cocinar. (en cuanto)
9. Siempre hay mucha cooperación entre Raúl y sus amigos. Todos lo pasan bien los viernes. (de modo que)

K. ¿Cómo va a pasar Paco la tarde? Llene los espacios con la forma correcta de los verbos entre paréntesis.

1. Así que él _____ (llegar) a casa esta tarde, Paquito va a ver un recado de su mamá:

Querido Paco,
Ve a la pastelería después de _____ (salir) de la escuela. Aquí tienes el dinero para que le _____ (pagar) al pastelero cuando _____ (recoger) la torta para el cumpleaños de tu hermana. Ponla en tu cuarto para que no la _____ (ver) ella. Luego, ve al mercado a comprar frutas en cuanto _____ (volver-tú) con la torta. Gracias, Paco.
                                                                    Mamá

Paco es un buen chico. Siempre hace favores cuando su madre se los _____ (pedir), aunque a veces seguramente le _____ (costar) trabajo. A no ser que Paco _____ (tener) otros planes, no le fastidia ir de compras. Generalmente hace las cosas como _____ (querer) su mamá.

2. Paco acaba de llegar a casa y ve el recado de su mamá. Le escribe uno a ella. Termine las frases con la información necesaria.

Voy a recoger la torta como tú _____ . Después de ir a la pastelería hoy, yo _____ con Ramón. Ramón y yo vamos a comprarle un regalo a Miriam así que él _____ . No vamos al mercado a comprar frutas hasta que _____ . Tú sabes que Ramón y yo generalmente tomamos un café tan pronto como _____ . Pero hoy, vamos a volver pronto a casa de manera que _____ .
                                                    Hasta pronto,
                                                    Paco

L. Cuestionario personal. Las compras.

1. ¿Tiene Ud. que hacer las compras tan pronto como termine sus clases hoy?
2. ¿Cuándo va Ud. de compras?
3. ¿Piensa Ud. esperar hoy hasta que no haya muchas personas en las tiendas?
4. ¿Espera Ud. generalmente hasta que no hay mucha gente en las tiendas? ¿Por qué o por qué no?
5. ¿Charla Ud. con el dependiente de la tienda después de pagar las compras?
6. ¿Qué hace Ud. en caso de que la tienda no tenga los productos que necesita?

REPASEMOS

M. ¡Maricarmen sigue habando! ¿Recuerda Ud. a Maricarmen de la lectura al principio de este capítulo? Pues, está hablando ahora por teléfono con su hermana. Quiere que ella pase a recogerla. Maricarmen todavía piensa en la fiesta para sus padres. Aquí sigue la conversación. Termine las frases de una manera creativa y original.

1. Todavía hay muchas cosas que _____.
2. Debemos planear bien nuestro tiempo para que _____.
3. Necesito que alguien _____.
4. ¿Hay alguien que _____?
5. Es importantísimo que _____.
6. Ahora no hay nada que _____.
7. Juanita, ¿puedes venir aquí tan pronto como _____?
8. Pregúntale a Pablo si hay algo _____.
9. Bueno, no olvides _____. Hasta pronto.

N. Encuentros personales. Con un(a) compañero(a) de clase, haga los papeles de los personajes en las situaciones siguientes.

1. You and a friend are planning a birthday party for another friend. You want to share the shopping responsibilities. Tell the friend to go to several stores while you go to others. Your friend tells you that he (she) doesn't have time to help today, and asks if there is something he (she) can do tomorrow. You protest, saying that you need help today. See if you can come to an agreement.
2. Ask a friend if she (he) can pick up a newspaper for you when she (he) goes by the newsstand. She (he) asks you to get her (him) some pens at the stationery store. Continue along these lines, asking each other to pick up things at various stores.

CHARLEMOS UN POCO

EL CORREO

Carlos y Chucho están de visita en Sudamérica. En cada lugar por donde pasan, compran pequeños regalos para su familia. Inmediatamente después de comprarlos, se los envían a la familia porque no quieren cargar con ellos durante el viaje. Ahora, están en Lima, Perú, buscando una oficina de correos. Por fin la encuentran. Carlos va a la ventanilla y vuelve pronto.

CHUCHO —¿Qué pasa, Carlos?

CARLOS —Tenemos que esperar hasta que regrese el empleado esta tarde. No podemos comprar estampillas ni mandar los paquetes hasta que llegue.

CHUCHO —Bueno. Podemos esperar algunos minutos hasta que vuelva. Puedes llenar la declaración para la aduana, y yo voy a escribirles unas tarjetas postales a nuestros amigos para que no se quejen cuando volvamos.

CARLOS —Bien. A próposito, ¿qué declaración?

CHUCHO —Es necesario que llenes una declaración de lo que mandas para que la aduana nos diga si el recipiente del paquete debe pagar impuestos o no.

CARLOS —Sí, tienes razón. Ahora recuerdo. Mira, ese hombre me hace una señal. Probablemente quiere anunciar la vuelta del empleado.

Hablan con el empleado.

EMPLEADO —Buenas tardes. ¿En qué puedo servirles, señores?

CARLOS —Quisiera enviar este paquete por avión a Cuenca, México.

EMPLEADO —¿Cuánto pesa, señor? Y, ¿quiere Ud. asegurarlo?

CARLOS —No sé cuánto pesa, señor. No quiero asegurarlo, pero, ¿puede Ud. marcarlo frágil?

EMPLEADO —Cómo no. Espere un momento. Necesito pesarlo para calcular el precio. Pesa casi un kilo*. ¿Vale más de 1.400 intis**?

CARLOS —No, menos de 1.400 intis.

EMPLEADO —Entonces, el franqueo le cuesta 140 intis.

CARLOS —Está bien. ¿Cuándo va a llegar a México?

EMPLEADO —Por avión, cuatro días, más o menos. ¿Qué más necesita?

CARLOS —Nada más, gracias, pero mi amigo quiere comprar unas estampillas.

EMPLEADO —¿Cuántas necesita Ud.?

CHUCHO —Bueno, por correo regular, quisiera mandar estas tarjetas postales, y por correo certificado, esta carta.

EMPLEADO —Aquí están las estampillas, señor, y tiene que firmar aquí para la carta certificada.

*1 kilo 2.2 pounds
Peruvian currency: 14 **intis are valued at approximately U.S.$1.00 as of 1985.

CHUCHO	—Gracias. ¿Dónde echo estas tarjetas postales?
EMPLEADO	—Puede echarlas en el buzón allí, a la izquierda.
CHUCHO	—Muchas gracias. Oh, señor, también necesito una estampilla para una carta que envío a Chile y un sobre grande.
EMPLEADO	—Cómo no. ¿Algo más?
CHUCHO	—Nada más. Gracias.

Al salir, los dos amigos continúan su conversación.

CARLOS	—¿A quién le escribes en Chile?
CHUCHO	—A mi hermano mayor que trabaja allí. Hace dos años que trabaja en Chile y a él le gusta mucho recibir noticias de la familia. Va a su apartado postal cada día para ver si hay cartas.
CARLOS	—¿No hay carteros allí?
CHUCHO	—Sí los hay, pero mi hermano trabaja cerca de la oficina de correos. No se reparte el correo hasta muy tarde; por eso mi hermano alquila un apartado postal.
CARLOS	—Bueno, salúdalo de mi parte. Y Chucho, debemos darnos prisa porque el tren sale pronto.

Palabras prácticas

SUSTANTIVOS

la aduana customs
  el oficial de aduanas customs official
el apartado postal P.O. box
el buzón mailbox
la carta letter
el cartero mailman
el correo mail; post office
las estampillas stamps (Lat. Am.)
el franqueo postage
el impuesto tax
el paquete package
el sobre envelope
la ventanilla window; service window

VERBOS

alquilar to rent
  el alquiler rent
asegurar to insure
  el seguro insurance
  seguro(a) sure
cargar (con) to carry (around); to be loaded down with
echar (una carta) to mail (a letter)
enviar (envío) to mail, send
firmar to sign
  la firma signature

mandar to mail, send; to order
pesar to weigh
  el peso weight
  pesado(a) heavy
repartir to deliver (the mail)
saludar to say hello; to greet, send greetings
  saludos greetings

ADJETIVO

frágil fragile

EXPRESIONES UTILES

a la izquierda on the left
  a la derecha on the right
A propósito By the way; on purpose
llenar una declaración para la aduana to fill out a customs form
por avión air mail
  por correo aéreo air mail
por correo certificado/recomendado registered mail
  certificar to register (a letter)
por correo regular/ordinario by regular mail
Vale más de/menos de . . . It's worth more/less than . . .

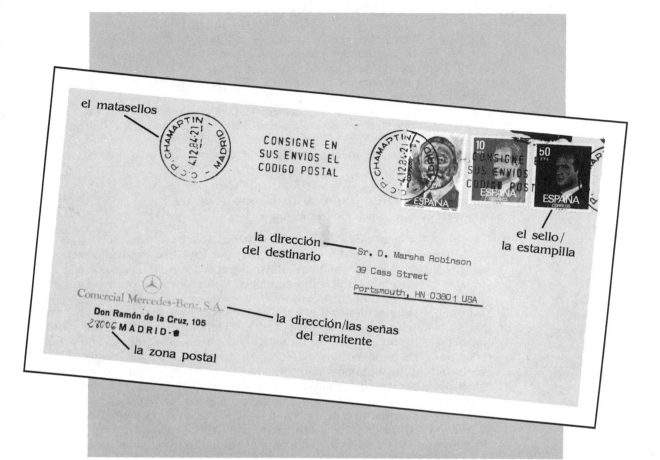

el matasellos

CONSIGNE EN SUS ENVIOS EL CODIGO POSTAL

el sello / la estampilla

la dirección del destinario

Sr. D. Marsha Robinson
39 Cass Street
Portsmouth, HN 03801 USA

Comercial Mercedes-Benz, S.A.
Don Ramón de la Cruz, 105
28006 MADRID-

la dirección/las señas del remitente

la zona postal

PRACTIQUEMOS

A. ¿Es Ud. un diccionario ambulante? Supla la palabra más adecuada.

1. Cuando el paquete contiene algo que se rompe fácilmente, es _____.
2. Cuando mando una carta regular, la echo al _____.
3. Cuando estoy de viaje y no quiero escribir una carta larga, escribo _____ con fotos bonitas.
4. Cuando quiero saber la cantidad de dinero que tengo que pagar, pregunto, ¿_____?
5. El señor que reparte el correo es _____.
6. La cantidad que pago para mandar una carta o un paquete es _____.
7. Para que no se pueda usar una estampilla más de una vez, se usa _____.

B. Le toca a Ud. Dé definiciones de las siguientes palabras.

1. el impuesto	3. un apartado postal	5. por correo certificado
2. una estampilla	4. la ventanilla	6. el sobre

C. Una encuesta personal. Conteste las siguientes preguntas.

1. ¿A quién le escribe Ud. cartas? ¿Quién le escribe a Ud.?
2. ¿Jamás escribe Ud. tarjetas postales? ¿Cuándo?
3. Cuando Ud. manda un paquete, ¿siempre asegura el contenido? ¿Por qué?
4. ¿A qué hora se reparte el correo donde Ud. vive? ¿Lo espera Ud. paciente o impacientemente?
5. ¿Tiene Ud. alguna correspondencia especial? ¿Con quién?
6. ¿Prefiere Ud. escribir cartas o hacer llamadas a larga distancia? ¿Por qué?
7. ¿Recibe Ud. muchas cartas? ¿Cada cuánto y de quién?
8. ¿Cree Ud. que cuesta mucho usar los servicios del correo, o que los precios son justos? Explique.

D. Encuentros personales. Con un(a) compañero(a) de clase haga los papeles de los personajes en las siguientes situaciones.

1. You go to the post office to send a package. The clerk asks how much it's worth, tells you to fill out a customs form, and says that the recipient of the package must pay a tax. Tell the clerk you want to insure the package and that you also need to buy stamps and envelopes. The clerk asks you how many of each you need. Ask the clerk how much everything costs. He (she) tells you.
2. You bring a letter to the post office. Tell the clerk you need to register it and that you want to send it air mail. Tell the clerk that you have just moved **(mudarme)** to the area and you want to know if it's necessary to rent a post office box. The clerk explains that the mail is delivered to your neighborhood **(vecindad)** in the afternoon, and tells you that you may rent a post office box if you wish, but it's not necessary. You thank the clerk and start to leave. The clerk tells you that you can't leave until you pay for the registered letter.
3. You have just moved to a new city and don't know your way around. Introduce yourself to your neighbor and ask about mail delivery. Your neighbor tells you that the mail isn't delivered. You ask what to do. Your neighbor explains how to go about renting a post office box.

Se vende de todo aquí en este almacén situado en la Ciudad de México.

¿Sabía usted esto?

The English constructions *to have something done* and *to make (or have) someone do something* are expressed in Spanish by the verb *hacer* + infinitive, which acts as an inseparable unit; the noun usually follows the infinitive construction:

Maricarmen **hace llenar** la receta.   *Maricarmen has the prescription filled.*

To make (have) someone do something can be expressed as follows:

Hago trabajar **a Jorge.**
          D.O.
Hago **a Jorge** trabajar.   *I make (have) Jorge work.*
          D.O.
Hago que **Jorge** *trabaje.*
          S.

Note the use of the subjunctive in the last example. **Hacer** in this context is a verb of influence.

PRACTIQUEMOS

E. Los planes continúan. Con el sujeto indicado, haga frases originales refiriéndose a la fiesta para los padres de Maricarmen. Luego, traduzca las frases al inglés.

Modelos:

1. **(tú)** hacer pensar a los otros (dos maneras)
   Haz pensar a los otros en los planes.   *Make the others think*
   Haz que los otros piensen en los planes.   *about the plans.*
2. **(tú)** hacer cambiar
   Quiero que hagas cambiar los planes.   *I want you to have the plans changed.*

1. (yo) hacer enviar
2. (Susana) hacer preparar
3. (vosotros) hacer recordar a Miguel (dos maneras)
4. (Miguel) hacer recoger
5. (tú) hacer ayudar a Carlos y Juan (dos maneras)
6. (vosotros) hacer entregar
7. (nosotros) hacer venir a los invitados (dos maneras)
8. (yo) hacer devolver
9. (nosotros) hacer lavar
10. (tú) hacer ir a Susana (dos maneras)

ENFOQUEMOS EL IDIOMA

Pronombres de complemento directo
Direct object pronouns

The direct object is a noun that is not preceded by a preposition. It receives the action of the verb:

Whom do you see?	I see *her.*
What do you see?	I see *it.*

These are the direct object pronouns in Spanish:

me	me	**nos**	us
te	you (familiar)	**os**	you (familiar)
lo (le)	him, you (formal), it	**los (les)**	them, you (formal)
la	her, you (formal)	**las**	them, you (formal)

In Spain, and in some parts of South America, **le** and **les,** in addition to being indirect object pronouns, are used to distinguish a *masculine* direct object person from a thing:

¿El libro? **Lo** conozco.	*I'm familiar with it.*
¿El hombre? **Le** conozco.	*I know him.*
¿Los muchachos? **Les** conozco.	*I know them.*

The distinction between persons and things is not made with feminine pronouns:

¿La lección? **La** conozco.	*I'm familiar with it.*
¿La mujer? **La** conozco.	*I know her.*
¿Las muchachas? **Las** conozco.	*I know them.*

Le and **les** are not often used as direct object pronouns in Latin America.

Lo, la, (le,) los, las (and **les**) must agree in gender and number with the noun they replace. The position of direct object pronouns follows the same rules as for indirect object pronouns. The pronoun **lo** is also used to sum up an idea, and it helps to avoid repetition. It often translates as *it,* although sometimes English has no translation:

¿Planear la fiesta? **Lo** hago mañana.	*Plan the party? I'll do it tomorrow.*
¿Estás cansada, Maricarmen? Sí, **lo** estoy.	*Are you tired, Maricarmen? Yes, I am.*

No agreement is made, since the **lo** has a neuter function.

When **todo** *(all, everything)* acts as the direct object, **lo** must also be used.

Maricarmen **lo** hace **todo.**	*Maricarmen does everything (does it all).*

When a specific noun is made into a pronoun, both the direct object pronoun and **todo** show agreement:

| | Maricarmen hace todos los recados. **Los** hace **todos.** | Maricarmen does all the errands. She does them all. |

As with indirect objects, when the direct object noun precedes the verb, the inclusion of the direct object pronoun is mandatory:

Conocen bien al señor Ramos. ⎫
Al señor Ramos **lo** conocen bien. ⎭   *They know Mr. Ramos well.*
El me conoce.   *He knows me.*
A mí **me** conoce **él.**   *He knows me.* (emphasis on both subject and object)

PRACTIQUEMOS

F. Una cena especial. Rodrigo y Salvador planean una cena para sus amigos. Como no tiene mucha experiencia, Rodrigo está un poco distraído. Haga Ud. el papel de Salvador y conteste las preguntas de Rodrigo, cambiando los complementos de verbo directos a pronombres.

Modelo:

Rodrigo —¿Cuándo vas a preparar la cena? (tan pronto como/poder)
Salvador —Voy a prepararla tan pronto como pueda.

1. ¿Cuándo vas a invitar a Ramón? (así que/invitar a los otros)
2. ¿Y cuándo vas a invitar a Irene? (después de/invitar a Jorge)
3. ¿Cuándo vas a comprar la comida? (cuando/tener tiempo)
4. ¿Cuándo vas a la bodega a comprar vino? (después de/ir a la panadería)
5. ¿Cuándo vas a hacer los quehaceres domésticos? (antes de/ir de compras)
6. ¿Cuándo vas a recoger la carne? (cuando/ir a hacer las otras compras)
7. ¿Cuándo vas a preparar la comida? (antes de que/venir los otros)
8. ¿Cuándo vas a servir el vino y la cerveza? (tan pronto como/llegar los amigos)

G. Son las cuatro de la tarde. Rodrigo y Salvador están afuera haciendo las compras. Rodrigo sigue con las preguntas. Conteste según el modelo, empleando pronombres por los complementos de verbo directos.

Modelo:

Rodrigo —¿Ves a Juan?
Salvador —Sí, **lo** veo.

1. ¿Ves a Lucía allí?
2. ¿Crees que ella nos ve?
3. ¿Necesitas sellos?
4. ¿Me escuchas?
5. ¿Buscas a Diego? ¿Te busca?
6. ¿Quieres pan, bombones y una torta?
7. ¿Dejamos la ropa en la tintorería?
8. ¿Te ayudo mucho?

H. ¿A quién obedezco? Vivo en un apartamento con otras dos personas. Uno(a) de mis compañeros(as) quiere que haga unas cosas pero el (la) otro(a) no. Dé Ud. las respuestas de los(las) compañeros(as) según el modelo.

Modelo: —¿Queréis que compre el libro?
              —Sí, cómpralo.
              —No, no lo compres.

1. ¿Queréis que planee una fiesta?
2. ¿Queréis que os ayude?
3. ¿Queréis que pida una torta de la pastelería?
4. ¿Queréis que lleve la ropa a la lavandería?
5. ¿Queréis que compre el periódico en el quiosco?

I. Decisiones, decisiones. Ahora, vamos todos(as) a la oficina de correos. Es la misma situación. Un(a) compañero(a) quiere que hagamos las cosas que sugiero y el (la) otro(a) no. Conteste según el modelo.

Modelo: —¿Debemos hacer las compras? / ¿Hacemos las compras?
              —Sí, hagámoslas.
              —No, no las hagamos.

1. ¿Mandamos estas tarjetas postales?
2. ¿Debemos ir en autobús para llevar todos los paquetes?
3. ¿Debemos recoger la correspondencia?
4. ¿Alquilamos un apartado postal?
5. ¿Aseguramos este paquete?
6. ¿Llenamos una declaración para la aduana?

J. ¡Estoy frustrado(a)! Pero, ¡las cosas van a cambiar! Traduzca al español. Cuidado con el énfasis.

1. One of my roommates thinks he knows everything! 2. He doesn't let me buy meat; *he* has to do it. 3. It happens all the time. 4. I ask him if the meat is fresh, and he says it is. 5. And it never is! 6. We're going to buy meat and vegetables later, and *I'm* going to choose them all this time! 6. The food, *I* will buy, and my roommate can cook it all!

Los pronombres de complementos dobles
Double object pronouns

Indirect Object	Direct Object
me	me
te	te
le (se)	lo (le), la
nos	nos
os	os
les (se)	los (les), las

- With double object pronouns, the indirect object usually precedes the direct object*.
- **Le/les** change to **se** if combined with **lo, los la, las:**

Le doy el dinero a él.   *I'm giving him the money.*
Se lo doy a él.   *I'm giving it to him.*

- With a simple conjugated verb, the pronouns precede the verb form:

¿La verdad? Te la digo.   *The truth? I'll tell it to you.*

- With a conjugated verb plus an infinitive or gerund, the pronouns may either go before the conjugated verb or be attached to the infinitive or gerund, but they *never* go between the conjugated verb and the infinitive or gerund:

¿La verdad?
> Se la quiero decir a Ramón.
> Quiero decírsela a Ramón.
> Se la estoy explicando a Ramón.
> Estoy explicándosela a Ramón.

Note that when the two pronouns are attached to an infinitive, a written accent must be placed on the last syllable of the infinitive. It's not necessary with just one pronoun:

Quiero decírsela.
Quiero decirle la verdad.

With gerunds, an accent must be placed on the next-to-the-last syllable of the gerund whether one or two pronouns are attached.

Estoy explicándosela.
Estoy explicándole la verdad.

- With affirmative commands, the pronouns must be attached to the end of the verb form:

¿El dinero? Dén**melo** Uds.   *The money? Give it to me.*

If the stressed syllable of a verb is changed by adding pronouns, an accent is needed to maintain the original stress.

With two (or more)-syllable verbs an accent is needed whether one or two pronouns are attached. For example:

Diga, Dígame, Dígamela
Escriba, Escríbanos, Escríbanoslos

---

*When both direct and indirect objects refer to people, the indirect object pronoun does not necessarily precede the direct. The order of the pronouns is second person, first person, third person:

Te me recomendó.   *He recommended you to me.*
D.O. I.O.
Nos le presentó.   *He introduced us to him.*
D.O. I.O.

In the case of one-syllable verbs with one pronoun, no accent is needed. With two pronouns a written accent is necessary. For example:

Pon, Ponte, Póntela
Da, Dame, Dámelo

With negative commands, the pronouns must come before the verb:

Escríbamela.   No me la escriba.
Póntela.   No te la pongas.

The only time it is *necessary* to attach pronouns to the verb form is with affirmative commands. In all other cases, it is perfectly acceptable, or obligatory, to place pronouns before the conjugated verb.

Note that pronouns of the same verb may not be separated. There are only two choices:

Me la quiere escribir.
Quiere escribírmela.

When pronouns are objects of different verbs, the pronouns are separated:

Le hago llenarme la receta.   *I have (make) him fill the prescription for me.*

Te mando hacerlo.   *I order you to do it.*
Me gusta comprarlos.   *I like to buy them.*

PRACTIQUEMOS

K. Más planes. Maricarmen habla con su amiga Conchita de la fiesta de aniversario para sus padres. El hermano de Maricarmen, Miguel, todavía no sabe nada de los planes, pero ¡lo va a saber pronto! Conteste las preguntas, empleando en sus respuestas pronombres de complementos de verbo directos e indirectos según correspondan.

Modelo: ¿Vais a decirle la verdad a Miguel?

{ Sí, vamos a decírsela.
  Sí, se la vamos a decir.
  No, no vamos a decírsela.
  No, no se la vamos a decir. }

1. ¿Vais a regalarles joyas a vuestros padres?
2. ¿Vais a mencionarle los planes a Miguel?
3. ¿Esperáis que Miguel os ofrezca su ayuda?
4. Si no, ¿vais a pedirle a Miguel que os haga unos favores?
5. Y tú, Maricarmen, ¿necesitas que Miguel te haga las compras?
6. ¿Me permites que te dé algunas ideas?

L. En la carnicería. El señor y la señora Cortes necesitan comprar carne. Le piden ayuda al carnicero. Haga el papel de carnicero y conteste las preguntas.

Modelo: ¿Nos ofrece consejos?
               Sí, se los ofrezco a Uds. *or* No, no se los ofrezco a Uds.

Este peluquero espera a sus clientes. La peluquería está situada en La Paz, Bolivia.

1. ¿Puede contestarnos algunas preguntas?
2. ¿Nos permite unos momentos antes de pedir la carne?
3. ¿Nos explica las carnes especiales de hoy?
4. ¿Nos recomienda el pollo?
5. ¿Nos puede dar los precios?
6. ¿Nos habla francamente?
7. ¿Nos dice la verdad?

M. En la bombonería. En esta escena, el dependiente les hace preguntas a sus clientes. Contéstelas.

> *Modelo:*   ¿Les puedo ofrecer consejos?
> Sí, ofrézcanoslos, por favor. *or* No, no nos los ofrezca.

1. ¿Les puedo traer a Uds. los bombones?
2. ¿Les puedo sugerir algunos otros?
3. ¿Les puedo recomendar la fruta con chocolate?
4. Señora, ¿le puedo servir un poco de este chocolate?
5. Señor, ¿le puedo ofrecer un bombón?

N. Una charla entre amigos. Conteste las preguntas, usando todos los pronombres posibles en las respuestas.

1. Nadie me **escribe** a mí. ¿Hay alguien que quiera escribirte cartas a ti?
2. Casi nunca escribo cartas. ¿Conoces a alguien que les escriba muchas cartas a sus amigos?
3. Tus amigos te hacen favores, ¿no? ¿Hay algún favor que tú quieras hacerle a un amigo? ¿Cuál?
4. Para mí, es importante ayudar a los amigos. ¿Conoces a alguien que no le haga ningún favor a nadie?
5. Voy a regalarle flores a mi madre. ¿Hay alguien que te regale flores a ti?

REPASEMOS

O. ¡Un gran éxito! La fiesta de aniversario para los padres de Maricarmen fue estupenda. Lo que sigue es parte de una tarjeta de gracias de los padres a los hijos. Traduzca el trozo y luego termine la carta. Emplee la forma de **vosotros** cuando sea apropiado. ¡Emplee la imaginación!

> Dear **(Queridos)** children,
>   What a family! We don't know anyone who is more generous than you. This is an anniversary . . .

P. Tanto que hacer. Ud. tiene varios recados que hacer. En una composición bien desarrollada y organizada, describa sus actividades: adónde Ud. va, qué compra, por qué, etc. Incluya sus tiendas preferidas.

Q. Debate. Formen grupos. Uno va a defender el sistema hispano de hacer las compras y criticar el sistema norteamericano y el otro va a hacer lo contrario, o sea, defender el sistema norteamericano y criticar el hispano. Aquí hay un poco de información.

> En el mundo hispano, ir de compras puede ser una actividad que requiere mucho tiempo porque la gente va a varias tiendas.
>   El sistema norteamericano, por otra parte, es algo diferente. Hay supermercados grandísimos combinados con farmacias donde se puede hacerlo todo.
>   ¿Cuál es mejor?

En este restaurante de Cuernavaca, México, se puede comer cosas sabrosas y además escuchar música.

capítulo
seis

¿PUEDE USTED RESISTIR LA TENTACIÓN?

Como a todos, a Carmen le gusta estar de buena salud y comer comidas ricas. De vez en cuando, le es difícil hacer los dos.

¿Recuerda Ud. cuando era joven? ¿Podía Ud. comer lo que quería sin engordar? ¿Siempre tenía hambre? Yo también. Ahora tengo veinticinco años y cada vez que doy un bocado salta la escala de la báscula. Cuando tenía diez años, era delgada y podía comer un desayuno enorme, un almuerzo hecho para un elefante y una cena grandísima. Y entre las comidas, comía dulces, bocadillos, frutas frescas, galletas, helado y mucho más sin cambiar de peso. Parecía que nunca me satisfacía y que nunca engordaba.

Hoy hay diferencias en lo que como. Ya que estoy un poco gorda, siempre estoy a dieta. Por eso cuando cocino, siempre trato de preparar comidas no muy caloríficas. Pero a veces la voluntad me falla y me voy de parranda. Ayer fue uno de estos días. Me levanté a las ocho de la mañana y quería comer un desayuno que consistía de tocino, huevos, panecillos, jugo de naranja, y café con leche y azúcar, pero decidí comer una toronja, pan tostado sin mantequilla y una taza de té. Estaba muy orgullosa de haber resistido este deseo de comer tanto. Al mediodía, fui a mi restaurante favorito y comí un plato de pollo y de legumbres. No pedí postre aunque me apetecía mucho. Después del trabajo, decidí caminar a mi apartamento para hacer ejercicio. Pasé por una confitería y el olor de chocolate trató de tentarme, pero rechacé la tentación. Preparé una cena ligera, una ensalada de lechuga y tomate con aceite y vinagre. La comí contenta y orgullosa de mí misma.

Después de la cena, me senté en el sofá y empecé a leer una revista. Leía un artículo interesante cuando de repente me vino a la memoria el chocolate. Me dije que el gusto duraría solamente algunos segundos y que no valía la pena aumentar de peso por eso. Estaba casi totalmente convencida cuando pasé la página y allí había un anuncio comercial de unos chocolates. ¡Y qué anuncio era! Allí, en esa página, aparecía el chocolate más sabroso y más rico del mundo. Lo miré algunos momentos y traté de pensar en otra cosa. No me atreví a mirarlo otra vez pero no podía dejar de mirarlo. Empecé a desesperarme. El pensamiento del chocolate era insoportable. Decidí dar un paseo. De costumbre, doy un paseo por mi barrio pero anoche caminé en dirección a la confitería porque sabía que estaba abierta hasta las nueve. Por fin, llegué. Entré. Compré un pedazo muy pequeño. Lo probé inmediatamente. Decidí comprar un poco más, porque al fin y al cabo, hacía ejercicio al dar un paseo y un poco más no importaría nada. Salí de la tienda y poco a poco me comí el chocolate. Estaba fantástico aunque el gusto duró solamente por un momento. . . .

Bueno, ¿soy la única persona que tiene estas crisis de voluntad? ¿Qué hace Ud. cuando tiene que sufrir sus impulsos? ¿Resiste Ud. la tentación? Por favor, ¡deme consejos!

¡Digamos la última palabra!

SUSTANTIVOS

el aceite oil
el azúcar sugar
el bocadillo sandwich (Sp.)
la cena dinner
  cenar to have dinner
la confitería candy store
el desayuno breakfast
  desayunar to have breakfast
el dulce candy
  los dulces sweets
  dulce sweet *adj*
la escala de la báscula scales
la galleta cookie; cracker
el gusto taste; pleasure
  gustar to be pleasing; to like
el hambre *f* hunger
  tener hambre to be hungry
  hambriento(a) hungry
el helado ice cream
  el hielo ice
el jugo juice (**el zumo** Sp.)
la mantequilla butter
el olor smell
  oler *ue** to smell
el panecillo roll
  el pan bread
el pedazo piece, chunk, slice, bit
el pensamiento thought
  pensar *ie* to think
el peso weight
  pesar to weigh
  pesado(a) heavy
el pollo chicken
el postre dessert
el tocino (el beicon Sp.) bacon
la toronja grapefruit
la voluntad will power; will
  voluntario(a) volunteer; voluntary

VERBOS

apetecer (apetezco) to feel like eating; to appeal to (used like **gustar**)
  el apetito appetite

atreverse a to dare to
  atrevido(a) daring, bold
aumentar to increase
  el aumento increase
desesperarse to become desperate
  desesperado(a) desperate
durar to last
  la duración duration
  durante during
engordar to put on weight
  gordo(a) fat, overweight
fallar to fail; to let down
levantarse to get up
  levantar to lift; to get (someone) up
pasar to spend time; to happen
probar *ue* to taste, try, sample
  probarse *ue* to try out; to try on
saltar to jump
sentarse *ie* to sit down
  el asiento seat
  sentado(a) seated, sitting
tentar *ie* to tempt
  la tentación temptation

ADJETIVOS

calorífico(a) high-calorie
  la caloría calorie
delgado(a) thin, skinny (**flaco(a)** skinny)
insoportable unbearable
  soportar to bear, stand
ligero(a) light (weight or color)
rico(a) rich; delicious
sabroso(a) tasty, delicious
  el sabor flavor, taste
tostado(a) toasted; tanned
  el tostado piece of toast (Sp.)
  la tostada piece of toast (Lat. Am.)

ADVERBIO

anoche last night

* The verb **oler** is irregular in the present indicative (**huelo, hueles, huele,** olemos, oléis, **huelen**) and in the subjunctive (**huela, huelas, huela,** olamos, oláis, **huelan**).

EXPRESIONES UTILES

al fin y al cabo   after all; after all is said and done
cada vez   every time
dar un bocado   take a bite; eat a mouthful
dar un paseo   to take a walk
de costumbre   as a rule, usually, generally
   como de costumbre   as usual
de repente   suddenly
estar a dieta   to be on a diet
   ponerse a dieta   to go on a diet
irse de parranda   to go on a binge; to go out and have fun
poco a poco   little by little

PRACTIQUEMOS

A. ¿Qué come Ud.? ¿Cuáles son los alimentos que Ud. asocia con estas palabras?

1. el desayuno   2. el almuerzo   3. la cena   4. el postre

B. Los gustos personales. ¿Es Ud. como la persona de la lectura? Conteste las preguntas.

1. ¿Qué cocina Ud. cuando está a dieta?
2. ¿Cómo satisface el hambre?
3. ¿Qué alimentos prueba Ud. al sufrir una crisis de voluntad?
4. ¿Qué come Ud. para el desayuno? ¿para el almuerzo? ¿para la cena?
5. ¿Cuándo salta la escala de su báscula?

C. Algunas sugerencias. ¿Qué consejos puede Ud. darle a la persona de la lectura?

1. ¿Qué recomienda que ella haga mientras esté a dieta?
2. ¿Qué debe hacer ella en caso de que tenga otra crisis de voluntad?
3. ¿Qué sugiere Ud. que ella coma para el desayuno? ¿para el almuerzo? ¿para la cena?
4. ¿Qué debe hacer ella para no irse de parranda?

D. Solicitamos su opinión.

1. ¿Conoce Ud. a alguien que esté a dieta? ¿Qué hace la persona para no engordar?
2. ¿En qué piensa Ud. al mencionar la comida?
3. ¿Se acentúa demasiado la importancia de la comida? Explique.
4. ¿Cómo es la mujer o el hombre de los anuncios comerciales? ¿Qué efecto tiene esta persona en el concepto de lo bello?
5. ¿En qué debe pensar alguien que quiera ponerse a dieta?
6. ¿Cuándo le falla a Ud. la voluntad?

¿Sabía usted esto?

- The verb **pensar** has several meanings, depending on how it is used. Followed by an infinitive, it means *to intend to:*

  Pienso cocinar un plato ligero.   *I intend to cook a light meal.*

  Used with the preposition **en,** it means *to think about:*

  ¿**En** qué piensas cuando se habla de la comida?   *What do you think about when food is mentioned?*

  ¿**En** quién piensas?   *About whom are you thinking? (Who are you thinking about?)*

  With the preposition **de, pensar** means *to think of (about)* in the sense of giving an opinion. It is synonymous with **parecerle a alguien.**

  ¿Qué piensas **de** las dietas? ⎫
  ¿Qué te parecen las dietas? ⎭   *What do you think of diets? (What's your opinion?)*

- Feminine words beginning with an accented first syllable of **a** or **ha** use the definite article **el** rather than **la** in the singular form, provided that the article is not separated from the noun by another word. For example:

  el **ha**mbre   el **a**gua   el **a**ve
  el **á**guila   el **ha**cha

  Compare with the above: **la** hermosa águila

  Notice that the adjective must agree with the feminine gender of the noun:

  el águila hermos**a**
  las aguas frí**as**

  Either the masculine or the feminine *indefinite* article may be used:

  un hambre insoportable
  una hambre insoportable

PRACTIQUEMOS

E. Una tentación poderosa. Ana y su amiga Dolores conversan. Traduzca su conversación.

Ana	—What are you thinking about?
Dolores	—I'm really hungry and I'm thinking about going to the new restaurant. What's its name?
Ana	—I can't think of it now. It's an American restaurant, isn't it?
Dolores	—Yes. They say that the ice cream is delicious, and I intend to eat a lot. Do you want to come?
Ana	—Let's go.

El pretérito: verbos regulares
The preterite: regular verbs

The preterite focuses on an aspect of the past tense. The preterite of regular verbs is formed in the following manner:

informar

inform {
é
aste
ó
amos
asteis
aron
}

conocer

conoc {
í
iste
ió
imos
isteis
ieron
}

insistir

insist {
í
iste
ió
imos
isteis
ieron
}

The spelling conventions needed in the present subjunctive are also necessary in the preterite to preserve the sound of the infinitive. (See **Apéndice I.**) With verbs ending in **-gar** a **u** is added to the stem only in the first person singular of the preterite:

pagar   pa**gué,** pagaste, pagó, pagamos, pagasteis, pagaron

With verbs ending in **-car, c** is changed to **qu** only in the first person singular of the preterite:

buscar   bus**qué,** buscaste, buscó, buscamos, buscasteis, buscaron

With verbs ending in **-zar, z** is changed to **c** only in the first person singular of the preterite:

comenzar   comen**cé,** comenzaste, comenzó, comenzamos, comenzasteis, comenzaron

When the stem of an **-er** or **-ir** verb ends in a vowel, the third person endings **-ió** and **-ieron** are spelled **-yó** and **-yeron:**

caer   caí, caíste, ca**yó,** caímos, caísteis, ca**yeron**
creer   creí, creíste, cre**yó,** creímos, creísteis, cre**yeron**
destruir   destruí, destruiste, destru**yó,** destruimos, destruisteis, destru**yeron**
incluir   incluí, incluiste, inclu**yó,** incluimos, incluisteis, inclu**yeron**
leer   leí, leíste, le**yó,** leímos, leísteis, le**yeron**

With **-er** and **-ir** verbs whose stems end in **ñ** or **ll,** the **i** is removed from the third person singular and plural forms:

bullir   bullí, bulliste, bull**ó,** bullimos, bullisteis, bull**eron**
reñir   reñí, reñiste, ri**ñó,** reñimos, reñisteis, ri**ñeron**

-Ar and -er stem-changing verbs do not change in the preterite since the **ue** and **ie** changes appear only when the stem is stressed. In the preterite the ending, and not the stem, is stressed. This is how the preterite of **-ar** and **-er** stem-changers is formed:

recordar *ue*

record $\begin{cases} é \\ aste \\ ó \\ amos \\ asteis \\ aron \end{cases}$

perder *ie*

perd $\begin{cases} í \\ iste \\ ió \\ imos \\ isteis \\ ieron \end{cases}$

-Ir stem-changers show a change only in the third person singular and plural. The **e** changes to **i** and the **o** changes to **u** (you have already seen this stem change in the **nosotros** and **vosotros** forms of the present subjunctive):

repetir *i*		**preferir** *ie*		**dormir** *ue*	
repet	$\begin{cases} í \\ iste \end{cases}$	prefer	$\begin{cases} í \\ iste \end{cases}$	dorm	$\begin{cases} í \\ iste \end{cases}$
repit	ió	prefir	ió	durm	ió
repet	$\begin{cases} imos \\ isteis \end{cases}$	prefer	$\begin{cases} imos \\ isteis \end{cases}$	dorm	$\begin{cases} imos \\ isteis \end{cases}$
repit	ieron	prefir	ieron	durm	ieron

El pretérito: verbos irregulares
The preterite: irregular verbs

Ser and **ir** share the same forms in the preterite: **fui, fuiste, fue, fuimos, fuisteis, fueron.** Context will make the meaning clear.

Dar is irregular only in that it uses **-er, -ir** preterite endings: **di, diste, dio, dimos, disteis, dieron.**

(Accents are not needed because the first and third person forms are only one syllable.)

Several verbs have irregular stems and share a set of common endings.

tener

tuv $\begin{cases} -e \\ -iste \\ -o \\ -imos \\ -isteis \\ -ieron \end{cases}$

Other verbs with irregular stems using these endings:

andar anduv-, **estar** estuv-, **tener** tuv-
conducir conduj-, **decir** dij-, **producir** produj-, **traer** traj
caber cup-, **saber** sup-
hacer hic- (él hizo), **satisfacer** satisfic- (él satisfizo)
querer quis-, **poder** pud-, **poner** pus-, **haber** hub-

Notice that these endings are unstressed and differ from the stressed endings of the regular preterites. The **i** is removed from verbs that have a **j** in the stem of the third person plural: Enrique y Marta trajeron la comida.

Los usos del pretérito
Uses of the preterite

The preterite is used to focus on the beginning of an event. (The verbs **comenzar** and **empezar** are sometimes used to indicate that an action began.)

De repente, me **vino** a la memoria el chocolate.	Suddenly, the memory of chocolate returned to me.
Decidí ir a la confitería, pero **llovió (empezó a llover).**	I decided to go to the candy store, but it began to rain.

The preterite is also used to indicate a completed action (the focus here is on the completion —the end— of the event): Trajeron la comida.

El hambre **duró** tres horas.	The hunger lasted three hours.
Compró un pedazo de chocolate.	She bought a piece of chocolate.
Lo **probó** y le **gustó.**	She tasted it and she liked it.

When **hace** is used with a verb in the preterite, it translates as *ago:*

Leí la revista **hace** diez minutos.
Hace diez minutos que **leí** la revista.

I read the magazine ten minutes ago.

Remember that when **hace** is used with the present indicative, it indicates that an event began in the past and is continuing into the present:

Hace diez minutos que **leo** la revista.
Leo la revista **desde hace** diez minutos.

I have been reading the magazine for ten minutes.

PRACTIQUEMOS

F. Una fiesta maravillosa. Colleen O'Connor, una estudiante norteamericana que acaba de terminar un año escolar estudiando en España, asistió a una fiesta antes de regresar a los Estados Unidos. Ahora les describe la fiesta a sus padres. Sustituya los sujetos entre paréntesis por el sujeto en la frase.

1. Llegué a la casa de Marisol a las nueve. (Felipe, nosotros, ellos)
2. Cuando entré, todos gritaron «¡Sorpresa!» (él/nosotros, nosotros/tú, ellos/vosotros)
3. Estuve muy sorprendida cuando los vi. (Felipe, nosotros, los invitados)
4. Cantamos y bailamos. (los argentinos, yo, vosotros)
5. Oí tocar la guitarra española por última vez. (él, mi compañero y yo, vosotros)
6. Marisol preparó una comida estupenda. (los chicos, tú, nosotros)
7. Todos trajeron regalos y fotografías memorables. (Lolita, tú, nosotros)

¿Puede Ud. resistir la tentación?

8. A las tres de la mañana, todos dijeron «adiós.» (Consuelo, tú, vosotros)
9. La fiesta duró seis horas. (las fiestas, la celebración, las celebraciones)
10. Pasamos un buen rato. (todos, todo el mundo, vosotros)

G. Una clase memorable. Llene los espacios con la forma correcta del pretérito.

_____ (Decidir-yo) aprender a cocinar, y _____ (ir) a una clase. Mi amiga me _____ (decir) que la clase empezaba a las tres. El autobús _____ (salir) a las dos para la universidad y el viaje _____ (durar) diez minutos. Antes de ir a la clase, _____ (tener) que comprar los ingredientes necesarios. _____ (Entrar) en la clase bien preparado. El profesor, un experto en la cocina según lo que _____ (decir) mi amiga, me _____ (ayudar) a preparar esta comida. El _____ (preferir) un plato menos difícil, pero _____ (insistir-yo) en la paella valenciana*. _____ (Leer-yo) la receta y _____ (mezclar) los ingredientes de la salsa. _____ (Cocinar) el pollo antes de las otras cosas. Otros estudiantes _____ (asistir) a la clase y me _____ (mirar) cocinar este plato magnífico. «¡Qué fácil es cocinar!» me _____ (decir-yo). Una vez preparado, _____ (meter-yo) el plato en el horno y _____ (buscar) algo que hacer. _____ (Andar) por la clase y _____ (examinar) los platos de los otros estudiantes. Me _____ (sentar-yo) para descansar y me _____ (dormir). Al despertarme, _____ (notar) un humo que salía del horno. ¡_____ (Destruir-yo) mi paella, mi primer plato! _____ (Saber) ese día que el cocinar no era tan fácil como pensaba.

*La paella valenciana is a dish made of saffron rice, chicken, shellfish and vegetables cooked together. The city of Valencia, Spain, is known for its **paella.**

H. Cuestionario. ¿Experimentó Ud. algo semejante a lo que le pasó a este chico? Formule unas preguntas basadas en la información siguiente. Use el pretérito.

Modelo: qué / preparar / anoche
¿Qué preparaste anoche?

1. cuándo / cocinar / primer plato
2. dónde / aprender a cocinar
3. qué ingredientes / comprar
4. qué plato / preparar
5. poder / cocinarlo bien
6. tener / algún accidente
7. le gustar / el plato

Ahora, hágale las preguntas a un(a) compañero(a) de clase.

I. Esteban Fierro va a preparar una comida especial para su novia. Está muy nervioso y se queja a su madre. Siga el modelo y escriba frases completas de los grupos de palabras.

Modelo: Esteban dice —Hace dos días que espero tu receta. (mandarte/una semana)
Su madre le contesta —Te mandé la receta hace una semana.

1. Trato de hacer el plato desde hace dos semanas. (enseñarte/un año)
2. Hace una semana que pruebo varios platos. (darte un libro de recetas/un mes)
3. Busco el vino perfecto desde hace tres días. (sugerirte el vino apropiado/una semana)
4. Hace tres semanas que leo recetas de postres. (hacerte un pastel elegante/ dos días)
5. Hace una semana que trato de encontrar unas rosas blancas. (encontrarte las flores/cinco horas)

J. ¿Está Ud. a dieta? Es necesario recordar el ejercicio que uno hace, lo que prepara de comida y lo que come cuando se está a dieta. Complete las frases, diciendo lo que hizo Ud. Trate de usar un verbo diferente en cada frase.

1. Anoche (yo) _____ .
2. Ayer para el desayuno _____ .
3. Anteayer (yo) _____ .
4. Para el almuerzo ayer _____ .
5. Hace una semana _____ .

El imperfecto
The imperfect

We have already studied one aspect of the past tense, the preterite. In this section, we will examine the forms of the other aspect of the past, the imperfect. The uses of the preterite and the imperfect will be contrasted in the following section; they are often translated the same in English, because English does not make a preterite-imperfect distinction in its past tense.

The conjugations of the imperfect are very easy to master because all verbs are formed in the same way except for **ir, ser,** and **ver,** and there are no stem changes (the stems are unstressed).

Verbs ending in **-ar** drop the **-ar** infinitive endings and add **-aba:**

despertar

despert
- -aba
- -abas
- -aba
- -ábamos
- -abais
- -aban

Verbs ending in **-er** and **-ir** drop the infinitive ending and add **-ía:**

beber

beb
- -ía
- -ías
- -ía
- -íamos
- -íais
- -ían

dormir

dorm
- -ía
- -ías
- -ía
- -íamos
- -íais
- -ían

Ir, ser, and **ver** are the only irregular verbs in the imperfect:

ir	iba, ibas, iba, íbamos, ibais, iban
ser	era, eras, era, éramos, erais, eran
ver	veía, veías, veía, veíamos, veíais, veían

PRACTIQUEMOS

K. Una reunión estimulante. La semana pasada, mi amiga fue a una reunión de personas que querían bajar de peso. Yo no pude asistir y por eso ella me describe la reunión ahora. Cambie el verbo según el sujeto entre paréntesis.

1. Todos conversaban antes del comienzo. (yo, Margarita y yo, él)
2. Una mujer servía un refresco frío. (las mujeres, yo, nosotros)
3. Otro socio nos daba recetas. (los hombres, María, él)
4. Yo era la única socia nueva. (Susana, nosotros, Elena y Ana)
5. Algunas escuchaban a una mujer que hablaba de la importancia de seguir una dieta racional. (Yo/unas mujeres, Yo/Arturo, El/ella)
6. Otros miraban unas fotografías de «Antes y Después». (yo, nosotros, él)

L. Cuestionario personal. Forme preguntas de estas palabras y hágaselas a un(a) compañero(a). Use el imperfecto del verbo.

1. ¿Qué / comer / cuando / ser / joven?
2. ¿Hacer / ejercicio? / ¿Dar / mucho / paseos?

3. ¿Cómo / evitar / aumento / peso?
4. ¿Satisfacer / hambre / con / tres comidas / o /necesitar / comer / más? ¿Qué / comer?
5. ¿Poder / resistir / postres? / ¿Querer / resistir / los?
6. ¿Adónde / ir / para satisfacer / hambre / insoportable?
7. ¿Cuál / ser / comida / favorito? / ¿Por qué?
8. ¿Gustar / a ti / postres? / ¿Cuál / ser / postre / preferido?
9. ¿Estar / contento / de tu estado físico?

M. El estilo de vida y la salud. Cambie al imperfecto para aprender de la experiencia de esta persona.

Cuando soy joven, quiero mantener la salud. Cada día, trato de hacer ejercicio y por lo general como legumbres y frutas. Sé que la carne y los dulces no son buenos. Tengo un amigo a quien no le interesa lo que come. Siempre está enfermo y no tiene mucha energía. Le gusta mucho el azúcar y todo lo que come contiene azúcar. Nunca hace ejercicio. Cree que soy idiota porque no como carne ni dulces. No puedo convencerle de los beneficios de la dieta vegetariana. No los comprende, ni quiere comprenderlos. Me parece que debe cambiar su estilo de vida antes de enfermarse seriamente. Tiene que dejar de comer huevos, carne y azúcar inmediatamente.

REPASEMOS

N. Cuestionario personal. Conteste las preguntas, usando el tiempo verbal de la pregunta y usando pronombres cuando sea posible.

1. Cuando Ud. era joven, ¿quién preparaba la comida para su familia?
2. ¿Comía Ud. muchos postres?
3. ¿Rechazaba la tentación de los dulces?
4. Anoche, ¿experimentó una hambre insoportable?
5. ¿Satisfizo Ud. esa hambre o la resistió? Cómo?
6. ¿Hizo algún ejercicio?
7. En general, ¿prueba Ud. muchas diferentes comidas? ¿Cuál es su comida favorita?
8. ¿Conoce una persona que tenga mucha voluntad? ¿Tiene Ud. mucha voluntad?
9. ¿Hay algo que pueda satisfacer el hambre y que no sea calorífico? ¿Qué es?

O. Un fin agradable. Traduzca al español y use el verbo en el tiempo indicado (P=pretérito, I=imperfecto).

For two years Benito Quiroga has been the chef **(cocinero)** in a large New York hotel. He arrived (P) in New York from Spain three years ago. He intended (P) to go to the university, but his friend offered (P) him this job. Benito needed (I) the money and accepted (P) the job. Last night the president of the university came (P) to the restaurant. He tasted (P) the food and asked (P) if he could (I) speak with the chef. Benito spoke (P) to the man and returned (P) to the kitchen smiling **(sonriendo).** He'll be going to the university next year and will manage **(supervisar)** the dining hall **(comedor)** so that he can pay for his classes.

Sevilla, España. ¿Se puede estar a dieta y comer aquí?

P. Encuentros personales. Con un(a) compañero(a) de clase, haga los papeles en las siguientes situaciones.

1. You are staying with a friend in Spain. Tell your friend you're very hungry and ask if you can cook something. Your friend reminds you that you're on a diet. You respond by saying that you'll have fresh vegetables.
2. Discuss what times you and your classmate eat breakfast, lunch, and dinner. Tell each other what foods you eat at these meals.
3. Invite your classmate to lunch at your apartment. He or she accepts and asks the time. Ask if he or she knows how to get to your apartment. He or she says yes and asks what to bring.

CARUSO

RESTAURANTE
SERRANO, 70
Tels.: 276 71 58 — 435 52 62
MADRID-1

CHARLEMOS UN POCO

EN EL RESTAURANTE

Entraron dos personas en un restaurante muy elegante. El restaurante se encuentra en un barrio muy popular de España. Las mesas estaban cubiertas de manteles blancos y en el centro de cada una había flores frescas. Había velas también que le daban un ambiente crepuscular y muy romántico al restaurante. El matrimonio esperó al camarero, asidos del brazo, obviamente enamorados.

CAMARERO	—Buenas noches y bienvenidos, señores Valladares.
SR. VALLADARES	—Buenas noches, José. Reservamos una mesa para las nueve. ¿Está preparada?
CAMARERO	—Sí, señor. Me parece que Uds. celebran algo.
SR. VALLADARES	—Tiene razón. Hoy es nuestro aniversario. El segundo. Hace dos años que le propuse el matrimonio a Yolanda, aquí en este mismo restaurante.
CAMARERO	—¡Felicitaciones! ¿Les puedo traer una botella de champán bien fría para la celebración?
SRA. VALLADARES	—Gracias, José. Más tarde, consultamos el menú y pedimos la cena.
CAMARERO	—Muy bien, señora. Vengan conmigo, por favor.
SR. VALLADARES	—Muchas gracias, José.

Más tarde

FELIPE	—Buenas noches. Me llamo Felipe y estoy aquí para servirles a Uds. Aquí están los menús. ¿Les puedo traer un entremés?
SR. VALLADARES	—Por favor. Vamos a empezar con un coctel de fruta fresca; también queremos pedir la cena ahora. ¿Cuál es la especialidad de la casa hoy?
FELIPE	—Las entradas especiales del día son el pollo frito y el cordero asado. Están sabrosos. También les puedo recomendar la langosta.
SRA. VALLADARES	—Nos parece muy bien el cordero asado. Tráiganos también una ensalada de lechuga, tomate y aceitunas con aceite y vinagre.
FELIPE	—Muy bien, señora. ¿Algo para acompañar el cordero asado? Esta noche hay patatas cocidas, al horno o puré de patatas, guisantes, zanahorias y espinaca con salsa de mantequilla.
SRA. VALLADARES	—Prefiero el puré de patatas. ¿Y tú, Guillermo?
SR. VALLADARES	—Para mí, espinaca con salsa de mantequilla, por favor.
FELIPE	—Muy bien. ¿Les apetece una sopa de legumbres o gazpacho?
SR. VALLADARES	—No, gracias.
SRA. VALLADARES	—Tampoco a mí, gracias.

Más tarde

FELIPE	—Aquí está la cena acompañada de pan caliente. ¿Qué más puedo traerles? ¿Desean un vino con la cena?
SR. VALLADARES	—Sí, por favor, tráiganos un buen vino tinto.

FELIPE	—Inmediatamente. Espero que les guste la cena. ¡Buen provecho!
Más tarde	
FELIPE	—¿Quisieran Uds. algo de postre?
SRA. VALLADARES	—Sí, vamos a pedir lo que pedimos hace dos años. Tráiganos café con crema y pastel con helado de vainilla para mí, y flan para mi esposo.
FELIPE	—En seguida, señora.
SR. VALLADARES	—¡Es que somos sentimentales!
FELIPE	—Eso se entiende.
Más tarde	
FELIPE	—¿Les apetece otra cosa?
SR. VALLADARES	—No, gracias, Felipe. Todo fue exquisito. Lo que necesitamos ahora es la cuenta.
FELIPE	—Aquí está, señor.
SR. VALLADARES	—¿Está incluido el servicio?*
FELIPE	—Sí, señor.
Pagan la cuenta.	
SRA. VALLADARES	—Muchas gracias, Felipe. La comida y el servicio fueron excelentes.
FELIPE	—Las gracias a Uds., señores. Espero poder servirles a Uds. otra vez. Regresen cuando celebren el tercer aniversario o antes. Buenas noches.

Palabras prácticas

SUSTANTIVOS

la aceituna olive
la botella bottle
el (la) camarero(a), el (la) mozo(a), el (la) mesero(a) waiter, waitress
el cordero lamb
la crema cream

la entrada main course; entrance
    entrar to enter
el entremés appetizer
la especialidad de la casa house specialty
las espinacas spinach
el flan custard
la flor flower

*In many Hispanic restaurants, one is not expected to leave a tip (**propina**) on the table. A charge (**servicio**) is part of the bill.

la florería   florist shop
el gazpacho   a special cold
   vegetable soup (Sp.)
los guisantes (chícharos)   peas
la langosta   lobster
el matrimonio   married couple;
   marriage
el menú (la carta)   menu
la propina   tip
el puré de patatas   mashed
   potatoes
   la papa   potato (Lat. Am.)
   la patata   potato (Sp.)
la vela   candle
el vinagre   vinegar
   agrio(a)   sour
el vino tinto/blanco   red/white
   wine
la zanahoria   carrot

VERBOS

acompañar   to accompany
   el (la) compañero(a)
   companion, friend

pagar   to pay for
pedir   i   to order (food); to request
   el pedido   order; request
reservar   to reserve a place; to
   make a reservation
   la reservación   reservation

ADJETIVOS

asado(a)   roasted
enamorado(a) (de)   in love (with)
   el amor   love
cocido(a)   boiled

EXPRESIONES UTILES

al horno   baked, roasted
   el horno   oven
asidos(as) del brazo   arm in arm
Buen provecho/apetito.   Enjoy
   your meal.
¿Está incluido el servicio?   Is
   the service included?
¡Felicitaciones!   Congratulations!
   felicitar   to congratulate

PRACTIQUEMOS

A. En el restaurante. Asocie Ud. una palabra de la segunda columna con una de la primera columna. Luego, haga frases completas con las combinaciones de palabras.

A

_____ 1. pan
_____ 2. pimienta
_____ 3. ensalada
_____ 4. tenedor
_____ 5. postre

_____ 6. legumbres
_____ 7. coctel de fruta
_____ 8. camarero
_____ 9. café
_____ 10. celebración

B

a. pastel con helado
b. leche y azúcar
c. sal
d. entremés
e. zanahorias, espinacas,
   guisantes
f. champán
g. mantequilla
h. aceite y vinagre
i. cuchillo
j. propina

B. Los gustos personales. Con un(a) compañero(a) de clase, háganse las preguntas siguientes. ¿Tienen gustos semejantes?

1. ¿Comió Ud. bien o mal ayer? ¿Cuántas veces comió? ¿Qué comió?
2. ¿Cuál es su comida favorita, el desayuno, el almuerzo o la cena? ¿Por qué?

ENTREMESES Y JUGOS DE FRUTA

Pomelo 1/2	
Jugos de Frutas, Tomate, Naranja	150
Entremeses variados	495
Jamón Serrano	1.100
Melón con Jamón	730
Ensalada Riojana	415
Ensalada BOTIN (con pollo y jamón)	495
Ensalada de lechuga y tomate	250
Morcilla de Burgos	210
SALMON AHUMADO	1.100
SURTIDOS DE AHUMADOS	750

SOPAS

Sopa al cuarto de hora (de pescados y mariscos) ..	520
Sopa de Ajo con huevo	295
Caldo de Ave	250
Gazpacho Campero	325

HUEVOS

Huevos revueltos con champiñón	335
Huevos a la Flamenca	335
Tortilla con gambas	335
Tortilla con jamón	335
Tortilla con chorizo	335
Tortilla con espárragos	335
Tortilla con escabeche	335

LEGUMBRES

Espárragos con mahonesa	675
Guisantes con jamón	410
Alcachofas salteadas con jamón	410
Judías verdes con tomate y jamón	410
Champiñón salteado	410
Patatas fritas	150
Patatas asadas	150
Ensalada de endivias	

PESCADOS

Ostras de Galicia (6 piezas)	
Angulas	2.400
Almejas BOTIN	990
Langostinos con mahonesa	1.560
Cazuela de Pescados a la Marinera	690
Gambas a la plancha	1.160
Merluza rebozada	1.160
Merluza al horno	1.160
Merluza con salsa mahonesa	1.160
Calamares fritos	560
Lenguado frito, al horno o a la plancha (pieza)	1.160
Trucha a la Navarra	530
Chipirones en su tinta (arroz blanco)	555

C A R T A
SERVICIO E IMPUESTOS INCLUIDOS

RESTAURANT
3.ª categoría

ASADOS Y PARRILLAS

COCHINILLO ASADO	1.250
CORDERO ASADO	1.375
Pollo asado 1/2	420
Pollo en cacerola 1/2	510
Pechuga «Villeroy»	525
Perdiz estofada (o escabechada) 1/2	820
Chuletas de cerdo adobadas	620
Filete de ternera con patatas	1.050
Escalope de ternera con patatas	975
Ternera asada con guisantes	890
Solomillo con patatas	1.290
Solomillo con champiñón	1.290
Entrecot a la plancha, con guarnición	1.050
Ternera a la Riojana	955

POSTRES

Cuajada	215
Tarta helada	280
Tarta de crema	280
Tarta de manzana	280
Flan	185
Flan con nata	295
Helado de vainilla, chocolate o caramelo	215
Espuma de chocolate	215
Dulce de membrillo	150
Melocotón en almíbar	215
Melocotón con nata	315
Fruta del tiempo	275
Queso	395
Piña en almíbar	175
Piña natural al Dry-Sack	315
Fresón al gusto	
Sorbete de limón	275
Sorbete de frambuesa	275
Melón	185

MENU DE LA CASA
(Otoño · Invierno)

Precio: 1890 Pesetas

Sopa de Ajo con huevo

Cochinillo asado

Helado

Vino o cerveza o agua mineral

3. ¿Qué le apetece a Ud. comer ahora?

4. ¿Cuándo fue la última vez que Ud. fue a un buen restaurante? ¿Adónde fue y qué comió Ud.? ¿Celebró algo especial?

5. ¿Le gusta a Ud. cocinar? ¿Qué sabe Ud. cocinar bien? ¿Cuándo fue la última vez que Ud. cocinó? ¿Qué preparó?

Ahora, entreviste a otro(a) compañero(a) de clase. ¡A ver si tienen gustos similares!

C. Encuentros personales. Haga los papeles de los siguientes personajes con unos compañeros de clase.

1. One person is a customer who goes to a fancy restaurant. The other is a waiter/waitress. The customer orders several items and isn't satisfied with anything. The waiter/waitress tries everything possible to please the irate customer.
2. You go to a restaurant with a friend. He or she makes suggestions for each course of the meal. You disagree and suggest other items.
3. On the preceding page is a menu from a restaurant in Madrid. You can use it to do a variety of role-plays. Suggestions: two students can play the roles of customer and waiter/waitress; small groups can role-play a waiter/waitress and a few customers; or the whole class can put on a restaurant scene with the Maitre d'hotel, cashier, waiters and waitresses, cooks, and customers. Try to make your role-plays as authentic as possible. Be daring!

Palabras prácticas

COMIDAS

el ajo garlic
la alcachofa artichoke
la almeja clam
la angula baby eel
el calamar squid
el caldo broth
la cazuela casserole
el cochinillo baby pig
la cuajada cottage cheese
el champiñón mushroom
el chipirón squid
el chorizo sausage
la chuleta de cerdo pork chop
el dulce de membrillo quince preserves
el entrecot sirloin
el fresón strawberry
la frambuesa raspberry
la gamba prawn
la guarnición garnish
el jamón ham
las judías beans
el lenguado sole

los mariscos shellfish
el melocotón peach
la merluza hake
la morcilla blood sausage
la nata cream
la ostra oyster
la pechuga breast (of fowl)
la perdiz partridge
el pomelo (la toronja) grapefruit
el solomillo sirloin
el surtido assortment
la ternera veal
la tinta ink
la trucha trout

ADJETIVOS

adobado(a) marinated
ahumado(a) smoked
a la plancha grilled
escabechado(a) marinated
estofado(a) stewed
rebozado(a) in batter
revuelto(a) scrambled

ENFOQUEMOS EL IDIOMA

El pretérito y el imperfecto
The preterite and the imperfect

The use of the preterite versus the imperfect depends on what the speaker intends to imply about the nature of a past event. Each aspect conveys a different viewpoint. The preterite is used when an action or event is viewed as either completed or beginning. The imperfect, as its name implies, is an aspect that does not view the action as perfected, nor does it focus on the beginning; it has an ongoing characteristic. It is used to describe a scene, to describe the middle of an event or state, or to describe an as-yet-incomplete series of repeated or habitual actions. In English the words *used to* or *would* are used to imply this idea of repetition. Sentence context in itself does not cue the aspect: it is the speaker's intended meaning that determines it. Look at these examples:

Cuando Luis **entraba,** su hermana **comía.** (simultaneous actions, both viewed in the middle)

Cuando Luis **entró,** su hermana **comía.** (an ongoing action, **comía;** interrupted by a completed action, **entró**)

Cuando Luis **entraba,** su hermana **comió.** (an ongoing action, **entraba;** beginning of an action, **comió**)

Cuando Luis **entró,** su hermana **comío.** (an action completed, **entró;** while an action began, **comió**)

This chart summarizes the uses of the preterite and the imperfect. Bear in mind that these are only sketchy guidelines to help you develop a feeling for the two aspects.

The Preterite

1. Describes completed actions, whether instantaneous or lasting:

El teléfono sonó.	*The telephone rang.*
Isabel lo contestó.	*Isabel answered it.*
Dijo, «Hola.»	*She said "Hello."*

2. Enumerates completed events:

Fuimos a la confitería.	*We went to the candy shop.*
Compramos bombones.	*We bought candy.*
Comimos mucho.	*We ate a lot (of candy).*

3. Interrupts actions:

Cuando llegó María, Marcos comía.	*When María arrived, Marcos was eating.*

4. Indicates beginning (onset) or end (conclusion):

Yo fui estudiante.	*I was a student.*

(Choice of the preterite here indicates a completed state.)

The Imperfect

1. Sets the scene, situates someone in the middle of background events:

Era de noche.	*It was night.*
La luna brillaba y el cielo estaba oscuro.	*The moon was shining and the sky was dark.*

2. Describes repetitive actions not concluded at a specific, recalled time:

Ibamos a la confitería.	*We used to go to the candy shop.*
Comprábamos bombones.	*We used to buy candy.*
Comíamos mucho.	*We used to eat a lot (of candy.)*

3. Describes ongoing activities:

Cuando llegó María, Marcos comía.	*When María arrived, Marcos was eating.*

4. Stresses the condition; does not indicate nor emphasize the end:

Yo era estudiante.	*I was a student.*

(Condition of being a student is stressed; end or beginning is not important.)

5. Tells time in the past:

Eran las cuatro de la tarde.	*It was four o'clock in the afternoon.*

Be careful not to assume that certain verbs belong to the preterite while others belong to the imperfect. The choice between the two aspects is a question of focus. For example, it has been stated that the imperfect may describe a mental or physical state. A different focus will require the preterite of the same verb. Consider these examples:

Cuando Rogelio comió demasiado chocolate se **enfermó.**	*When Rogelio ate too much chocolate, he got sick.* (beginning of illness)
Lo llamé hace dos días y todavía **estaba** enfermo.	*I called him two days ago and he was still sick.* (continuing state of illness)
Estuvo enfermo tres días en total.	*He was sick for three days in all.* (completed; end of illness)
Al ver el anuncio, Graciela **pensó** en el chocolate.	*When she saw the ad, Graciela thought about chocolate.* (beginnging of thought)
Dos horas más tarde, todavía **pensaba** en el chocolate.	*Two hours later, she was still thinking about chocolate.* (continuing state at that time)
Pensó en el chocolate dos horas más y finalmente fue a la confitería.	*She thought about the chocolate for two more hours and finally went to the candy store.* (end of thinking; action taken)

Some verbs are translated into English differently, depending on their imperfect or preterite aspects. The meaning of the verb doesn't actually change, but rather it has a different focus:

Saber	Yo supe la verdad.	*I found out the truth.* (began to know)
	Yo sabía esquiar.	*I knew how to ski.* (middle of knowledge)
Conocer	El me conoció anoche.	*He met me last night.* (began to know)
	Yo lo conocía cuando era niña.	*I knew him when I was a child.* (middle of acquaintance)
Poder	Pudimos arreglarlo.	*We managed to fix it.* (could and did; completed event)
	Podíamos arreglarlo.	*We could (were able to) fix it.* (but did not necessarily do so; middle of potential)
Querer	Rosa no quiso ir con él.	*Rosa refused to go with him.* (definite, final decision)
	Rosa no quería ir con él.	*Rosa didn't want to go with him.* (but she may have gone anyway)
	Humberto quiso llamarlo.	*Humberto tried to call him.* (an attempt was made)
	Humberto quería llamarlo.	*Humberto wanted to call him.* (but did not necessarily do so)

PRACTIQUEMOS

D. Una reunión especial. Escoja la forma correcta de los verbos y explique su selección. Tenga cuidado porque en algunos casos, se permite el pretérito y en otros, el imperfecto. ¡Y a veces los dos, con distinción!

Bárbara y Enrique (fueron/eran) buenos amigos en la Universidad de México hace seis años. Después de graduarse, Bárbara (fue/iba) a los Estados Unidos para trabajar en un restaurante y Enrique (decidió/decidía) quedarse en México. El también (escogió/escogía) una carrera que (tuvo/tenía) que ver con la comida. Bárbara (empezó/empezaba) de camarera y poco a poco (ascendió/ascendía) por su buen trabajo. La semana pasada, el dueño del restaurante la (nombró/nombraba) jefa, encargada de todo el restaurante. Mientras Bárbara (trabajó/trabajaba) de camarera, Enrique (aprendió/aprendía) a cocinar sirviendo de aprendiz de cocinero. Su especialidad (fue/era) la comida mexicana, naturalmente, y en poco tiempo, se (hizo/hacía) un cocinero muy famoso.

E. Ahora, le toca a Ud. Complete las frases con el pretérito o el imperfecto para continuar el cuento de Bárbara y Enrique.

Un día, el dueño del restaurante le _____ (permitir) a Bárbara viajar a México en busca de un cocinero nuevo. A ella le _____ (gustar) mucho la

HOSTAL - BAR - RESTAURANTE

EL TRIUNFO

Cardenal González, 79 (Junto a Mezquita Catedral)
Teléfonos   47 63 76 - 47 55 00 (2 líneas)

14003-CORDOBA

Nº 044264

Mesa núm.

13

Sr. D. _R. Millán_

	FECHA N.º ORDEN	IMPORTE	CONCEPTO
Descripción claves			
ET Entradas y Entremeses, Cremas y Consomé, Sopas		* 000.350	ET
		* 000.500	ET
PM Pastas y Arroces, Verduras y Legumbres		* 000.600	RE
		* 000.500	RE
HU Huevos y Tortilla		* 000.050	CN
RE Pescados		* 000.525	PH
CS Carnes, Asados y Parrilla		* 000.510	BO
PH Postres	19 V 81 1666	* 003.035	TL
BO Bodega, Vinos, Licores, Refrescos, Café			
AP Menú de la Casa			
CN Varios			
CJ Caja			
CR Crédito			
CO Correcciones			
SA Saldo Anterior			

idea porque _____ (querer) transformar su restaurante y hacerlo el mejor del mundo. Su restaurante _____ (ser) notable pero le _____ (faltar) un buen cocinero mexicano. Bárbara _____ (convertir) un restaurante norteamericano en un restaurante que _____ (servir) comida mexicana auténtica y que se _____ (parecer) a un restaurante mexicano porque ella _____ (echar) de menos su país.

Bueno, un día, ella _____ (entrar) en un restaurante que se _____ (llamar) _Buen provecho_. Bárbara se _____ (sentar) y _____ (pedir) un entremés seguido de la especialidad del día. _____ (Comer) lentamente el entremés y _____ (estar) muy impresionada con la calidad de la comida. Entonces _____ (venir) la entrada. Bárbara la _____ (probar) y _____ (sonreír). _____ (Preguntar) si _____ (poder) hablar con el cocinero.

—¿Puede ser? —_____ (pensar) Bárbara. —Yo conozco solamente a una persona que prepara el pollo así.

En ese momento, _____ (salir) Enrique de la cocina. Bárbara se _____ (levantar) y _____ (abrazar) fuertemente a Enrique. Los dos se _____ (poner) muy contentos al verse y claro, Bárbara le _____ (ofrecer) el puesto de cocinero a Enrique inmediatamente.

F. Otra vez, le toca a Ud. Complete las frases, usando el pretérito o el imperfecto para terminar el cuento.

1. Enrique estaba muy sorprendido y por eso _____ .
2. Otra vez Bárbara le ofreció el puesto y él _____ .
3. Ella le dijo que necesitaba su respuesta pronto y _____ .
4. El decidió telefonearle al día siguiente _____ .
5. A la mañana siguiente Bárbara contestó el teléfono y _____ .
6. Ella estaba muy _____ (adjetivo) porque Enrique _____ .
7. Por fin, los dos _____ .

G. Una cena difícil. Domingo Suárez invitó a unos amigos a cenar, pero tuvo un desastre tras otro. Usando el pretérito o el imperfecto, invente lo que ocurrió.

1. Cuando fue a la tienda, Domingo iba a pagar la comida pero _____ .
2. Iba a poner la mesa pero _____ .
3. Iba a buscar velas pero _____ .
4. Mezclaba la ensalada cuando de repente _____ .
5. Iba a servir cordero pero _____ .
6. De postre, escogió el flan. Al prepararlo _____ .
7. Por fin, decidió reservar una mesa en el restaurante, pero _____ .

H. Un camarero especial. Traduzca al español.

Marcos tried to say "congratulations" to Tomás, a waiter, but he was speechless **(sin palabras)**! He wanted to congratulate **(felicitar)** him because he found out that Tomás won the lottery yesterday. Marcos met him a week ago when a man he knew left a lottery ticket **(boleto)** as a tip for Tomás. At first, Tomás refused to accept the tip; he didn't want it. Then he found out he could win the lottery. He knew it wasn't easy. Last night he found out that he won four million **pesetas.**

REPASEMOS

I. Un mozo atento. Escriba en el pasado lo que sigue, añadiendo las palabras que sean necesarias.

Grupo / tres personas / entrar / restaurante. / Los tres / ser / joven / y / hablar / solamente entre sí mismos. / (Ellos) / parecer / nervioso. / Pedir / cena / al mozo / y / pagar / un billete de cien dólares. / Dejar / propina / grandísimo / y / por eso / mozo / empezar / sospechar / algo. / El mozo / hablar / al gerente / sobre la propina / y / él / llamar / policía. / El policía / llegar / pronto / y / pedir / descripción / al mozo. / El policía / decir / al mozo / que / hombres /

ser / criminal / que / escapar / y / que / robar / banco. / El policía / dar / gracias / al mozo / y / salir / en busca de / criminales.

¿Qué pasó? Invente Ud. un fin a la aventura, usando el pasado.

J. Tema escrito. Escriba un pequeño ensayo comparando el pasado con el presente. Tenga en cuenta estas preguntas.

1. ¿Cree Ud. que en el pasado había tanta preocupación con el peso? ¿Hay mucha preocupación hoy? Explique.
2. ¿Cómo cambia la representación de lo bello? ¿Cómo era la mujer bella del pasado (por ejemplo, en las pinturas antiguas)? ¿Cómo es la mujer idealizada de hoy? ¿Y el hombre ideal?
3. ¿Qué efectos sicológicos o físicos causa esta representación de lo bello? Compare el pasado y el presente.
4. ¿Quién tiene más interés en el aspecto físico de una persona, un hombre o una mujer? ¿Y en el pasado?
5. ¿Qué tiene que ver la comida con la representación de lo bello? Explique la máxima, «Somos lo que comemos.»

K. Los siguientes dibujos presentan un cuento. Usando el pretérito o el imperfecto, describa lo que pasó.

L. Discusión. Formen grupos y discutan las siguientes ideas.

Hoy, muchos creen que lo que come una persona puede determinar su salud general. Por ejemplo, hay muchos que usan vitaminas o que comen grandes cantidades de legumbres para evitar enfermedades. Otros creen que hay algo en la composición de cada persona que determina la salud y que la comida no tiene nada que ver con la salud. También creen que es peligroso usar muchas vitaminas. ¿Qué creen Uds.?

El día antes de una celebración en Madrid, España. ¡Vístanse a lo tradicional, monten en motocicleta y vean el mundo!

capítulo
siete

¿QUÉ SE DEBE HACER ANTES DE VIAJAR?

Alejandro Suárez consiguió su puesto de agente de viajes hace un mes. Estudió por dos años para recibir su título y ahora ayuda y aconseja a los clientes que quieren viajar por tren, por barco o por avión. Lo que sigue es una porción de un librito que él preparó sobre el arte de viajar para que sus clientes no tengan problemas.

El viajar por avión puede ser muy divertido si planea su viaje bien. Es necesario que Ud. llegue a tiempo para el vuelo y que vaya a la estación terminal apropiada, sea a la sección de vuelos nacionales o a la de vuelos internacionales, según corresponda. Al llegar al aeropuerto, diríjase inmediatamente al mostrador para comprar el boleto, si es que no lo compró antes, y para facturar el equipaje. No pierda el talón que le dé el empleado. Puede llevar solamente equipaje de mano que quepa debajo del asiento. Para que pueda identificar su equipaje, es importante pegar una etiqueta con sus señas en cada maleta. Antes de subir al avión, tiene que escoger un asiento en la sección de fumar o de no fumar. Las azafatas y los auxiliares de vuelo insisten que no se fume excepto en el lugar apropiado. No se puede entrar en el avión a menos que se presente la tarjeta de embarque con el número de asiento. Es imprescindible que los aviones aterricen y despeguen a tiempo. Por eso, es necesario llegar al aeropuerto con tiempo de sobra para estar seguro de no perder el avión. Si pierde el vuelo, infórmeles a los empleados en seguida a fin de que puedan reservarle a Ud. un asiento en el próximo vuelo. Sin embargo, es posible, en este caso, que le asigne a Ud. un vuelo de más escalas que el vuelo que perdió antes. Estar atrasado puede causar montones de problemas. Planee bien el día de la salida.

Según el destino, en vuelos internacionales debe presentar su pasaporte, y visa si es necesario, antes de abordar. Al llegar al destino, hay que hacer lo mismo y también pasar por la aduana. A veces es necesario pagar un impuesto si se excede el máximo que se permite en la entrada de artículos en un país. Toda aduana tiene el derecho a examinar el equipaje y a toda persona si sospecha alguna infracción.

El último consejo que quiero dar es el de no meter en la maleta más de lo necesario. No hay nada peor que una maleta pesada y a nadie le gusta cargar con estas maletas. Espero que pase Ud. un buen viaje.

En el mismo librito, Alejandro menciona el viajar por tren. Aquí sigue una porción.

Después de llegar a la estación de ferrocarril, compre Ud. el boleto y acérquese al andén porque todos abordan el tren al mismo tiempo. Si tiene asiento reservado, no hay problema. Hay, por lo general, dos tipos de trenes, el rápido (el expreso) y el tren correo. Normalmente, cuando se viaja en el rápido, no hay demora y no es necesario transbordar. Esta es la ventaja, aunque un boleto de ida y vuelta puede costar más. En el boleto, están impresos el número del coche y el del compartimiento. Durante el viaje, es necesario entregarle el boleto al revisor.

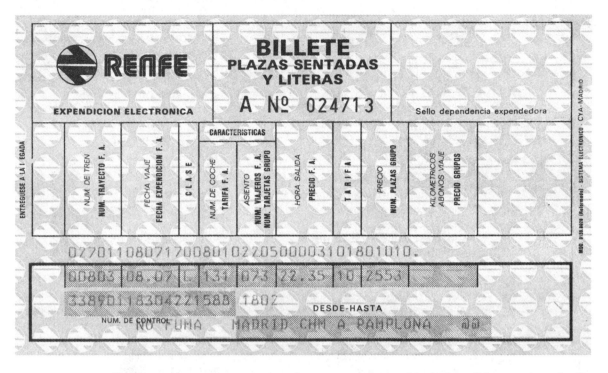

Si tiene reservaciones en el coche-cama, un mozo le ayuda a Ud. con el equipaje. Si viaja en segunda o tercera clase, el equipaje es la responsabilidad de Ud. Sea la clase que sea, el viaje por tren es siempre maravilloso.

Ahora ¿tiene Ud. ganas de viajar? ¡Formidable! ¿Adónde quiere viajar y cómo?

¡Digamos la última palabra!

SUSTANTIVOS

el aeropuerto airport
el agente de viajes travel agent
  la agencia agency
el andén platform
el asiento seat
  sentarse *ie* to sit down
  sentado(a) seated
el auxiliar de vuelo steward, male flight attendant
la azafata stewardess, female flight attendant
el billete ticket (Sp.)
el boleto ticket (Lat. Am.)
la camarera female porter; stewardess
el (la) cliente customer

el coche-cama sleeping car
el compartimiento compartment
el consejo advice
  el (la) consejero(a) counselor
  aconsejar to advise
la demora delay
  demorar to delay
el equipaje luggage
el equipaje de mano hand luggage
la escala stop (on a journey)
  un vuelo sin escala nonstop flight
  un vuelo de tres escalas a three-stop flight
la estación de ferrocarril train station
la estación terminal terminal

terminar to finish, end
la etiqueta tag (for baggage, or on clothes)
la maleta suitcase
el mostrador counter
mostrar *ue* to show
el mozo porter; steward
el rápido express train
el revisor conductor
revisar to check, examine, inspect
la sección de fumar/no fumar smoking/nonsmoking section
las señas address
el talón baggage-claim ticket
la tarjeta de embarque boarding pass
el tren correo local train, "mail" train
el viaje trip
el (la) viajero(a) traveler
viajar to travel
la visa visa (Lat. Am.)
el visado visa (Sp.)
el vuelo flight
volar *ue* to fly

VERBOS

abordar to board
acercarse (a) to approach
cerca near
acercar to draw near, pull up
aterrizar to land
el aterrizaje landing
la tierra land
caber (quepo) to fit, hold, have room for
conseguir *i* to get, obtain
despegar to take off
el despegue take off
dirigirse to go; to direct (oneself)

entregar to turn in, deliver
facturar to check (luggage)
pegar to attach; to hit (someone)
perder *ie* to miss, lose (a flight, a chance)
la pérdida loss
subir (a) to go up, rise, board
transbordar to change trains, planes, ships

ADJETIVOS

divertido(a) fun
divertirse *ie* to have a good time
imprescindible essential
prescindir de to do without
impreso(a) printed
imprimir to print
maravilloso(a) wonderful
peor/el (la) peor worse/the worst
empeorar to worsen, get worse
pesado(a) heavy
el peso weight
próximo(a) next
último(a) last

ADVERBIO

a tiempo on time

PREPOSICIONES

debajo de under, underneath
sobre on, on top of; about, concerning

EXPRESIONES UTILES

de ida y vuelta round-trip
ir to go
volver *ue* to return
de sobra left over, remaining, extra
sobrar to have left (over)
estar con retraso to be late
llegar/salir con retraso to arrive/leave late
en segunda/tercera clase by second/third class
según according to; depending on

TALGO MADRID·PARIS
SU HOTEL A PARIS
Mientras viaja se ahorra la primera noche de hotel

PRACTIQUEMOS

A. Una carrera muy interesante. Ud. quiere ser agente de viajes y estudia ahora sus apuntes. Haga frases completas de sus apuntes.

1. el rápido / transbordar
2. el boleto / entregar
3. abordar / a tiempo
4. reservar / el coche-cama
5. llegar con retraso / perder el vuelo
6. el vuelo / despegar / la demora
7. facturar / la maleta
8. el vuelo sin escala / no aterrizar
9. el equipaje de mano / caber
10. el auxiliar de vuelo / servir

B. El (la) agente informativo(a). Ud. es agente de viajes. Entra en su oficina un cliente que va a viajar por primera vez. Explíquele las siguientes palabras porque él no las entiende.

1. una estación terminal internacional
2. un pasaporte; una visa
3. una etiqueta
4. una tarjeta de embarque
5. una camarera
6. un mostrador
7. un boleto de ida y vuelta
8. el tren rápido
9. el revisor de boletos
10. el talón

C. Solicitamos su opinión.

1. ¿Le gusta a Ud. viajar?
2. ¿Cómo viaja? ¿En primera, segunda o tercera clase?
3. ¿Cuáles son las ventajas de viajar en cada clase? ¿Y las desventajas?
4. ¿Prefiere Ud. viajar por tren o por avión? ¿Por qué?
5. ¿Tuvo Ud. un viaje memorable el año pasado? ¿Qué le pasó?
6. ¿Viajaba mucho cuando era joven? ¿Adónde? ¿Qué hacía Ud.?
7. ¿Qué recomendaciones tiene Ud. para una persona que quiere viajar?
8. ¿A qué país tiene Ud. ganas de ir?

D. Encuentros personales. Con un(a) compañero(a) de clase, haga los papeles de los personajes en las situaciones siguientes.

1. One employee, one customer:
   The customer goes to the counter at the airport and buys a round-trip ticket for a nonstop flight. He (she) asks what time the flight leaves and when it arrives at its destination. The employee asks in which section the customer would like to sit, smoking or nonsmoking, and if he (she) has hand luggage.

2. One employee, one passenger:
   The passenger buys a one-way train ticket for the sleeping car. He (she) requests the smoking section. The employee explains that there is now a delay in the express but that the customer may take the local train, second class, and change trains to the sleeper shortly. The passenger makes a decision.

3. One flight attendant, one passenger:
   The passenger is smoking in the nonsmoking section and has carry-on luggage that won't fit under the seat. The flight attendant must explain that there is no smoking in this section and that the passenger has to check his or her luggage. The passenger doesn't understand Spanish very well, so the flight attendant must explain this carefully and in different ways.

4. One train conductor, one passenger:
   The conductor asks the passenger for the ticket. The passenger doesn't have a ticket, boarding pass, or baggage claim. The conductor asks why, and where he (she) is going. The conductor then tells the passenger that he (she) must buy a ticket. The passenger doesn't understand train regulations, so the conductor must explain. The passenger then asks how much the ticket costs, when the train arrives, and so forth.

¿Sabía usted esto?

Here are some common Spanish expressions used during conversations to express reactions.

Expressions that appear to be religious but that are not considered blasphemous:

¡Dios mío! ¡Madre mía!   Good heavens!
¡Por Dios! ¡Madre de Dios!   Gosh!
¡Válgame Dios!   Wow!
¡Jesús! (¡Salud!)   Bless you (when someone sneezes)

Expressions of impatience:

¡Anda!   Get going!
¡Qué va!   C'mon! Nonsense!
¡Estoy harto(a)!   I'm fed up!
Soltar *ue* **tacos**   to swear
   (literally: to hurl tacos)
Decir palabrotas   to swear

¡Vamos!   Let's go! Come on!
¡Cállate!   Shut up!
¡Basta ya!   Enough! Cut it out!
¡Bah!   Bah!
¡Dale!   Go on!
¡Vaya!   Come on now! Well, well!

Expressions used as stalling techniques:

A ver.   Let's see.
Este. . .   Um. . .
Pues. . .   Well. . .

A propósito   By the way; (on purpose)
Bueno. . .   Well. . .
O sea. . .   Or rather; that is

Other useful expressions:

¡No me digas!   You don't say!
¡Fíjate!   Look! Imagine!
¿Cómo es eso?   How come?
¡Imagínate¡   Imagine!
¡Toma/Tome!   Here!
¡Qué lástima!   What a pity
¡No puede ser!   It can't be!
¡Qué lío!   What a mess!
¿Qué hay?   What's up? What's new?

¡Formidable!   Great!
¡Mira!   Look!
¡Ya está!   That's it! There!
¡Animo!   Cheer up!
¡Oye/Oiga!   Hey!
¡Cuánto lo siento!   I'm so sorry!
¡Hombre!   Man!
¡Mujer!   Woman!
¡Dime/Dígame!   Say!

«¡Dios mío!»

Soltar tacos

«A ver . . .»

«¡Mira!»

PRACTIQUEMOS

E. ¿Qué dice Ud.? Dé una (o más de una) expresión apropiada para las siguientes circunstancias. Con un(a) compañero(a) de clase, haga los papeles cuando sea posible.

1. Ud. quiere comprar un boleto de avión para ir a México para la Navidad. El agente de viajes le dice a Ud. que todos están vendidos para el día que Ud. quiere salir. Ud. tiene que cambiar de planes.
2. La persona delante de Ud. estornuda.
3. Un amigo suyo le dice que sus padres le regalaron un viaje a España.
4. Un compañero insiste en tomarle el pelo a Ud. sin parar. Ud. se pone impaciente.
5. Alguien le dice algo a Ud. que Ud. no cree.
6. Ud. ve algo interesante y quiere que su amigo también lo vea.
7. Ud. y su amigo tienen que salir pronto. Ud. tiene prisa pero su amigo no.
8. Hace media hora que Ud. le explica su itinerario a un amigo, y finalmente lo entiende.

F. Las reacciones. Forme breves conversaciones con las siguientes expresiones para darles un contexto.

Modelo: **¡Madre mía!**
—No tengo suerte. Perdí mi boleto y también mis cheques de viajero.
—¡Madre mía! Pasaste un día terrible, ¿no?

1. ¡Imagínate!
2. ¡Dios mío!
3. ¡Toma!
4. ¡Qué lástima!
5. ¡Oye!

6. ¡Válgame Dios!
7. Este. . .
8. ¿Cómo es eso?
9. ¡Hombre!
10. ¡Ánimo!

G. Termine las frases honestamente.

1. Suelto tacos cuando _____.
2. Estoy harto(a) porque _____.

3. Digo palabrotas cuando _____.
4. A propósito, se puede _____.

The following exercises provide a review of all the grammatical sections studied up to this point.

PRACTIQUEMOS

H. Un oficial de aduanas nervioso. Manuel Cruz acaba de conseguir un puesto de aduanero. Es su primer día de trabajo. Un viajero llega al mostrador. Manual está un poco nervioso y tiene que consultar la lista de instrucciones antes de hablarle al viajero. Haga el papel de Manuel y pídale al viajero que haga lo que dice la lista. Use mandatos.

Modelo: En la lista dice que el viajero tiene que «llevar el equipaje al mostrador.»
    Manuel le dice al viajero —Por favor, lleve Ud. el equipaje al mostrador.

1. reconocer la necesidad de la inspección
2. presentar el pasaporte y la visa (el visado)
3. sacar el talón
4. poner las maletas en el mostrador
5. llenar la declaración para la aduana
6. entregar la declaración
7. abrir la maleta
8. no impedir la inspección del oficial de aduanas
9. recoger las maletas
10. no dejar nada porque la aduana no acepta responsabilidad por artículos perdidos

I. Ahora, Manuel tiene más confianza. Ahora, llegan dos pasajeros al mostrador y por eso Manuel tiene que repetírselo todo. Esta vez, use Ud. pronombres de complemento con cada mandato en el ejercicio **H.** Forme mandatos con **Uds.**

Modelo: llevar el equipaje al mostrador
    Llévenlo al mostrador.

J. ¡Tanta preparación! Ud. y su compañero(a) de cuarto van a viajar a Fort Lauderdale en las vacaciones de febrero. Antes de salir, deben hacer varias cosas. Es el primer viaje de su compañero(a) y por eso hace muchas preguntas. Contésteselas según el modelo.

Modelo: Su compañero(a) —¿Debo limpiar el apartamento?(Sí/No)
    Ud. —Sí, límpialo./No, no lo limpies.

1. ¿Debo ir al banco? (Sí)
2. ¿Te busco las maletas? (Sí)
3. ¿Debo pedirle un mapa a María? (No)
4. ¿Necesito hacer reserva de habitación en el hotel? (Sí)
5. ¿Pongo sellos en las tarjetas postales ahora? (No)
6. ¿Debo traer la cámara fotográfica? (Sí)
7. ¿Te doy los cheques de viajero? (No)
8. ¿Necesito saber el número de teléfono de Carlos? (Sí)
9. ¿Les telefoneo a Raúl y a Sara? (No)
10. ¿Necesito cerrar las ventanas? (Sí)

K. Los detalles son importantes. Ahora, Uds. van a hacer las cosas juntos. Sigan el modelo.

Modelo: —¿Debemos comprar sellos?

—Sí, comprémoslos. (Vamos a comprarlos.)/ —No, no los compremos.

1. ¿Debemos ir a la tienda para comprar más champú? (No)
2. ¿Debemos viajar en primera clase? (No)
3. ¿Hacemos las maletas ahora? (Sí)
4. ¿Vamos a la oficina de correos? (Sí)
5. ¿Debemos conseguir un pasaporte y una visa? (No)
6. ¿Llevamos libros para estudiar un poco? (No)
7. ¿Necesitamos alquilar un coche? (Sí)
8. ¿Necesitamos encontrar las señas de Martín Núñez? (Sí)
9. ¿Salimos temprano mañana? (Sí)
10. ¿Debemos empezar las vacaciones con una pequeña fiesta? (Sí)

L. Las decisiones al último momento. Ahora, contéstele a su compañero(a) con una respuesta original. ¡Hombre! ¡Cuántas preguntas hace este(a) amigo(a)!

1. ¿Debemos dormir en la playa?
2. ¿Traigo mi libro de español?
3. ¿Debo entregar mi trabajo escrito antes de salir?
4. ¿Vamos a los numerosos bares de Fort Lauderdale?

M. Mi madre, la agente de viajes. Traduzca el verbo entre paréntesis en una de las tres formas siguientes: el presente del subjuntivo, el presente del indicativo o el infinitivo. ¡Cuidado! Algunas traducciones españolas no corresponden exactamente al inglés.

(Yo) _____ (have) un amigo que _____ (is) sesenta y cinco años y _____ (wants) hacer un viaje organizado por una agencia de viajes. Mi amigo _____ (is looking for) un viaje que _____ (is) económico y que _____ (is) divertido. (El)_____ (is) harto de _____ (paying) demasiado por viajes que no _____ (are worth) el precio. (El) _____ (insists) que yo lo _____ (help). Por eso, (yo) le _____ (ask) que _____ (come) conmigo para que nosotros _____ (can) _____ (speak) con mi madre, una agente de viajes. A ella le _____ (likes) _____ (organizing) viajes en grupos porque _____ (can) _____ (offer) mucho por un precio bajo. Ella _____ (has just) de _____ (completed) planes para un viaje fantástico. Cuando los viajeros _____ (reserve) asientos en este viaje, ellos _____ (are going to be) muy contentos porque _____ (are going to visit) las capitales más famosas de Europa. Tan pronto como _____ (arrive) a una de estas ciudades, (ellos) _____ (are going to recognize) que este viaje _____ (is) una ganga. (Yo) _____ (am) muy contento de que mi amigo _____ (is going to benefit) de este viaje y que mi madre _____ (can) _____ (help) a mi amigo.

N. Un viaje desastroso. Supla la forma correcta del pretérito, del imperfecto o del infinitivo.

Un año, mi compañera de cuarto y yo _____ (decidir) _____ (hacer) un viaje a las Bahamas. Por cinco meses, _____ (tratar-nosotras) de no _____ (gastar) mucho dinero porque _____ (querer) _____ (ahorrar) el dinero para el viaje. Bueno, _____ (ir) a una agencia de viajes para _____ (arreglar) los detalles del viaje. El agente nos _____ (mostrar) un librito que _____ (describir) las acomodaciones del hotel y los lugares de interés. También, _____ (haber) fotografías del hotel y de la playa cercana. El precio no _____ (ser) muy alto, todo _____ (parecer) muy elegante y por estas razones _____ (escoger-nosotras) este plan.

Al _____ (llegar) al aeropuerto de la isla, _____ (estar-nosotras) muy entusiasmadas. _____ (Ir) directamente al hotel para _____ (empezar) las vacaciones. Cuando _____ (entrar) en el hotel, nosotras nos _____ (sorprender) porque el hotel no _____ (ser) el hotel de las fotografías. _____ (Decidir) no _____ (desesperarnos) inmediatamente y _____ (subir) al cuarto. ¡En qué desorden _____ (estar)! _____ (Haber) basura por todas partes, la ventana _____ (estar) rota y _____ (haber) una cárcel al lado de nuestro cuarto. En ese momento nosotras nos _____ (poner) furiosas y _____ (salir) inmediatamente del hotel. No _____ (poder) reservar otra habitación en la isla porque todo _____ (estar) lleno. _____ (Telefonear-nosotras) a un amigo que _____ (vivir) en la Florida y él nos _____ (invitar) a pasar las vacaciones con él en vez de _____ (quedarnos) en esa situación. _____ (Ir) a la Florida en seguida y nos _____ (divertir) mucho, gracias a nuestro amigo. Al volver a casa, mi amiga y yo _____ (ir) directamente a la agencia de viajes y le _____ (contar) al agente lo que nos _____ (pasar). _____ (Hablar) por mucho tiempo y él finalmente nos _____ (devolver) el dinero. Un año después mi compañera y yo _____ (hacer) otro viaje a las Bahamas con otra agencia de viajes. Esta vez ¡lo _____ (pasar) maravillosamente!

O. Un aviso para viajeros. Travel International quiere publicar este anuncio en un periódico mexicano. Tradúzcalo al español, por favor.

Are you looking for the ideal trip? Come to see us here at Travel International. We have great new trips, already organized and ready for you. Our **(nuestro)** own agents travel with large groups, and another agency shares the responsibility for **(de)** the small groups. Listen to a former client:
"A similar trip costs much more with other agencies. I experienced the perfect trip. You can depend on the agent himself to give you an extremely memorable trip. And the good thing is that it's not expensive."
Reserve a seat today. You're never going to find such a bargain again!

Paid for by **(por)** Travel International.

P. El viaje ideal. Escriba un pequeño ensayo que complete las frases siguientes. Añada la información que sea necesaria.

1. Voy a ir a una isla/ciudad/país/pueblo que _____ .
2. Voy a quedarme allá por cuatro semanas a menos que _____ .
3. Reservo una habitación en un hotel donde _____ .
4. Voy a viajar por avión la semana próxima con tal de que _____ .

5. Voy a buscar un amigo (una amiga) que _____ .
6. Con esta persona yo _____ .
7. Traigo muchas cosas para _____ .
8. Durante mi visita quiero que _____ .
9. Antes de salir, yo _____ .
10. Tan pronto como vuelva aquí, yo _____ .

Q. Un librito de viajes. Ahora, Ud. es agente de viajes. Escriba un artículo (como el de la lectura) que describa las ventajas o las desventajas de viajar por coche. Ud. puede comparar el coche con el avión o el tren.

R. Un viaje imaginario. Invente un lugar ideal, sea una ciudad, un pueblo o el campo. Escriba una sección de un librito que describa este lugar como el lugar perfecto para el viajero. Incluya el transporte necesario para llegar al lugar, lo que se puede hacer, los lugares de interés y la comida que Ud. quiere comer.

CHARLEMOS UN POCO

¿ESTÁ UD. PERDIDO(A)?

Tim Allen y su amigo Roger Thompson están de visita en la Ciudad de México. Ahora mismo están en el Bosque de Chapultepec porque acaban de ver el Castillo. Lo que sigue es una conversación entre ellos y un amable mexicano:

TIM	—Perdone, señor. Estamos perdidos. ¿Nos puede indicar dónde está el Palacio de Bellas Artes?
SEÑOR	—Cómo no, señores. Está bastante lejos de aquí. ¿Van en metro?
TIM	—No, a pie. ¡Somos valientes!
SEÑOR	—¡Ja! ¡Ja! ¡Les van a doler los pies cuando lleguen! Bueno, crucen el bosque hasta que vean el Monumento a los Niños Héroes.
ROGER	—¿Es el que tiene las columnas blancas altas?
SEÑOR	—Exacto. De allí sigan calle arriba. Es la Avenida Chapultepec. Sigan adelante hacia el norte de la ciudad. Sigan derecho muchas cuadras. Van a pasar varias estaciones de metro: Sevilla, Insurgentes, Cuauhtémoc, Balderas. Cuando lleguen a la estación Balderas, al semáforo de la esquina, doblen a la izquierda—es la calle Balderas. Sigan caminando. Van a pasar dos estaciones de metro más: Juárez e Hidalgo. Al llegar a Hidalgo, doblen a la derecha. Allí está el parque Alameda. De-

Esta mujer está perdida en la calle de Serrano de Madrid. Le pide direcciones a la pareja.

ben Uds. cruzar el parque—es bellísimo, con árboles y vendedores por todas partes. Finalmente, ¡enfrente de Uds. está el Palacio, al otro lado del parque! Pero, ¿por qué no toman Uds. el metro? Es la misma línea de las paradas que Uds. van a pasar, y hay una parada delante del mismo Palacio. ¡No es que no sea un sistema barato y eficaz!

TIM —Ya lo sabemos. Pero preferimos caminar, aunque sigamos la ruta del metro. Queremos ver lo grande que es esta ciudad, y es más interesante verla a pie. Nos encanta ser peatones. Hay que estar afuera, y no dentro de un tren.

SEÑOR —Eso se entiende. ¿Van Uds. a ver el Ballet Folklórico?

ROGER —Precisamente. Oí decir que es un espectáculo increíble.

SEÑOR —Tiene razón. Bueno, la taquilla está dentro del edificio, a la izquierda.

TIM —Muchísimas gracias, señor. Es Ud. muy amable. ¡Espero que podamos seguir sus direcciones!

SEÑOR —No hay de qué! ¡Diviértanse Uds. y buena suerte!

Palabras prácticas

SUSTANTIVOS

el bosque forest
la calle street
la cuadra city block
  (la manzana Sp.)
la esquina street corner
el norte north
la parada (bus, train) stop
  parar to stop
el peatón pedestrian
el semáforo traffic light, stop
  light
la taquilla ticket window

VERBOS

caminar to walk
  el camino road
cruzar to cross
  el cruce crossroads
  la cruz cross
doblar to turn (left or right)
doler *ue* to hurt, ache (used like
  gustar)
  el dolor ache, pain
indicar to show, direct
  la indicación indication
seguir *i* to follow, continue
  siguiente following

ADJETIVOS

barato(a) inexpensive, cheap
eficaz efficient; effective
valiente brave

EXPRESIONES UTILES

adelante ahead
a pie on foot
hacia toward
por todas partes everywhere
seguir derecho to follow; to
  continue straight ahead

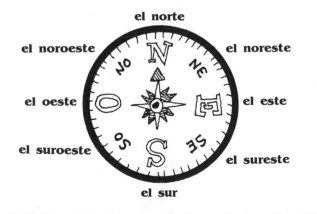

el norte

el noroeste   el noreste

el oeste   el este

el suroeste   el sureste

el sur

Note the difference between adverbs and prepositions; prepositions are followed by nouns:

Estamos afuera.	*We're outside.* (adverb)
Estamos fuera del edificio.	*We're outside (of) the building.* (preposition)
Estamos adentro.	*We're inside.* (adverb)
Estamos dentro del edificio.	*We're inside (of) the building.* (preposition)
Estamos delante.	*We're in front.* (adverb)
Estamos delante del edificio.	*We're in front of the building.* (preposition)
Estamos detrás.	*We're behind.* (adverb)
Estamos detrás del edificio.	*We're behind the building.* (preposition)
Estamos al norte.	*We're to the north.* (adverb)
Estamos al norte del edificio.	*We're to the north of the building.* (preposition)

Estamos al lado.	*We're to the side.* (adverb)
Estamos al lado del edificio.	*We're to the side of the building.* (preposition)

PRACTIQUEMOS

A. ¿Puede Ud. dar direcciones? Ignacio siempre está perdido porque no sabe seguir direcciones. Conteste sus preguntas, empleando el contrario de lo que dice.

Modelo: ¿Vamos calle arriba? No, vamos calle abajo.

1. ¿Está detrás de nosotros el monumento?
2. ¿Estamos dentro del edificio?
3. ¿Vamos al noreste de la ciudad?
4. ¿Vamos a la derecha?
5. ¿Vamos a través de la ciudad?

B. ¿Le gusta a Ud. describir? Defina las palabras siguientes con oraciones completas.

1. la parada
2. la taquilla
3. perdido
4. el semáforo
5. indicar
6. el peatón

C. Una encuesta personal. Conteste las siguientes preguntas.

1. ¿Quién vive a la derecha de Ud.? ¿a la izquierda?
2. ¿Hay tiendas cerca de su casa? ¿Cuáles?
3. ¿Qué hay calle arriba de donde Ud. vive? ¿calle abajo?
4. Describa en cuatro o cinco frases el centro del pueblo o de la ciudad donde Ud. vive. Escoja un enfoque central y siga así, por ejemplo:
   La oficina de correos está en el centro de la ciudad. El supermercado está a la derecha.
5. Cuando Ud. explora un lugar nuevo, ¿prefiere usar el transporte público o ir a pie? ¿Por qué?
6. Cuando Ud. va a un lugar en coche, ¿prefiere ir alrededor de las ciudades grandes o a través de ellas? ¿Por qué?
7. ¿Qué hace Ud. cuando está perdido(a)? ¿Tiene miedo? ¿Por qué or por qué no?
8. ¿Le gusta a Ud. estar dentro de un edificio o afuera al aire libre? ¿Por qué?
9. ¿Cuándo le duelen los pies a Ud.? ¿Toma aspirina cuando le duele la cabeza?
10. ¿Qué hace Ud. antes de cruzar una calle?
11. ¿Cuántas cuadras puede Ud. caminar sin cansarse?

D. Encuentros personales. Con un(a) compañero(a) de clase haga los papeles de los personajes en estas situaciones.

1. Asking directions is an excellent way to become acquainted with friendly people: take advantage of being lost! As you do these activities, chat with each

other. The person playing the role of giving directions can ask where the visitor is from, how long he or she plans to visit, and so forth. This map shows the section of Mexico city where Tim and Roger were. Using the map, have one person role-play a lost visitor and another person give him or her directions. The person playing the visitor can ask about Mexico City, other places to visit, and so forth. Use the map and your imagination! Take turns directing each other:

    a. from the **Monumento a los Niños Héroes** to **Plaza Garibaldi**
    b. from the **Héroes** metro station to **Monumento a la Independencia**
    c. from the castle in the **Parque Chapultepec** to the **Museo de Antropología.**
    d. from the **Plaza de las Tres Culturas** to the **Hipódromo**

2. Take turns giving directions to each other from several points on your school campus to others.
3. Give directions to each other's homes.

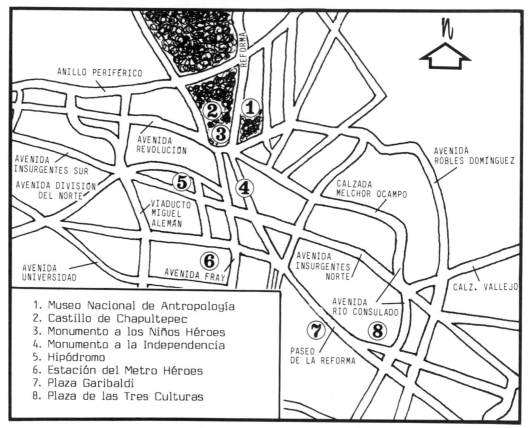

1. Museo Nacional de Antropología
2. Castillo de Chapultepec
3. Monumento a los Niños Héroes
4. Monumento a la Independencia
5. Hipódromo
6. Estación del Metro Héroes
7. Plaza Garibaldi
8. Plaza de las Tres Culturas

The following exercises continue a review of the grammar and vocabulary you have been studying in **Charlemos un poco.**

E. Una viajera confundida. Bárbara Enríquez está en el aeropuerto de Barcelona, España. Es su primer viaje, y no sabe exactamente qué hacer. Le pide información a un(a) empleado(a). Usando el verbo entre paréntesis, con la construcción con **se,** haga el papel del (de la) empleado(a).

Modelo: a la derecha (salir)
              —Se sale a la derecha.

Si a Ud. le gusta viajar, vaya a visitar los hermosos jardines de Aranjuez, en España. ¡Ud. se divertirá aun más si le gusta bailar!

1. boletos aquí (comprar)
2. entrar aquí a la izquierda (poder)
3. la tarjeta de embarque (mostrar)
4. fumar en la sección de no fumar (prohibir)
5. bebidas alcohólicas después de despegar (permitir)
6. comidas deliciosas durante el vuelo (servir)
7. talones antes de recoger el equipaje (pedir)
8. impuestos si son necesarios (imponer)

F. Una charla informativa. Paco Juárez llegó a Los Angeles, California, hace dos meses. No sabe mucho inglés, tampoco sabe mucho de la vida en los Estados Unidos. Acaba de conocer a una muchacha bilingüe que puede contestar sus preguntas. Haga el papel de la muchacha y conteste las preguntas de Paco en español, usando las palabras entre paréntesis.

1. ¿Cuántos habitantes hay aquí? (más o menos 3.000.000)
2. ¿Cuántos habitantes hay en todo el país? (entre 200.000.000 y 300.000.000)
3. ¿Cuánto cuesta un apartamento al mes? ($500,00)
4. ¿Cuánto cuesta usar el autobús público? (50¢ — centavos)
5. ¿Cuántas personas viven en tu complejo de apartamentos? (300 personas)
6. Tengo parientes en Chicago. ¿Cuánto cuesta un boleto de ida y vuelta de autobús a Chicago? ($260,00)
7. ¿Cuánto tiempo en total se tarda para ir a Chicago? (2 días)

G. Hablan dos agentes de viajes. Tratan de organizar un viaje al Perú con un grupo. Uno de los agentes, Jaime, tiene unas ideas, pero la otra, Felipa, no está de acuerdo. Haga el papel de Felipa, y responda negativamente a lo que dice Jaime. Luego, sugiera a otra persona o personas. Emplee pronombres de complementos de verbo directos e indirectos cuando sea posible.

Modelo: —Voy a mencionarle la información a José. (preferir / Luis)
                     —Prefiero que no se la menciones a él; menciónasela a Luis.

  1. Voy a darte algunas ideas. (no es necesario / Lucía)
  2. Voy a buscar a Andrés y a Marta para que nos ayuden. (no querer / Sam)
  3. Voy a pediros a ti y a Isabel unos favores. (es mejor / a Juana e Inés)
  4. Voy a hablarle a Ramón. (sugerir / Magdalena y Geraldo)

Otro grupo también hace planes. Responda igualmente según el modelo.

Modelo: —Vamos a mencionarle la información a José. (preferir / Luis)
                     —Preferimos que no se la mencionéis a él; mencionádsela a Luis.

  5. Vamos a repetiros los planes. (no es importante / Guillermo)
  6. Vamos a escuchar a Benjamín. (esperar / Ana María)
  7. Vamos a explicarles las circunstancias a ellos. (aconsejar / nosotros)
  8. Vamos a leerles los libritos de viaje a ellos. (es absurdo / Salvador)

Ahora, reponda a las frases 5-8 al estilo latinoamericano, o sea, con la forma de **Uds.**

Modelo: —Vamos a mencionarle la información a José. (preferir/Luis)
                     —Preferimos que no se la mencionen a él; menciónensela a Luis.

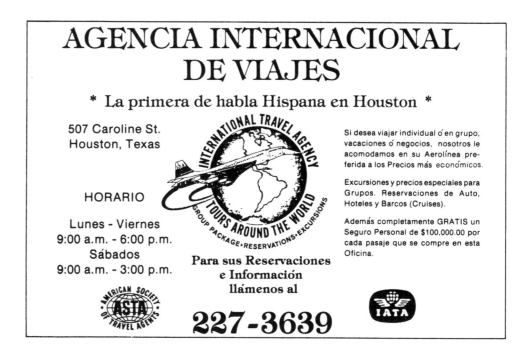

H. Frustración y apuro. Muchas veces, cuando una persona está ocupada, no tiene mucha paciencia. Lo que sigue es parte de una conversación entre un matrimonio que sale pronto de vacaciones. Tradúzcala, y luego, termine lo que pasa con ellos.

HÉCTOR   —Pepita, come here right now. I want you to hear what I have to tell you. It's extremely important.

PEPITA   —How many times do I have to tell you that I don't like you to talk to me like that (**así**)? I've got a million things to do and I don't have time right now. I have to clean the house before we can begin to pack. We're leaving tomorrow, or did you forget?

¿Qué más pasa?

I. Las aventuras de Antonio y Raquel. Llene los espacios con la forma correcta de los verbos entre paréntesis, usando el pretérito o el imperfecto.

¡Qué día _____ (pasar) Antonio y Raquel ayer! Cuando _____ (salir-ellos) de su casa, _____ (ser) las nueve de la mañana, y _____ (tener) que estar en el aeropuerto a las diez menos cuarto. Pero antes de ir al aeropuerto, _____ (tener) que hacer varios recados.

Antonio _____ (ir) a la oficina de correos y Raquel _____ (hacer) varias compras en las tiendas. Ella _____ (tener) prisa, por eso _____ (olvidar) comprar algunas cosas para el viaje. Pero eso no le _____ (importar) a ella porque _____ (querer) buscar a Antonio. Ella lo _____ (encontrar) en la calle y los dos _____ (buscar) un taxi.

Bueno, el taxista _____ (ser) nuevo y él no _____ (estar) seguro dónde _____ (estar) el aeropuerto. Antonio se lo _____ (explicar), y el taxista _____ (entender) las instrucciones de Antonio. _____ (Haber) mucho tránsito y Antonio y Raquel _____ (tener) miedo de perder el avión.

Por fin, _____ (llegar-ellos) al aeropuerto a las diez menos veinte. _____ (Pedir) información inmediatamente porque no _____ (saber) dónde _____ (estar) su estación terminal. Cuando la _____ (hallar), _____ (facturar) el equipaje. _____ (Parecer) que todo _____ (ir) bien. De repente, Antonio _____ (descubrir) que no _____ (tener) ni los cheques de viajero ni las tarjetas de crédito: ¡_____ (estar) perdidos! Antonio _____ (pensar) en el lema de American Express: No salga de su casa sin ellos. ¡Eso es exactamente lo que _____ (hacer) Antonio! No _____ (estar) perdidos, sino en casa. Y, ¡qué suerte! _____ (Resultar) que _____ (ir) a haber una demora de dos horas. Eso les _____ (dar) a Antonio y Raquel bastante tiempo para ir por los cheques y tarjetas de crédito. Los dos _____ (ir) a su casa y _____ (volver) al aeropuerto con tiempo de sobra. El avión finalmente _____ (despegar). Cuando los dos _____ (aterrizar) en Venezuela, _____ (pasar) otras catástrofes.

Termine el cuento de este matrimonio. ¿Qué más les pasó?

J. Narre Ud. un incidente serio-cómico que le pasó a Ud. una vez. ¿Resolvió Ud. todos los problemas? ¡Ojalá que no sea un caso extremo!

K. ¿Quiénes son compatibles? Ud. sabe que cuando varias personas viajan juntas, puede que haya problemas de personalidad. Este es un cuestionario especial. Es de una agencia de viajes que planea un viaje a la península de Yucatán en México. Con esta información, una computadora va a verificar quiénes van a ser compañeros de cuarto en el hotel. El día de la salida, todos tienen que llenar el formulario que sigue. Llénelo Ud., por favor. Esta práctica se puede hacer de dos maneras divertidas:

1. Una persona puede entrevistar a otra.
2. Toda la clase puede participar en un esfuerzo cooperativo. Todos pueden llenar estos cuestionarios, y un grupo puede ser «la computadora». Pueden evaluar los cuestionarios y seleccionar a las personas compatibles.

La niñez: el pasado y el presente

1. ¿Cómo era Ud. de niño(a)? ¿Cómo es Ud. ahora: igual o diferente?
2. ¿Qué le interesaba a Ud. hacer cuando tenía quince años? Y ahora, ¿qué le interesa a Ud.?
3. ¿Cuáles eran sus comidas favoritas cuando era joven? ¿Cuáles son ahora? ¿Le apetece a Ud. la comida mexicana? ¿Por qué o por qué no?
4. ¿Ayudaba Ud. con los quehaceres domésticos cuando estaba en la escuela secundaria? Y ahora, ¿está preparado(a) para ayudar a sus compañeros de viaje?
5. ¿Hablaba mucho por teléfono? ¿Con quién hablaba? ¿De qué hablaba? ¿Sabe Ud. usar el teléfono en un país hispano? ¿Va a usarlo? ¿Cómo se usa?
6. ¿De qué tenía Ud. miedo cuando era más joven? ¿De qué tiene miedo ahora?

Ayer

1. ¿Tenía muchas cosas que hacer ayer? ¿Las hizo todas?
2. ¿Exactamente qué hizo Ud. ayer?
3. ¿Fue a algunas tiendas? ¿A cuáles? ¿Qué compró?
4. ¿Hizo bien las maletas? ¿Cuántas hizo? ¿Qué puso en ellas?
5. ¿Qué hacía Ud. al mediodía ayer? ¿a las dos de la tarde? ¿a las cinco de la tarde? ¿a las diez menos cuarto de la noche?

El futuro

1. ¿Qué va Ud. a hacer tan pronto como llegue a su destino? ¿Qué hace Ud. generalmente cuando llega a un lugar de vacaciones?
2. ¿Planea Ud. hacer otro viaje después de terminar sus estudios universitarios? ¿Adónde y por qué?
3. ¿Qué va Ud. a hacer con sus compañeros de viaje cuando tengan tiempo? ¿Qué hace Ud. generalmente cuando tiene tiempo?
4. ¿Va Ud. a continuar estudiando castellano hasta que pueda ir solo(a) a un país hispano? ¿Siempre estudia hasta que lo entiende todo?

Este grupo de estudiantes se divierte antes de asistir a sus clases. Estudian en la Universidad de Córdoba, en España.

capítulo
ocho

¡A ESTUDIAR EN EL EXTRANJERO!

Hace un mes le pedimos a Marcos, un estudiante norteamericano, que nos hablara de una experiencia suya en España. Queríamos presentarles a Uds. una entrevista que fuera informativa y que les ayudara a Uds. en un viaje semejante. En su tercer año en la universidad, algunos profesores de español le sugirieron a Marcos que fuera a España para poder hablar y escribir mejor el español. Aquí, y en la sección **Charlemos un poco,** hay recomendaciones e información sobre el sistema pedagógico español.

ENTREVISTADORA —¿Cuál es la diferencia entre el programa suyo para los estadounidenses y el programa regular de estudios en la Universidad de Valencia donde estudiaba?

MARCOS —Me imagino que nuestro programa era menos riguroso, para poder educarnos en el «plan callejero», para estar con la gente. Así, en vez de encerrarnos escribiendo trabajos y leyendo libros, ese «plan» nos dio la oportunidad de absorber la cultura española.

ENTREVISTADORA —¿Cómo difiere del sistema de los Estados Unidos?

MARCOS —Pues, el sistema educativo español es mucho más riguroso en cuanto a los cursos electivos. Los estudiantes de primer año ya han escogido su carrera y por eso, una facultad. Entonces, el programa de estudios ya ha sido establecido por la universidad y, en sus cuatro años de estudio, los estudiantes tienen pocas oportunidades de escoger cursos electivos.

ENTREVISTADORA —Y, ¿cómo es el sistema de exámenes?

MARCOS —El sistema de exámenes también es más riguroso. Hay menos exámenes, y no existe tal cosa como la prueba, o sea «el quiz»; hay más exámenes parciales, a mediados del curso, con exámenes finales al fin del año. Y es una manía allí, al igual que en cualquier país europeo. El estudiante se quema las pestañas todo el semestre para tomar —o sufrir, mejor dicho— este examen parcial y el del final del curso. Si tiene un mal día cuando le toca el examen final, va a salir mal, y todos sus esfuerzos quedan en vano.

ENTREVISTADORA —¿Es verdad que muchos españoles no asisten regularmente a clase?

MARCOS —Creo que se trata de una actitud. En la actualidad, pues, hay una crisis en el sistema universitario, especialmente en una ciudad como Valencia, donde hay un problema con el bilingüismo. Algunos estudiantes quieren que se les enseñe en valenciano. Por eso, hay actitudes negativas, o una mentalidad «huelguista», por parte de algunos estudiantes. Sí que pueden

	hacer novillos, o sea, no asistir, y todavía salir bien en los exámenes si consiguen los apuntes. Creo que es algo individual, pero, sí, hay bastante ausentismo. Otra razón es que en general los padres pagan la educación, y por lo tanto, el estudiante español se siente más dispuesto a faltar a clase sin sentir una pérdida personal.
ENTREVISTADORA	—¿Cómo es el «campus», o la ciudad universitaria?
MARCOS	—No hay residencias estudiantiles, sino apartamentos para estudiantes que, por una razón u otra, no quieren vivir con familias como la mayoría de estudiantes españoles. Pero, en cuanto a la extensión de tierra de la universidad, es diferente de las de los Estados Unidos. La ciudad universitaria española es un conjunto de edificios, cada uno bien pegado a los otros; es concentrada. En las afueras de la ciudad, hay los campos deportivos. Pero es mucho más pequeña, sin tanta construcción residencial. Es más académica y administrativa.
ENTREVISTADORA	—Y, ¿cómo son los profesores?
MARCOS	—Son españoles, por lo general. Hay algunos geniales, con los cuales trabamos amistades duraderas. Hay de esos que son verdaderos huesos; hay otros que no saben cómo son los americanos, y no les importa trabar amistades con nosotros. Hay de todo, ¿no? —como en este país.
ENTREVISTADORA	—Bueno, ¿hay algunas reglas generales que un estudiante deba saber si va a representar a los Estados Unidos en un programa de estudios extranjero?
MARCOS	—Voy a sugerir lo que se me ocurra de improviso. Vamos, el estudiante debe cumplir con el dicho «a mal tiempo, buena cara». O sea, que siempre esté alegre en otro país. Que se interese por los naturales del país con gran curiosidad, que se empeñe en saber cómo es la gente de ese país. Debe preguntar: «¿Cuál es su costumbre?» y «¿Qué comida típica de aquí me recomienda?», para que la persona del lugar tenga la oportunidad de explicar lo que estima más de su propia cultura. Es lo que más importa. Entonces, en cambio, es aconsejable que el americano no vaya allí diciendo tales disparates como, «En mi país no hacemos esto», o «Esto me parece una tontería porque no lo hacemos en América». Que el estudiante vaya a España con la mente totalmente abierta a cualquier diferencia que encuentre. También, hay que tener cuidado cuando se mete en cuestiones de política. Hay gente a quien no le gusta en absoluto la política, y a veces es posible meter la pata, sin querer. Claro que la política es un tema favorito de discusión, pero es especialmente importante tener la mente abierta al discutirla. Y, por fin, que se divierta.

Bueno, ¿tienen Uds. ganas de estudiar en el extranjero? ¿Por qué o por qué no?

¡DIGAMOS LA ÚLTIMA PALABRA!

SUSTANTIVOS

las afueras suburbs, outskirts
  fuera de outside of
la amistad friendship
  el (la) amigo(a) friend
  amistoso(a) friendly
los apuntes notes
  apuntar to take note, jot down
el ausentismo absenteeism
  ausente absent
el conjunto collection
la costumbre custom
  acostumbrarse (a) to get used to
el dicho saying
  decir *i* to say
el disparate blunder; nonsense
el edificio building
la entrevista interview
  entrevistar to interview
la facultad division (school) of a
  university
el hueso tough professor (slang:
  literally, *bone)*
la manía madness
la mente mind
el natural native; natural
  la naturaleza nature
la pérdida loss
  perder *ie* to lose
el plan callejero street plan
  la calle street
la regla rule
la residencia estudiantil
  dormitory
la tierra land
la tontería foolishness
  tonto(a) foolish, silly, dumb

VERBOS

asistir (a) to attend
  la asistencia attendance
diferir *ie* to differ
  la diferencia difference
  diferente different
educarse to be educated; to be
  raised, brought up
  la educación education;
  upbringing

educar to educate; to bring up
empeñarse (en) to be
  determined; to persist (in)
encerrarse *ie* to bury oneself
  cerrar *ie* to close
estimar to esteem, respect
  la estimación esteem, respect
faltar (a) to miss; to be lacking,
  missing
  la falta lack
meterse (en) to get involved (in)
  meter to put in, insert
trabar amistades to make
  friends
tratarse de to be a question of
  el tratamiento treatment
  tratar to treat
  tratar de to try

ADJETIVOS

aconsejable advisable
deportivo(a) sporting, sporty
  el deporte sport
  el (la) deportista sportsperson
dispuesto(a) (a) inclined; ready;
  willing (to)
  disponerse (a) to get ready
  (for)
duradero(a) long-lasting
  durar to last
extranjero(a) foreign
genial nice, friendly; clever,
  inventive
huelguista on strike
  la huelga strike
pedagógico(a) pedagogical
  la pedagogía pedagogy
pegado(a) close to; stuck
  together
  pegar to stick, make adhere; to
  hit
  el pegamento glue
tal such

EXPRESIONES UTILES

**A mal tiempo, buena
  cara.** Look on the bright
  side; keep a stiff upper lip.

a mediados de around the middle of

a principios de at the beginning of

a finales de at the end of

de improviso all of a sudden

en el extranjero abroad (**al extranjero** with verbs of motion)

en cambio on the other hand

hacer novillos to play hooky, cut class (slang)

mejor dicho rather; that is

meter la pata to put one's foot in one's mouth; to "blow it"

por lo tanto therefore

quemarse las pestañas to burn the midnight oil (literally, to burn one's eyelashes)

En la Universidad de Salamanca, España, la vida social es tan importante como los estudios.

PRACTIQUEMOS

A. Una prueba de memoria. ¿Qué le parece a Ud. la experiencia de Marcos? Basándose en la lectura, explique y comente los siguientes temas.

1. el sistema español de cursos electivos
2. el sistema español de exámenes
3. la dificultad de los estudios para los que estudian en el extranjero
4. la ciudad universitaria española
5. consejos para el estudiante

B. Ud., el (la) experto(a). Imagínese que Ud. acaba de terminar un año de estudios en España. ¡Ahora ya lo sabe todo! Defina las siguientes palabras y úselas en frases originales.

1. el ausentismo
2. genial
3. de improviso
4. faltar
5. empeñarse
6. la tontería
7. a mal tiempo, buena cara
8. la huelga
9. educarse
10. meter la pata (¡Dé ejemplos!)
11. quemarse las pestañas

C. Solicitamos su opinión.

1. ¿Es posible que una persona aprenda bien una lengua extranjera sin viajar al país donde ésta se habla? Explique bien.
2. Si un estudiante va al extranjero, ¿qué estudios son más importantes, los de la clase o los de la calle? ¿Por qué? ¡Defienda su opinión!
3. Para los que van a España, ¿es mejor vivir con una familia o vivir en una residencia estudiantil? Explique su opinión.

¿Sabía usted esto?

Many terms dealing with education in Spanish are false cognates. Here are some examples:

Educar means *to educate*, but in the sense of upbringing, courtesy, or development of one's sensitivities.

> **Bien educado(a)** means *well-mannered*.
> **La educación** refers to upbringing in general.
> **Instruir** means *to educate* in an academic sense.
> **Bien instruido(a)** means *well-educated* in an academic sense.
> **La instrucción** refers to academic instruction although **la educación** is often used in this context.

La facultad refers to a division, or school, of a college or university. For example, **Facultad de Derecho** means *School of Law*.

> **El profesorado** means *faculty*.

La conferencia is a *lecture* and **la lectura** is a *reading*.

La calificación and **la nota** mean *grade*, and **los apuntes** are *notes*. (In Hispanic countries number grades ranging from 0-10 [sometimes 0-20] points are used rather than letter grades.)

> **Sacar notas** means *to get grades*.

> Saqué una A.   *I got an A.*

Residencias estudiantiles (*dormitories*) are where students live, and **dormitorios** (*bedrooms*) are where they sleep.

Here are some other vocabulary items related to education:

> **aprobar** *ue*   to pass
> **la beca**   scholarship
> **el curso/la asignatura**   course (In Spain, **curso** refers to a year of study.)
> **estudiante de primer (segundo, tercer, cuarto) año**   freshman (sophomore, junior, senior)
> > **estar en primer (segundo, tercer, cuarto) año**   to be a freshman (sophomore, junior, senior)
> **graduarse (me gradúo)**   to graduate
> **la prueba**   test, quiz
> **el requisito**   requirement
> **suspender**   to fail
> **el título universitario**   university degree
> > **titularse**   to get a degree
> **las tareas/los deberes**   homework, assignments
> **tomar/sufrir un examen; examinarse**   to take an exam.

The closest word for *major* in Spanish is **la especialización.** To say *minor*, you would say **especializarse con concentración menor en** _____.

> *To major in* is **especializarse en.**

Here are some of the divisions and majors of a university:

ADMINISTRACION DE NEGOCIOS BUSINESS

Contabilidad   accounting   **Estadística**   statistics

CIENCIAS SCIENCES

Agricultura agriculture
Astronomía astronomy
Biología biology
Ciencias económicas economics
Ciencias exactas
 (matemáticas) mathematics
Física physics

Geología geology
Informática computer science
Ingeniería engineering
Microbiología microbiology
Química chemistry

DERECHO (LEYES) LAW

FARMACIA (FARMACEUTICA) PHARMACY

FILOSOFIA Y LETRAS HUMANITIES

Antropología Anthropology
Arte Art
Las Bellas Artes Fine Arts
Filología Philology
Filosofía Philosophy
Geografía Geography
Historia History
Lenguas Clásicas Classical
 Languages
 griego Greek
 latín Latin
Lenguas Modernas Modern
 Languages
 alemán German
 chino Chinese
 español/castellano Spanish

francés French
griego moderno Modern Greek
inglés English
italiano Italian
japonés Japanese
portugués Portuguese
ruso Russian
Lingüística Linguistics
Medicina Medicine
Programa (Estudios) de
 Enfermero(a) Nursing
Odontología Dentistry
Periodismo Journalism
Sicología Psychology
Sociología Sociology

PRACTIQUEMOS

D. Ud. tiene un profesor que es un verdadero hueso. Quiere que sus estudiantes lo sepan todo. Le pide a Ud. las definiciones de las siguientes palabras en un español perfecto.

1. la facultad
2. la nota
3. educar
4. la conferencia
5. el profesorado
6. la lectura
7. suspender
8. los apuntes
9. la prueba
10. el dormitorio
11. las tareas

E. Una encuesta personal. Conteste Ud. las siguientes preguntas.

1. ¿En qué año de estudios está Ud.?
2. ¿Qué conferencias le gustan más a Ud.? ¿Por qué?

3. ¿En qué asignaturas debe Ud. estudiar más? ¿Por qué?
4. ¿Cree Ud. que su universidad tiene un profesorado excelente?
5. Generalmente, ¿saca Ud. buenas o malas notas?
6. ¿Qué hace Ud. antes de sufrir un examen? ¿Está tranquilo(a) o nervioso(a)? ¿Por qué?
7. ¿En qué clases necesita Ud. tomar apuntes?
8. ¿Qué tiene que hacer un estudiante si suspende un curso?
9. ¿Quién es responsable por la educación de una persona? ¿por la instrucción de una persona?
10. ¿Qué piensa Ud. hacer después de graduarse?
11. ¿Aprueba Ud. todos sus exámenes? ¿Tiene buenos hábitos de estudio? ¿Cómo estudia Ud.?
12. ¿Qué asignaturas de Ud. requieren mucha lectura? ¿Le gusta a Ud. leer?
13. ¿En qué facultad piensa Ud. titularse? ¿Qué cursos son requisitos? ¿Cuáles son cursos electivos?

Se reúnen para charlar un poco. Están en la Plaza Alcazar de San Juan, España.

Formas del imperfecto del subjuntivo
Forms of the past subjunctive

The past subjunctive of *all* verbs is formed by removing the **-ron** from the third person plural preterite and adding these endings:

tratar		meter		asistir	
(trata ~~ron~~)		(metie ~~ron~~)		(asistie ~~ron~~)	
trata	⎧ -ra ⎨ -ras ⎩ -ra	metie	⎧ -ra ⎨ -ras ⎩ -ra	asistie	⎧ -ra ⎨ -ras ⎩ -ra
tratá	-ramos	metié	-ramos	asistié	-ramos
trata	⎧ -rais ⎩ -ran	metie	⎧ -rais ⎩ -ran	asistie	⎧ -rais ⎩ -ran

The endings are the same for all verb groups. The **nosotros** form takes an accent (**tratáramos, metiéramos, asistiéramos**); the first and third person singular forms are identical.

There is another set of less common endings for the past subjunctive that is used in some parts of Latin America and Spain. To form this alternative, remove the **-ron** ending from the third person plural preterite and add these endings:

tratar		meter		asistir	
(trata ~~ron~~)		(metie ~~ron~~)		(asistie ~~ron~~)	
trata	⎧ -se ⎨ -ses ⎩ -se	metie	⎧ -se ⎨ -ses ⎩ -se	asistie	⎧ -se ⎨ -ses ⎩ -se
tratá	-semos	metié	-semos	asistié	-semos
trata	⎧ -seis ⎩ -sen	metie	⎧ -seis ⎩ -sen	asistie	⎧ -seis ⎩ -sen

Verbs whose stems change to **y** in the preterite show that change throughout the past subjunctive:

oír   **oyeron**   oyera, oyeras, oyera, oyéramos, oyerais, oyeran

-Er and **-ir** verbs whose stems end in **ñ** do not have an **i** in the preterite or in the past subjunctive:

reñir   **riñeron**   riñera, riñeras, riñera, riñéramos, riñerais, riñeran

-Ir stem-changing verbs show a change in the third person plural preterite, as well as throughout the past subjunctive:

diferir   **difirieron**   difiriera, difirieras, difiriera, difiriéramos, difirierais, difirieran

Irregular verbs have the same stem throughout the past subjunctive as they do in the preterite. Here are some examples:

dar	**dieron**	diera, dieras, diera, diéramos, dierais, dieran
decir	**dijeron**	dijera, dijeras, dijera, dijéramos, dijerais, dijeran
estar	**estuvieron**	estuviera, estuvieras, estuviera, estuviéramos, estuvierais, estuvieran
haber	**hubieron**	hubiera, hubieras, hubiera, hubiéramos, hubierais, hubieran
hacer	**hicieron**	hiciera, hicieras, hiciera, hiciéramos, hicierais, hicieran
poder	**pudieron**	pudiera, pudieras, pudiera, pudiéramos, pudierais, pudieran
poner	**pusieron**	pusiera, pusieras, pusiera, pusiéramos, pusierais, pusieran
querer	**quisieron**	quisiera, quisieras, quisiera, quisiéramos, quisierais, quisieran
saber	**supieron**	supiera, supieras, supiera, supiéramos, supierais, supieran
ser/ir	**fueron**	fuera, fueras, fuera, fuéramos, fuerais, fueran
tener	**tuvieron**	tuviera, tuvieras, tuviera, tuviéramos, tuvierais, tuvieran
traer	**trajeron**	trajera, trajeras, trajera, trajéramos, trajerais, trajeran

PRACTIQUEMOS

F. Cuentos de los viajeros. Aquí tiene Ud. algunas de las experiencias de un grupo de estudiantes que acaba de volver de España. Sustituya las expresiones entre paréntesis por las palabras en bastardilla, usando los verbos en el imperfecto del subjuntivo.

1. Era necesario que *nos preparáramos para el viaje.* (conseguir el pasaporte, hacer las maletas, llegar al aeropuerto a tiempo, facturar el equipaje, no perder nada)
2. Mi consejero académico me dijo que esperaba que (yo) *aprendiera mucho.* (conocer a muchos españoles, establecer prioridades, pensar en mi familia, sobrevivir, dormir bastante)
3. La madre de Rogelio le dijo que él *se portara bien en España.* (pasarlo bien allí, cumplir con todos los requisitos, no hacer novillos, asistir a todas sus clases, oír lo que ella le decía)
4. Tina y Martín, ¿hubo algo que *necesitarais mencionar?* (olvidar, no saber antes de ir, encontrar diferente, ir a ver, querer decir)
5. Federico, ¿qué consejos te dio Marcos antes de que tú *salieras para España?* (decidir ir a España, les pedir permiso a tus padres, comenzar a prepararte, poder pedírselos a él, sentir el deseo de ir a España)

La correspondencia de tiempos verbales con el subjuntivo
Sequence of tenses with the subjunctive

You have studied the uses of the subjunctive in noun, adjective, and adverbial clauses in the present. The same criteria are followed for using the past subjunctive. The difference is with the tense of the main verb. In general, when the main verb is in the present tense, the subordinate verb must be in the present subjunctive:

Le **pido** a Marcos que me **dé** una entrevista.

I ask Marcos to give me an interview.

When the main verb is in the past tense, the subordinate verb must be in the past subjunctive:

Le **pedí** a Marcos que me **diera** una entrevista.

I asked Marcos to give me an interview.

Although tenses are sometimes mixed, the present usually goes with the present and the past with the past. It is possible, however, to comment in the present about something that occurred in the past:

Estoy contenta (ahora) de que me **visitaras** ayer.

I'm happy (now) that you visited me yesterday.

In current usage, past tense main verbs are sometimes followed by the present subjunctive:

Me dijo (ayer) que **venga** mañana.

He told me (yesterday) to come tomorrow.

Notice the relationship between the tense of the main verb and the tense of the verb in the subordinate clause in these examples.

● Noun clauses:

Me alegro de que **aprendas** tanto en España.

I'm happy that you are learning so much in Spain.

Me alegré/alegraba de que **aprendieras** tanto en España.

I was happy that you learned so much in Spain.

● Adjective clauses:

No **hay** nadie que **aprecie** la experiencia tanto como tú.

There is nobody who appreciates the experience as much as you.

No **había** nadie que **apreciara** la experiencia tanto como tú.

There was nobody who appreciated the experience as much as you.

● Adverbial clauses:

¿**Vas a regresar** tan pronto como **tengas** la oportunidad?

Are you going to return as soon as you have the chance?

¿**Ibas a regresar** tan pronto como **tuvieras** la oportunidad?

Were you going to return as soon as you had the chance?

Be careful with adverbial clauses. The only time the subjunctive is necessary is when *anticipation* is involved. Look closely at these examples:

1. Siempre conozco a muchos españoles cuando **voy** a España.

I always meet many Spaniards when I go to Spain. (customary action in the present —indicative)

2. Siempre conocía a muchos españoles cuando **iba** a España.

I always met many Spaniards when I went (used to go) to Spain. (customary action in the past —indicative; past equivalent of example 1.)

3. Conocí a muchos españoles cuando **fui** a España.	*I met many Spaniards when I went to Spain.* (completed action —indicative)
4. Voy a conocer a muchos españoles cuando **vaya** a España.	*I'm going to meet many Spaniards when I go to Spain.* (anticipated action in the present —present subjunctive)
5. Iba a conocer a muchos españoles cuando **fuera** a España.	*I was going to meet many Spaniards when I went to Spain.* (anticipated action in the past — past subjunctive; past equivalent of example 4.)

Since there is only one aspect of the past subjunctive, it can be translated as the preterite, imperfect, or conditional (to be studied later):

No creían que cumpliéramos con los requisitos.

They didn't believe that we $\left\{\begin{array}{l}\text{fulfilled}\\\text{were fulfilling}\\\text{would fulfill}\end{array}\right\}$ the requirements.

In the indicative, however, these aspects are distinguished:

Creían que cumplimos con los requisitos.	*They believed that we fulfilled the requirements.*
Creían que cumplíamos con los requisitos.	*They believed that we were fulfilling the requirements.*
Creían que cumpliríamos con los requisitos.	*They believed that we would fulfill the requirements.*

PRACTIQUEMOS

G. Un semestre en el extranjero. He aquí las palabras de un consejero académico a un grupo de estudiantes antes de ir a México para un curso de verano. Acaban ellos de volver, y lo pasaron muy bien. Ahora, cambie el verbo principal al pretérito o al imperfecto, según el sentido, y haga los cambios necesarios en el verbo subordinado.

1. Ojalá que lo pasen bien en Guadalajara.
2. Roberto, es natural que no tengas ganas de encerrarte demasiado, pero es necesario que hagas un poco de esfuerzo.
3. No hay nada que sea más importante que absorber la vida mexicana.
4. Dudo que haya bastante tiempo para aprenderlo todo.
5. Espero que Uds. practiquen mucho el español.
6. ¿Hay algo de que tengan miedo?
7. Digo que me alegro de que todos entiendan que una buena actitud es esencial.
8. Es probable que vayan a muchos lugares de interés, ¿no?
9. Es esencial que recuerden a sus familias y que les manden tarjetas postales.
10. ¡Digo que es fácil que Lucía vuelva más mexicana que norteamericana!
11. Quiero que todos Uds. traigan recuerdos inolvidables al volver para que disfrutemos de la experiencia.

H. ¿Cuánto ha cambiado Ud.? Piense en el pasado y en el presente. Luego, termine las frases de una manera original. Cuidado con los tiempos verbales.

Modelo: Antes, era necesario que yo _____.
                Ahora, es necesario que yo _____.
                Antes, era necesario que yo disfrutara de la vida.
                Ahora, es necesario que persiga una carrera.

1. Hoy en día, es importante que _____, pero antes, era importante que _____.
2. Antes, yo decía que iba a _____ tan pronto como _____.
3. Antes, dudaba que mis amigos _____, pero ahora dudo que _____.
4. Ahora, no hay nada que _____.
   Antes, no había nada que _____.
5. Antes, me parecía absurdo que mi mejor amigo(a) _____.
   Ahora, me parece absurdo que mi mejor amigo(a) _____.
6. Ahora, me hace feliz que _____.
   Antes, me hacía feliz que _____.
7. Cuando yo era más joven, no conocía a nadie que _____.
   Ahora, no conozco a nadie que _____.

I. ¿Cuán ingenioso(a) es Ud.? Termine las frases de una manera original. Emplee un verbo diferente en cada frase. ¡Cuidado! Algunas frases no requieren el subjuntivo.

1. ¿Qué vais a hacer en cuanto _____?
   ¿Qué hacéis regularmente en cuanto _____?
   ¿Qué hicisteis ayer en cuanto _____?
   ¿Qué hacíais de costumbre en cuanto _____?
   ¿Qué ibais a hacer en cuanto _____?
2. ¿Qué dijeron tus padres después de que tú _____?
   ¿Qué van a decir tus padres después de que tú _____?
   ¿Qué decían tus padres después de que tú _____?
   ¿Qué dicen tus padres generalmente después de que tú _____?
3. Ellos van al extranjero todos los años cuando _____.
   Ellos fueron al extranjero cuando _____.
   Ellos van a ir al extranjero cuando _____.
   Ellos siempre iban al extranjero cuando _____.
   Ellos dijeron que iban al extranjero cuando _____.
4. No van a salir antes de que nosotros _____.
   No salieron antes de que nosotros _____.
   Nunca salen antes de que nosotros _____.
   No salían antes de que nosotros _____.
   No iban a salir antes de que nosotros _____.
5. Los planes van a tener que esperar hasta que yo _____.
   Los planes siempre tenían que esperar hasta que yo _____.
   Los planes tuvieron que esperar hasta que yo _____.
   Los planes siempre tienen que esperar hasta que yo _____.
   Dije que los planes iban a esperar hasta que yo _____.

J. Consejos de un buen profesor. Llene los espacios con la forma correcta de los verbos entre paréntesis. Tenga mucho cuidado —se permite bajo ciertas condiciones todo lo siguiente: el presente del indicativo y del subjuntivo, el infinitivo, el pretérito, el imperfecto y el imperfecto del subjuntivo.

El profesor Quintana es un hombre que _____ (tener) gran interés en sus estudiantes. Cuando era joven, trataba de pensar en una carrera que le _____ (dar) a él la oportunidad de ayudar a personas. Por esa razón _____ (elegir) la carrera de profesor hace diez años.

Ahora, no hay nada que el buen profesor Quintana _____ (preferir) hacer más que charlar con sus estudiantes. Es evidente que _____ (haber) mucho respeto entre él y sus estudiantes.

El otro día Pablo, un estudiante del profesor Quintana, le mencionó que él _____ (querer) estudiar en el extranjero. Deseaba que el profesor Quintana le _____ (ofrecer) consejos. El profesor Quintana le dijo a Pablo que _____ (ir) a su oficina a verlo tan pronto como _____ (salir) de su última clase.

Lo que sigue es la conversación entre los dos:

PROF. QUINTANA —¡Estoy contentísimo que _____ (tener-tú) ganas de estudiar en el extranjero! Me alegro de _____ (tener) la oportunidad de ayudarte. Fui yo a España cuando _____ (ser) estudiante. ¿Adónde piensas ir?

PABLO —No estoy seguro. ¿Hay un lugar que me _____ (recomendar) Ud.?

PROF. QUINTANA —Es una pregunta difícil. No creo que _____ (existir) ningún lugar que no _____ (ser) fascinante.

PABLO —Mi problema es el dinero. Mis padres no me van a dar permiso para ir hasta que _____ (ganar-yo) bastante dinero. Necesito que alguien me _____ (indicar) el costo de la vida y de los estudios en el extranjero. Voy a tomar una decisión después de _____ (saber) más.

PROF. QUINTANA —Entonces, te recomiendo que _____ (ir) a México. Tú sabes que el dólar _____ (valer) mucho allí, ¿no? Sin embargo, es importantísimo que se _____ (demostrar) una actitud propia de una persona bien educada. Todavía me molesta que cuando _____ (estar-yo) en México el año pasado, _____ (oír) disparates horribles de gente mal educada.

PABLO —¿Por ejemplo?

PROF. QUINTANA —Había un grupo de California que se _____ (hospedar) en mi hotel. _____ (Meter) la pata constantemente con comentarios como «¡No creo que el dólar _____ (valer) tanto aquí!» y «Parece que _____ (ser-nosotros) ricos!» Es que _____ (haber) mucha pobreza allí y hay que tener cuidado. No es que _____ (ser) difícil. Es cuestión de cortesía.

PABLO —Eso se entiende. Pero no crea Ud. que yo _____ (compartir) esa actitud negativa.

PROF. QUINTANA —¡Me alegro! Sé que tú _____ (saber) trabar amistades fácilmente. Bueno, así que _____ (decidir-tú) adónde vas, podemos ver los libritos que _____ (tener-yo) sobre los estudios en el extranjero.

PABLO —¿Cuándo va Ud. a tener tiempo?

PROF. QUINTANA —Cuando _____ (querer-tú). Te ayudo con mucho gusto.

PABLO —Muchísimas gracias, profesor Quintana. Cuando _____ (resolver-yo) mi situación financiera, vengo a hablar con usted.

PROF. QUINTANA —¡Muy bien! ¡Ojalá que _____ (poder-nosotros) encontrar algo!

Otros usos del subjuntivo
Other uses of the subjunctive

- **Acaso, tal vez,** and **quizás** all mean *maybe* or *perhaps*. They are used with both the indicative and the subjunctive, and the use of either mood depends upon what the speaker wishes to convey. When the speaker is expressing some degree of doubt, the subjunctive is used; when the speaker is expressing relative certainty, the indicative is used:

  No sé mucho del sistema educativo de España.

Acaso/Quizás/Tal vez Marcos **sepa** algo.	*Perhaps Marcos knows something.* (The context implies that the speaker is not sure if Marcos knows anything about the educational system or not.)
Acaso/Quizás/Tal vez Marcos **sabe** algo.	*Perhaps Marcos knows something.* (The speaker has a good idea that Marcos knows something.)

  The same criteria are used for constructions in the past:

Acaso/Quizás/Tal vez Marcos **supiera** algo.	*Perhaps Marcos knew something.* (not certain)
Acaso/Quizás/Tal vez Marcos **sabía** algo.	*Perhaps Marcos knew something.* (quite certain)

  Tal vez and **quizás** often follow the verb, as a comment. Here, the indicative is used:

Marcos **sabe** algo, quizás.	*Marcos knows something, perhaps.*

- Indirect commands are usually formed with a verb of influence (the main verb) and with the subjunctive in a subordinate clause:

Quiero que Marcos **vaya** a España.	*I want Marcos to go to Spain.*

  In another construction the main verb is dropped, but the meaning of it is implied:

Que Marcos **vaya** a España.	*May (I hope that) Marcos go (goes) to Spain.*
Yo no quiero ir; **que vaya** Marcos.	*I don't want to go; let Marcos go.*

- The following constructions require the subjunctive.

  The subjunctive + **lo que** + subjunctive means *whatever* or *no matter:*

Digan lo que digan, vamos a España.	*Whatever they (may) say/No matter what they say, we're going to Spain.*

  Sea lo que sea translates as *be that as it may.*
  Por mucho (noun) **que** (subject) + subjunctive means *no matter how much:*

Por mucho que hable, no me convence.	*No matter how much he may talk, he doesn't convince me.*
Por muchos consejos **que** tú le **des**, todavía está confuso.	*No matter how much advice you give him, he is still confused.*

Por muy + adjective/adverb **que** + subjunctive also translates as *no matter how* + adjective/adverb:

> **Por muy** listos **que sean**, el examen va a ser difícil.
>
> *No matter how smart they are (may be), the exam is going to be difficult.*

- The past subjunctive forms of the verbs **querer, deber** and **poder** are often used as the main verb. The use of those forms softens the request or suggestion. Look at these examples:

> Quisiera decir algo.
> Debiéramos estudiar más.
> ¿Pudieras ayudarme?

> *I would like to say something.*
> *We ought to study more.*
> *Could you help me?*

PRACTIQUEMOS

K. La pobre Patricia: ¿qué puede hacer? Patricia tiene un problema grande. Traduzca la conversación entre Patricia y su amigo Alberto.

> PATRICIA —No matter how much I study, I get bad grades. Could you please give me some advice?
> ALBERTO —Perhaps it's because you don't know how to study. Maybe you should get help.
> PATRICIA —You may be right. I'm going to look for someone who **(que)** can help me, whatever the price.
> ALBERTO —May (I hope) you find someone who **(que)** will make you smile!
> PATRICIA —C'mon! Stop teasing (pulling my leg)! I would like to solve this problem as soon as I can.

> Ahora, termine la historia de Patricia. ¿Qué hizo ella? ¿Cómo resolvió su problema? ¿Cómo reaccionó Alberto?

L. Ud., el(la) consejero(a). Ud. se siente un poco filosófico(a) en este momento. Traduzca las palabras, termine las frases y dígaselas a una persona de la clase. ¡Sea optimista!

1. Whatever may happen _____.
2. No matter how terrible _____.
3. May you always _____.
4. Perhaps _____.
5. No matter how much you _____.
6. You should _____.

REPASEMOS

M. ¿Sabe Ud. solicitar becas? Ud. quiere estudiar en el extranjero. Le falta dinero; por eso solicita una beca. Ud. tiene que explicar las razones por las que quiere estudiar y tiene que convencer a los que dan las becas. Complete las frases, explicando sus deseos.

1. Mis padres querían que _____.
2. Yo también quiero _____.
3. Por mucho que _____.
4. Es verdad que _____.
5. El año pasado (yo) dudaba que _____.
6. Ahora no hay duda de que _____.
7. Busco una oportunidad que _____.
8. Estoy contento(a) que Uds. _____.
9. Quizás _____.

N. Encuentros personales. Con un(a) compañero(a) de clase, haga los papeles de los personajes en las siguientes situaciones.

1. One person is an academic advisor, and the other is a student bound for a foreign-exchange program. The student is trying to decide where to go and the advisor helps. The advisor can give information about how the program is set up.
2. One person is an exchange student and the other is the "mother/father" of a host family. Tell each other about yourselves. The host can answer the student's millions of questions about his or her new environment. Be creative!
3. One person is the student and the other is the interviewer. The student wants to study in Mexico and is being interviewed as part of the application procedure. Discuss grades, living accommodations, courses, diversions, etc.

CHARLEMOS UN POCO

MARCOS NOS DA MÁS INFORMACIÓN

He aquí la segunda parte de la entrevista con Marcos.

ENTREVISTADORA	—En cuanto a la matrícula, ¿esto se hace aquí o en España?
MARCOS	—En mi caso, me matriculé antes de salir. Escogí las asignaturas que más quería. Pero allí en España, me quedaban un par de semanas para sustituir una asignatura por otra. Tienen un período de sustitución *(drop/add)* como aquí.
ENTREVISTADORA	—¿Se paga aquí en los Estados Unidos o en España?
MARCOS	—Se paga de antemano, y se puede hacer varios arreglos financieros.
ENTREVISTADORA	—¿Hay unos días de orientación para los estudiantes allí en España antes de empezar las clases?
MARCOS	—Depende del programa particular. En el mío, hubo dos días de habituación. Fuimos en autobús a varios sitios. Luego, descansamos un poco y nos recuperamos del «jet lag.»
ENTREVISTADORA	—Entonces, en cuanto a los créditos para cada asignatura, ¿siguen las mismas reglas de las universidades norteamericanas?

MARCOS	—Depende. Eso cambia de programa a programa. Hay que verificar que las unidades ganadas allí se puedan aplicar a la universidad de donde uno quiera graduarse. Por ejemplo, el programa mío estaba totalmente sancionado por mi universidad. Pero si se escoge otro programa, puede que se acepte sólo la mitad de los créditos. Hay que verificarlo de antemano.
ENTREVISTADORA	—¿Y las calificaciones? ¿Son más altas o bajas por regla general?
MARCOS	—Creo que el sistema de calificaciones no es tan severo para los estudiantes extranjeros.
ENTREVISTADORA	—Por la naturaleza del programa, ¿no? Para que los estudiantes conozcan algo más que la universidad.
MARCOS	—Exacto. Si quieren ser eruditos, que se queden allí estudiando. Si quieren poder hablar mejor, entenderse con la gente, tener un mejor concepto de cómo es ese país, que no estudien mucho.
ENTREVISTADORA	—¿Dónde consiguió la información para ir a la Universidad de Valencia?
MARCOS	—Bueno, lo que me inspiró más que nada fue el deseo de estar en otro país y el de ensanchar mis verdaderas perspectivas hacia el mundo y hacia la vida misma. Debo mencionar también la gran ayuda de mis más hábiles mentores de aquí en los Estados Unidos.
ENTREVISTADORA	—Entonces, ya estaba planeado el programa desde los Estados Unidos, ¿verdad?
MARCOS	—Sí, mediante los canales informativos de que disponía la administración aquí. Entonces, me puse en comunicación con la universidad central del programa, la de San Francisco.
ENTREVISTADORA	—¿Qué documentos necesita un estudiante para estudiar en el extranjero?
MARCOS	—Pues, un requisito importante es el pasaporte, claro. Y al estudiante le aconsejo que consiga el pasaporte lo más pronto posible. También recomendable, aunque no un requisito, es el carné de estudiante internacional, con el cual se puede conseguir descuentos de buena proporción en lugares culturales —tales como museos, conciertos y con algunos medios de transporte.
ENTREVISTADORA	—Por regla general, ¿dónde viven los estudiantes norteamericanos que van a España?
MARCOS	—Con familias particulares. La familia mía no era una familia, sino una viuda. Esta experiencia suele ser bastante buena. En mi caso, la viuda era un poco conservadora, pero muy simpática. En cuanto a permitir que me visitara la novia en casa, a salir muy tarde, a ducharme todos los días de la semana con agua caliente, pues, era un poco tacaña por necesidad. Pero, por otro lado, en plan cultural, me enseñó mucho. Sólo era cuestión de acostumbrarme a su estilo de vida; después de todo, estaba yo en otro país, y valía la pena conformarme un poco.
ENTREVISTADORA	—Entonces, ¿dónde se reunían Uds. para charlar o para pasarlo bien?
MARCOS	—Bueno, nos reuníamos muchas veces en un bar. ¡La ciudad

está plagada de bares! Pero lo curioso es que la universidad, en sus facultades, tiene un bar en la planta baja. En el bar de la Facultad de Filosofía y Letras, puede uno tomarse una cerveza, un coñac u otra bebida—un coñac con café—o un refresco o naranjada bien hecha en la batidora con naranjas recién recogidas de la huerta. Es un lugar para trabar amistades. Hasta nosotros, una chica y yo, que constituíamos una clase entera, tuvimos nuestra clase varias veces en el bar de la facultad con nuestro profesor de poesía. ¡Creo que esto nos daba prioridad de ver con más claridad la poesía! Hay mayor liberalidad en el uso de alcohol allí que en los Estados Unidos.

ENTREVISTADORA —Y, finalmente, ¿cómo fue su recepción en España?

MARCOS —Pues, bastante acogedora en mi caso. Mi «mamá» estaba allí en la parada de autobús esperándonos, y tenía un letrero con un número que nos dieron para que la reconociéramos. Y, al vernos, nos dijo «¡Bienvenidos a España, chicos!» Me sentí muy bienvenido.

ENTREVISTADORA —Marcos, muchísimas gracias. Se ve que la vida en España es tan importante como los estudios.

MARCOS —Claro, hay que vivir. Por eso nos educamos. No vivimos para educarnos; nos educamos para vivir.

Palabras prácticas

SUSTANTIVOS

el arreglo arrangement
 arreglar to arrange, fix
la asignatura course, subject (Sp.)
 el curso course, subject (Lat. Am.)
la batidora mixer
 batir to blend, beat
la calificación grade, qualification
 calificar to grade; to qualify
el carné license, ID card
el descuento discount
 descontar *ue* to discount
el (la) erudito(a) scholar
 erudito(a) scholarly
la habituación orientation
 habituarse (a) (me habitúo) to familiarize oneself with
la huerta orchard, garden
el letrero sign
la matrícula registration

Este es lugar para trabar amistades ¿no?

matricularse to register
la naturaleza nature
natural natural
el (la) novio(a) boyfriend, girlfriend
el par pair
la perspectiva perspective, point of view
la planta baja ground floor
el requisito requirement
requerir *i* to require
la unidad unit, unity
unir to unite, join
el (la) viudo(a) widower, widow

VERBOS

aconsejar to advise
los consejos advice
aplicar to apply
solicitar to apply for
constituir to consist of
disponer de (dispongo) to arrange, get ready; to have at one's disposal
disponible available
ducharse to shower, take a shower
la ducha shower
ensanchar to widen, broaden
ancho(a) wide
enseñar to teach; to show
la enseñanza teaching
entenderse *ie* to understand each other; to get along with
quedar to be located, to be; to be left
quedarse to remain, stay
recuperarse to recuperate
reunirse (me reúno) to get together, meet
la reunión meeting
sentirse *ie* to feel
el sentimiento feeling

soler *ue* to be accustomed to; to be in the habit of
sustituir (por) to substitute, replace (with)
la sustitución substitution
verificar to verify
la verificación verification

ADJETIVOS

acogedor(a) warm, hospitable
entero(a) entire
ganado(a) earned
ganar to earn
hábil skillful
particular private; particular
plagado(a) overflowing, full of (literally, *plagued*)
recomendable recommended
recomendar *ie* to recommend
sancionado(a) sanctioned, approved
sancionar to sanction, approve
tacaño(a) mean; stingy
verdadero(a) true, real
la verdad truth

ADVERBIOS

mediante through, by means of
recién recently + part participle

EXPRESIONES UTILES

de antemano beforehand, ahead of time
estudiar en el extranjero to study abroad
ir al extranjero to go abroad
por otro lado on the other hand
por regla general as a rule, generally
puede que + subjunctive it's possible that

PRACTIQUEMOS

A. ¿Qué piensa Ud.? Comente sobre los siguientes temas, basándose en la lectura.

1. la matrícula para los estudios en el extranjero
2. la orientación para los estudiantes extranjeros
3. los documentos necesarios y cosas recomendables para el estudiante
4. la vivienda para el estudiante
5. la amistad entre los estudiantes y los profesores

B. Cuestionario. Conteste las preguntas según la lectura.

1. ¿Cuándo se matriculó Marcos? ¿Podía sustituir algunas asignaturas por otras si quería?
2. ¿Por qué fueron en autobús a varios sitios durante la orientación?
3. ¿Cómo se puede estar seguro de que las unidades ganadas van a ser aceptadas por su universidad?
4. ¿Por qué no es tan severo el sistema de calificaciones en España?
5. ¿Qué se hace si se quiere ser erudito? Y, ¿qué se hace para aprender la cultura de un país?
6. ¿Por qué fue Marcos a estudiar en España?
7. ¿Para qué sirve un carné de estudiante?
8. ¿Cuáles son las ventajas de vivir con una familia española? ¿Hay cualquier desventaja?
9. ¿Qué bebidas hay en el bar de la universidad?
10. ¿Cómo era la clase de poesía de Marcos?
11. ¿Cómo reconoció Marcos a su «mamá»?
12. ¿Cuál es la filosofía de Marcos? ¿Está Ud. de acuerdo?

C. ¿Sabe Ud. conducir una entrevista? Ahora, le toca a Ud. Con un(a) compañero(a) de clase, sea Ud. el(la) entrevistador(a) y hágale preguntas semejantes a las de la lectura a su compañero(a). Incluya en sus preguntas la matrícula en su universidad, la orientación, las materias, la vivienda en una residencia estudiantil o en un apartamento, la actitud de los profesores hacia los estudiantes y viceversa, etc.

D. Encuentros personales. Con un(a) compañero(a) de clase haga los papeles de los personajes en las siguientes situaciones.

1. Ask a classmate why he (she) chose to attend your college or university and then ask him (her) to describe his (her) courses and living accommodations.
2. Go to your academic counselor to plan your fall schedule. Ask about required courses, electives, and registration dates. He (she) tells you, based on your last grades, that you need to pay more attention to your studies and less to your social life. Defend yourself.
3. You have a high school friend who is very curious about university/college life. He (she) asks you about orientation, exams, professors and campus life. Explain all this to him (her), using your school as an example.
4. Ask a classmate when he (she) will graduate and what his (her) plans are after graduation. Then reverse roles.

ENFOQUEMOS EL IDIOMA

El gerundio
The gerund

The gerund is a verb form that corresponds to the English verb + *-ing*. It can be used as a modifier or with an auxiliary verb.

The gerund is formed by adding **-ando** to the stem of **-ar** verbs and **-iendo** to the stem of **-er** and **-ir** verbs:

charlar	charl**ando** chatting
entender	entend**iendo** understanding
asistir	asist**iendo** attending

With **-er** and **-ir** verbs whose stems end in a vowel, the **i** of the ending is changed to a **y:**

leer leyendo
traer trayendo
creer creyendo

-Ar and **-er** stem-changing verbs form their gerund just like regular **-ar** and **-er** verbs. The gerund of **-ir** stem-changing verbs, however, shows a stem change: e → i or o → u. Notice that the change is the same as the **nosotros/vosotros** change in the present subjunctive and the preterite change in the third person forms. Here are some examples:

e i → i	**e ie → i**	**o ue → u**
decir diciendo	**mentir** mintiendo	**dormir** durmiendo
pedir pidiendo	**sentir** sintiendo	**morir** muriendo
preferir prefiriendo		
reñir riñendo		
repetir repitiendo		
seguir siguiendo		

When a gerund is accompanied by one or two object pronouns, the gerund must have a written accent when the pronouns are attached. With a conjugated verb followed by a gerund, however, the pronouns can precede or follow the combination, as shown in the following examples (remember that the pronouns cannot be separated):

El está escribiéndo**me.**	
El **me** está escribiendo.	*He is writing to me.*
El está escribiéndo**mela.**	
El **me la** está escribiendo.	*He is writing it to me.*

Los usos del gerundio
Uses of the gerund

The gerund does not act as an adjective, and therefore it always ends in **o.** There is one exception to this. After verbs of perception (for example, **oír, ver),** the gerund may act as an adjective and modify a noun; however, the **o** ending remains the same:

Vi **estudiando** al niño. }   *I saw the child studying.*
Vi al niño **estudiando.** }

Oí **hablando** al niño. }   *I heard the child speaking.*
Oí al niño **hablando.** }

In general, the infinitive is more common than the gerund in this construction:

Vi **estudiar** al niño.   *I saw the child studying.*
Oí **hablar** al niño.   *I heard the child speaking.*

The gerund often follows a conjugated verb. With the verb **estar,** the gerund is used to form the present progressive, an aspect of the present tense. The verb **estar** in the imperfect with a gerund forms the past progressive. These aspects emphasize that the action is in progress at a certain point in the present or past. Since the ideas expressed by the progressive can also be expressed by the simple present and the imperfect, the progressive is not used as frequently in Spanish as it is in English:

Los estudiantes charlan (están charlando) con su profesor.	*The students are chatting with their professor.*
Los estudiantes charlaban (estaban charlando) con su profesor.	*The students were chatting with their professor.*

The choice of the present or past progressive depends on the immediacy of the action.

Other helping verbs used with the gerund include the following:

andar/venir/ir	El anda/viene/va charlando.	*He goes around chatting.*
continuar	El continúa charlando.	*He continues chatting.*
entrar	El entra charlando.	*He comes in chatting.*
salir	El sale charlando.	*He leaves chatting.*
seguir	El sigue charlando.	*He keeps on chatting.*

Other tenses, moods, and aspects also have corresponding progressives to emphasize continuing action:

	están estudiando. (present)	*they are studying.*
	estarán estudiando. (future)	*they will be (are probably) studying.*
Sé que ellos	estaban estudiando. (imperfect)	*they were studying.*
I know that	estuvieron estudiando. (preterite)	*they were studying.*
	estarían estudiando. (conditional)	*they would be (were probably) studying.*

	Dudo que estén estudiando. (present subjunctive)	I doubt that they are/will be studying.
	Dudo que estuvieran estudiando. (imperfect subjunctive)	I doubt that they were/would be studying.

The Spanish gerund can also function like the English gerund:

	Viajando en autobús, nos acostumbramos a Valencia.	Traveling by bus, we got used to Valencia. (simultaneous actions)
	El entra hablando.	He comes in talking. (adverb)

But remember that the gerund is not adjectival. When the English gerund acts as an adjective, Spanish prefers a relative clause or an adjective:

mujeres que trabajan ⎫
mujeres trabajadoras ⎭   *working women*

The English progressive can refer to an expected or planned future event. The Spanish progressive never has this meaning. For example:

Mi madre viene hoy.   *My mother is coming today.*

Both English and Spanish gerunds can be used without an auxiliary verb:

Yendo calle arriba, me encontré con María.   *Going up the street, I ran into María.*

PRACTIQUEMOS

E. ¿Está Ud. preparado(a)? Ud. tiene una prueba hoy en la clase de español. Para practicar las formas del gerundio y el vocabulario, un(a) compañero(a) le da a Ud. un infinitivo en inglés. Tradúzcalo y dé la forma del gerundio. Luego, úselo en una frase original.

1. to cut class
2. to recognize
3. to arrange, prepare
4. to sleep
5. to try
6. to advise
7. to widen, broaden

8. to request, ask for
9. to unite
10. to attend
11. to follow
12. to verify
13. to substitute
14. to repeat

F. Un(a) compañero(a) de cuarto que se preocupa por Ud. Ud. tiene un(a) compañero(a) de cuarto que tiene mucho interés en sus actividades. Es un(a) compañero(a) muy simpático(a) y por eso Ud. no se pone furioso(a) cuando él (ella) le da consejos. Siga el modelo.

Modelo: El (la) compañero(a)   —No olvides que debemos escribir el trabajo para mañana.
              Ud.   —Estoy escribiéndolo ahora.

1. Tienes que leer el segundo capítulo de historia.
2. Hay que estudiar las formas del subjuntivo.

3. Debes pedirle las tareas de álgebra a Raúl.
4. Tú y Alejandro debéis traerle los apuntes a Sofía.
5. Debes repetirme la pronunciación de las palabras.
6. Tienes que servirme la cerveza ahora.
7. Tú y Mariana tenéis que terminar el artículo.
8. Tienes que darle la información al jefe de la residencia.

G. Mis primeros días. Complete las frases de una manera original.

1. Matriculándome en la universidad, (yo) _____.
2. Llegando por primera vez a la universidad, (yo) _____.
3. Entrando en mi cuarto de la residencia estudiantil, mis padres _____.
4. Asistiendo a mi primera clase, (yo) _____.
5. Visitando a mis amigos de la escuela secundaria, (yo) _____.

Los verbos reflexivos
Reflexive verbs

A reflexive verb is one whose object is the same as the subject. The subject performs the action on itself rather than on something else. A reflexive verb in Spanish has the reflexive object pronoun **se** attached to its infinitive. When conjugating a reflexive verb, the pronoun **se** changes to agree with its subject. For example:

despertarse

yo **me** despierto	nosotros **nos** despertamos
tú **te** despiertas	vosotros **os** despertáis
él ⎫ ella ⎬ **se** despierta Ud. ⎭	ellos ⎫ ellas ⎬ **se** despiertan Uds. ⎭

El barbero afeita al señor.

El señor se afeita.

La jefa despide al empleado.

El empleado se despide de sus amigos.

Many verbs can be used reflexively or nonreflexively. When they are nonreflexive, the subject does something to someone or to something else; when they are reflexive, no second person or thing is involved. (In the latter case, English sometimes does not use a reflexive.)

levantar	Levanto el letrero.	*I lift the sign.*
levantar**se**	**Me** levanto a las ocho.	*I get up at 8:00.*

Reflexive and nonreflexive verbs

Nonreflexive (action done to someone/something)	**Reflexive** (action done to self)
aburrir to bore	**aburrirse** to get bored
acostar *ue* to put to bed	**acostarse** to go to bed
afeitar to shave (someone)	**afeitarse** to shave (oneself)
apurar to rush	**apurarse** to hurry up
asustar to frighten	**asustarse** to get frightened
atascar to obstruct	**atascarse** to get stuck
calmar to calm	**calmarse** to calm down
callar to silence	**callarse** to shut up, be quiet
cansar to tire	**cansarse** to get tired; to tire
casar to marry (officiate)	**casarse** to get married
descomponer to decompose, decay	**descomponerse** to decompose, fall apart
despedir *i* to dismiss, fire	**despedirse** to say good-bye
despertar *ie* to awaken, enliven	**despertarse** to wake up
detener to stop; to arrest	**detenerse** to stop; to come to a halt
enojar to anger	**enojarse** to get angry
lastimar to hurt	**lastimarse** to get hurt
lavar to wash	**lavarse** to wash up, get washed
llamar to call	**llamarse** to be named
mover *ue* to move (something)	**moverse** to move
poner to put, place	**ponerse** to put on; to become
preocupar to worry (someone)	**preocuparse** to get worried
preparar to prepare	**prepararse** to prepare, get ready
quedar to be located; to be; to be left	**quedarse** to remain, stay
quitar to take away (off)	**quitarse** to take off
reunir to gather	**reunirse** to meet, get together
sentar *ie* to seat	**sentarse** to sit down
vestir *i* to dress	**vestirse** to get dressed
volcar *ue* to spill, tip over	**volcarse** to fall over, capsize

Other verbs imply a slight change of meaning when used reflexively. These verbs do not necessarily involve another person:

beberse to drink all up
caerse to fall down
comerse to eat all up
dormirse to fall asleep
irse to go away; to leave (departure emphasized)
llevarse (con) to get along (with)

morirse to die
negarse to refuse
parecerse (a) to resemble
perderse to miss out on something
saltarse to skip, omit
sentirse to feel + adjective
volverse to become

There are some verbs that, because of their meaning, are only used reflexively:

abstenerse (de) to abstain (from)

enamorarse (de) to fall in love (with)

La mamá le viste a la niña.

El niño se viste (a sí mismo).

arrepentirse *ie* **(de)** to repent
atenerse (a) to abide (by); to adhere, stick (to)
atreverse (a) to dare (to)

equivocarse to make a mistake
quejarse (de) to complain (about)
suicidarse to commit suicide

If these verbs take an object, the preposition is used:

El se enamoró.
El se enamoró **de** María.

After a reflexive verb, the definite article, rather than the possessive adjective, is usually used with clothing and parts of the body:

Me quito **la** chaqueta.
Se lavó **las** manos.

I take off my jacket.
She washed her hands.

The position of reflexive pronouns follows the same rules as those of direct and indirect object pronouns; when there are two pronouns, the reflexive comes first:

Ellos se ponen el sombrero.

Se lo ponen.
Se lo pusieron.
Mandé que se lo pusieran.
Están poniéndoselo.

Pónganselo Uds.
Pongámonoslo.*
Ponéoslo.*
No se lo pongan.

When a reflexive verb is not conjugated, the reflexive pronoun must still agree with the subject:

Martín no quiere reunir**se** con nosotros.

Martín doesn't want to meet (get together) with us.

*Notice that the **s** of the **nosotros** command and the **d** of the **vosotros** command are dropped before the reflexive pronoun is added.

| ¿Quieres tú reunir**te** con nosotros? | *Do you want to meet (get together) with us?* |
| Vamos a reunir**nos** con Héctor y Teresa. | *Let's (We're going to) meet (get together) with Héctor and Teresa.* |

The plural reflexive pronouns **nos, os** and **se** can be used to express the English *each other, one another.* This is called the reciprocal reflexive:

Nos entendemos bien.	*We understand one another well.*
¿**Os** dais consejos?	*Do you give each other advice?*
Se reconocieron.	*They recognized each other.*

This construction often uses **uno a otro** to emphasize and clarify the reciprocal pronoun:

| **Nos** entendemos **uno a otro.** | *We understand each other.* |

This structure also differentiates the reciprocal action from the reflexive:

| Ellos se hablan **a sí mismos.** | *They talk to themselves.* |
| Ellos se hablan **uno a otro.** | *They talk to each other.* |

PRACTIQUEMOS

H. ¿Sabe Ud. cuidar de niños? Ud. es un(a) estudiante extranjero(a) que vive con una familia mexicana. Durante las vacaciones, Ud. tiene algunas responsabilidades en casa. Una de sus responsabilidades es cuidar de los niños. Siga el modelo.

Modelo: La madre —¿Vas a levantar a los niños? (7:00/8:00)
              Ud. —Me levanto a las siete y a los niños los levanto a las ocho.

1. ¿Vas a sentarlos para el desayuno? (7:45/7:55)
2. ¿Vas a bañar al bebé? (8:15/9:05)
3. ¿Vas a vestir a los niños? (9:20/9:40)
4. ¿Vas a ponerles un suéter? (12:00/12:25)
5. ¿Vas a divertir a los niños esta tarde? (1:30/2:45)

I. Los «padres» interesados. Muchas veces, las personas con las que los estudiantes en el extranjero se quedan se interesan mucho por ellos. Tratan a los estudiantes como a sus propios niños. Haga el papel de una «mamá» o de un «papá» y deles mandatos a las personas entre paréntesis.

Modelo: no dormirse (tú) ¡No te duermas!

1. despertarse a las siete (María y Jorge)
2. ducharse con agua caliente todos los días (tú)
3. sentarse a la mesa a las dos (Ud.)
4. no encerrarse en el cuarto (vosotros)
5. quitarse el sombrero al entrar en la casa (tú)
6. ponerse la chaqueta por la noche (vosotros)
7. lavarse las manos antes de la cena (tú)

8. reunirse a las ocho (todos los estudiantes)
9. acostarse temprano (vosotros)
10. divertirse en las clases, no en los bares (todos)

J. ¿Qué hacemos? Ahora, hablando de estudiar en el extranjero, contésteles a unos amigos con la forma del mandato. Siga el modelo.

Modelo: Amigo 1: —¿Vamos a afeitarnos para la primera clase?
        Amigo 2: —Sí, afeitémonos.
        Amigo 3: —Afeitáos vosotros, yo no.

1. ¿Vamos a divertirnos esta noche?
2. ¿Vamos a quedarnos en el cuarto?
3. ¿Vamos a levantarnos temprano mañana para la orientación?
4. ¿Debemos apurarnos después del desayuno?
5. ¿Vamos a acostarnos temprano esta noche?

K. Un juego de palabras. Leonor Fernández, una española, estudia en el extranjero. Está ahora en California. Les envió este juego a sus hermanos en España. Escríbalo en un párrafo completo añadiendo las palabras que sean necesarias. No cambie el orden de las palabras.

Queridos Arturo y Toño,
    (Yo) / llegar / anoche. / Enfermarse / un poco / avión / pero / estar / recuperarse / ahora. / Mi «mamá» / ser / simpática / y / me / tratar / como hija. / Ayer / ella / insistir / en que yo / acostarse /nueve. / También / decir / a mí / que / levantarse / siete / para / desayuno. / (A ella) / gustar / que / yo / vestirse / bien / al / sentarse / mesa. / A mí / encantar que / (ella) / preocuparse / tanto / mí. / Yo / pensar / que / ir / divertirse mucho / aquí / Estados Unidos. / Ahora / parecer / a mí / que / ir / tener / estudiar. / De todos modos, / alegrarse / estar aquí. / Ir / escribir / a vosotros / otra vez / más tarde.

L. Más información del extranjero. Leonor les escribió una sección de su segunda carta en inglés para que practiquen. Sus hermanos no entienden inglés. Tradúzcasela, por favor.

Everything is going well. My "mom" is very hospitable and calmed down a lot after she met me. She was worried that I was going to get my education in bars instead of in classes. She was happy to discover that I was a hard-working student and that I didn't fall asleep in class. Now, we help each other, talk to each other, and advise each other. She goes around saying that I never complain and that I am her favorite "daughter."

M. ¿Sabe Ud. deducir? Responda a las siguientes situaciones con un verbo presentado en esta sección. Si es posible, dé una frase con un verbo reflexivo, y otra con el mismo verbo usado de una manera no-reflexiva. Trate de usar una variedad de tiempos y modos verbales.

Modelo: Cristina no presta atención.

Parece que Cristina se aburrió.
Es posible que la conferencia aburra a Cristina.

1. Marta no dio la respuesta correcta.
2. Me duele la mano.
3. Están sin empleo.
4. El vaso de agua está ahora en el suelo.
5. Nunca cambiamos de idea.
6. Paquita no dice nada.
7. Quiero ver a mis amigos.
8. Estáis furiosos, ¿no?
9. Uds. planean una carrera de medicina.
10. Es muy obvio que soy hija de mi madre.

¿Sabía usted esto? ———————————

The verb *to become* can be expressed in several ways in Spanish. Each expression implies a different kind of becoming.

Llegar a ser:

Después de estudiar tres años, llegó a ser abogado.	*After studying for three years, he became (got to be) a lawyer.*

Llegar a ser is used to imply effort and that a period of time, in which steps have been taken, has elapsed before reaching a certain point. This expression can be used with adjectives and nouns.

Hacerse:

Se hizo presidente de la universidad por sus esfuerzos.	*He became president of the university through his (own) efforts.*

Hacerse implies an intent on the part of the person or some voluntary effort. (**Hacerse** means *to make of yourself.*) This verb can be followed by nouns (and rarely, adjectives).

Convertirse *ie* en:

La escuela pobre se convirtió en una escuela lujosa después de recibir el dinero.	*The poor school became a luxurious school after receiving the money.*

Convertirse en implies a fairly major change taking place from one physical state to another. This can be followed only by nouns.

Volverse:

Se volvió loco.	*He went (became) crazy.*
Nos volvimos republicanos.	*We became republicans.*

Volverse indicates that a radical change has taken place in a person. This verb can be followed by adjectives and nouns. It is not as common as the other verbs that mean *to become*. However, it is often used in the expression **volverse loco.**

Ponerse:

Te pusiste triste.   *You became sad.*

Ponerse is used with adjectives to describe an emotional, physical, or psychological change that is not a violent one.

Hacer, poner, and **convertir** are different from their reflexive counterparts. Nonreflexively, **hacer** and **poner** can mean *to make*, and **convertir** means *to change*. Compare the meanings of reflexive and nonreflexive verbs in these examples:

El la hizo jefa.   *He made her boss.*
Ella **se** hizo jefa.   *She became boss (through her own efforts).*

El café me pone nervioso.   *Coffee makes me nervous.*
Me pongo nervioso al tomar café.   *I become (get) nervous when I drink coffee.*

Convertí los dólares en pesos.   *I changed the dollars into pesos.*
La lluvia **se** convirtió en nieve.   *The rain changed into (became) snow.*

Several reflexive verbs can also be translated by the English verbs *to get* or *to become*. An alternate construction is with the verb **ponerse** + adjective:

aburrirse = ponerse aburrido(a)	*to get/become bored*
asustarse = ponerse asustado(a)	*to get/become scared*
cansarse = ponerse cansado(a)	*to get/become tired*
enfadarse = ponerse enfadado(a)	*to get/become angry*
enfermarse = ponerse enfermo(a)	*to get/become sick*
enojarse = ponerse enojado(a)	*to get/become angry*
enrojecerse = ponerse rojo(a)	*to blush (get red)*

PRACTIQUEMOS

N. Un hombre reformado. Alejandro fue un estudiante malo y ahora es un profesor universitario. Llene los espacios con la forma para indicar *become*. Preste atención a los tiempos verbales.

Los padres de Alejandro _____ muy contentos al oír que por fin su hijo _____ un profesor universitario. Dudaban que _____ profesor por su propia ambición. En la escuela secundaria, (ellos) casi _____ locos porque él no hizo nada. Más tarde, en la universidad, Alejandro _____ un estudiante brillante. Estudió mucho y por esto (él) _____ el estudiante más respetable de todos.

O. ¿Se conoce Ud. a sí mismo(a)? Traduzca las frases y complételas.

1. I get angry when _____.
2. I used to get angry when _____.

3. I get bored when _____.
4. I get tired when _____.
5. My parents hoped that I wouldn't get worried _____.
6. When I was little, I used to get frightened _____.
7. I will be (become) happy when _____.
8. I hope I fall in love with someone who _____.
9. My father insisted that I have a good time when _____.

Los adjetivos y pronombres posesivos
Possessive adjectives and pronouns

Possessive adjectives in Spanish have two forms, a short form and a long form.

These are the short forms:

mi, mis	my
tu, tus	your (familiar)
su, sus	his, her, your
nuestro,a,os,as	our
vuestro,a,os,as	your (familiar)
su, sus	their, your

These possessive adjectives must always precede the nouns they modify. Most agree in number with the noun and the **nuestro/vuestro** forms agree in both number and gender. Notice the difference between the prepositional pronoun **mí** and the possessive **mi,** and the subject pronoun **tú** and the possessive **tu:**

Mi viaje a España fue un regalo para **mí.**	*My trip to Spain was a present to me.*
Tú te pones alegre al pensar en **tu** semestre en España, ¿no?	*You become happy when you think about your semester in Spain, don't you?*

The third person forms can sometimes be ambiguous. For clarification, the **de** construction for possession can be used:

su perspectiva = la perspectiva
$\begin{cases} \text{de él} \\ \text{de ella} \\ \text{de Ud.} \\ \text{de ellos} \\ \text{de ellas} \\ \text{de Uds.} \end{cases}$

These are the long forms:

mío,a,os,as	mine, of mine
tuyo,a,os,as	yours, of yours
suyo,a,os,as	his/of his, hers/of hers, your/of yours
nuestro,a,os,as	ours, of ours
vuestro,a,os,as	yours, of yours
suyo,a,os,as	theirs, of theirs

The long forms must always follow the noun they modify and all must agree in both number and gender with the noun:

> la batidora **mía**
> una perspectiva **suya**
> unos requisitos **nuestros**

The long forms are more emphatic than the short forms. In English we stress the possessive for emphasis. Spanish uses the long form and places it after the noun:

esta perspectiva **suya**	*this perspective of his*
una perspectiva **suya**	*a perspective of his*
la perspectiva **suya**	*his perspective*

As with the short forms, the **de** construction clarifies **suyo:**

$$\text{una idea suya = una idea} \begin{cases} \text{de él} \\ \text{de ella} \\ \text{de Ud.} \\ \text{de ellos} \\ \text{de ellas} \\ \text{de Uds.} \end{cases}$$

The long forms of the possessive adjectives can be used as pronouns when the noun is omitted. The number and gender of the pronoun must agree with the noun being replaced. Using this construction helps to avoid repetition:

¿Dónde está la batidora vuestra?	*Where's your blender?*
¿La **nuestra?** No sabemos.	*Ours? We don't know.*

After the verb **ser,** the article is often omitted. When it is included, it emphasizes the ownership of the item(s):

> ¿Son tuyos los apuntes?

Sí, son míos.	*Yes, they're mine.*
Sí, son **los** míos.	*Yes, they're mine. (not his, hers, yours, etc.)*

PRACTIQUEMOS

P. Nuestro viaje a Colombia. Cambie el verbo y el adjetivo posesivo según los sujetos entre paréntesis.

1. Queríamos ensanchar nuestras perspectivas hacia el mundo hispano. (yo, Ud., vosotros, ellos)
2. Por eso, hicimos las maletas y nos fuimos para Colombia. (vosotros, ellos, tú, yo)
3. Asistimos a nuestra primera clase de cultura el 7 de julio. (él, ella, yo, vosotras)
4. Le dijimos a nuestro profesor que queríamos aprenderlo todo. (ellos, vosotros, tú, ella)
5. Les enseñamos a nuestros compañeros mucho de los EE.UU. (tú, ella, Uds., yo)

6. Nos despedimos de nuestros nuevos amigos el 30 de agosto. (Uds., él, yo, vosotros)
7. Aprendimos mucho de nuestros vecinos, los colombianos. (yo, ella, tú, Uds.)
8. Disfrutamos mucho de nuestro viaje. (Ud., yo, ellas, ella)

Q. Unas personas distraídas. Siga el modelo.

Modelo: —¿Dónde están mis apuntes? (mine / yours — **tú**)
—Los míos están aquí. No sé dónde están los tuyos.

1. ¿Dónde está nuestra residencia estudiantil? (mine / yours — **tú**)
2. ¿Dónde están vuestras entrevistas para la clase? (hers / ours)
3. ¿Dónde está su facultad? (mine / yours — **Ud.**)
4. ¿Dónde están mis calificaciones? (his / yours — **tú**)
5. ¿Dónde está su carné? (yours — **vosotros** / theirs)
6. ¿Dónde están nuestras novias? (his / ours)
7. ¿Dónde está su profesor? (hers / ours)
8. ¿Dónde está tu examen? (theirs / mine)
9. ¿Dónde están vuestros libros? (yours — **tú** / ours)
10. ¿Dónde están nuestras pruebas? (mine / yours — **vosotros)**

R. Un favor agradecido. Un amigo nuestro tiene mucha dificultad con la gramática española. Preparamos este ejercicio para ayudarlo. Traduzca las frases al español, por favor.

1. my notes, some notes of mine 2. his girlfriend, *his* girfriend 3. our friendship, *our* friendship 4. their building, a building of theirs 5. his customs, some customs of his 6. He's washing his hands. He's washing their hands. 7. They wanted him to know their requirements. 8. I suggested that they verify my registration. 9. They need your grades. Mine? Why not yours? 10. Did she recognize my professor? Yours? Of course.

¿Sabía usted esto?

Read these sentences:

Mire los edificios; el edificio grande, no el edificio pequeño, es el edificio que construyó mi padre.	*Look at the buildings; the big building, not the small building, is the building that my father built.*

In order to avoid the awkward repetition of the word **edificio** and to construct a much better sentence, we can use nominalization: i.e., we can remove a noun from a clause. Notice that the English construction does not drop the noun, as the Spanish does, but replaces it with the word *one:*

Mire los edificios; el grande, no el pequeño, es el que construyó mi padre.	*Look at the buildings; the big one, not the small one, is the one my father built.*

The noun **edificio** has been removed, but its modifiers (articles and adjectives) remain, retaining the number and gender of the noun. In the following example, the definite article itself has been nominalized:

El hombre que enseña, el hombre de la universidad, es el hombre que requiere mucho trabajo de sus estudiantes.	*The man who teaches, the man from the university, is the man who requires a lot of work of (from) his students.*
El que enseña, el de la universidad, es el que requiere mucho trabajo de sus estudiantes.	*He (the one) who teaches, the one from the university, is the one who requires a lot of work of (from) his students.*

PRACTIQUEMOS

S. Celia Morales es una estudiante en la escuela secundaria. Le entregó a su profesor esta composición. Haga el papel de su profesor, eliminando la repetición innecesaria. Hay que hacer un pequeño cambio gramatical a veces.

Asisto a una escuela fantástica. Hay muchas escuelas en la ciudad, pero mi escuela es la escuela más grande, y mi escuela ofrece muchos diferentes cursos. Mi escuela es mejor que las otras escuelas de la ciudad a causa del profesorado y de los cursos. Los cursos de matemáticas y los cursos de lenguas extranjeras son muy interesantes; sin embargo, los cursos que me interesan más son los cursos de ciencia. Mis notas son las notas más altas de la escuela. Siempre me alegro al recibir mis notas, pero mis amigos nunca se alegran al recibir sus notas porque generalmente sus notas son malas, especialmente las notas de Rafael. Por lo general él suspende el curso de inglés, el curso de álgebra y los cursos de ciencia. El único curso que aprueba es el curso de cocinar porque ¡le gusta comer!

REPASEMOS

T. Entrevista. Forme preguntas de la información siguiente y hágaselas a un(a) compañero(a) de clase. Añada las palabras que sean necesarias.

La vida emocional y social:

1. ¿Cuándo / ponerse / contento(a)?
2. ¿Qué / hacer /cuando enojarse?
3. ¿Cuándo / preocuparse?
4. ¿Cuándo / cansarse?
5. ¿Dónde / reunirse / compañeros?
6. ¿Cuántas veces / salir / cada semana? / ¿Con quién?

La vida académica:

7. ¿Cómo / ser / profesorado / universidad?
8. ¿Cuánto / vez / hacer novillos?
9. ¿Encerrarse / cuarto / para estudiar?
10. ¿Quemarse / pestañas?
11. ¿Cuándo / ir / graduarse?

Antes de llegar a la universidad (use el pasado):

12. ¿Qué / insistir / sus padres / que / Ud. / hacer?
13. ¿Ser / necesario / que / Ud. / traer cosas / residencia / estudiantil? / ¿Qué / cosas / traer?
14. Por / mucho / consejos / que / le / dar / su / padres, ¿tener / propia / perspectivas / hacia / vida / universitaria? / ¿Cuáles / ser?
15. ¿Le / pedir / su / padres / que / les / telefonear / cada / semana?
16. ¿Haber / alguien / que / le / decir / que / no / ir / una / universidad? / ¿Por qué?

Ahora, invente cinco preguntas más.

U. ¿Qué hizo Ud. ayer en la universidad? Escriba un ensayo narrando lo que Ud. hizo ayer. Empiece al momento de levantarse.

V. Tema de discusión. Formen grupos y hablen de las ideas siguientes.

Si una persona no está suficientemente preparada, el estudiar en el extranjero puede asustar a esa persona. Por otra parte, para los que están preparados, puede ser una experiencia inolvidable. ¿Qué puede hacer una persona para sobrevivir y divertirse lingüística, cultural y emocionalmente en el extranjero?

Después de hablar de esto, ponga sus propias ideas en un ensayo bien desarrollado.

La Avenida de la Reforma en la Ciudad de México es una de las calles más conocidas e interesantes de la ciudad.

capítulo
nueve

MÉXICO:
LO NUEVO, LO VIEJO, LO RICO, LO POBRE

Echemos un vistazo un poco más profundo a la Ciudad de México. Merece atención porque la ciudad entera es la más grande del mundo: cuenta con más o menos dieciséis millones de habitantes, y sigue creciendo. La primera vista de la ciudad desde un avión es a la vez impresionante y un poco pavorosa. Es una ciudad fascinante de contrastes que no se le escapan al visitante.

Un contraste muy obvio es entre el pasado y el presente. El visitante no se sorprende que una ciudad del tamaño de la de México tenga mucho en común con cualquier otra ciudad grande. Durante las horas puntas del día, hay miles de peatones luchando por espacio en la aceras concurridas.

Ah, pero, ¡cruzar las calles en la Ciudad de México es un arte que no requiere poco talento! ¡El tránsito es casi inimaginable! ¿Cómo? ¿Tratar de cruzar la calle en el Zócalo a mediodía? ¡Ni pensarlo! Pero curiosamente, no hay muchos accidentes de carros en la ciudad. El tránsito tiene cierto ritmo que no entiende el forastero. Además de cientos de miles de coches, la Ciudad de México tiene un vasto sistema de autobuses, ¡con conductores muy valientes!

Mas el tránsito causa un problema moderno que comparten muchas grandes ciudades: la contaminación atmosférica, y la Ciudad de México no es una excepción. Hay una continua nube gris de contaminación causada no tanto por la industria como por el tráfico.

Sin embargo, lo viejo nunca se pierde de vista. El forastero pronto concluye que hay un esfuerzo consciente para recordar el pasado al mismo tiempo que se sigue con el progreso. Uno de los tributos más interesantes del pasado se encuentra, irónicamente, en una modernísima estación de metro. Un templo azteca fue excavado durante la construcción del metro, y ahora es una atracción de la estación Pino Suárez. Además, hay una plaza que se llama «Plaza de las Tres Culturas» en honor de las personas que componen el pueblo mexicano de hoy: la indígena, la europea y la mestiza. En el Palacio Nacional, las paredes están cubiertas de magníficos murales que trazan todo el esplendor y sufrimiento de la historia mexicana. «Chapultepec», el nombre del muy hermoso parque de la ciudad, significa «saltamontes» en *náhuatl*. El saltamontes es un símbolo de la ciudad, y se ve por todas partes, por ejemplo en tiendas de recuerdos. Así, se mantiene y preserva el pasado.

A medida que se atraviesa la ciudad, los contrastes siguen surgiendo. Volviendo a las aceras concurridas, aparecen personas muy bien vestidas que seguramente tienen buenos empleos. En las mismas aceras están los pobres: mujeres indias con niños, ciegos y enfermos, mendigos, vendiendo algo o pidiendo limosna. Este es uno de los tantos contrastes chocantes.

Estos pobres de la ciudad son un reflejo de todo el país. Aunque hay una clase media bastante bien definida en la capital, no es así en la mayoría del país: es un país pobre. México, uno de los líderes mundiales en la producción de petróleo está ahora en condiciones económicas pésimas, por dos razones principales. Es víctima de haber aceptado miles de millones de dólares en préstamos extranjeros, y ahora sufre porque tiene que pagar los altísimos intereses de tales préstamos. Además, tiene uno de los índices de natalidad más altos del mundo. Sigue produciendo más bocas que empleos. México no puede satisfacer la demanda interna de comida. Aunque muchas de las frutas y legumbres que se comen en los Estados Unidos vienen de México, es algo irónico que los frijoles y el maíz, dos alimentos esenciales de la dieta mexicana, sean importados de los Estados Unidos y de la Argentina.

Se puede decir que para los que tienen dinero, la Ciudad de México es fantástica. No es así, sin embargo, para los que viven en las barriadas en las afueras de la ciudad. De todos modos, a pesar de lo malo, la Ciudad de México tiene una personalidad única, atractiva y acogedora que la hace especial.

¿Qué semejanzas o diferencias ve Ud. entre la Ciudad de México y las ciudades grandes de los Estados Unidos? ¿Qué comparten y qué es único?

Para su información:

En septiembre de 1985, la Ciudad de México sufrió un terremoto devastador, uno de los peores del siglo. La sección más destruida de la capital fue el distrito comercial. Cayeron más de 400 edificios, incluso hoteles, oficinas, apartamentos, tiendas y hospitales. Además de la destrucción estructural, miles de personas perdieron la vida en el desastre.

Considerando el estado económico actual de México, la reconstrucción de la ciudad va a ser un proceso largo y difícil. Sin embargo, varios países, incluso los Estados Unidos, han hecho esfuerzos para ayudar financieramente a México.

¡Digamos la última palabra!

SUSTANTIVOS

la acera sidewalk
la barriada part of a neighborhood, often suggesting squalor
el barrio neighborhood
el (la) ciego(a) blind person
ciego(a) blind
el (la) conductor(a) driver
conducir (conduzco) to drive
la contaminación atmosférica air pollution
el (la) forastero(a) out-of-towner, stranger
el índice de natalidad birth rate
el (la) líder leader
el (la) mendigo(a) beggar
el náhuatl Aztec language
el préstamo loan
prestar to lend
el pueblo people (collective); town
el recuerdo souvenir; memory
recordar *ue* to remember

LO SIENTO, PERO USTEDES SON LA GOTA QUE DERRAMA EL VASO

el reflejo reflection
   reflejar to reflect
el ritmo rhythm
el saltamontes grasshopper
   saltar to jump
   el monte mountain; forest
el tamaño size
el terremoto earthquake
el tránsito traffic
la vista view
   ver to see
   visto(a) seen

VERBOS

aparecer (aparezco) to appear, come into view
   la apariencia appearance
atravesar *ie* to cross
   a través de across, through
componer (compongo) to make up, comprise, compose
concluir (concluyo) to conclude
   la conclusión conclusion
contar *ue* **con** to have; to count on, rely on
   contar *ue* to count; to tell
   la cuenta bill
   el cuento short story
crecer (crezco) to grow
   el crecimiento growth
escapársele to get away from someone
   el escape escape
excavar to excavate
   la excavación excavation
   cavar to dig
mantener *ie* **(mantengo)** to maintain; to support (financially)
   el mantenimiento maintenance
merecer (merezco) to deserve, merit

sorprenderse to become surprised
   la sorpresa surprise
surgir to arise, come out, emerge, surface
trazar to trace, depict

ADJETIVOS

concurrido(a) crowded
consciente conscious
   la conciencia conscience
continuo(a) continuous
   continuar (continúo) to continue
impresionante impressive
   impresionar to impress
inimaginable unimaginable
   imaginar(se) to imagine
mundial world; world-wide
   el mundo world
pavoroso(a) scary
pésimo(a) very bad

PREPOSICION

desde from; since (time)

EXPRESIONES UTILES

a la vez at the same time
a medida que as
así so, thus; like that
de todos modos at any rate, anyway
echar un vistazo to glance at, take a look at
las horas puntas rush hour
¡Ni pensarlo! Don't even think of it!
pedir limosna to beg
perder de vista to lose sight of

PRACTIQUEMOS

A. ¿Cuánto recuerda Ud.? Responda a las siguientes preguntas, empleando lo que acaba de aprender de la lectura.

   1. ¿Por qué es un poco pavorosa la Ciudad de México?
   2. ¿Por qué es un arte cruzar la calle?

La famosa Plaza de las Tres Culturas de la Ciudad de México.

3. ¿Cómo es que no hay muchos accidentes de carros?
4. ¿Cómo se preserva la historia de México?
5. ¿Por qué se llama así la «Plaza de las Tres Culturas»?
6. ¿Qué importancia tiene el saltamontes?
7. ¿Qué contrastes se notan en las clases sociales de la Ciudad de México?
8. ¿Qué tienen que ver el petróleo y la agricultura con la economía de México?
9. ¿Qué productos importa México? ¿Por qué es irónico?

B. Una prueba de originalidad. Lo que sigue son definiciones de algunas palabras de vocabulario. Dé las palabras, y luego, componga con ellas un párrafo que describa la Ciudad de México. Puede cambiar el orden de las palabras si quiere.

1. la parte en que las personas caminan por la ciudad
2. una persona que es de otro lugar
3. una persona que no puede ver
4. una persona que pide limosna
5. una persona que maneja un carro o un autobús
6. una sección de una ciudad donde vive la gente pobre
7. aire sucio
8. carros y autobuses en las calles
9. que inspira miedo (adjetivo)
10. llegar a una conclusión

C. Solicitamos su opinión.

1. A diferencia del campo, ¿qué problemas especiales tienen las ciudades?
2. ¿Hay en los Estados Unidos tanto interés como en México en mantener el pasado? Explique. Si está de acuerdo, dé ejemplos.
3. ¿Cree Ud. que hay demasiado énfasis en el pasado en la Ciudad de México? Explique. ¿Cómo afecta el terremoto reciente este deseo de México de conservar el pasado? En la reconstrucción de la ciudad, ¿deben pensar en la arquitectura anciana o moderna? ¿Por qué?
4. ¿Puede Ud. ofrecer soluciones para la contaminación atmosférica causada por el automóvil? ¿Qué otros problemas crea la contaminación? ¿Qué otros problemas crea el tránsito de autos?
5. En los Estados Unidos, hay la tendencia de depender demasiado del carro. ¿Qué resultado produce este uso? ¿Qué se puede hacer para cambiar la situación?
6. ¿Tiene Ud. algunas sugerencias para reducir la pobreza de México? ¿Qué se hace en los Estados Unidos?
7. ¿Qué ciudades norteamericanas tienen problemas semejantes a los de la Ciudad de México? ¿Qué ciudades tienen personalidades únicas?

D. Tema de discusión. Ya sabe Ud. que el índice de natalidad en México es un problema enorme. ¿Qué se puede hacer para corregir este problema? ¿Qué papeles pueden desempeñar el gobierno y la Iglesia? ¿Hay soluciones? Aquí hay algunas palabras útiles: el aborto *(abortion)*, el bienestar físico y mental *(physical and mental well-being)*, el control de natalidad/métodos anticonceptivos *(birth control)*, el crecimiento demográfico, el empleo y desempleo, la ignorancia, la pobreza, la vivienda.

¿Sabía usted esto?

Verbs with prefixes are conjugated in the same way as their root verb. Any irregularities or stem changes in the root verb also usually appear in the prefixed form. Here are some common examples:

cubrir to cover
descubrir to discover
encubrir to disguise

escribir to write
describir to describe
inscribir to record, enter (data, information)

parecer to seem, appear
parecerse a to resemble
aparecer to appear, come into view
desaparecer to disappear

tener to have

mantener to maintain; support (financially)
contener to contain
atenerse a to adhere to, stick to
retener to retain
sostener to support, hold up
obtener to obtain, get
detener to arrest, detain, stop (someone else, something)
detenerse to stop (oneself)

probar to taste, test; to try on
aprobar to approve; to pass a test
comprobar to verify, prove

PRACTIQUEMOS

E. Carlos, el periodista. Traduzca las palabras entre paréntesis y escriba la forma correcta en los espacios.

Los secretos ya están _____ *(discovered)* y _____ *(expounded)*. Las acusaciones que hizo Carlos están _____ *(verified)*, pero el jefe tiene miedo de que el dueño del periódico no _____ *(approve)* el artículo. El jefe quiere que Carlos _____ *(compose)* otro artículo menos crítico. Carlos no sabía si podía escribir otro o no, porque era necesario que _____ *(have at his disposal)* más tiempo y que _____ *(maintain)* sus principios.

De todas maneras, Carlos _____ *(composed)* otro artículo y eliminó las críticas del jefe. Las condiciones _____ *(described)* en el nuevo artículo de Carlos también son pésimas, pero ojalá que se _____ *(recognize)* que se pueden cambiar.

Esa tarde, el jefe leyó el segundo artículo de Carlos, y parecía más _____ *(satisfied)*. Carlos _____ *(stuck to)* sus ideas, pero de una manera más suave, lo cual le _____ *(got)* la aprobación de su jefe.

F. Una encuesta personal. Conteste las siguientes preguntas.

1. ¿Aprueba Ud. todos sus exámenes?
2. ¿Qué predice Ud. para su futuro?
3. ¿Tiene Ud. carro? ¿Está descompuesto o funciona bien?
4. ¿Cuál fue la última idea interesante que Ud. propuso?
5. ¿A qué se opone Ud.?

---

volver to return (to a place); to go back, come back

devolver to return (something), take back

revolver to stir, scramble

envolver to wrap

desenvolver to unwrap; to expound (ideas)

seguir to follow; to continue

perseguir to pursue

conseguir to obtain, get

conocer to know

desconocer not to know, fail to recognize; to ignore

reconocer to recognize

poner to put, place

componer to compose

descomponer to decompose, break down

disponer (de) to dispose of; to ready; to have at one's disposal

suponer to suppose

exponer to expose

oponerse a to oppose

proponer to propose

ver to see

prever to foresee, predict

hacer to make; to do

deshacer to undo; to unpack (suitcase)

satisfacer to satisfy

decir to say, tell

predecir to predict

bendecir to bless ⎫ (regular in
maldecir to curse ⎭ future, conditional, and past participle)

6. Si Ud. compra algo que no le gusta, ¿lo devuelve Ud.? ¿Cuál fue la última cosa que Ud. devolvió y por qué lo devolvió?
7. ¿Qué carrera sigue Ud.? ¿Por qué?
8. ¿Es importante que Ud. consiga un buen empleo al salir de la universidad?
9. ¿Hace Ud. las tareas hasta que está satisfecho(a)?
10. ¿Jamás obtuvo Ud. un buen empleo? Descríbalo. ¿Obtuvo un mal empleo? Descríbalo.
11. ¿Es esencial que Ud. retenga todo lo que aprende? ¿Por qué o por qué no?
12. ¿A quién se parece Ud.?
13. ¿Qué cosas desconoce Ud.? ¿Por qué?
14. ¿En dónde desaparece Ud. cuando quiere estar solo(a)?

No muy lejos de la Ciudad de México se encuentra la Ciudad de Taxco. Como en la capital, se ha construido mucho en poco espacio.

ENFOQUEMOS EL IDIOMA

Otro uso del **se** reflexivo
*Another use of the reflexive **se***

The following verbs, when made reflexive and when used with indirect object pronouns, have a more affective meaning. Used in this way, the indirect object is considered less responsible for the action.

acabársele/terminársele to run out
caérsele to drop, fall
desaparecérsele to disappear
descomponérsele/estropeársele to fall apart
escapársele to get away from, escape
ocurrírsele to occur, come to mind
olvidársele to forget, to slip one's mind
pasársele to pass, slip by
perdérsele to lose, get lost
rompérsele to break, get broken

The verb is used in the third person singular or plural, depending on the subject, which usually follows the verb. The subject in the English sentence becomes the indirect object in the Spanish sentence:

Subject Object	Object Subject
I forgot to pay the driver.	Se **me** olvidó **pagarle al conductor.**
We forgot to pay the driver.	Se **nos** olvidó **pagarle al conductor.**
We forgot the tickets.	Se **nos** olvidaron **los boletos.**

(Since boletos is plural, the verb must be plural.)

Dejar caer is the active verb for *to drop.* When the above construction is used, just **caer** is needed. Compare these examples:

Dejaste caer el dinero a la acera.	*You dropped the money on the sidewalk.*
Se te **cayó** el dinero a la acera.	*You dropped the money on the sidewalk.* (It fell "on you"; it happened to you.)

Notice that there is not always a change in translation from the active construction to the indirect one. The use of the reflexive construction, however, does de-emphasize the English subject.

PRACTIQUEMOS

> **G. Una serie de desastres.** Estas personas tienen muy mala suerte. Cambie el complemento de verbo indirecto por los que están entre paréntesis y haga cualquier cambio necesario.

1. El otro día se le ocurrió una idea a Rogelio. (a mí, a nosotros, a vosotros)
2. Se le olvidó mencionársela a sus amigos. (a ti, a ellos, a Juana)
3. Compró boletos para el Ballet Folklórico y se le perdieron. (a ti y a mí, a Rodrigo y a Marta, a Uds.)
4. Luego, compró algunos recuerdos frágiles. ¡Qué lástima que se le cayeran a la acera y se le rompieran! (a mí, a nosotros, a vosotros)
5. ¡Ojalá que no se le escape la oportunidad de divertirse un poco! (a Uds., a Paula y a Susana, a ti)

H. ¡Más desastres! Según la información en cada ejemplo, responda con una expresión que disminuya la responsabilidad de la persona. Luego, haga un comentario.

Modelo: La persona dice —Me olvidé de ir.
Ud. dice —¿No se te ocurrió ir?
Qué lástima que no se te ocurriera ir.

1. ¡Dios mío! Son las seis y tengo que reunirme con mis compañeros en el Zócalo a las seis y cuarto. No sabía que fuera tan tarde.
2. Inés necesitaba comprar un boleto en el metro, pero no tenía dinero.
3. Compraste algunos recuerdos, ¿no? ¿Dónde están?
4. Queríamos ir al Parque Chapultepec, pero no recordamos ir allí y fuimos a otro lugar.
5. El mendigo dejó caer las monedas.
6. Tomás y Rita tienen tres saltamontes de vidrio rotos.
7. Mi carro está en la estación de servicio. No funciona.

I. Una encuesta personal. Conteste las siguientes preguntas.

1. ¿Qué ideas se le ocurrieron a Ud. después de leer la lectura sobre la Ciudad de México?
2. ¿Qué hace Ud. cuando se le escapa el tiempo durante las vacaciones?
3. ¿Qué se le acaba a Ud. con frecuencia cuando está de viaje?
4. ¿Qué es esencial que no se le olvide a Ud. antes de viajar?
5. ¿Cómo reacciona Ud. cuando se le rompe o se le pierde algún recuerdo especial para una persona especial?
6. ¿Qué fue la última cosa que se le cayó a Ud.? ¿Qué se le perdió? ¿Qué se le acabó?

La voz pasiva con **ser**
*Passive voice with **ser***

In **Capítulo Dos,** you studied the use of the pronoun **se** with a passive meaning; in this construction, the verb agrees with the passive subject:

Se excavó el templo. / El templo se excavó.   *The temple was excavated.*

Se excavaron los templos. / Los templos se excavaron.   *The temples were excavated.*

Passive voice can also be expressed by using the verb **ser** with a past participle. The main difference between the **se** passive construction and the **ser** passive construction is that while an agent is not usually expressed with **se,** an agent may or may not be expressed with **ser.** When the agent is expressed (with **ser),** the subject of the active sentence becomes the agent of the passive sentence and is then preceded by **por.** The verb **ser** must agree in number with the noun, and the past participle (used as an adjective) must agree in number and gender with the noun:

Los obreros van a excavar las ruinas.	*The workers are going to excavate the ruins.* (active sentence)
Las ruinas van a ser excavadas por los obreros.	*The ruins are going to be excavated by the workers.* (agent expressed)

When the agent is removed, either passive construction can be used, although the one with **se** is far more common:

Se van a excavar las ruinas. (agent not expressed) Las ruinas van a ser excavadas. (agent not expressed)	*The ruins are going to be excavated.*

The passive with **ser** (and with **se)** can be used in any tense or mood:

Las ruinas $\left\{\begin{array}{l}\text{son}\\\text{fueron}\\\text{serán}\\\text{serían}\\\text{han sido}\\\text{habían sido}\end{array}\right\}$ excavadas. The ruins $\left\{\begin{array}{l}\textit{are}\\\textit{were}\\\textit{will be}\\\textit{would be}\\\textit{have been}\\\textit{had been}\end{array}\right\}$ excavated.

Es necesario que las ruinas sean excavadas.	*It's necessary that the ruins be excavated.*
Era necesario que las ruinas fueran excavadas.	*It was necessary that the ruins be excavated.*

PRACTIQUEMOS

J. ¡Hay mucho que hacer! Hay mucha actividad en la Ciudad de México. Cambie las frases de la voz activa a la voz pasiva.

Modelo: El dependiente vende el recuerdo.
             El recuerdo es vendido por el dependiente.

1. El muralista pintó la historia de México.
2. Los conductores conducen los autobuses.
3. La contaminación atmosférica causó problemas.
4. Mujeres indias venden varios productos en las aceras de la ciudad.
5. Ellos quieren que el dependiente envuelva los paquetes.
6. Los mendigos piden limosna.
7. Algunos obreros descubrieron más ruinas aztecas ayer.
8. Los forasteros prueban la comida mexicana.
9. Es importante que los visitantes hagan algunas compras.
10. Los obreros reconstruyen la ciudad después del terremoto.

K. El aire sucio. Primero, forme frases completas de los grupos de palabras, empleando la voz pasiva. Después, ponga las frases en el pasado.

Modelo: Miles de carros / ver / peatones
                      Miles de carros son vistos por los peatones.
                      Miles de carros fueron vistos por los peatones.

1. Es obvio / problemas / describir / los habitantes
2. Es importante / causas / determinar / el gobierno
3. Es imprescindible / soluciones / producir / el gobierno / pronto
4. Problemas / ir a resolver / los mexicanos / antes de / ser tarde

Ahora, con las frases anteriores, quite el agente y escríbalas de nuevo, usando la construcción pasiva con **se.**

Modelo: Miles de carros / ver / peatones
                      Miles de carros se ven.

Condición resultante con **estar**
*Resulting condition with **estar***

As we have seen, past participles can be used with the verb **estar** as well as with the verb **ser.** There is a great difference between the two uses. A past participle used with the verb **ser** expresses an action or process. A past participle used with **estar** stresses the resulting condition of an action or process.

Los obreros descubrieron las ruinas.	*The workers discovered the ruins.* (active)
Las ruinas fueron descubiertas por los obreros.	*The ruins were discovered by the workers.* (passive, but still representing the event itself)
Ahora, las ruinas están descubiertas.	*Now, the ruins are (in a state of having been) discovered.* (no action expressed; the event took place and this is the result)

This same construction with **estar** is used with many reflexive verbs of change or process. For example:

Los niños se durmieron hace una hora y media.	*The children fell asleep an hour and a half ago.*
Todavía **están dormidos.**	*They are still asleep.*

PRACTIQUEMOS

L. El mantenimiento de la ciudad. a. Forme una pregunta con la construcción pasiva con **se.** Use el pretérito. b. Conteste la pregunta con la voz pasiva con **ser.** c. Exprese el resultado de la acción.

El Palacio de Bellas Artes, en el centro de la Ciudad de México, es uno de los edificios más magníficos de la ciudad.

Modelo: *a.* vender la compañía petrolífera
              —¿Se vendió la compañía petrolífera?
         b. el gobierno
              —Sí, fue vendida por el gobierno.
        c. un año
               —Hace un año que está vendida.

1. *a.* hacer la construcción cerca de la catedral
  b. la compañía de Andrés Ochoa
  c. un año y medio
2. *a.* construir una nueva línea de metro
  b. la Ciudad de México
  c. dos años
3. *a.* empezar la restauración de la catedral
  b. el gobierno
  c. seis meses
4. *a.* pintar los murales en el Palacio Nacional
  b. un artista famoso
  c. muchos años

M. Quiero saber qué les pasa a todos. Conteste mis preguntas según el modelo.

Modelo: —¿Se callaron los niños?
  —Sí, y todavía están callados.

1. ¿Te aburriste durante el viaje?
2. ¿Se sentaron los viajeros en el autobús?
3. ¿Te preocupaste por mí en la ciudad?
4. ¿Se sorprendieron Juan y Elena al llegar a la Ciudad de México?
5. ¿Se enojó Rita con Carlos por la pérdida de los cheques?
6. ¿Se cansaron Uds. ayer?

Ahora, con los mismos verbos de la sección anterior, conteste según el modelo. Con cada ejemplo, emplee el sujeto incluido con los verbos entre paréntesis.

Modelo: —¿Se callaron los niños? (entrar-yo)
  —Pues, estaban callados cuando entré, pero no lo están ahora.

7. ¿Te aburriste? (llegar al aeropuerto-yo)
8. ¿Se sentaron los viajeros en el autobús? (hacer una excursión por la ciudad-ellos)
9. ¿Te preocupaste por mí? (despedirme de ti ayer-yo)
10. ¿Se sorprendieron Juan y Elena? (ver la ciudad-ellos)
11. ¿Se enojó Rita con Carlos? (perder los cheques-él)
12. ¿Se cansaron Uds. ayer? (viajar-nosotros)

REPASEMOS

N. Los planes de Antonia. Está hablando ahora con su madre. Traduzca lo que le dice.

A trip to Mexico was organized by the travel agency. They needed ten people who **(que)** could go. The people are already chosen and the reservations are confirmed. I'm going with the group. I'm glad it's not necessary to get a passport because it slipped my mind. My friend Carmen was going to go, but she lost a hundred dollars and now she doesn't have enough money. I hope money doesn't run out on me while I'm there. I deserve this trip! Well, I'm leaving now to **(para)** say good-bye to Carmen. I'm sorry she couldn't get more money. I'll talk to you when I return. Good-bye!

O. Encuentros personales. Con un(a) compañero(a) de clase, haga los papeles de los personajes en las siguientes situaciones.

1. You are a visitor to Mexico City, and you want to learn as much as possible. Strike up a conversation with a newspaper vendor. You ask the questions and the vendor answers. Suggestions: size of the city, number of people, history, transportation, etc.
2. You and a friend are at the Zócalo at rush hour. You want to get across the city to Chapultepec Park, which is several miles away. Discuss which method of transportation is most convenient for you, and go through the pros and cons of walking (far but interesting), bus (cheap but nerve-wracking), metro (cheap but extremely crowded), car (not for cowards [**cobardes**]!)

CHARLEMOS UN POCO

EN EL HOTEL

Paula y Kenneth, un matrimonio, y Miriam, una amiga suya, acaban de llegar a México. Buscan un hotel. No han hecho reserva en ninguno, pero tienen un libro que recomienda lugares para hospedarse y para comer.

KENNY — ¿Qué les parece este hotel? Se llama Hotel El Escape, en la República del Salvador, 83. Las tarifas son razonables.

PAULA — ¿Por qué no vamos allí a ver si nos gusta?

MIRIAM — De acuerdo. Vamos en taxi, ¿no?

KENNY — *(enfáticamente)* ¡No! He oído decir que los taxistas roban a los norteamericanos.

MIRIAM — ¡Eso es absurdo! Siempre recuerdo lo que me aconsejó un viejo profesor: «Si estás preocupada todo el tiempo de que te vayan a robar, no vas a divertirte nunca.» Esta ciudad es igual que Nueva York y otras ciudades grandes.

KENNY — Pues, haz lo que quieras. Voy a ahorrar mi dinero.

MIRIAM — *(cansada)* No sé nada de la ciudad, por eso me quedo con Uds.

Los tres caminan al hotel con todo el equipaje, dos o tres millas. En la recepción de hotel:

MIRIAM — *(para sí)* ¡Sabelotodo tacaño! Ahora estoy cansadísima y de mal humor. Espero que haya habitaciones.

HsR

HOSTAL - RESIDENCIA

ALMANZOR

BAÑO COMPLETO EN TODAS LAS HABITACIONES

FRANCISCO YAÑEZ

Carrera de San Jerónimo, 11 - 2.º dcha.
Teléf. 429 38 01

Madrid-14

KENNY	—Vamos a investigar. Miriam, pregúntale al conserje si hay algo.
MIRIAM	—*(sarcástica)* Parece que tú tomas todas las decisiones. ¡Hazlo tú!
KENNY	—*(tímido)* Pero. . . es que. . . hablas español mejor que yo.
MIRIAM	—Ah, entiendo. Ahora me vienes con eso porque me necesitas. De otra manera debo callarme, ¿no es así?
KENNY	—Miriam, por favor.
MIRIAM	—Bueno, basta de tonterías. *(Al conserje)* Buenos días, señor. ¿Hay habitaciones?
CONSERJE	—Sí, señorita.
MIRIAM	—Mis amigos quisieran una habitación con cama matrimonial y yo, una habitación sencilla.
CONSERJE	—Muy bien. ¿Por cuánto tiempo piensan quedarse?
MIRIAM	—No estamos seguros. Por lo menos una semana y media.
CONSERJE	—¿Me hacen el favor de llenar estas fichas?
MIRIAM	—Sí, cómo no. Dígame, ¿cómo son las habitaciones?
CONSERJE	—Todos tienen baño particular con ducha. No hay aire acondicionado, pero sí hay ventiladores. El voltaje es compatible con aparatos eléctricos norteamericanos sin transformador.* Hay teléfono en cada habitación, y servicio de habitación entre las 8:00 de la mañana y las 10:00 de la noche. Se limpian las habitaciones todos los días.
MIRIAM	—¿Se puede cobrar cheques de viajero aquí?
CONSERJE	—Por un pequeño servicio, sí. También se puede comprar estampillas y echar cartas.
MIRIAM	—¿Cuánto cuestan las habitaciones por noche?
CONSERJE	—Para Ud., 1.100 pesos y para sus amigos, 1.450. Incluye el desayuno.
MIRIAM	—Me parece muy bien. *(A sus amigos)* ¿Qué les parece a Uds.?
KENNY	—Creo que podemos encontrar algo más barato.
MIRIAM	—¡Mira, Kenny! Podemos pasar todas las vacaciones buscando gangas. ¡Me quedo yo aquí!
PAULA	—Sí, Kenny, sé razonable. No olvides que ni tú ni yo hablamos bien el castellano.
KENNY	—Bueno. Esta vez, Miriam, te dejo salirte con la tuya.
MIRIAM	—Señor, tomamos las habitaciones.
CONSERJE	—*(sonriendo)* Muy bien. Aquí tienen las llaves. El botones va a subirles el equipaje. Ud. está en la habitación 501 y Uds. en la 705. Allí está el ascensor.
MIRIAM	—Muchas gracias.

Más tarde. Miriam llama a la recepcionista por teléfono.

MIRIAM	—¿Me puede comunicar con la habitación 705?
RECEPCIONISTA	—Cómo no.
MIRIAM	—Gracias. . . Hola, Kenny. ¿Te gusta?

*While electrical current in the United States is usually 110 volts, in many cities in other countries the current is 220 volts. If a transformer is not used, U.S. appliances will burn out. The use of 220 volts is not uniform in all countries, so it is wise to have a transformer when traveling.

KENNY	—Sí, es una habitación linda.
MIRIAM	—Y tranquila, ¿no?
KENNY	—Sí pero. . .
MIRIAM	—¿Qué?
KENNY	—Pues, necesitamos una almohada más. El grifo del agua caliente no se abre bien. El inodoro está manchado. No hay interruptor cerca de la cama. Y también, quisiera que hubiera más tomacorrientes: hay demasiado que enchufar en un solo lugar. Nos hace falta una bombilla para la lámpara. He estado en hoteles con mejor vista. . .
MIRIAM	—¡Hasta luego, Kenny! Voy a apagar las luces y dormir un rato. ¡No me llames por favor! Te llamo a ti más tarde. *(Riéndose)*

Palabras prácticas

SUSTANTIVOS

la almohada pillow
el aparato eléctrico appliance
el ascensor elevator
el baño bathroom
  bañarse to bathe, take a bath
la bombilla lightbulb
el botones bellboy
la cama matrimonial double bed
  el matrimonio married couple; marriage
el (la) conserje, el (la) recepcionista desk clerk
el grifo faucet
  abrir/cerrar *ie* **el grifo** to turn on/off the faucet
la habitación
  doble/sencilla double room/single room
el inodoro (el retrete) toilet
el interruptor switch (on appliance)
la lámpara lamp
la llave key
la recepción hotel desk
el (la) sabelotodo know-it-all
  saber (sé) to know
el servicio de habitación room service
el (la) taxista taxi driver
  el taxi taxi
el tomacorriente (electrical) outlet

el transformador (electric) transformer
el ventilador fan
  la ventilación ventilation

VERBOS

ahorrar to save (money)
  los ahorros savings
apagar to put out (lights); to turn off (appliances)
  (poner, encender *ie* to turn on**)**
callarse to shut up, be quiet
  callado(a) quiet
cobrar to cash; to charge; to collect
dejar to allow; to leave (behind)
enchufar to plug in
  el enchufe plug
hospedarse to stay, lodge
robar (a) to steal (from)
  el robo robbery

ADJETIVOS

aire acondicionado air conditioned
  el acondicionador de aire air conditioner
lindo(a) nice; pretty
manchado(a) stained
  la mancha stain
razonable reasonable
  la razón reason

tranquilo(a) peaceful, quiet
  la tranquilidad peace, tranquility

EXPRESIONES UTILES

¡Ahora me vienes con eso! Now you tell me! (sarcastic)

De acuerdo. OK; Agreed.

estar de mal/buen humor to be in a bad/good mood

llenar una ficha/un formulario to fill out a form

¿Me puede comunicar con. . .? Could you connect me with. . .?

¿No es así? Is that it? Am I right? Am I not right?

salirse con la suya to get/have one's way

tomar una decisión to make a decision

PRACTIQUEMOS

A. ¿Sabe Ud. describir bien? Describa la función de cada una de las siguientes palabras.

1. el botones
2. la almohada
3. el transformador
4. el grifo
5. el acondicionador de aire

6. el conserje
7. la bombilla
8. el ascensor
9. el enchufe
10. el interruptor

B. Los sinónimos. Los siguientes ejemplos son sinónimos de algunos verbos. Dé los verbos y luego úselos en frases originales.

1. poner dinero en el banco para usarlo más tarde para algo especial
2. permitir
3. tomar dinero de alguien ilegalmente
4. quedarse en un hotel
5. dejar de hablar
6. conseguir todo lo que se quiere

C. Una encuesta personal. Conteste las siguientes preguntas.

1. En su opinión, ¿cuánto tiempo es ideal para quedarse de visita en un lugar? ¿Por qué?
2. ¿Cuándo fue la última vez que Ud. se hospedó en un hotel? ¿Por cuánto tiempo se quedó? ¿Dónde estaba?

3. Describa la mejor habitación de hotel en que Ud. se quedó. Contrástela con la peor.
4. ¿Para qué se usa el servicio de habitación? ¿Es necesario?
5. Si Ud. va a un hotel que no tiene las comodidades que Ud. quiere, ¿qué hace Ud.? ¿Se queja?
6. Miriam está de mal humor simplemente porque está cansada. Cuando Ud. está de viaje, ¿cuándo se pone de mal humor? ¿y de buen humor? ¿Se cansa fácilmente?
7. ¿Conoce Ud. a alguien que sea un(a) sabelotodo? ¿Cómo es? ¿Es bueno llevar a un(a) sabelotodo de vacaciones? ¿Por qué o por qué no?
8. ¿Para qué ahorra Ud. dinero?
9. ¿De qué se preocupa Ud. cuando está de viaje?

D. Encuentros personales. Con un(a) compañero(a) de clase, haga los papeles de los personajes en las siguientes situaciones.

1. One person is a desk clerk in a hotel and the other is a potential customer. The customer asks a lot of questions about the hotel and the clerk is willing to supply all the answers. Suggestions: prices, room service, quiet, air conditioning, cleanliness, voltage, etc.
2. One person is a new hotel guest and the other is a desk clerk. On inspecting the hotel room, the guest finds things that don't work and discovers that things he (she) needs aren't there. He (she) calls the desk and complains about each problem. The desk clerk responds to each complaint.
3. Again, one person is a hotel guest and the other is a desk clerk. The guest calls the desk clerk and say that he (she) needs a transformer and doesn't have one. The clerk explains how to get to a nearby hardware store **(ferretería).**
4. One person is a guest in a hotel and the other is a bellboy. The bellboy wants a good tip, so he makes sure that the customer is satisfied. The customer asks the bellboy to do several things. The bellboy complies, and suggests even more tasks.
5. One person is an experienced traveler and the other has never stayed in a hotel before. The novice asks questions and the experienced traveler explains what you have to do to get a hotel room. Suggestions: reservations, sometimes show a passport, fill out forms, etc.

Hostal El Paraíso

Gravina núm. 27   SEVILLA   Telfs. 217918-9-7

¿Sabía usted esto?

Be careful with the following sets of words. Their uses are not interchangeable, although they have similar English translations.

VERBS AND DEFINITIONS	EXAMPLES
tocar to touch; to play (an instrument) **jugar** *ue* to play (a game or sport) (The preposition **a** often follows the verb.)	**Jugábamos** a los naipes en la habitación y de repente oímos a los mariachis **tocando** sus instrumentos. *We were playing cards in the room and suddenly we heard the mariachis playing their instruments.*
trabajar to work (people) **funcionar** to work (in a mechanical, figurative sense)	El mecánico del hotel va a **trabajar** en la habitación 201 porque no **funciona** la luz. *The hotel mechanic is going to work in room 201 because the light doesn't work.*
dejar to leave (behind) **Dejar de** followed by an infinitive means *to stop* + verb + *ing*. **salir** to leave (a place); to go out **Salir** can be followed by **de** when the place of departure is mentioned, by **con** when the person with whom someone is leaving/going out is mentioned, and by **para** when the destination is stated.	Cuando **salí** del hotel, **dejé** los cheques de viajero en la habitación. *When I left the hotel, I left the traveler's checks in the room.* Mariana **dejó de salir** con Jorge. *Mariana stopped going out with George.*
tener to have (possession) **haber** to have (auxiliary verb in perfect aspects—to be studied in the next section) **hacer** to have (someone do something); to make (someone do something)	**Han** ido al banco porque **tienen** cheques de viajero que quieren **hacer** cambiar. *They have gone to the bank because they have traveler's checks that they want to have changed.*
hablar to speak, talk **decir** to say, tell **contar** *ue* to tell (a story, joke, etc.); to count **Decir** means *to tell* in the sense of relaying information; **contar** means *to tell* in the sense of narration.	Quiero conocer a Juanita. Mi amigo **dice** que cuando **habla** con ella, siempre le **cuenta** chistes muy cómicos. *I want to meet Juanita. My friend says that when he talks with her, she always tells him really funny jokes.*

parecer to seem, appear (figurative), to look **aparecer** to appear (in a physical sense, to come into view)	**Parecía** que Norma nunca iba a venir, pero finalmente **apareció.** *It seemed that Norma was never going to come, but she finally appeared.*
sentir *ie* to be sorry, regret; to perceive, sense, feel (when used with a noun) **sentirse** *ie* to feel (used with an adjective) (Do not confuse the conjugation of these verbs with the conjugation of **sentarse** *ie, to sit down.*)	**Siento** alegría aquí en México. **Me siento** alegre aquí en México. *I feel happiness here in Mexico.* *I feel happy here in Mexico.*
pasar to pass; to spend (time) **gastar** to spend (money); to wear out	**Pasaron** tres semanas en México y se **gastaron** todo el dinero. *They spent three weeks in Mexico and spent all of their money.*
volver *ue* to return (to a place); to go back, come back **devolver** *ue* to return (something)	Tengo que **volver** a la tienda para **devolver** este recuerdo; no me gusta. *I have to return to the store to return this souvenir; I don't like it.*

PRACTIQUEMOS

E. El encanto de México. A Teodoro y a Rosalinda les gusta mucho la Ciudad de México. Dé Ud. sinónimos de las palabras en bastardilla. A veces hay que hacer algunos cambios gramaticales.

Modelo: Teodoro no quería *pasar ocho horas en la oficina.*
Teodoro no quería trabajar.

1. Teodoro y Rosalinda *fueron de nuevo* a un restaurante que encontraron en la Ciudad de México.
2. Los dos *estaban* muy felices porque les encantaba la ciudad.
3. Antes de *partir* para México, *conversaron* con un amigo sobre México.
4. Este amigo les *mencionó* que la comida de ese restaurante especial era excelente.
5. Al amigo le pasaron muchas cosas en México. Se las *narró* a Teodoro y Rosalinda.
6. Cuando Teodoro y Rosalinda fueron al restaurante, no *pagaron* mucho por la comida.
7. Después de comer, Teodoro *puso* dinero en la mesa para la camarera.

8. Luego los dos fueron a la Plaza Garibaldi porque Rosalinda quería escuchar a los mariachis *hacer sonar* sus instrumentos.
9. Caminaron a la Plaza porque *era bastante evidente* que los autobuses no *estaban en buenas condiciones mecánicas.*
10. *Estuvieron* dos horas en el parque.

F. Felipe y Leonor están de vacaciones. Leonor está distraída y muy cansada. Traduzca las palabras entre paréntesis y llene los espacios con la forma correcta de los verbos.

> LEONOR —_____ *(I have)* algo que _____ *(tell you).* Cuando tú _____ *(left)* de la habitación, _____ *(you left)* la llave adentro. Yo no lo sabía y cerré la puerta. Cuando _____ *(I returned)* a la habitación, no pude entrar. Me sentí muy boba. Se lo _____ *(I told)* al conserje y él me _____ *(told)* que era necesario buscar otra llave. Fui a esperar fuera de la habitación. _____ *(I spent)* casi una hora esperando. _____ *(It appeared)* que iba a tener que esperar un siglo cuando finalmente el conserje _____ *(appeared).* Pero la llave que tenía no _____ *(work).* Tuvo que ir a buscar otra.
>
> FELIPE —Me imagino que _____ *(you were feeling)* impaciente conmigo. Lo _____ *(I am sorry).* _____ *(Sit down).* Después de _____ *(telling you)* lo que hice, quiero que me _____ *(you tell)* el fin del incidente. _____ *(I returned)* a esa tienda de recuerdos porque quería _____ *(to spend)* algún dinero en algo. Te compré esto.
>
> LEONOR —¿Qué es?
>
> FELIPE —Es una cajita que _____ *(plays)* música. ¿Te gusta?
>
> LEONOR —Muchísimo. Pero quiero que la _____ *(return)* tú. No me la merezco.
>
> FELIPE —¡Qué va! Es tuya. Ahora, termina tu cuento.
>
> LEONOR —¡Ya no puedo! No puedo estar enojada contigo ahora. ¡Olvidémoslo! Y, gracias, Felipe.
> *(Le da un beso.)*

ENFOQUEMOS EL IDIOMA

El presente perfecto
The present perfect

The present perfect is an aspect of the present tense and is used when describing an action that has been completed recently but has continuing effects on the present, or that was begun in the past and continues into the present. It is a compound aspect in both English and Spanish, composed of the auxiliary verb *to have* (**haber**) in the present tense followed by a past participle. The forms of **haber** in both the present indicative and in the subjunctive are irregular:

Present Indicative		Subjunctive	
he		haya	
has		hayas	
ha	+ past participle	haya	+ past participle
hemos		hayamos	
habéis		hayáis	
han		hayan	

When used with **haber** the past participle always ends in **o** because it has the function of a verb, not of an adjective:

Han pedido el servicio de habitación.	*They have requested room service.*
No me sorprende que lo **hayan pedido.**	*I'm not surprised that they have requested it.*

Pronouns can never be attached to a past participle; they must go directly before the conjugated verb. The auxiliary verb and the participle are not usually separated; the only pronoun that can come between the two verb parts is the subject pronoun:

¿**Le has dado** las señas al hotel?	*Have you given him directions to the hotel?*
No, no **se las he dado** todavía.	*No, I haven't given them to him yet.*
¿Han terminado Uds.? ⎱ ¿Han **Uds.** terminado? ⎰	*Have you finished?*

PRACTIQUEMOS

G. **Experiencias compartidas.** Lo que sigue son las experiencias de algunas personas. Llene los espacios con la forma correcta del presente perfecto del indicativo o del subjuntivo.

1. Un grupo recién vuelto: Es verdad que nosotros _____ (ir) a México, y que _____ (ser) un viaje estupendo. Es una lástima que nosotros no _____ (poder) hacerlo todo, pero eso nos da la oportunidad de volver.
2. Un grupo que sale pronto: Espero que tú ya _____ (recoger) los boletos de avión. No sé si Ramón _____ (terminar) de hacer las maletas o no. Ojalá que no _____ (olvidársele) nada.
3. Un sabelotodo: Yo ya _____ (quedarse) en este hotel, y me gusta mucho. También _____ (comer) en el restaurante. No hay nada que no _____ (hacer) en esta parte de la ciudad.
4. Otro grupo recién vuelto: Es una lástima que vosotros _____ (volver) sin ver todo el esplendor de México. Es probable que vosotros no _____ (satisfacer) vuestros deseos de ir, ¿verdad? Pues, cuando _____ (ahorrar) más dinero, podéis volver.

H. **Unos planes esenciales.** Este grupo sale mañana para México. María está preocupada por todo. Responda a lo que María dice según el modelo. Emplee pronombres de complemento de verbo directo o indirecto donde sea apropiado.

Modelo:

> María dice —Tienes que planear el viaje.
> Ud. responde —¡Ya lo he planeado! ¡Ya está planeado!

1. Tienes que hacer las preparaciones.
2. José tiene que reservarnos unas habitaciones.
3. Tengo que cobrar los cheques de viajero.
4. Tenemos que decirles a nuestros amigos que vamos de vacaciones.
5. Tienes que poner toda la ropa en la maleta.

I. Los viajeros hablan. Aquí tiene Ud. las experiencias de algunos viajeros en otra parte del mundo hispano. Llene los espacios con una de las siguientes posibilidades: presente perfecto, condición resultante con **estar** o participio pasado usado como adjetivo.

1. Benjamín y Esperanza _____ (ir) a México, pero Samuel y yo _____ (decidir) ir a España. Nosotros no _____ (hacer) reserva en un hotel, sino en una pensión porque es más barata. La habitación y las comidas _____ (incluir) en el bajo precio. En otros viajes, Samuel _____ (pasar) tiempo en hostales, que también son más baratos que los hoteles. El _____ (admitir) que no son tan lujosos como hoteles, pero él _____ (tener) muchas pesetas _____ (ahorrar) porque _____ (quedarse) en hostales en vez de en hoteles.

2. ¡Qué alegría! Finalmente _____ (aterrizar-yo) en Barcelona! Estoy ahora en el hotel donde mi habitación ya _____ (reservar). El conserje me _____ (pedir) el pasaporte. No me sorprende que _____ (querer-él) verlo porque mis amigos me _____ (decir) que es lo normal. Espero que todo _____ (preparar) en mi habitación. Tengo muchas pesetas recién _____ (cobrar), y ¡las tiendas me esperan!

J. Una encuesta personal. Conteste las siguientes preguntas.

1. ¿A qué lugares ha viajado Ud.?
2. ¿Jamás ha ido a un país de habla española?
3. ¿Ha pensado en viajar después de graduarse?
4. ¿Se le ha olvidado a Ud. hacer algo importante al prepararse para un viaje?
5. ¿Se le ha perdido o roto algo a Ud. durante un viaje?

Ahora, entreviste a un(a) compañero(a) de clase con las preguntas de la sección anterior, añadiendo otras preguntas que se le ocurran.

Las preposiciones **a** y **en; de** y **con**
*The prepositions **a** and **en; de** and **con***

There are some distinctions between **a** and **en**.

Basically, **a** *(to, at)* refers to motion toward a destination, and **en** *(at, in, on)* is used when speaking about something or someone being located at a place, in an enclosed area, or on a surface:

Fuimos **a** México por tres semanas.	*We went to Mexico for three weeks.*
Estuvimos **en** México por tres semanas.	*We were in Mexico for three weeks.*

When a sentence refers to being at a place denoting close proximity to something, **a** is used. Compare the use of **a** and **en** here:

Alguien está **a** la puerta.	*Someone is at the door.*
Estamos **a** la mesa.	*We are at the table.*
Los demás están **en** el parque/**en** la universidad.	*The others are in the park/at the university.*

When **en** is ambiguous, **dentro de** *(inside)*, **encima de** *(on top of)* and **sobre** *(above, on)* can be used for clarification:

¿Dónde está la llave?	*Where's the key?*
Está **en** el escritorio.	*It's in/on the desk.*
Está **sobre/encima del** escritorio.	*It's on the desk.*
Está **dentro del** escritorio.	*It's inside the desk.*

These are some distinctions between **de** and **con.**

The translation of *with* is not always expressed by **con;** it is often expressed with **de.**

With characteristics that identify someone or something, use **de:**

El señor **de** ojos negros es mexicano.	*The man with black eyes is Mexican.*

When a final result is expressed, **de** is used; **con** is used when the means to accomplish the action is stressed:

El autobús está lleno **de** turistas.	*The bus is filled with (full of) tourists.*
El agente de viajeros llena el autobús **con** turistas.	*The travel agent fills the bus with tourists.*

PRACTIQUEMOS

K. El amor de Teresa. Llene los espacios con una de las palabras siguientes: **a, en, de, con.** A veces, hay que hacer unos cambios gramaticales.

CARLA —¿Dónde está Teresa?

ISABEL —Creo que está _____ la recepción. Quería cambiar algunos cheques. Pero es posible que ya haya ido _____ el museo.

CARLA —¿Conoces al hombre que está _____ la puerta, el _____ la camisa roja?

ISABEL —Sí, Teresa lo conoció anoche y salió _____ él. Hola, Luis.

LUIS —Hola, Isabel. En cuanto vuelva Teresa, dile que estoy _____ mi apartamento. Por favor, dile que vaya allí. Y dile que tenga cuidado — ¡las calles están llenas _____ hombres!

ISABEL —¡No te preocupes! Estará pronto _____ tu casa. ¡Teresa está llena _____ entusiasmo desde que te conoció!

L. Una encuesta personal. Conteste las siguientes preguntas.

1. ¿Dónde está Ud. ahora?
2. ¿Está sentado(a) a la mesa? ¿al escritorio?
3. ¿Qué hay sobre la mesa o sobre el escritorio donde Ud. trabaja?
4. ¿Con qué actividades llena Ud. generalmente el día?
5. ¿Tiene Ud. un día lleno de actividades hoy? ¿Qué tiene que hacer?

REPASEMOS

M. Un diario. Lo que sigue es parte de una página de un diario de una chica que se llama Angela. Está de vacaciones en la Ciudad de México con su amigo Diego. Termine las frases de una manera creativa y original. Trate de usar algunos de los conceptos gramaticales y el vocabulario de esta lección.

Se nos ha pasado otro día de nuestras vacaciones.
Hoy Diego y yo caminábamos _____ cuando _____ .
Yo no tenía _____ .
Pero Diego me dijo que _____ .
Nos detuvimos en un café y _____ .
Luego, fuimos _____ .
No me gusta _____ .
Hoy ha sido _____ .
Hasta mañana.

N. ¡Debatamos! Formen grupos. Uno va a defender las ideas siguientes y el otro va a criticarlas.

1. México es pobre porque pone demasiado énfasis en el pasado. Nunca va a ser un país moderno si no olvida el pasado.
2. Si hay un problema tan grande de tránsito en la Ciudad de México, el gobierno debe prohibir el uso de carros. La gente puede usar el transporte público.
3. A los mendigos se les debe prohibir pedir limosna.
4. La destrucción causada por el terremoto de 1985 en México es el problema de México y no el de otros países.

Ahora, pensando en estas ideas, escriba un ensayo sobre el futuro de México según lo que Ud. crea. ¿Va a resolver sus problemas?

O. ¿Puede organizar un viaje? Planee Ud. un viaje a un lugar de interés. Incluya un itinerario, el hotel, la comida, con quién(es) va, etc. ¡No olvide ningún detalle!

Barcelona, España. Para estos modelos españoles, el mantenerse en forma es esencial.

capítulo
diez

¿UNA TRANSFORMACIÓN TOTAL? VAMOS AL CLUB DE SALUD

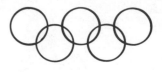

¿Cuál será la preocupación o pasatiempo más predominante de hoy? El bienestar físico y mental, por supuesto. Todo el mundo se preocupa del cuerpo ideal que crea una mente sana, y por eso hay millones de personas que participan en actividades físicas. Esta preocupación se ha convertido en un negocio que ha llegado a ser una inversión muy lucrativa para muchos. Hoy en día, hay muchos clubes de salud, donde se puede hacer toda clase de ejercicio. En estas organizaciones, se han desarrollado muchos equipos que juegan en los campos del club. Todo esto por un precio generalmente alto, que le da al socio el derecho de entrar en el club y de participar en clases de ejercicios aeróbicos, de gimnasia o de usar sus facilidades, ya sea la piscina o las máquinas para levantar pesos. Para muchos, éste es un arreglo ideal porque los empleados del club son profesionales, entrenados para ayudar a los clientes a mejorar su físico y al mismo tiempo a levantarles el ánimo hacia la vida y sus posibilidades. Todos conocemos la máxima que dice: «una mente sana en un cuerpo sano».

Otra cosa muy popular actualmente es el vídeo de ejercicio. Hay muchas estrellas de cine que han producido películas cortas que demuestran ciertos ejercicios. El problema, recién publicado, es que estas personas, encargadas del bienestar físico, no saben mucho de anatomía ni de salud y por eso algunos de los ejercicios que recomiendan pueden ser dañinos en vez de provechosos. Además de estos vídeos, hay numerosos libros para reducir la cintura, para llevarse como un modelo, para crear una belleza interior y exterior y para modificar o solucionar cualquier problema.

La población estadounidense, al igual que la hispana, le ha dado gran importancia a la salud, la nutrición y el ejercicio que han salvado la vida de muchos o, por lo menos, la han mejorado. La gente se ha dado cuenta de la necesidad de mantener un programa racional de dieta y de actividad física. Por lo bueno que sea esto, han surgido también consecuencias negativas. En los medios de difusión, el retrato del hombre o de la mujer perfecta es el de alguien muy delgado, bronceado y atlético. Vemos esta representación por todas partes: en las revistas y en la televisión; en los anuncios oímos siempre que es mejor ser flaco que gordo. A causa de este arquetipo, muchas personas sufren de un complejo de inferioridad porque no se parecen al ideal. Han aparecido muchas enfermedades nuevas que no habían existido antes, como la «anorexia nervosa» que sufren muchos jóvenes de hoy. Es, a la vez, una condición física y mental.

Este problema no existía tanto en el pasado porque la imagen ideal era diferente. La representación de la mujer bellísima del pasado era la de una Sofía Loren, una mujer que le había creado al mundo la figura ideal, la que se llamaba la «figura de un reloj de arena» en vez de la figura casi juvenil de hoy. Tampoco había tanto interés en el hecho de que algunos hubieran empleado un experto en el campo del bienestar físico para mantener su cuerpo. Hoy cuando se entrevista a una persona famosa de muy buena condición física es muy posible que se le pregunte algo de su rutina física diaria.

Bueno, ¿cómo es su régimen físico diario? ¿Nada Ud.? ¿Corre Ud.? ¿Hace gimnasia? ¿Qué le parece a Ud. esta preocupación del bienestar físico y mental?

Estos estudiantes de la Universidad de Venezuela corren por la salud y además, ¡por el espíritu de la competencia!

¡Digamos la última palabra!

SUSTANTIVOS

el ánimo spirit
  animar to inspire, encourage
la belleza beauty
  bello(a) beautiful
el campo field; court;
  country(side)
el cine movies
la cintura waist
el complejo complex
el cuerpo body
la enfermedad illness
  enfermo(a) ill
la estrella star
la inversión investment
  invertir *i* to invest
la máquina machine
la máxima saying, proverb (**el**
  refrán)
el (la) modelo model
el negocio business
el pasatiempo pastime, hobby
la piscina swimming pool
el precio price
el reloj de arena hour glass

el retrato portrait; portrayal
la revista magazine
la rutina routine
la salud health
  saludable healthy
el (la) socio(a) member

VERBOS

correr to run
crear to create
  la creación creation
darse cuenta de to realize
hacer gimnasia to exercise
mejorar to better, improve
  mejor better
  el mejoramiento improvement
nadar to swim
  la natación swimming
parecerse a (parezco) to
  resemble
  parecido(a) alike, similar
producir (produzco) to produce
  la producción production
reducir (reduzco) to reduce
  la reducción reduction

FUENTE de JUVENTUD

salvar to save
  la salvación salvation
  salvo(a) safe; *adv* except
sufrir to suffer
  el sufrimiento suffering

ADJETIVOS

atlético(a) athletic
bronceado(a) tanned
encargado(a) in charge of
  encargar to put in charge
  encargarse (de) to take charge
    (of)
entrenado(a) trained
  entrenar(se) to train
físico(a) physical
flaco(a) skinny
juvenil boyish; childish
provechoso(a) beneficial
  el provecho benefit, profit
sano(a) healthy
  malsano(a) unhealthy

EXPRESION UTIL

por lo menos at least

PRACTIQUEMOS

A. Mi amiga Cristina. Escoja la palabra apropiada y llene el espacio en blanco. No es necesario usar todas las palabras aquí ni cambiar sus formas.

inversión	lucrativo	encargado
piscina	corre	estrella
mejora	cine	malsanos
modelo	nadar	reducir
cuerpos	producir	sufre
provechoso	crear	máquinas
saludable	socia	entrenado

Mi amiga Cristina quiere ser _____ del _____ . Por eso trata de llevarse como una _____ y de hacer ejercicio cada día. Es una gran _____ de tiempo y de dinero. Por ejemplo, al levantarse, va inmediatamente a la _____ para _____ por media hora. Después, _____ por otra media hora y practica con las _____ de levantar pesos. (Es _____ de un club de nuestro barrio.) Siempre me dice que _____ de hambre pero no come porque quiere _____ la cintura. La semana pasada, conoció a un hombre, _____ del programa de nutrición en el club, que es hermano de un realizador. Va a presentársela a su hermano y ella está muy animada. Espero que todo esto le sea _____ a ella.

B. Ud., el (la) médico(a). Entra en su consultorio una persona no muy sana que debe bajar de peso. Usando las siguientes palabras, escriba un programa de salud que le explique sus recomendaciones.

darse cuenta de	parecerse a	el bienestar
mantener	mejorar	por lo menos
la enfermedad	estar a dieta	sufrir
ponerse a dieta	complejo	provechoso
reducir	la salud	

El paciente en cuestión mejoró muchísimo porque siguió todas las recomendaciones del (de la) médico(a). Describa su apariencia hoy en comparación con la de antes.

C. Juegos de palabras. Con un(a) compañero(a) de clase, practique el vocabulario. Dele una palabra para que él (ella) supla una palabra de significado opuesto.

1. pálido
2. largo
3. enfermo
4. gordo
5. la enfermedad

6. un visitante al club
7. la fealdad
8. aumentar
9. caminar lentamente
10. empeorar

Ahora, haga que él (ella) le dé a Ud. una palabra y supla Ud. la definición.

1. nadar
2. una estrella de cine
3. un retrato
4. parecerse a
5. juvenil

6. lucrativo
7. encargado
8. el campo
9. una inversión
10. entrenado

D. Solicitamos su opinión.

1. ¿Hay demasiado énfasis en el bienestar físico y mental? Explique su opinión.
2. ¿Qué problemas puede causar este énfasis?
3. ¿Qué le sugiere Ud. a una persona que quiere empezar un programa de ejercicio?
4. ¿Qué efecto tiene el ejercicio en la perspectiva personal?
5. ¿Cómo son los vídeos de ejercicio?
6. ¿Qué otros negocios han surgido por la preocupación sobre la condición física?
7. ¿Cómo se revela esta preocupación en el arte, en la música y en los medios de difusión?
8. ¿En qué pone Ud. más énfasis, en su aspecto físico o mental? ¿Y al conocer a otra persona?

¿Sabía usted esto?

These are the demonstrative adjectives **(los adjetivos demostrativos)** in Spanish.

this/these **(aquí, acá)**	*that/those* **(ahí)**	*that/those* **(allí, allá)**
este, esta	**ese, esa**	**aquel, aquella**
estos, estas	**esos, esas**	**aquellos, aquellas**
esto	**eso**	**aquello**

The demonstratives function like articles. They precede the noun and any accompanying adjective (except when emphasized), and agree in number and gender with the modified noun:

est**os** buen**os** ejercici**os**   aquel**las** máquin**as**   **el** ejercicio es**e** (emphasized)

The difference between **ese (a, os, as)** and **aquel (la, los, las)** is one of perspective. **Ese** is generally used for something viewed as being closer **(ahí)** and **aquel** is used for something viewed as being further removed in time or space **(allí, allá):**

Ese club es lucrativo.   ¿Son lucrativos **aquellos** clubes de Canadá?

Esto, eso and **aquello** are neuter demonstratives. They don't refer to any specific noun but rather to something already mentioned, to a general idea, or to something unidentifiable to the speaker:

Eso es muy provechoso.   *That is very beneficial.*
¿Qué es **esto?**   *What's this?*

PRACTIQUEMOS

E. Información sobre el club. Sustituya el sustantivo entre paréntesis por las palabras en bastardilla y haga cualquier cambio necesario.

1. Se practican estos *ejercicios* en este *cuarto*. (natación/piscina, inversiones/club, negocio/banco)
2. A los socios les gusta mucho esta *rutina*. (clubes, ejercicio, piscinas)
3. Ese *entrenador* ha estudiado anatomía. (estudiantes, socios, modelos)
4. Esas *estrellas* del cine han producido muchos vídeos que se usan en el club. (realizador, entrenadores, mujer)
5. Aquel *club* ofrece muchos beneficios. (organizaciones, inversión, negocios)
6. Aquellas *rutinas* son provechosas. (programas, pasatiempo, producciones)

F. Conversaciones en el club. Tradúzcalas al español.

1. —What's this? This skinny model has just arrived and has told me she needs this club to **(para)** lose weight!
2. —Enrique has just produced this short video. He produced it in two weeks.
   —That's great!
3. —Those women (way over there) are really athletic.
   —That's because they come here every day.

ENFOQUEMOS EL IDIOMA

El pluscuamperfecto
The past perfect

The past perfect aspect is formed much like the present perfect. It is composed of the auxiliary verb **haber,** in the imperfect*, followed by the past participle. It is a compound aspect of the past that indicates a past action that is further in the past than a simple preterite or imperfect action: it indicates that something has already occurred prior to the moment being recalled. The auxiliary means *had.*

He hecho el ejercicio.	*I have done the exercise.* (present perfect)
Hice el ejercicio.	*I did the exercise.* (preterite)
Ya **había hecho** el ejercicio cuando Rodolfo llegó.	*I had already done the exercise when Rodolfo arrived.* (past perfect)

Past Perfect Indicative			Past Perfect Subjunctive		
había	habíamos	*+ past participle*	hubiera	hubiéramos	*+ past participle*
habías	habíais		hubieras	hubierais	
había	habían		hubiera	hubieran	

The past perfect subjunctive is used when the main clause calls for the use of the subjunctive and is in the preterite, imperfect, or conditional:

Dudé que ellos **hubieran corrido** toda la tarde.	*I doubted that they had run all afternoon.*
Esperaba que ellos se **hubieran hecho** socios del club de salud.	*He hoped that they had become members of the health club.*
Negaríamos que vosotros nos **hubierais salvado.**	*We would deny that you had saved us.*

The past perfect is not used in the following situation as it is used in English:

Hacía un año que trataba de bajar de peso cuando finalmente lo logré.	*I had tried to lose weight for a year when I was finally successful.*

PRACTIQUEMOS

G. Ud., el (la) periodista. Ud. tiene la responsabilidad de escribir un artículo sobre un club de gimnasia. Ud. ha escrito lo siguiente pero su jefe insiste que Ud. lo cambie al pasado.

---

*The auxiliary verb can also appear in the preterite. As opposed to **había comido, hube comido** emphasizes the cessation of one action prior to the beginning of another action completed in the past:

Cuando **hube comido,** me acosté.	*When I had eaten, I went to bed.*

En las últimas semanas, he visitado muchos clubes de gimnasia. Me alegro que mi jefe me haya dado esta tarea porque no me he dado cuenta de la importancia del ejercicio y de la salud. Mis amigos siempre han insistido que haga ejercicio pero yo nunca les he prestado atención. Para esta visita, he adoptado una filosofía nueva. No hay nadie que jamás haya cambiado de vida como yo. Tan pronto como haya terminado la primera etapa, voy a compartir con Uds. algunas fotografías del cambio.

H. Preguntas sobre el club de salud. Ud. tiene un(a) amigo(a) que le hace muchas preguntas. Contéstele según el modelo.

Modelo: El (la) amigo(a) —¿Has hecho el ejercicio?
                Ud. —Te dije que lo había hecho esta mañana.

1. ¿Ya habéis nadado tú y Herberto?
2. ¿Has ido a la piscina?
3. ¿Han corrido esta tarde Andrés y Margarita?
4. ¿Has visto el ejercicio nuevo en la revista?
5. ¿Ya han invertido ellos dinero en el nuevo club?
6. ¿Te has hecho socio(a) del otro club también?
7. ¿Te ha dicho tu jefe que te metas en el club?
8. ¿El no cree que me haya metido en el club también?
9. ¿Es fácil que Humberto haya sido entrenado en los ejercicios aeróbicos?
10. ¿Hay alguien allá que se haya instruido en la nutrición?

I. Una conferencia informativa. Aquí sigue una experiencia de un estudiante universitario que estudia la salud. Le habla del abuso de las drogas y del alcohol a un grupo de estudiantes de una escuela secundaria. Siga el modelo y complete las frases. Use el presente perfecto o el pluscuamperfecto en el indicativo o en el subjuntivo. Use un diferente verbo en cada frase.

Modelo: El abuso de drogas y de alcohol _____ .
                El abuso de drogas y de alcohol ha llegado a ser un verdadero problema.

1. Cuando yo tenía nueve años, (yo) nunca _____ .
2. Al entrar en la escuela secundaria, noté que _____ .
3. Mis padres me dijeron que cuando eran jóvenes, ellos _____ .
4. Esperaban que (yo) _____ .
5. En casa, se alegraban de que (yo) _____ .
6. Entonces, antes de que yo llegara a la escuela secundaria, yo _____ .
7. En la escuela secundaria, conocí a Felipe que _____ .
8. Traté de hacerle comprender que _____ .
9. Un día, Felipe _____ .
10. Hoy, mi amigo Felipe _____ .

Las preposiciones **por** y **para**
The prepositions **por** *and* **para**

Since **por** and **para** can often be translated into English by the same word(s), their uses must be carefully observed because each can convey a different meaning. In general, **para** designates a goal; **por** indicates motivation from prior reasons, causes, or means of movement through time or space. These uses are summarized in this chart:

POR

Por expresses the following.

● with an infinitive, *because of:*

Por no ser instruido, no sabía que el ejercicio era dañino.	*Because of not being taught, I didn't know the exercise was harmful.*

(A cause and effect situation is established).

● duration of time or indefinite time:

Hice ejercicio **por dos horas.**	*I exercised for two hours.*

(**Por** can be omitted in this case: **Hice ejercicio dos horas.**)

Lo haremos **por** mayo.	*We will do it by (around, for) May.*

● *on behalf of, for the sake of, because of:*

Trabajo **por** Felipe.	*I work for Felipe (because he is unable, doesn't want to, etc.)*

● *per as in per hour, per day, etc.:*

Hace veinticinco ejercicios **por** hora.	*She does twenty-five exercises per hour.*

● *in exchange for, instead of, because of, in search of:*

Le daré veinte dólares **por** el vídeo.	*I will give him twenty dollars (in exchange) for the video.*
Por el accidente, no podía jugar al tenis.	*Because of the accident, I couldn't play tennis.*
Ella corrió **por** él.	*She ran instead (in place) of him.*
Fue **por** el entrenador.	*He went for (after, in search of) the trainer.*

● *through, along, by, in:*

Corre **por** la playa.	*She runs along the beach.*

- fixed idiomatic expressions:

por ejemplo, por eso, por favor, por fin, por lo general, por lo menos, por todas partes, por supuesto, por lo tanto

PARA

Para expresses the following.

- with an infinitive, *in order to, for the purpose of:*

El hace ejercicio **para perder peso.**	*He exercises in order to lose weight.*

(A reason or purpose is established.)

- direction (destination) in future time or space:

Necesito el vídeo **para** mañana.	*I need the video by (for) tomorrow.* (deadline)
Salgo **para** mi clase de ejercicio.	*I'm leaving for my exercise class.*

- *in the employ of;* recipient:

Trabajo **para** Felipe.	*I'm employed by Felipe.*
El vídeo es **para** ti.	*The video is for you.*

- a comparison within a category:

Para su edad, hace bien el ejercicio.	*For his age (considering his age), he does the exercise well.*

- *in the opinion of:*

Para mí, el bienestar mental es muy importante.	*For me (in my opinion), mental well-being is very important.*

- purpose or goal:

Estudia **para** (ser) enfermera.	*She is studying to be a nurse.*

Before beginning the exercises that follow, explain the differences between these pairs of sentences.

1. Lo hice por él. Lo hice para él.
2. Te doy veinte pesetas por el dulce. Te doy veinte pesetas para Marta.
3. Busco dinero por el hospital. Busco dinero para el hospital.
4. ¿Habías escrito el trabajo por él? ¿Habías escrito el trabajo para él?
5. Habían salido por no graduarse. Habían salido para no graduarse.
6. Salen por el centro. Salen para el centro.
7. Hágalo por la tarde. Hágalo para la tarde.

There are some English verbs that require *for* before their object; their Spanish equivalents require neither **por** nor **para:**

Busco a Marta.	*I'm looking for Marta.*
Pido la información.	*I'm asking for the information.*
Pago la revista.	*I'm paying for the magazine.*
Solicito el puesto.	*I'm applying for the job.*
Espero la respuesta.	*I'm waiting for the answer.*

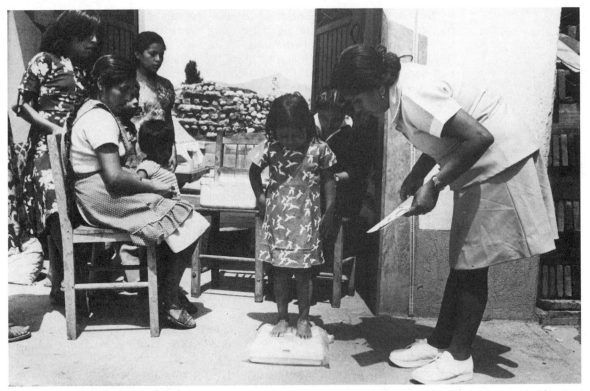

Esta enfermera rural de Oaxaca, México, se preocupa de la salud de los habitantes.

PRACTIQUEMOS

J. Ignacio, un hombre determinado. Cambie las palabras en bastardilla a **para** o **por.**

>*A causa de* pesar demasiado, Ignacio decidió hacerse socio de un club *a fin de* mejorar su bienestar físico. Cada día corría *a lo largo de* la playa, *a través d*el parque y llegaba al club donde hacía veinte ejercicios diferentes *cada* media hora. Al terminar el ejercicio, iba *en busca d*el entrenador *a fin de* que él pudiera hacerle recomendaciones a Ignacio. Ignacio se quedaba en el club *durante* una hora *cada* día, seis días *cada* semana.
>
>Ignacio demostraba mejores resultados que sus amigos *a cambio d*el tiempo que invertía. El grupo había decidido que *a mediados d*el 15 de agosto, el que hubiera bajado más de peso recibiría un regalo de los otros. Según la mayoría, el regalo seguramente va a ser *dado a* Ignacio *a causa de* su trabajo.

K. Un vídeo original. Algunas amigas planean una reunión. Una no puede asistir y por eso, las otras tienen un plan. Traduzca el plan, por favor. ¡Cuidado con las palabras en bastardilla!

>I have an idea: an exercise video *by* us *for* Chonín. She insisted that we do exercises *for* four years in college, so she deserves this video. She can't come

to the reunion *because of* work, so *at least* she can enjoy something. I'll go to the store for the video. The machine costs twenty dollars *per* day, but I have a friend that works *for* the company. He can get it *for* ten dollars. *In order to* finish it *by* tomorrow, we need to hurry. Sue, look *everywhere* for some tanned people, and Pam, you go *in search of* an exercise routine. *Because of* the rain, we have to do it inside. *In my opinion, for* a video, this is going to be great!

REPASEMOS

L. ¿El peso ideal? Para algunas personas, la pérdida de peso no es importante; el engordar sí lo es. Invente Ud. un cuento que empiece con la frase indicada. Escriba el cuento en el pasado, tratando de usar el pluscuamperfecto (del indicativo y del subjuntivo) y las preposiciones **por** y **para.** ¡Diviértase!

Por seis semanas, Martín había tratado de engordar . . .

M. Cuestionario. Con un(a) compañero(a) de clase, practique con estas preguntas oralmente o escriba un ensayo sobre unas de las ideas.

1. ¿Jamás ha sido socio(a) de un club de salud? ¿Cuánto tiempo hacía que pensaba en hacerse socio(a) antes de hacerlo? ¿Qué cambios ha notado en su cuerpo o en su bienestar mental?
2. ¿Ha participado en una clase o en un programa de ejercicio? ¿Había participado en una clase semejante cuando era niño(a)? Describa la clase o el programa.
3. ¿Qué hace Ud. para engordar o para bajar de peso? De niño(a), ¿qué hacía para engordar o para bajar de peso?
4. ¿Jamás ha producido un vídeo? ¿Ha visto un vídeo de ejercicio? ¿Cómo es? ¿Qué había existido antes de estos vídeos para animar a la gente?
5. Hoy hay muchas compañías que han sugerido que sus empleados se hagan socios de un club de ejercicio para mantener una actitud positiva hacia su trabajo. ¿Por qué no mandaron estas compañías que sus empleados se hicieran socios en el pasado?
6. ¿Cómo es su ideal de lo bello? ¿Hay una diferencia entre la belleza física y mental? ¿Pensaba que había una diferencia cuando era joven?
7. ¿Cuáles son sus deportes favoritos? ¿Por qué? ¿Es Ud. un(a) aficionado(a) leal o un(a) participante activo(a)? ¿Puede Ud. explicar la manera de jugar a su deporte favorito?

N. Encuentros personales. Con un(a) compañero(a) de clase, haga los papeles de los personajes en las siguientes situaciones.

1. One person is the manager of a health club and the other is a first-time visitor to the club. The manager explains how the club works and talks about prices, programs, etc. The visitor keeps making excuses for not becoming a member of the club. Who convinces whom?
2. One person is a doctor and the other is a patient. The patient feels lethargic, and the doctor suggests an exercise program. The patient asks the doctor for advice.

CHARLEMOS UN POCO

¡SOCORRO! LAS EMERGENCIAS

Ayer cuando me desperté, me sentía horrible. Tenía escalofríos y fiebre. Me pregunté cuál sería el problema y no llegué a una solución. Como no me había sentido enfermo anteayer, decidí llamar al médico.* Aquí sigue lo que pasó en el consultorio del médico.

MÉDICO	—Entre Ud. y siéntese, por favor. ¿Cuál es el problema?
PACIENTE	—Bueno, doctor, al levantarme hoy, me dolían la garganta, la cabeza, de hecho, todo el cuerpo. No estoy resfriado, es decir, no me siento constipado, pero parece que padezco de casi los mismos síntomas de un resfrío sin la tos. Tampoco estornudo. Además, estoy un poco mareado. ¿Qué le parece? ¿Hay cura? *(El paciente estornuda tres veces.)* ¡Ay! ¡Un nuevo síntoma!
MÉDICO	—Me parece que tiene gripe, pero primero quiero examinarle. Saque la lengua. . . Respire Ud. hondamente. . . Hay un poco de congestión en los pulmones. *(A la enfermera)* Tómele la temperatura al paciente, por favor. También quiero sacarle un poco de sangre para analizarla. *(Al paciente)* ¿Sabe Ud. cuál es su grupo sanguíneo?
PACIENTE	—B positiva.
ENFERMERA	—Doctor, su temperatura está un poco más arriba de lo normal, a los 38,5°.
MÉDICO	—Gracias, enfermera. *(Al paciente)* Sí, yo tenía razón. Tiene Ud. gripe. Le recetaré unas píldoras y le pondré una inyección. ¿Tiene Ud. alergia a la penicilina?
PACIENTE	—No, doctor, pero, ¿es necesaria la inyección? Me molestan mucho.
MÉDICO	—No se preocupe. Apenas la notará. Súbase la manga.

Antes de que yo pudiera explicarle al médico el efecto que me producían las inyecciones, él me la puso. Y como siempre, me desmayé, y me caí de la silla.

MÉDICO	—¡Ay! Enfermera, ¡venga rápido! ¡El paciente se desmayó!
PACIENTE	—*(Al despertarse)* ¿Qué pasó?
MÉDICO	—Se desmayó al recibir la inyección. Si vuelve Ud. a experimentar esa sensación, por favor, avíseme. No se la habría dado si hubiera sabido su reacción.
PACIENTE	—Iba a decírselo, pero Ud. me la había puesto antes de que pudiera. Lo siento. A propósito, no puedo mover la pierna derecha sin un dolor tremendo.
MÉDICO	—¿Cómo? *(Al mirarla)* ¡Ay de mí! Se le quebró o se le torció el tobillo al caerse. Ha empezado a hincharse y hay magullón.

***Médico(a)** is the noun generally used to talk about a doctor. When speaking directly to a physician, use the word **doctor(a)**.

	También se cortó la rodilla. Creo que será necesario darle puntos.
PACIENTE	—No me diga, doctor. ¿Me operará?
MÉDICO	—Cálmese, por favor. No me parece tan serio. La herida la vendaré después de darle puntos. Lo peor es el tobillo—una fractura complicada, me parece. Pero para estar seguro, necesito sacar unos rayos equis antes de encasar el hueso.
PACIENTE	—¿Será necesario enyesar el tobillo?
MÉDICO	—Sí, claro. Tendrá Ud. que caminar con muletas por tres semanas y habrá que volver en una semana para que le quite los puntos y le examine el tobillo. Ahora, irá al hospital en ambulancia para los rayos equis. ¡Hasta pronto! ¡Enfermera!

Así pasé el día ayer. Sabía al levantarme que no sería un buen día. Por lo menos, el accidente me ayudó a olvidar lo malo que me sentía por la gripe. Mañana será mejor; de esto, estoy seguro.

Palabras prácticas

SUSTANTIVOS

la alergia allergy
  alérgico(a) allergic
el consultorio office
  consultar to consult
la cura cure
  la curita Band-Aid
el dolor pain, ache
  dolor de (cabeza) (head)ache
el (la) enfermero(a) nurse
  enfermarse to become ill
  la enfermedad illness
  enfermo(a) sick, ill
el escalofrío chill
la fiebre fever
la fractura fracture
la gripe flu
el grupo sanguíneo blood group
  la sangre blood
el hueso bone
el magullón bruise
las muletas crutches
el (la) paciente patient
  la paciencia patience
la píldora, la pastilla pill
los pulmones lungs
el punto stitch
el rayo equis X-ray
el síntoma symptom
la temperatura temperature
el tobillo ankle
la tos cough
  toser to cough

VERBOS

caer(se) (caigo) to fall
cortar to cut
desmayarse to faint
encasar (un hueso) to set (a bone)
enyesar to put in a cast
estornudar to sneeze
hinchar to swell
  hinchado(a) swollen
operar to operate
  la operación operation
  operarse to have an operation
padecer (padezco) to suffer

quebrar *ie* to break (a bone)
  (also: **romper**)
recetar to prescribe
  la receta prescription; recipe
respirar to breathe
  la respiración respiration
torcer *ue* to twist
vendar to bandage
  la venda bandage

ADJETIVOS

complicado(a) complicated; compound
  complicar to complicate
constipado(a) stuffed up, congested
mareado(a) dizzy

ADVERBIOS

apenas scarcely, hardly
arriba above
hondamente deeply

EXPRESIONES UTILES

dar puntos to give stitches
estar resfriado(a) to have a cold
  un resfrío a head cold
  un catarro a chest cold
poner/dar una inyección to give a shot
quitarle los puntos a alguien to take someone's stitches out
Saque la lengua. Stick out your tongue.
¡Socorro! Help!
Súbase la manga. Roll up your sleeve.

LOS SENTIDOS the senses

el gusto taste
el oído hearing
el olfato smell
el tacto touch
la vista sight

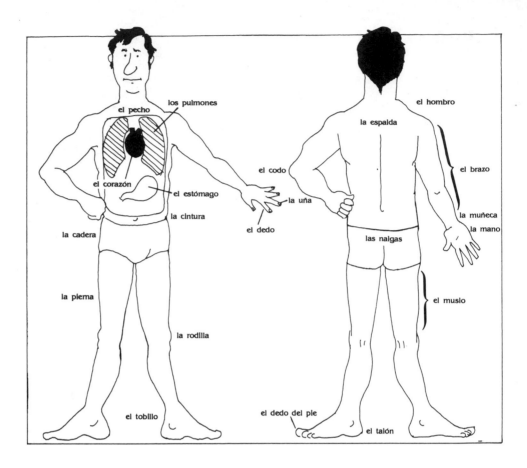

The illustration is labeled with the following body parts: el pecho, los pulmones, el corazón, el estómago, la cintura, la cadera, la pierna, la rodilla, el tobillo, el codo, la uña, el dedo, el dedo del pie, el talón, el hombro, la espalda, el brazo, la muñeca, la mano, las nalgas, el muslo.

PRACTIQUEMOS

A. Ud., el (la) médico(a). Varios pacientes entran en el consultorio y se quejan de un síntoma. Haga el papel del médico (de la médica) y deles consejos.

Modelo: Paciente —Me duele la garganta.
                  Médico(a) —Beba muchos líquidos.

1. Tengo frío y calor.
2. Me molestan las inyecciones.
3. Me duele mucho la pierna izquierda. No puedo caminar.
4. Mi hijo se cortó el dedo.
5. Hace tres días que me duele mucho la cabeza.

B. ¿Cuánto sabe Ud.? ¿Cuáles son los síntomas que se asocian con estas condiciones? Y, ¿cuáles son los consejos del médico?

1. la gripe
2. un catarro
3. una fractura complicada
4. una fiebre
5. la respiración difícil

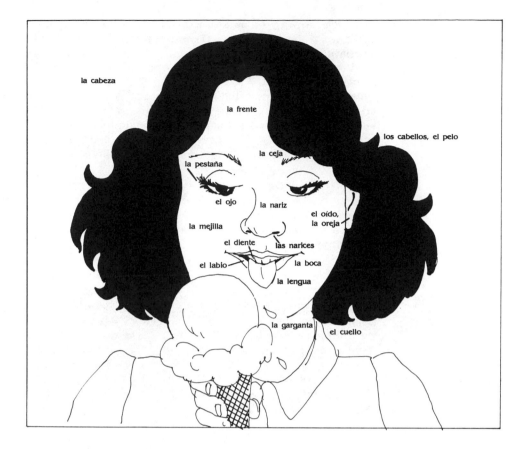

la cabeza
la frente
los cabellos, el pelo
la ceja
la pestaña
el ojo
la nariz
el oído, la oreja
la mejilla
el diente
las narices
el labio
la boca
la lengua
la garganta
el cuello

C. ¡Cálmese! Ud. tiene un(a) amigo(a) a quien le entra pánico al presenciar un accidente. Quiere evitar este pánico y por eso Uds. practican las siguientes situaciones hipotéticas en las que Ud. debe explicarle lo que debe hacer, paso a paso. Haga este ejercicio con un(a) compañero(a).

1. En un restaurante, una persona se desmaya.
2. En su casa, un(a) amigo(a) se corta la mano hondamente.
3. A un(a) paciente se le ha roto el brazo. Haga el papel del (de la) médico(a).
4. A un(a) compañero(a) le duele todo el cuerpo.

D. Una encuesta personal. Conteste las siguientes preguntas.

1. ¿Qué hace Ud. cuando le duele la cabeza?
2. ¿Cuál es su grupo sanguíneo?
3. Cuando era niño(a), ¿le gustaban las inyecciones? Y ahora, ¿las aguanta más?
4. ¿Jamás se ha quebrado un hueso? ¿Qué pasó?
5. ¿Cómo se siente Ud. cuando tiene que ir al consultorio del médico? ¿Por qué?

E. Encuentros personales. Con unos(as) compañeros(as) de clase, haga los papeles en las siguientes situaciones.

1. Go to the doctor's office and explain your problem to him. The doctor will advise you about what to do. (Try several different problems and switch roles.)
2. You have just witnessed an accident. A woman fell, got up and then fainted. Call the hospital for an ambulance. Upon arriving, the medics ask you to explain what happened.
3. Explain your accident to the lifeguard at the pool. You were swimming and got out because you had a pain in your stomach. You then fell because the floor (**suelo**) was slippery (**resbaloso**) and twisted your ankle. Tell him or her it isn't serious but that you need crutches. The lifeguard tells you there are no crutches and asks your advice. Solve this problem somehow.

F. Tema escrito. Escriba un diálogo entre un(a) médico(a), un(a) enfermero(a) y un(a) paciente. Use el diálogo anterior como modelo, pero desarrolle su propia trama. Busque Ud. en un diccionario cualquier palabra médica que necesite. Luego, haga los papeles de los personajes en clase. He aquí los nombres de algunas enfermedades:

la alergia allergy
la artritis arthritis
el asma *f* asthma
la diabetes diabetes
la epilepsia epilepsy
la glándula hinchada swollen gland
la polio polio
la tuberculosis tuberculosis
las viruelas locas chicken pox

las amibas amebas (common to travelers)
la apendicitis appendicitis
el cáncer cancer
la diarrea diarrhea
el estreñimiento constipation
las paperas mumps
el sarampión measles
las úlceras ulcers

¿Sabía usted esto?

To form demonstrative pronouns, use nominalization; i.e., just drop the noun. Remember, the demonstrative must agree in number and gender with the noun it modifies. The demonstrative pronouns, shown below, can be written without an accent.

éste, ésta	this (one)
éstos, éstas	these (ones)
ése, ésa, aquél, aquélla	that (one)
ésos, ésas, aquéllos, aquéllas	those (ones)

One common use of demonstrative pronouns is to translate the English construction *the former. . .the latter*. The forms of **éste** are used for *the latter* while the forms of **ése** or **aquél** are used for *the former*.

PRACTIQUEMOS

G. En el hospital. Ud. está en un hospital porque un cirujano le ha extraído algunos dientes. Un(a) enfermero(a) entra y le ofrece a Ud. varias cosas. Siga el modelo.

Modelo: El (la) enfermero(a) —¿Quiere ver este programa ahora?
                 Ud. —No, no quiero ver éste; prefiero ése o aquél.

1. ¿Quiere Ud. esta revista?
2. ¿Les gusta a sus visitantes que yo les sirva estas bebidas?
3. ¿Desea Ud. que yo ponga estas flores aquí?
4. ¿Quiere Ud. leer esta carta?
5. ¿Le gusta que los visitantes le traigan este periódico?

Ahora, Ud. es el (la) médico(a). El (la) enfermero(a) le hace preguntas y Ud. le contesta.

Modelo: El (la) enfermero(a) —¿Quiere ponerle esta inyección ahora?
                 Ud. —No, no quiero poner ésta, prefiero ésa o aquélla.

6. ¿Desea Ud. estas píldoras?
7. ¿Le gusta a Ud. este tipo de venda?
8. ¿Quiere Ud. que yo llene esta receta?
9. ¿Quiere Ud. observar esta operación?
10. ¿Quiere que yo le dé al paciente estos rayos equis?

H. Comentarios en el hospital. Tradúzcalos, por favor.

1. —Had they suffered from that (a long time ago) illness, too?
   —No, they felt bad because of this one, not that one.
2. —We had broken these two bones.
   —Those? I thought that you had broken these.
3. The doctors gave him this pill and these two shots —the former to reduce the pain and the latter to maintain his temperature.

Los ejercicios aeróbicos y el correr son dos ejercicios populares; **éste** (el correr) se hace afuera y **aquéllos** (los ejercicios aeróbicos) adentro.	*Aerobics and jogging are two popular exercises; the latter (jogging) is done outside and the former (aerobics) inside.*

(Notice that the English construction is the reverse of the Spanish.)

Do not confuse the neuter demonstratives and the demonstrative pronouns.

Eso me molesta.	*That bothers me.* (something previously stated)
Esa (mujer, clase) me molesta.	*That* (specific one) *bothers me.*

ENFOQUEMOS EL IDIOMA

El futuro
The future

The future, an aspect of the present tense, is formed by adding the endings **é, ás, á, emos, eis, án** to the future stem of all verbs, which, in most cases, is the infinitive. (Note the similarity of the future endings to the forms of *haber; hablaré* was originally *hablarhe* in old Spanish.)

recetar		**torcer**		**sufrir**	
recetar	-é -ás -á -emos -eis -án	torcer	-é -ás -á -emos -eis -án	sufrir	-é -ás -á -emos -eis -án

The accent and stress on the endings are extremely important: **recetara** is the imperfect subjunctive; **recetará** is the future.

The following verbs have irregular stems in the future, though their endings are the same as for regular verbs. These stems are also used for the conditional (to be studied in the next section).

decir	dir-	**querer**	querr-
haber	habr-	**saber**	sabr-
hacer	har-	**salir**	saldr-
caber	cabr-	**tener**	tendr-
poder	podr-	**valer**	valdr-
poner	pondr-	**venir**	vendr-

The future is used to indicate an action that will occur after another action in the present. It usually points to a distant future event or is used to emphasize a prediction:

Ella dice que no se **desmayará** otra vez.	*She says she will not faint again.* (prediction)
En el año 1995, **tendrá** 95 años.	*In 1995, he will be 95 years old.* (distant event)

The present tense and **ir a** + infinitive can also indicate future events, but these forms are used when a future event is closer to the present moment:

Mañana voy (a ir) al consultorio.	*Tomorrow I'll go/am going (to go) to the doctor's office.*

The future is also used to express probability in the present. In English, we tend to express probability by using expressions such as *I wonder, probably,* and *must.* There are, however, some parallels with Spanish forms: (someone at the door) *Who'll that be?* **¿Quién será?**

Here are some other examples:

¿Qué hora será?

What time must it be? I wonder what time it is.

Serán las dos.

It must be 2:00. It's probably 2:00.

¿Quién será él?

Who do you think/suppose he is?

PRACTIQUEMOS

I. Una inyección necesaria. Un grupo de empleados está en el consultorio de la doctora Fuentes. Necesitan una inyección contra la tuberculosis. El enfermero les explica el proceso. Sustituya los sujetos nuevos entre paréntesis.

1. Uds. querrán subirse la manga. (vosotros, tú, Ud., ellas)
2. La doctora les dará la inyección tan pronto como ella llegue. (yo, ellos, nosotros, las enfermeras)
3. Luego les dirá a Uds. que vuelvan mañana. (yo, ellos, nosotros, el médico)
4. Sabrán los resultados mañana. (vosotras, tú, Ud., nosotros)
5. Podrán regresar al trabajo así que ella les dé la inyección. (vosotros, tú, nosotros, los empleados)

J. El diagnóstico. Aquí sigue una lista de enfermedades. Usando la palabra entre paréntesis, haga el papel del (de la) médico(a) y dele su diagnóstico al (a la) paciente empleando el futuro de probabilidad.

Modelo: El (la) paciente —¡Ay! ¡Mi cabeza! (tener)
El (la) médico(a) —Tendrá un dolor de cabeza. *(You must have a headache.)*

una alergia

la apendicitis

el asma

un ataque al corazón

las cataratas

las paperas

una úlcera

las viruelas locas

1. Doctor, no puedo respirar bien. (tener)
2. A mi hijo le duele mucho el estómago en el lado derecho. (ser)
3. Me duele mucho el pecho. (padecer)
4. Mi padre es muy nervioso y siempre tiene dolor en el estómago. (tener)
5. La cara y garganta de mis niñas empiezan a hincharse. (sufrir de)
6. Cuando mi hermano está cerca de un perro, empieza a toser y a estornudar. (ser)
7. Mi abuelo no puede ver muy bien. (sufrir de)
8. Hay muchos puntos rojos sobre el cuerpo de mi niña. (ser)

K. Una entrevista importante. Juana Horno tiene una entrevista con la doctora Morales porque ésta busca una enfermera. La amiga de Juana quiere saber muchos detalles. Aquí siguen las respuestas de Juana. ¿Cuáles son las preguntas de la amiga? Siga el modelo.

Modelo: JUANA —Creo que es joven.
            LA AMIGA —¿Qué edad tendrá? (¿Cuántos años tendrá la médica?)

1. No estoy segura, pero probablemente son las nueve.
2. Creo que debo llegar a las nueve y cuarto.
3. Probablemente busca una enfermera bilingüe.
4. Creo que el consultorio está en el centro médico.

En el consultorio

5. Espero que este hombre sea otro paciente de la médica.
6. Ojalá que ella pague bien.
7. Debe ser muy simpática y profesional porque tiene muchos pacientes.
8. No sé, pero probablemente ella va a entrevistar a muchos.
9. Creo que el trabajo empieza la semana que viene.
10. Probablemente esta señora es la médica. ¡Cállate! Me busca.

El condicional
The conditional

The conditional, an aspect of the past, is formed by adding the imperfect endings **ía, ías, ía, íamos, íais, ían** to the future stem. As with the formation of the future, the stem is usually the infinitive; the exceptions are those verbs whose stems are also irregular in the future.

recetar		**torcer**		**sufrir**	
recetar	-ía -ías -ía -íamos -íais -ían	torcer	-ía -ías -ía -íamos -íais -ían	sufrir	-ía -ías -ía -íamos -íais -ían

The conditional usually corresponds to *would* + verb in English. It indicates that an action was predicted to occur after another action in the past. The conditional represents the "future" of the past.

| Dijo —No me **desmayaré** otra vez. | He said, "I won't faint again." (direct discourse) |
| Dijo que no se **desmayaría** otra vez. | He said that he wouldn't faint again. (indirect discourse) |

One must be careful not to confuse *would* used for the conditional and *would* in the sense of a habitual action, which is expressed by the imperfect:

| Dijo que **haría** ejercicios después de regresar. | He said that he would exercise after returning. (an action anticipated after another action has been completed) |
| El **hacía** ejercicio después de regresar. | He would (used to) exercise after returning. (a repeated action in the past, he always used to do this) |

The conditional, like the future, can be used to express probability, but with the conditional the probability is in the past. In addition, the conditional and *would* are both used for speculation:

| ¿Qué hora sería? | { I wondered what time it was. What time could it have been? |
| ¿Quién sería él? | { I wondered who he was. Who could he have been? |

PRACTIQUEMOS

L. En caso de que hubiera un accidente. El entrenador le explicó a su equipo lo que harían en caso de un accidente. Sustituya los verbos entre paréntesis por el verbo en bastardilla.

1. Yo *haría traer* una ambulancia. (buscar, necesitar, pedir, conseguir)
2. Los aficionados y yo *ayudaríamos* a la víctima. (calmar, hablar, salvar, no molestar)
3. Los otros jugadores *tratarían* de mantener el orden. (insistir en, querer, esperar)
4. Tan pronto como llegara la ambulancia, vosotros me *daríais* la información requerida. (decir, pasar, informar, explicar)
5. *Saldríamos* para el hospital lo más pronto posible. (partir, irse, escapar, conducir)

M. Ahora, vamos al pasado. Vuelva Ud. a la sección anterior (el futuro), ejercicio **J.** Hágalo de nuevo, cambiando las preguntas y las respuestas al pasado.

Modelo: EL (LA) PACIENTE —¡Ay! ¡Mi cabeza! (tener)
EL (LA) MÉDICO(A) —Tendría un dolor de cabeza.
(You must have had / probably had a headache.)

N. ¡Pura magia! Un amigo suyo acaba de descubrir una droga que le concede a alguien tres deseos. Ud. escogió un millón de dólares, el (la) novio(a) de sus sueños y la salud. Con un(a) compañero(a) de clase, háganse estas preguntas. Al terminar este ejercicio, compartan sus respuestas con las de la clase.

1. ¿Qué harías con un millón de dólares? ¿Adónde irías? ¿Cómo gastarías el dinero? ¿A quién le darías algún dinero?
2. ¿De quién te enamorarías? ¿Qué harían Uds.? ¿Se casarían? ¿Cómo sería su novio(a)? ¿Cómo sería su figura? ¿Dónde vivirían? ¿Trabajarían?
3. ¿Qué harías para mantener la salud? ¿Cuál sería tu rutina diaria? ¿A qué hora te levantarías? ¿A qué hora te acostarías? ¿Qué comerías? ¿Qué más harías como pasatiempo?

O. La recuperación. Esteban está triste porque se dislocó la rodilla. Describa su situación, terminando la frase con el futuro o el condicional según convenga. Use el verbo entre paréntesis y cualquier otra palabra necesaria.

1. El médico me dijo que la rodilla (mejorarse) _____.
2. También me explicó que no (poder) _____ .
3. Le dije que tan pronto como pudiera, (correr-yo) _____ .
4. Mientras me recupere, (leer y descansar-yo) _____ .
5. Estoy seguro de que muchos amigos (venir) _____ .
6. Hasta que pueda correr de nuevo, yo (verb) _____ .

El futuro y el condicional perfecto
The future and conditional perfect

The future and conditional perfect aspects, like the present and past perfect aspects, are composed of the auxiliary verb **haber** followed by the past participle. In the future perfect, **haber** is used in the future; in the conditional perfect, **haber** is in the conditional form.

Future Perfect		**Conditional Perfect**	
habré		habría	
habrás		habrías	
habrá	+ past participle	habría	+ past participle
habremos		habríamos	
habreis		habríais	
habrán		habrían	
I will have + past participle		*I would have* + past participle	

The use of the perfect aspects in Spanish corresponds closely to their use in English; i.e., they express something that will have happened or would have happened by a specific time. Remember, the future is an aspect of the present and the conditional is an aspect of the past:

Está seguro de que le **habrán vendado** el dedo.	*He is sure that they will have bandaged the finger* (by now).
Estaba seguro de que le **habrían vendado** el dedo.	*He was sure that they would have bandaged the finger* (by that point).

Like the future and conditional, the future and conditional perfect can be used to express probability:

Habrán examinado al paciente.	*They probably have examined the patient.*
Habrían examinado al paciente.	*They probably had examined the patient.*

PRACTIQUEMOS

P. Un accidente. Mi hermano se cayó de un árbol y se le quebraron las dos piernas. Mi madre no está en casa y por eso telefoneo a mi tía a ver si ella sabe lo que pasó. Vivo lejos de la familia y quiero regresar inmediatamente. Mi tía me dice que no es necesario que me apure porque antes de que llegue, todo se habrá hecho.

Conteste las siguientes preguntas. Siga el modelo. Use el verbo entre paréntesis.

Modelo: Le digo a mi tía —Traté de llamar a mamá pero no está. ¿Dónde estará? ¿Debo regresar? (arreglar)

Ella me contesta —Ella lo habrá arreglado todo antes de que tú llegues.

1. ¿Dónde estará mi hermano? (traer)
2. ¿Dónde estará mi padre? (ir)
3. ¿Qué harán los médicos? (operar)
4. ¿Dónde estará mi hermano mañana? (volver)
5. ¿A qué hora se levantará? (despertarse)
6. ¿Cuándo se sentirá mejor? (recuperarse)
7. ¿Cuándo estará en casa? (regresar)

Q. Entonces y ahora. Mi madre me explica las diferencias entre los clubes de gimnasia de hoy y los lugares donde se hacía ejercicio cuando ella era joven. Sustituya los sujetos entre paréntesis por los originales.

1. Los participantes se habrían vestido con uniformes de un solo color. (yo, nosotros, Ud., vosotros)
2. No habrían oído música. (tú, nosotros, Ud., vosotros)
3. El líder del grupo habría contado al hacer el ejercicio. (vosotras, Ud., yo, tú)
4. No habrían servido «comida saludable» sin ingredientes preservativos. (el dueño, yo, Uds., vosotros)
5. No habrían tenido unas duchas para el uso de los participantes. (el club, los dueños, Ud., nosotros)

¿Qué notaría un visitante del siglo XXI al ver un club de gimnasia de hoy?
¿Qué habría visto un visitante de otro planeta?

REPASEMOS

R. ¿Es Ud. una persona sana? Cuando alguien se hace socio(a) de un club, es necesario contestar algunas preguntas sobre su salud y su historia médica. Con un(a) compañero(a) de clase, que hará el papel del (de la) dueño(a) del club, háganse estas preguntas porque Ud. quiere ser socio(a) del club universitario.

Historia médica
1. ¿Se ha roto Ud. alguna vez un hueso? Si es así, ¿cuáles fueron las circunstancias del caso?
2. ¿De qué enfermedades había padecido Ud. antes de entrar en la escuela secundaria?

3. ¿Había Ud. experimentado algún problema médico antes de llegar a la universidad? Explique.
4. ¿Tiene Ud. un problema médico que le prohiba participar en algún ejercicio? ¿Cuál es?
5. ¿Cuál es el número de teléfono y el nombre de su médico(a) en caso de que haya problemas? ¿Y los de un pariente que viva cerca?

Salud general y rutina diaria
1. ¿A qué hora se levanta? ¿A qué hora se acuesta? ¿Qué come cada día?
2. ¿Qué ejercicios ha hecho Ud. hoy? ¿Por cuánto tiempo hará ejercicio cada día? ¿Por qué hace ejercicio? ¿Cómo se siente Ud. después de hacerlo?
3. ¿Ha seguido un programa especial de ejercicio o de dieta? Descríbalo. ¿Qué había hecho antes de este programa? ¿Qué habría hecho sin este programa?
4. ¿Qué tipo de ejercicio le recomendaría a alguien que quisiera bajar de peso? Y, ¿qué le sugeriría Ud. para engordar?

Otra información y objetivos
1. ¿Por qué le gustaría hacerse socio(a) de este club?
2. ¿Qué querría hacer para mejorar su figura o su bienestar físico?
3. ¿Cómo cambiaría su rutina diaria?
4. ¿Cómo mantendría su nueva figura?
5. ¿Qué comerá para engordar / no engordar?
6. ¿Qué hará Ud. hasta que llegue a su objetivo?
7. ¿Qué hará tan pronto como logre su objetivo?

S. Temas escritos

1. ¿Quién será esta mujer? ¿Cómo será? ¿Qué querrá hacer? Mire los dibujos e invente un cuento que describa lo que le habrá pasado.
2. Otros temas:
a. Indique cómo será la vida en el siglo XXI.
b. Narre Ud. el futuro como lo viera de niño(a).
c. Ud., es un(una) periodista del año 1800. Haga un reportaje de un evento médico, indicando lo que pasó, cuál era la situación, lo que pasaría, etc.

Este señor da entrevistas para aspirantes a empleo en una firma de abogados en la Ciudad de México.

capítulo
once

UNA ENTREVISTA IMPORTANTE

Constanza López Echeverría está un poco nerviosa hoy. Tiene una entrevista para un puesto en una compañía ecuatoriana de importación y de exportación de textiles. Lo que sigue es la carta de presentación que escribió Constanza para solicitar el puesto, que resultó en su entrevista:

5 de agosto de 198____

Sr. Fernando Dávila
S. Millán y Compañía
Apartado 6312
Quito, Ecuador

Muy estimado señor Dávila:

Respondo al anuncio clasificado suyo que apareció en el Excelsior de esta semana para el puesto de asistente al presidente en asuntos de exportación. Quiero comunicarle a Ud. mi interés en ser considerada para dicho puesto.

Acabo de graduarme de la Universidad de Ecuador con título en la Administración de Negocios Internacionales. Adjunto le envío mi curriculum vitae. Ud. verá que he seguido varias asignaturas compatibles con la exportación: derecho internacional, contabilidad y ciencias económicas. Estas materias seguramente me ayudarán a desempeñar el puesto.

Sé que uno de sus mayores clientes es los Estados Unidos. Debo informarle que soy de familia bilingüe. Mi padre, un hombre de negocios norteamericano, me ha enseñado muchos de los términos de negocios en inglés.

Además de haber estudiado la exportación durante mi carrera universitaria, he trabajado en fábricas de textiles durante mis vacaciones de verano como asistente administrativa. Afortunadamente eso me ha dado la oportunidad de saber cómo se fabrica el producto que exporta su compañía.

Me considero capacitada para desempeñar el puesto a su satisfacción. Le agradecería que Ud. me concediera una entrevista para explorar posibilidades de empleo.

Se despide de Ud. atentamente,

Constanza López Echeverría

Constanza López Echeverría

Anexo: Curriculum vitae

Una semana y media después, la secretaria del señor Dávila llamó a Constanza para que fuera a la oficina para una entrevista. Constanza se sorprendió tanto que ¡por poco se cae de la silla! Le quedaban sólo cuatro días para prepararse para la entrevista.

Constanza sabía que la apariencia física de un aspirante a empleo era muy importante. Corrió a su dormitorio y escogió un traje azul como si fuera el día de la entrevista. Trató de pensar en las preguntas que le haría el señor Dávila. Luego, pensó en las preguntas que ella haría para demostrar su interés. Se dijo que tener confianza en sí misma era sumamente importante para crear una impresión positiva.

Constanza también se dio cuenta de que había bastante desempleo en su ciudad. Trató de prepararse en caso de que no consiguiera el puesto. Pensó en la competencia. Tenía amplio conocimiento teórico del asunto pero no tenía experiencia. Pero, sabía que era inteligente. Constanza vaciló entre la duda y la confianza en los cuatro días antes de la entrevista. Finalmente, llegó el día.

¿Qué pasaría? ¿Conseguiría Constanza el puesto? ¿Por qué o por qué no?

¡Digamos la última palabra!

SUSTANTIVOS

la Administración de Negocios business (major)

el anexo enclosure

el anuncio clasificado classified ad

el (la) asistente (ayudante) assistant

el (la) aspirante a empleo prospective employee

las ciencias económicas economics

la competencia competition
  competir *i* to compete

la confianza confidence, trust
  confiar (en) (confío) to trust

el conocimiento knowledge, familiarity
  conocer (conozco) to know

la contabilidad accounting

el curriculum vitae résumé

la exportación exporting (business)
  exportar to export

la fábrica factory
  fabricar to manufacture

la importación importing (business)
  importar to import; to matter

la materia subject matter; material

el puesto job, position, place

la silla chair

el término term, word

el textil textile

VERBOS

agradecer (agradezco) to thank
demostrar *ue* to demonstrate

la demostración demonstration
  mostrar *ue* to show

desempeñar to carry out, execute
  desempeñar un papel to play a role

solicitar to apply for
  la solicitud application

vacilar (en) to waver, hesitate
  la vacilación hesitation

ADJETIVOS

adjunto(a) attached

capacitado(a) qualified
  la capacidad capability
  la capacitación training
  capaz capable

compatible compatible

estimado(a) esteemed (opening for a formal letter)
  estimar to esteem; to judge

ADVERBIO

afortunadamente fortunately

seguramente surely
  seguro(a) sure, safe

EXPRESIONES UTILES

por poco almost, nearly (uses present tense to express a past action)

Se despide de Ud. atentamente,... Very truly yours,...; Sincerely yours,... (closing for a formal letter)

seguir *i* **una asignatura** to take a course

PRACTIQUEMOS

A. ¿Sabe Ud. entrevistar a un(a) aspirante a empleo? Ud. es el jefe (la jefa) de una compañía que busca una persona responsable que sea bilingüe. Con cada una de las siguientes palabras, forme preguntas que Ud. podría hacerle a un(a) aspirante a

Este joven quiere trabajar en el mundo de televisión. ¿Conseguirá el puesto?

empleo durante una entrevista. ¡Esté preparado(a) en caso de que entre un(a) candidato(a)! El orden de la palabras no es fijo.

1. demostrar
2. capacitado
3. la experiencia
4. solicitar
5. desempeñar

6. las materias
7. un curriculum vitae
8. un anuncio clasificado
9. el puesto
10. el conocimiento

¡Qué maravilloso! Ya ha preparado Ud. algunas preguntas y acaba de entrar un(a) candidato(a). Haga Ud. el papel del jefe (de la jefa) y hágale las preguntas al (a la) candidato(a) ¡que se parece mucho a un(a) compañero(a) de clase!

B. ¡Experiencia práctica! Para que Ud. esté preparado(a) en caso de que quisiera solicitar un puesto en un país de habla española, prepare Ud. una carta de presentación general que describa sus conocimientos y capacidades. Incluya su experiencia. Consulte la carta anterior como modelo.

C. ¡Emplee la imaginación! Ud. trabaja para un periódico, en la sección de anuncios clasificados. Su trabajo hoy es el de preparar un anuncio clasificado que se dirija a cada una de estas personas. Mencione las características y experiencia del (de la) candidato(a) ideal.

1. una persona de negocios
2. un(a) estudiante que quiera trabajar en un barco transatlántico
3. un(a) camarero(a)
4. un(a) modelo
5. un(a) obrero(a)

D. Solicitamos su opinión.

1. ¿Qué tipo de puesto busca Ud.?
2. ¿Cuál es más importante, conseguir un puesto que pague mucho o que sea interesante? Explique.
3. ¿Cree Ud. que un ejecutivo debe emplear a una persona que va a una entrevista vestida en bluyines y camiseta? ¿Y si tiene mucha experiencia y está muy capacitada? Explique.
4. ¿Cómo se prepara Ud. en caso de que no consiga un puesto que quiere?
5. ¿Cómo piensa Ud. buscar empleo después de graduarse? ¿por medio de anuncios clasificados? ¿por teléfono? ¿de alguna otra manera?

¿Sabía usted esto?

You have seen that prefixes can be attached to verbs. In addition, they can be attached to nouns and adjectives. Here are some of the more common ones.

anti- *against*	**contra-** *counter*	desanimado(a)
antiamericano(a)	contraataque	(desanimar)
antifeminista	(contraatacar)	desaprobación
anticonformista	contracorriente	(desaprobar)
	contradicción	desarreglado(a)
auto- *self*	(contradecir)	desarreglo
autobiografía	contrafirma	(desarreglar)
autocrítica	(contrafirmar)	descompuesto(a)
(autocriticar)		(descomponer)
autodefensa	**des-** *negative* or	desconfianza
autoexaminación	*opposite*	(desconfiar)
(autoexaminar)	desacuerdo	desconocido(a)
autorretrato	desafortunado(a)	desconocimiento
autosuficiente	desagradable	(desconocer)
autosugestión	(desagradar)	descontento(a)

descubierto(a)
descubrimiento
     (descubrir)
descuidado(a)
     (descuidar)
desemejanza
desempleado(a)
desesperado(a)
desesperanza
     (desesperar)
deshecho(a)
     (deshacer)
desilusionado(a)
desinterés
desinteresado(a)
desobediencia
desobediente
     (desobedecer)
despreocupación
despreocupado(a)
     (despreocupar)
desventaja

em- (before **b/p**)
en- to make +
     adjective; to
     enclose
embellecer
embotellar
empeorar
enriquecer
entristecer
envejecer

entre between
entreabierto(a)

entremetido(a)
     (entremeterse)
entretenido(a)
entretenimiento
     (entretener)

im- (before **b/p**)
in-/ir- (before **r**)
     negative or
     opposite
imbatible
imbebible
impaciencia
impaciente
imparcial
imperfección
imperfecto(a)
inaguantable
incapaz
incapacidad
indecisión
indeciso(a)
indefinido(a)
infeliz
injusticia
injusto(a)
irresistible

pre- before
predicción
predicho(a)
     (predecir)
prefijo(a)
presuposición
     (presuponer)

re- to do again
readaptación
     (readaptar)
reajuste
     (reajustar)
reaparición
     (reaparecer)
reconstrucción
     (reconstruir)
recreación
     (recrear)
reelecto(a)
     (reelegir)
rehecho(a)
     (rehacer)
reorganización
     (reorganizar)

sobre- over, super
sobreabundante
sobreexpuesto(a)
     (sobreexponer)
sobrehumano(a)
sobrenatural
sobrepoblación
     (sobrepoblar)

sub- under, sub
subalimentación
subconciencia
subconsciente
subdesarrollado(a)
subdesarrollo
subempleo
subproducción
subtítulo
subyacente

PRACTIQUEMOS

E. Preparaciones para una entrevista. Lo que siguen son los pensamientos de Constanza antes de ir a su entrevista. Dé sinónimos de las palabras en bastardilla.

1. Si Constanza consigue el puesto, será necesario que *vuelva a organizar* su tiempo.
2. Constanza no es una persona *en contra del conformismo,* por eso querrá crear una impresión excelente.
3. Constanza cree que crearía una impresión *no agradable* yendo a la entrevista mal vestida.

4. Como Constanza no quiere que su futuro jefe *no apruebe* de ella, piensa ir bien vestida.
5. El problema es que Constanza es una mujer *no muy paciente* en cuanto a la ropa, pero seguramente no quiere ir a la entrevista *no arreglada*.
6. Para no *hacer peor* su situación, Constanza va a pedirle consejos a su hermano porque es un crítico *no parcial*.
7. Constanza no quiere dar una impresión *no interesada* en la entrevista, por eso va a investigar algo sobre la compañía.
8. Tiene muchas ganas de ser *suficiente sin la ayuda de otros*.
9. Constanza no se considera una persona *no afortunada*, por eso cree que le irá bien en la entrevista.
10. Se da cuenta de que no es *más que humana*, pero, sin embargo, es una mujer muy capacitada.

F. La vida es más interesante con los opuestos. Dé lo contrario de estas palabras, y use las dos en frases originales.

Modelo: afortunado
               desafortunado: Los que tenemos empleo somos afortunados;
                            los que no lo tienen son desafortunados.

1. perfecto
2. la ventaja
3. aguantable
4. cubierto
5. la justicia
6. la esperanza
7. la capacidad
8. el acuerdo
9. ocupado
10. deciso

G. Una encuesta personal. Conteste las siguientes preguntas.

1. ¿Tiene Ud. algunas predicciones para el futuro? ¿Qué predice Ud.?
2. ¿Qué tiene Ud. que rehacer a veces? ¿Las tareas de español?
3. ¿Es Ud. antifeminista? ¿Por qué o por qué no?
4. ¿Goza Ud. de una vida llena? ¿Qué hace Ud. para enriquecer su vida?
5. ¿Cuándo ha tenido Ud. que hacer reajustes en su vida? ¿Cómo reajustó?
6. ¿Qué cree Ud. que se debe hacer para embellecer la universidad a la que Ud. asiste?
7. ¿Es Ud. una persona indecisa? ¿Qué hace Ud. cuando tiene que tomar una decisión importante?
8. ¿Cree Ud. que la subconciencia controla la vida de una manera subyacente? Explique.
9. ¿Conoce Ud. a algunas personas entremetidas? ¿Cómo se entremeten en sus asuntos? ¿Qué hace Ud. cuando se entremeten?
10. ¿Cree Ud. en los poderes sobrenaturales? Explique.
11. Cuando Ud. ve una película en español, ¿necesita subtítulos? ¿Por qué o por qué no?
12. ¿Jamás se contradice Ud. a sí mismo(a)?

ENFOQUEMOS EL IDIOMA

Los usos del infinitivo
Uses of the infinitive

The Spanish infinitive can be used in several ways.

As subjects:

(clause)	**El que llegues tarde** le molesta a Manuel. (different subjects)
(infinitive)	**(El) llegar tarde** le molesta a Manuel. (same subject)

As objects:

(clause)	Quiero que **lo olvides.** (different subjects)
(infinitive)	Quiero **olvidarlo.** (same subject)

As objects of a preposition:

(clause)	Suelo comer **después de que vuelve mi esposa.** (different subjects)
(infinitive)	Suelo comer **después de volver.** (same subject)
(clause)	Me opongo **a que establezcan una lotería.** (different subjects)
(infinitive)	Me opongo **a establecer una lotería.** (same subject)

As relative clauses (See **Capítulo Cinco, ¿Sabía usted esto?):**

(clause)	Hay mucho trabajo **que se debe hacer.**
(infinitive)	Hay mucho trabajo **que hacer.**
(clause)	Busca un desafortunado **a quien pueda ayudar.** (See **Capítulo Doce.**)
(infinitive)	Busca un desafortunado **a quien ayudar.**

● When the infinitive functions as the subject of the sentence, the definite article **(el)** may accompany it. This is very common when the infinitive is the first word in the sentence and when it is followed by the verb **ser.** The article **el** must accompany the infinitive if it is modified. Compare these sentences:

(El) conseguir un puesto es difícil.
Es difícil conseguir un puesto. (no **el)**

Getting a job is difficult.

El solicitar empleo a veces exige mucha paciencia.

Applying for work sometimes requires a lot of patience.

Notice that the English translation is *—ing,* but in Spanish the infinitive rather than the gerund is required.

Most proverbs and sayings using verb forms do not use the article:

Ver es creer.

Seeing is believing.

- Infinitives in Spanish can follow other conjugated verbs to act as their complement or object:

Constanza querría **conseguir** el puesto.

Constanza would like to get the job.

Ellos deben **considerar** a todos los candidatos.

They should consider all of the candidates.

Verbs like **deber, decidir, esperar, gustar, intentar, lograr, necesitar, pensar, poder, preferir** and **saber** take no preposition when they are followed by an infinitive.

There are several verbs that require a preposition before an infinitive or a noun. With a few verbs, their meanings (as given in parentheses) are slightly altered when an infinitive follows.

A
acostumbrarse
aprender
atreverse
ayudar
bajar
comenzar *ie*
empezar *ie*
enseñar
invitar
ir
llegar
ponerse *(to begin)*
salir
tender *ie*
volver *ue (to do something again)*

De
acabar
acordarse *ue*
alegrarse

cansarse
dejar *(to stop)*
disfrutar
gozar
ocuparse
olvidarse
pensar *ie (to think of; opinion)*
preocuparse (**de** or **por**)
quejarse
tratar

En
consistir
insistir
pensar *ie (to think about)*
tardar
vacilar

Con
contar *ue (to rely on; to count on)*
soñar *ue*

Remember also that **tener** and **hay** require **que** before an infinitive when they mean *to have to.*

- Infinitives can function as objects of a preposition. As a matter of fact, the *only* verbal form that can follow a preposition is the infinitive. When it follows a preposition an infinitive in Spanish is usually translated by the *-ing* form in English. Compare these sentences:

Después de **leer**lo, Constanza fue a solicitar el puesto.

After reading it, Constanza went to apply for the job.

Para **conseguir**lo ella, tendría que hacer una buena impresión.

For her to get it, she would have to make a good impression.

Notice that the subject pronoun can be used for emphasis, but it is placed after the infinitive.

A prepositional phrase can be used with a compound verb construction:

Después de **haberlo hecho,** él salió.
After having done it, he left.

After the preposition **sin**, the infinitive can be used to indicate that an action has not yet been completed. This often corresponds to the English prefix *un* + past participle. Other times **sin** means *without*. Look at these examples:

El puesto se queda **sin llenar.**
The position remains unfilled.

Ella salió **sin decir** nada.
She left without saying anything.

Remember that after **al,** the infinitive is used to mean *when* or *upon,* followed by the English *-ing* form:

Al solicitar el puesto, ella se sentía nerviosa.
When/upon applying for the job, she felt nervous.

Remember that if there are two subjects mentioned, the indicative or the subjunctive is used after a conjunction joining the two clauses:

Después de que ella **solicitó** el puesto, la secretaria la llamó.
After she applied for the job, the secretary called her.

Después de que ella **solicite** el puesto, la secretaria la llamará.
After she applies for the job, the secretary will call her.

● With verbs of perception, either an infinitive or a gerund may be used. Verbs included in this group are **escuchar, mirar, observar, oír, sentir,** and **ver:**

Vi **hablando** al jefe. ⎫
Vi **hablar** al jefe.   ⎬ *I saw the boss talking/talk.*
                          ⎭

Often the gerund is used to emphasize that an action is in progress at a certain time.

PRACTIQUEMOS

H. Mi amigo Arturo y su ambición. Combine las frases en una sola frase. A veces será necesario añadir, sustraer o cambiar algo.

Modelo: Quiero el puesto./Consigo el puesto.
             Quiero conseguir el puesto.

1. Arturo Cancionero espera el puesto ideal./Encuentra el puesto ideal.
2. Le gustaría./Empieza inmediatamente después./Se gradúa.
3. Quiere./Yo lo ayudo./Se prepara para una entrevista hipotética.
4. Me invita a su casa./Voy a su casa.
5. No me atrevo./Rehúso su invitación.
6. Prefiero./El no se preocupa tanto./Consigue el puesto ideal.
7. Aún sueña./Comienza./Trabaja pronto en este puesto.
8. Tiene./Deja esto./Está preocupado.
9. Pienso./Le digo a él./Insisto./El no se preocupa más.
10. Voy./Le aconsejo esto porque temo./El se enferma.

I. **¡Tengo ganas de trabajar!** Por fin, empieza mi trabajo en el nuevo puesto. Combine las frases, usando una de las palabras entre paréntesis. Preste atención al uso del subjuntivo, del indicativo o del infinitivo.

1. Había esperado empezar mi trabajo. Me gradué. (después de, después de que)
2. Un amigo ya me había encontrado un apartamento. Yo estaría lista. (para, para que)
3. Me sentí desilusionada. Supe que no empezaría hasta más tarde. (después, después de que)
4. Estaba tan desilusionada que salí el fin de semana después de la graduación. No me despedí de mis amigos. (sin, sin que)
5. No estaré completamente contenta. El trabajo empieza. (hasta, hasta que)
6. Supe que mi nuevo jefe me había llamado. Regresé a la universidad. (al, cuando)
7. Me alegré. Había vuelto porque el jefe me dijo que el puesto comenzaría inmediatamente. (de, de que)

J. **La ambición de un amigo.** Aquí sigue una sección de una carta que me escribió un amigo mío. Tradúzcala, por favor, y luego, termínela de una manera original.

Finding a good job is often difficult. Reading the want ads, finishing the application, and going to the interview are all part of the process **(proceso).** After I got my job, I decided that I wanted to try to help others find one, so I have just opened a small employment office. It's still unpainted and needs tables and chairs, but I can't worry about that now. The important thing is to. . .

Más preposiciones
More prepositions

In this section, several prepositions with which you are familiar are summarized, and a few more are introduced.

A means *to* or *at.* It can be used—

● As **a** personal:

Veo **a** Ramón.   *I see Ramón.*

● To separate the subject from the object in an inverted sentence:

Al dar la fecha en castellano, sigue   *When giving the date in Spanish,*
al número el mes. **(El**   *the month follows the number.*
mes=subject)

● In front of an infinitive, following verbs of motion (indicates purpose):

Vamos **a** hacerlo.   *We're going to do it.*
Baja **a** dármelo.   *She is coming down to give it to me.*

● To indicate price or rate:

El periódico se vende **a** un dólar.   *The newspaper costs a dollar.*

Algún día esta estudiante será maestra.

● To introduce an indirect object or a prepositional phrase clarifying or emphasizing a direct or indirect object pronoun:

Le hablé **a** Felipe.   *I spoke to Felipe.*
Me buscas **a** mí.   *You're looking for me.*

De means *of* or *from.* It can be used—

● To indicate possession:

El puesto es **de** Constanza.   *The job/position is Constanza's.*

● To indicate origin:

Constanza es **de** Ecuador.   *Constanza is from Ecuador.*

● To describe the material of which something is made:

El traje es **de** seda.   *The suit is made of silk.*

- To join two nouns, the second of which modifies the first:

hombre **de** negocios *businessman*
libro **de** español *Spanish book*
reloj **de** oro *gold watch*

- To join a noun and an infinitive (where English sometimes uses a gerund + noun):

una máquina **de** escribir *typewriter*
una máquina **de** coser *sewing machine*
una máquina **de** lavar *washing machine*
el estilo **de** escribir *writing style*

- To indentify personal attributes:

Ella es **de** ojos negros y **de** altura mediana.	*She has black eyes and is of medium height.*

- To mean *from . . . to* (**de . . . en**):

Lo busca **de** ciudad **en** ciudad.	*He's looking for him from city to city.*

- To indicate the cause of emotional reactions:

Sonrió **de** alegría al recibirlo.	*She smiled with happiness to receive it.*

- To indicate the manner of action or state:

Lo haré **de** buena gana porque estoy **de** buen humor.	*I'll do it willingly because I'm in a good mood.*

En means *in, on, onto.* It can be used—

- To indicate fixed location:

Estoy **en** la oficina del jefe.	*I'm in the boss' office.*

- As a synonym of **sobre:**

La solicitud está **en** la mesa.	*The application is on the table.*

- To indicate motion into:

Metió la carta **en** el sobre.	*She put the letter in the envelope.*

- To indicate time:

La secretaria la llamó **en** tres días.	*The secretary called her in three days.*

Sobre means *up, upon, above, about.* It can be used—

- To indicate location (equivalent of **encima de):**

La solicitud está **sobre** la mesa.	*The application is (up) on the table.*

● To mean *concerning:*

En la entrevista, hablaron **sobre** sus capacidades.

In the interview, they talked about their abilities.

Desde means *from* or *since,* and **hasta** means *up to* or *until.* They can be used —

● To indicate beginning and ending location:

Busco empleo **desde** Boston **hasta** Nueva York.

I've been looking for work from Boston to New York.

● **Desde** meaning *since* indicates the beginning of an action. Remember that the present indicative is used in this construction regardless of the English translation:

Busca empleo **desde** ayer.

He has been looking for work since yesterday.

● **Hasta** in reference to time means *until*:

Va a seguir buscando **hasta** encontrar algo.

He's going to continue looking until he finds something.

Contra means *against.* It can be used —

● To express opposition to something or someone:

Están **contra** la discriminación.

They're against discrimination.

● To indicate location:

El estereotipo mexicano: un hombre vestido de blanco, durmiendo **contra** un cacto.

The stereotypical Mexican: a man dressed in white, sleeping against a cactus.

Entre means *between* or *among.* It can be used —

● To indicate location in the middle (midst) of other people or things:

El está **entre** tú y yo.

He's between you and me.

● To indicate a sort of partnership:

El trabajo fue hecho **entre** nosotros.

The work was done among ourselves.

Hacia means *toward* or *around.* It can be used —

● To indicate direction:

Caminaba **hacia** la oficina del presidente.

She was walking toward the president's office.

● For approximation of time:

Debe terminarlo **hacia** las tres.

He should finish it around three.

Tras means *after.* It is used to indicate something following something else:

Día **tras** día, no podía encontrar ningún empleo.

Corrió **tras** el autobús.

Day after day, he couldn't find any work.

He ran after the bus.

Detrás de means *behind.* It is used to indicate fixed location:

Su oficina está **detrás de** la del jefe.

His office is (located) behind the boss'.

Después de means *after.* It is used to indicate a time relationship:

Después de terminarlo, salió.

After finishing it, she left.

Ante means *before.* It is used in a figurative sense:

Para conseguir el puesto, necesito comparecer **ante** un comité para demostrar mis habilidades.

In order to get the job (position), I have to appear before a committee to demonstrate my abilities.

Delante de means in *front of.* It is used to indicate a fixed location.

Mi oficina está **delante de** la del jefe.

My office is (located) in front of the boss'.

Antes de means *before.* It is used to indicate a time relationship:

Antes de salir, preparé el informe.

Before leaving, I prepared the report.

Here is a list of other common Spanish prepositions.

acerca de	en busca de
además de	en vez de
alrededor de	fuera de
cara a	junto a
cerca de	más allá de (allende)
con	lejos de
contrario a	para
debajo de	por
dentro de	según
durante	sin

These prepositions follow the pattern **a** + noun + **de.**

a causa de	al norte/sur/este/oeste de
a consecuencia de	a la prueba de
a la derecha/izquierda de	a pesar de
a diferencia de	a través de
al lado de	a la vuelta de
a lo largo de	

Be careful not to confuse prepositions and conjunctions. The following are conjunctions when they are followed by **que.**

antes de	hasta	sin
después de	para	

For example:

Trabaja **para** ganar dinero. (preposition)
Trabaja **para que** gane dinero. (conjunction)

Many prepositions are also used as adverbs when **de** does not follow.

Viven **afuera.** (adverb)	*They live outside.*
Viven **fuera de** la ciudad. (preposition)	*They live outside of the city.*
Viven **cerca.** (adverb)	*They live nearby.*
Viven **cerca de** la ciudad. (preposition)	*They live near (close to) the city.*
Viven **lejos.** (adverb)	*They live far away.*
Viven **lejos de** la ciudad. (preposition)	*They live far (away) from the city.*
Saldrán **antes/después.** (adverb)	*They'll leave before/after.*
Saldrán **antes de/después de** terminar. (preposition)	*They'll leave before/after finishing.*
Saldrán **antes de que/después de que** terminemos. (conjunction)	*They'll leave before/after we finish.*

PRACTIQUEMOS

K. ¿Dónde está la secretaria que busca mi madre? Llene los espacios con las palabras apropiadas, según convenga.

Mi madre es presidenta _____ una compañía grande _____ importación y exportación. Ahora mismo, se ocupa _____ buscar _____ una secretaria que sepa hablar español, francés e inglés. _____ Nueva Inglaterra _____ la Florida, ha ido _____ universidad _____ universidad buscando _____ la secretaria perfecta. Tiene _____ emplear _____ alguien _____ mayo porque la compañía va _____ abrir una sucursal _____ Europa. Mi madre ha pasado tres semanas _____ buscando _____ alguien sin encontrar _____ nadie.

Este fin _____ semana, viene _____ visitarme _____ mí en caso de que haya encontrado _____ una persona que tenga estas capacidades. (Soy jefa _____ una oficina _____ empleo.) De hecho, voy _____ entrevistar _____ una mujer esta tarde. Le pediré _____ ella que me hable _____ su experiencia y _____ su preparación universitaria. _____ Ud. y yo, no creo que sea una buena candidata _____ la manera _____ que me habló _____ teléfono.

La hija tiene razón; no era una buena candidata. Termine la anécdota. Trate de usar el mayor número posible de preposiciones.

Ud. quiere conseguir este puesto. Prepare Ud. diez frases que quiere usar durante la entrevista. Cada frase debe tener por lo menos una de las preposiciones que siguen aquí.

1. tras
2. por
3. sobre
4. durante
5. en busca de
6. a causa de
7. para
8. contra
9. en
10. alrededor de
11. desde
12. hacia
13. entre

REPASEMOS

L. Ud., el (la) supervisor(a). Ud. trabaja en una oficina de personal, y tiene que componer un formulario para los que solicitan empleo. Diseñe Ud. su propio formulario, y luego déselo a un(a) compañero(a) de clase para que lo rellene.

M. Una carta para mi amigo(a). Escriba una carta de recomendación para un(a) amigo(a). No se olvide de mencionar todos sus talentos y habilidades.

N. Encuentros personales. Con un(a) compañero(a) de clase, haga los papeles de los personajes en las siguientes situaciones.

1. Call a newspaper to place a classified ad. The person asks you for the following information and you provide it: name of job, qualifications of candidates, closing date of application, approximate salary, your name, company, address, and telephone number. Then reverse roles.
2. You are looking for a job. Call a company that just advertised a position in which you are interested and ask if you can arrange an interview. The company person asks you for your credentials first. You tell her (him) and she (he) asks you to come tomorrow. Ask for directions.
3. You are an employer interviewing an applicant. Ask the applicant about his or her education, related job experience, and career goals. The applicant answers your questions and asks you about the size of your company, the working environment, and opportunities for advancement. Then reverse roles.

RETOCADOR PREPARADOR
(OFICIAL 1.ª)
NECESITA IMPORTANTE TALLER DE FOTOMECANICA
TELEFONOS 270 88 16 - 270 53 10. Sr. García.
Ref. 28301697M009

VENDEDORES
Buenas comisiones
Para librerías y colegios en Madrid y resto de España
Referencias: Apartado 19.266 - 28080 Madrid

EMPRESA LIDER EN SU SECTOR NECESITA
Técnico en Electrónica
Se valorarán los conocimientos en Ordenadores y Mecanografía
Srta. Gloria: 215 28 39

CHARLEMOS UN POCO

EL PRESUPUESTO

Pues, ¿adivinó Ud. correctamente? Constanza consiguió el puesto en la compañía de exportación. Después de trabajar allí por dos años, conoció a un ejecutivo de la compañía. Los dos se enamoraron locamente.

CONSTANZA	—Joaquín, ¿nos querremos cuando tengamos ochenta años y carezcamos de pelo y de dientes?
JOAQUÍN	—¡Boba! ¡Como si no lo supieras! *(La besa.)* Ahora, tenemos algo más serio de que hablar que de nuestra vejez.
CONSTANZA	—¿De qué quieres hablar?
JOAQUÍN	—Es esencial que planeemos un presupuesto antes de casarnos. Si aprendemos buenos hábitos desde el principio, no nos costará tanto trabajo seguir una rutina financiera.
CONSTANZA	—Es una idea excelente. Voy por papel, bolígrafos y calculador.
JOAQUÍN	—Bien. Primero, voy a sumar nuestros sueldos . . . ¡Formidable! ¡Vamos a tener mucho dinero!

CONSTANZA	—No seas ingenuo, Joaquín. Aunque tendremos dos sueldos, vamos a tener muchas cuentas.
JOAQUÍN	—OK. Bien, las cuentas mensuales van a ser, a ver: el alquiler, las utilidades y nuestros préstamos universitarios.
CONSTANZA	—Una cosa que debemos hacer es cerrar nuestras cuentas corrientes individuales y abrir una juntos, ¿no te parece?
JOAQUÍN	—Buena idea. Ahora, tenemos que asegurarnos a no exceder nuestros ingresos. No querremos vivir en un apartamento para siempre; habrá que ahorrar para poder comprar una casa.
CONSTANZA	—¡Especialmente cuando me encuentre embarazada!
JOAQUÍN	—¡Cálmate! ¡Cálmate! Primero, déjanos acostumbrarnos uno a la otra. Pero sí, probablemente cuando vengan los niños, nos compraremos una casa.
CONSTANZA	—Y la hipoteca será más costosa que el alquiler.
JOAQUÍN	—Verdad. Ahora, los gastos semanales: los comestibles serán el mayor gasto, a menos que incluyamos las diversiones.
CONSTANZA	—A lo mejor, la fuente más grande de diversión va a ser la televisión. No podremos gastar mucho hasta que nos acostumbremos a nuestra situación financiera.
JOAQUÍN	—Sé que tienes razón. Pero a veces, seguramente, podremos permitirnos el lujo de ir a cenar o al cine, ¿no?
CONSTANZA	—Sí, de cuando en cuando. Otra cosa: ¿no recuerdas que nos hemos puesto de acuerdo que necesitamos un carro nuevo?
JOAQUÍN	—¡Ay! Si no me lo hubieras mencionado, se me habría olvidado. Haremos los pagos a plazo: otro gasto mensual. Tendremos que ahorrar algunos meses antes de poder hacer el pago inicial.
CONSTANZA	—¿No ves que tendremos que economizar?
JOAQUÍN	—¡Dios mío! ¿Vamos a poder vivir juntos? Me parece menos problemático si no nos casamos. ¡El matrimonio es complicadísimo!

Constanza lo mira, sorprendida.

JOAQUÍN	—¡No me mires como si me creyeras! Te quiero tanto que no me importaría si tuviéramos que vivir en la calle.
CONSTANZA	—¡Eres tú el bobo! Yo estaba pensando lo mismo. ¿Vale la pena casarnos?

Ahora, Joaquín es el que le da a Constanza una mirada de sorpresa increíble.

CONSTANZA	—¡No me tomes en serio! El amor es eterno . . .

Palabras prácticas

SUSTANTIVOS

el alquiler rent
    alquilar to rent
el calculador calculator
    calcular to calculate

los comestibles groceries, food
    comer to eat
la cuenta corriente checking account
la fuente source; fountain
el (la) ejecutivo(a) executive

el gasto expense
  gastar to spend (money)
el hábito habit
la hipoteca mortgage
  hipotecar to mortgage
el ingreso income
el lujo luxury
  lujoso(a) luxurious
la mirada look, glance
  mirar to look at
el pago payment
  pagar to pay
el pago a plazos installment
  payment
el pago inicial down payment
el presupuesto budget
el sueldo salary
la utilidad utility
  útil useful
la vejez old age
  viejo(a) old
  envejecer to grow old

VERBOS

acostumbrarse a to get used to
  la costumbre custom, habit
adivinar to guess
  la adivinanza riddle, puzzle
besar to kiss
  el beso kiss
carecer (de) (carezco) to lack,
  not have
economizar to economize
  económico(a) economical
exceder to excede

el exceso excess
sumar to add (arithmetically)
  la suma sum

ADJETIVOS

costoso(a) expensive, costly
  el costo cost
  costar *ue* to cost
embarazada pregnant
financiero(a) financial
  las finanzas finances
individual individual
  el individuo individual (a
  person)
mensual monthly
  el mes month
semanal weekly
  la semana week
serio(a) serious

EXPRESIONES UTILES

costar trabajo to be a lot of
  work, effort (can be used
  without the word **trabajo)**
de cuando en cuando from
  time to time
¡Formidable! Great!
¿No te parece? Don't you think
  so?
ponerse de acuerdo to come to
  an agreement
**tomar(le) en serio (a
  alguien)** to take (someone)
  seriously

PRACTIQUEMOS

A. El diccionario ambulante, ¡otra vez! Defina las siguientes palabras y empléelas en frases originales.

1. el presupuesto
2. la hipoteca
3. economizar
4. la ejecutiva
5. mensual

6. el pago a plazos
7. la cuenta corriente
8. el sueldo
9. exceder
10. el lujo

B. Una encuesta personal. ¿Cómo maneja Ud. su dinero? Forme preguntas de los grupos de palabras y luego hágaselas a un(a) compañero(a) de clase.

1. ¿Planear / presupuesto? / ¿Cómo / hacerlo? / ¿Tener / bueno / hábitos / mantener / presupuesto? / Explicar.
2. ¿Dónde / vivir / Ud.: / residencia estudiantil, / apartamento / casa con familia? / ¿Cómo / afectar / donde / vivir / Ud. / presupuesto?
3. ¿Qué lujos / gozar de / Ud.? / ¿Diversiones? / ¿Creer / Ud. / diversiones / ser / parte / necesario / vida estudiantil? / ¿Haber / diversiones / no costar / dinero? / Explicar.
4. ¿Cuándo / ser / más fácil / economizar / Ud.: / año escolar / vacaciones? / ¿Por qué?
5. ¿Qué / planes / financiero / tener / Ud. / futuro?
6. ¿Cómo / poder / prepararse / persona / vejez?
7. ¿Qué gastos / ser / esencial / estudiante? / ¿Cuál / no ser / necesario?
8. ¿Qué / carecer / Ud.?
9. ¿Creer Ud. / ser / importante / novios / ponerse de acuerdo / en cuanto a / presupuesto / antes / casarse? ¿Por qué / por qué no?
10. ¿Qué se / poder / hacer / asegurar / gastos / no exceder / ingresos?

C. Encuentros personales. Con un(a) compañero(a) de clase, haga los papeles de los personajes en las siguientes situaciones.

1. Two of you plan to share an apartment. Plan a budget and include the following: rent, food, utilities, entertainment, telephone. Decide how you will go about paying the bills.
2. You are a young married couple planning ahead. You would like to buy a second car, but it's going to mean economizing. Discuss how you can cut corners to save money.
3. You are a spendthrift and your roommate is a penny-pincher. You try to make your roommate not worry so much about money and he (she) tells you how to save money. Include food, electricity, phone calls, etc., in your discussion.
4. You are a student on a scholarship, and you'll be living in a studio apartment. Discuss with a parent how much money beyond your scholarship of $5000.00 **(dólares)** you will need for your expenses for the academic year.

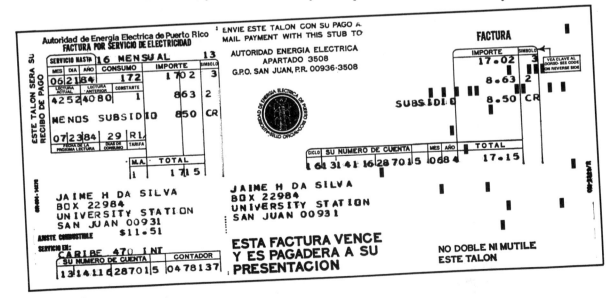

¿Sabía usted esto?

There are many suffixes in Spanish. Although there are no all-encompassing rules for the formation of words with suffixes, many suffixes can indicate parts of speech. Here are some examples, along with their English counterparts in parentheses.

-ente, / -iente, -ante
(-ent, -ant)
corriente
diferente
estudiante
permanente
tolerante

-dor/-tor *(-er, -or and -ing, -ful, -ative)*
escritor(a)
hablador(a)
jugador(a)
promovedor(a)
trabajador(a)

-ción *(tion)*
comunicación
edición
emoción
imaginación
traducción

-ado/-ido (many English endings)
aburrido(a)
atrevido(a)
casado(a)
entendido(a)
pasado(a)

-cia *(-ance/-ence)*
ausencia
diferencia
excelencia
existencia
importancia

-idad *(-ity)*
capacidad
familiaridad
seguridad
superioridad
velocidad

-ura *(-ness)*
amargura
blancura
frescura
largura

-ez *(-ity, -ness)*
aridez
estupidez
fluidez
rapidez

-ero(a) *(-er)*
carnicero(a)
zapatero(a)
obrero(a)
pastelero(a)
viajero(a)

-ería (suffix for stores)
barbería
bombonería
librería
pastelería
peluquería

-ista *(-ist, -istic)*
artista
comunista
dentista
optimista
pesimista

-ismo *(-ism)*
comunismo
conformismo
modernismo
optimismo
pesimismo

PRACTIQUEMOS

D. Prueba de originalidad. Forme frases completas con estas palabras.

Modelo:
hablar / hablador / hablado
Joaquín habla con Constanza.
El es más hablador que Constanza.
Ha hablado del presupuesto en detalle.

1. tolerar / tolerante / tolerancia / tolerado
2. seguro / seguridad
3. promover / promoción / promovedor / promovido
4. optimista / optimismo
5. competir / competencia / competente
6. casarse / casado
7. amargo / amargura
8. capaz / capacidad / capacitado
9. familiar / familiaridad
10. indicar / indicación / indicado
11. estúpido / estupidez
12. barbero / barbería

ENFOQUEMOS EL IDIOMA

Oraciones con si
Si clauses

Consider these sentences:

Si **planeas** un presupuesto, no **tendrás** problemas financieros.	*If you plan a budget, you won't have financial problems.*
Si **planeas** un presupuesto, no **tienes** problemas financieros.	*If (Whenever) you plan a budget, you don't have financial problems.*
Si **planeabas** un presupuesto, no **tenías** problemas financieros.	*If (Whenever) you planned (used to plan) a budget, you didn't have financial problems.*
Si **planeaste** un presupuesto, no **tuviste** problemas financieros.	*If you planned a budget, you didn't have financial problems.*
Si **tienes** problemas financieros, **planea** un presupuesto.	*If you have financial problems, plan a budget.*

In the five sentences above, there is a cause-and-result relationship established between the main and subordinate **(si** clause) verbs. Notice that in some cases there is a dual translation: *if* or *whenever.* In cause-and-result sentences, the speaker accepts the premise from which he or she then draws a conclusion. In these five sentences (above), the indicative is used in the **si** clause (the subordinate clause).

Now look at these sentences:

Si **planearas** un presupuesto, no **tendrías** problemas financieros.	*If you planned (were to plan) a budget, you wouldn't have financial problems.* (But as a matter of fact, you don't plan a budget, so you do have financial problems.)

El saber usar una computadora puede asegurar empleos buenos para estos estudiantes algún día.

Si **hubieras planeado** un presupuesto, no **habrías tenido** problemas financieros.	*If you had planned a budget, you wouldn't have had financial problems.* (But as a matter of fact, you didn't plan a budget, so you did have financial problems.)

In these two sentences, contrary-to-fact situations are established, indicating an unlikely event. Contrary-to-fact situations in the present are expressed in Spanish by using the *conditional* in the main clause and the *past subjunctive* in the **si** clause. Contrary-to-fact situations in the past use the *conditional perfect* in the main clause and the *past perfect subjunctive* in the **si** clause.

Some speakers occasionally adopt the past subjunctive for both clauses:

Si **planearas** un presupuesto, no **tuvieras** (tendrías) problemas.	*If you planned (would plan) a budget, you wouldn't have problems.*
Si **hubieras planeado** un presupuesto, no **hubieras** (habrías) **tenido** problemas.	*If you had (would have) planned a budget, you wouldn't have had problems.*

The present subjunctive is *never* used with a **si** clause.
The order of the clauses may be reversed:

No tendrías problemas si planearas mejor.	*You wouldn't have problems if you planned better.*
Si planearas mejor, no tendrías problemas.	*If you planned better, you wouldn't have problems.*

De + infinitive is sometimes substituted for the past subjunctive. If there are pronouns, they are attached to the infinitive. The following sentences are all acceptable:

Si **hubieran economizado, habrían podido** comprar un coche.	
Si **hubieran economizado, hubieran podido** comprar un coche.	*If they had economized, they would have been able to buy a car.*
De haber economizado, habrían (hubieran) podido comprar un coche.	

Si te **hubiera visto,** te **habría saludado.**
De **haberte visto,** te **habría saludado.**

If I had seen you, I would have waved to you.

A clause with **como si,** *as if,* always requires the past subjunctive since its meaning denotes a contrary-to-fact situation. The main verb can be in any tense. For example:

Gastas		*You spend*	
Gastaste		*You spent*	
Gastabas	como si **fueras** millonario.	*You spent, were spending, used to spend*	as though you were a millionaire.
Gastarás		*You will spend*	
No gastes		*Don't spend*	
Has gastado		*You have spent*	

Ojalá expresses either a hope for the future (it is then followed by the present subjunctive), or a contrary-to-fact wish that things had turned out differently (it is then followed by the past subjunctive):

¡Ojalá (que) lo **sepa!**	*I hope I know it!*
¡Ojalá (que) lo **supiera!**	*If only I knew it!* (but I don't)
¡Ojalá (que) lo **hubiera sabido!**	*If only I had known it!* (but I didn't)

PRACTIQUEMOS

E. ¡El puesto ideal! María está pensando en su futuro. Complete las frases de una manera original.

1. Si consigo este puesto de _____ , yo _____ .
2. Yo habría estado más preparada para la entrevista si _____ .
3. Pero, no es como si yo _____ .
4. De haber pensado más _____ .
5. Si el entrevistador _____ , es probable que _____ .
6. Desempeñaré mis responsabilidades eficazmente si _____ .

F. Un desacuerdo resuelto. Tomás y Miguel son dueños de una pequeña fábrica. Tomás piensa mucho en el dinero, y Miguel piensa más en sus empleados. Llene los espacios con la forma correcta de los verbos entre paréntesis.

TOMÁS —No me mires como si no _____ (querer-tú) oír lo que tengo que decir. No vamos a tener éxito si no me _____ (escuchar-tú).

MIGUEL —La verdad es que no tendríamos tantos problemas si no _____ (preocuparse-tú) tanto.

TOMÁS —Pienso que debemos despedir a José si no _____ (empezar-él) a trabajar más. Pero, si lo _____ (despedir-nosotros), tendremos que emplear a otra persona.

MIGUEL —¡De no escucharte, no lo _____ (creer-yo)! José es uno de los mejores trabajadores que tenemos. Si José no _____ (poder) seguir trabajando, entonces tendremos que despedir a otros.

TOMÁS —¿Qué dices? Si hiciéramos eso, seguramente _____ (causar) un sinnúmero de problemas.

MIGUEL —Exacto. Ahora, dime por qué quieres despedir a José. No es como si no _____ (ser-él) un buen empleado.

TOMÁS —Es que no trabajó ayer.

MIGUEL —¡No es verdad! Si _____ (haber-tú + estar) aquí lo habrías visto.

TOMÁS —Pues, si _____ (venir-él) ayer, yo no lo vi.

MIGUEL —¡Tú ni siquieras estuviste en la fábrica ayer! ¿Quién te dijo que José no estuvo?

TOMÁS —Si te lo _____ (decir-yo), no me vas a creer.

MIGUEL —Dime, y luego te diré si te _____ (creer) o no.

TOMÁS —Me lo dijeron Susana y Marcos.

MIGUEL —Tienes razón. No te creo. Sé que _____ (tener-ellos) sus razones por decir eso. Si José _____ (irse), tendrán mejores puestos. Si observaras más a los empleados, _____ (ver) lo que realmente está pasando. No pienses tanto en el dinero, como si no _____ (haber) cosas más importantes en que pensar. Si nosotros _____ (tratar) bien a los empleados, van a trabajar mucho mejor para nosotros.

TOMÁS —¿Me perdonarás si te _____ (admitir-yo) que tienes razón?

MIGUEL —Seguramente. Y si te _____ (pedir-yo) que hagas un esfuerzo con los empleados, ¿lo harás?

TOMÁS —Sí. De no habérmelo dicho tú, no _____ (haber-yo + saber) que a veces pierdo la paciencia. Te prometo que cambiaré. Si _____ (descubrir-tú) que no hago bastante esfuerzo, dímelo.

MIGUEL —¡Dicho y hecho! ¡Ojalá te _____ (haber-yo + mencionar) esto antes; _____ (haber-yo + poder) evitar nosotros varios problemas!

G. Situaciones de la vida. Complete las frases de una manera original. Emplee un verbo diferente en cada caso. Después, traduzca las frases al inglés.

1. Un esposo a su esposa:
   a. ¿Te enojas conmigo si _____?
   b. ¿Te enojarías conmigo si _____?
   c. ¿Te hubieras enojado conmigo si _____?
   d. ¿Te enojarás conmigo si _____?
   e. ¿Te habrías enojado conmigo de _____?
2. Un compañero de cuarto a otro:
   a. ¿Compartirás un apartamento conmigo si _____?
   b. ¿Compartirías un apartamento conmigo si _____?
   c. ¿Habrías compartido un apartamento conmigo si _____?
   d. ¿Tienes ganas de compartir un apartamento conmigo si _____?
3. Una jefa, hablando de sus empleados:
   a. Este año, vamos a ganar mucho si _____.
   b. Ganaríamos más si _____
   c. Hubiéramos ganado más si _____.
   d. Ganamos más si _____.
   e. En años pasados, siempre ganábamos más si _____.
4. Los padres, aconsejando a un matrimonio:
   a. De haber planeado un presupuesto, vosotros _____.
   b. ¡Ojalá que vosotros _____.

c. Podríais disfrutar de más diversiones si vosotros _____ .
d. ¿Qué hacéis si vosotros _____ ?
e. No gastéis dinero como si _____ .
f. La vida será más fácil si vosotros _____ .

5. Un recién graduado, pensando en su futuro:
    a. Nunca voy a encontrar empleo si _____ .
    b. De haber estudiado ingeniería en vez de biología _____ .
    c. Si empezara ahora a estudiar ingeniería _____ .
    d. Es posible que yo encuentre empleo si _____ .
    e. Después de todo, no es como si _____ .

H. Ud., el (la) entrevistador(a). Forme preguntas en español a base de la información pedida abajo. Luego, hágale las preguntas a un(a) compañero(a) de clase. (Si se siente muy ambicioso(a) formule más preguntas.)
Averigüe:

1. What the person would have done if he (she) hadn't gone to college.
2. How the person would react if he (she) won a million-dollar lottery. How would he (she) spend the money? Would he (she) plan a budget? Would he (she) save the money or spend it? Would life go on as usual?
3. If he (she) could be president of anything, what would it be? Why?
4. How does the person feel if he (she) runs out of money? What will the person do in the future if he (she) runs out of money?
5. If the person could have three things now that he (she) really wanted, what would they be? Why?
6. What he (she) would have changed in his (her) previous working conditions. Why?

Repaso de la correspondencia de tiempos verbales
Review of sequence of tense

The following chart matches the verb tenses that can be used together in sentences of two or more clauses. The present aspects of column **A** can be used with each other and with the present aspects of the subjunctive of column **B**. The past indicative aspects in column **A** can be used with each other and with the past aspects of the subjunctive in column **B**.

	A. Oración principal	B. Oración subordinada
Presente	Presente del indicativo Futuro Presente perfecto Presente progresivo Mandato	Presente del subjuntivo Presente perfecto del subjuntivo
Pasado	Pretérito Imperfecto Pluscuamperfecto Pasado progesivo Condicional	Imperfecto del subjuntivo Pluscuamperfecto del subjuntivo

There are two major exceptions in which tenses can be mixed. The past can be used in a subordinate clause when a comment is being made in the present (verbs of commentary, emotion, denial, etc.) about the past:

Es verdad que **consiguió** el puesto.	It's true that he got the job.
Me sorprende que **consiguiera** el puesto.	I'm surprised that he got the job.

In the following examples, it is possible to maintain sequence of tenses by using the present perfect indicative or the present perfect subjunctive:

Es verdad que **ha conseguido** el puesto.	It's true that he has gotten (got) the job.
Me sorprende que **haya conseguido** el puesto.	I'm surprised that he has gotten (got) the job.

The other exception is that the subordinate verb can be in the present with the main verb in the past when an event is anticipated:

Le dijo que **fuera** a verlo.	He told him to go and see him. (see him in the past)
Le dijo que **vaya** a verlo.	He told him to go and see him. (hasn't gone yet—command still applies)

PRACTIQUEMOS

I. Un cuento que termina felizmente. Llene los espacios con la forma correcta de los verbos entre paréntesis. ¡Cuidado! Se incluye un poco de todo.

Rogelio Asturias es el presidente de una compañía de importación que _____ (tener) varios clientes extranjeros. Lo que necesita el señor Asturias es un gerente que _____ (poder) desempeñar sus responsabilidades sin mucha ayuda. Por eso, _____ (haber-él + poner) un anuncio clasificado en el periódico para _____ (conseguir) tal persona. Muchos de los problemas del señor Asturias se resolverán si la persona ideal _____ (solicitar) el puesto.

Hace dos semanas, el señor Asturias dijo que tan pronto como _____ (entrevistar-él) a la persona ideal, lo sabría. Dijo que la persona _____ (tener) que poseer ciertas capacidades, y si esa persona se las _____ (demostrar), le daría el puesto.

Maribel Ochoa es una mujer que _____ (poseer) muchos talentos. Es una lástima que ahora _____ (estar) sin empleo. Su jefa la _____ (despedir) hace un rato. No lo hizo porque Maribel no _____ (desempeñar) perfectamente sus responsabilidades. Su jefa sintió mucho que Maribel no _____ (poder) quedarse, pero por razones económicas, la jefa _____ (tener) que hacerlo.

Maribel acaba de _____ (leer) el periódico. _____ (Haber + ver) el anuncio clasificado de la compañía de Rogelio Asturias. Cuando Maribel _____ (leer) anuncios que le _____ (interesar), siempre se pone animada. Se dice para sí misma: —Esta compañía necesita una persona que _____ (ser) muy capaz, y yo necesito un puesto que me _____ (ofrecer) satisfacción y que me _____ (pagar) bastante bien. ¡Me parece que nos _____(necesitar)! ¡Es como si este puesto _____ (ser) creado únicamente para mí!

Como Ud. puede adivinar, Maribel logró conseguir una entrevista con el señor Asturias. Ahora, le toca a Ud. inventar la conversación, o sea, la entrevista, entre Maribel y el señor Asturias. Incluya todos los detalles: instrucción, experiencia, etc., al igual que preguntas que Maribel tiene sobre la compañía. Luego, invente un final feliz. ¡Emplee la imaginación!

REPASEMOS

J. Ud., un(a) consejero(a) económico(a). Una editorial le ha pedido a Ud. que escriba un capítulo de un libro. Los temas se dan abajo en inglés. Traduzca la parte inglesa y luego termine las frases con su propia filosofía y sabiduría infinita.

1. Looking for a job would be easier if _____.
2. When applying for a job _____.
3. Another thing, before getting a job _____.
4. However, it is essential that the prospective employee _____.
5. If the new employee is competent _____.
6. Planning a budget helps to _____.
7. There are some disagreements concerning _____.
8. Married couples, if they plan a budget beforehand, _____.
9. It's common to have to reorganize one's life after _____.
10. If only _____.

K. Actividades escritas.

1. Lea un periódico y busque un anuncio clasificado en la sección de empleo que le interese a Ud. Luego, escriba una carta de solicitud en castellano para el puesto. Corte el anuncio del periódico e inclúyalo con su carta. ¡Buena suerte!
2. Narre una experiencia personal que describa la manera cómo Ud. solicitó y obtuvo un puesto.

L. ¡Debatamos! Forme grupos y defienda o ataque las siguientes ideas.

1. El conseguir un puesto es más importante que la manera de obtenerlo.
2. Un sueldo alto es más importante que un puesto interesante.
3. Si una persona tiene un empleo que paga bien, no es necesario planear un presupuesto.

Este mural atractivo en San Francisco promueve la juventud.

capítulo
doce

LA POLÍTICA Y EL ARTE SON INSEPARABLES

¿Qué tiene que ver el arte con la política? Mire Ud. este cuadro. Antes de leer lo que sigue, trate de adivinar el mensaje del artista. En su opinión, ¿qué representa el cuadro?

Picasso, Pablo. *Guernica.* 1937. Oil on canvas. 3.51 × 7.82 meters. Collection, Prado Museum, Madrid.

En 1937 durante la Guerra Civil de España, una escuadrilla de aviones alemanes dejó caer muchas bombas que mataron a más de 2.000 personas que iban de compras o que caminaban por la calle. Esto ocurrió en solamente tres horas. Esta escena horrífica inspiró el cuadro que Ud. acaba de examinar. Se llama *Guernica,* el nombre del pueblo que quedó casi totalmente destruido, y fue pintado por Pablo Picasso, quien intentó recrear el terror de la guerra. Hoy, todo el mundo conoce este cuadro por el mensaje que da. Aunque no se sepa la historia del cuadro, es probable que el que lo ve dé por descontado que es una protesta.

Lo que ocurre en la vida a menudo se revela en el arte. El arte es una expresión de la vida representada desde el punto de vista del artista. En cuanto al arte hispano, se puede decir que mucho de éste es una reacción a la situación política, especialmente en Latinoamérica. Es muy común que los artistas se aprovechen de sucesos históricos para expresar sus reacciones en su arte. Muchas de las novelas latinoamericanas destacan los problemas de la sociedad creados por el sistema político de los cuales se compadecen los artistas. *El señor presidente,* por Miguel Angel Asturias (guatemalteco), es un buen ejemplo. La novela se refiere al horror de la vida diaria de la gente latinoamericana bajo una dictadura represiva. Este libro le ganó el Premio Nobel en 1968 y, con sus otras obras, una reputación no siempre a favor del gobierno. Este es el caso de muchos escritores hispanos que huyen de sus países por temor de perder la vida a causa del contenido político de sus obras. Parece que los artistas hispanos han aceptado la responsabilidad de exponer las injusticias políticas que presencian en el ambiente y por eso muchos dejan de vivir en su país natal para no arriesgarse a pasar la vida en la cárcel o terminar muertos. Una de las historias más conocidas es la de Jacobo Timmerman, redactor del periódico *La opinión,* de la Argentina. Debido a sus artículos en el periódico, él pasó tres años encarcelado y torturado. Otros artistas han sido víctimas de la censura y persecución por parte del gobierno también. Por ejemplo, un grupo de músicos llamado «Quilapayún» fue desterrado de su país por sus canciones políticas. El gobierno chileno ni siquiera quería que tocaran sus instrumentos indígenas porque decía que eran «instrumentos políticos».

Eso no quiere decir que todo el arte hispano esté en conflicto con el gobierno. Muchas veces se complementan. Por ejemplo, después de la revolución mexicana, el gobierno les pidió a algunos artistas que adornaran muchos edificios en la ciudad de México. Estos artistas decidieron pintar murales grandes para que toda la gente pudiera gozar del arte y no solamente la gente sofisticada. Estos murales cumplían dos funciones. Primero, frente al analfabetismo mexicano, los artistas podían comunicar su mensaje por medio de pinturas y segundo, ellos podían pintar la situación social de la vida al decorar la ciudad. Tal vez el muralista más notable de este género sea Diego Rivera, cuyos murales presentan temas políticos, sociales y económicos. Otro ejemplo del nexo entre la política y el arte se da en Colombia. El Museo de Oro contiene todas las obras de arte hechas de oro que fueron descubiertas en Colombia. Además de contribuir a la belleza del museo, estas obras garantizan el dinero colombiano. Entonces, se puede concluir que el gobierno y el museo tienen una relación simbiótica.

Bueno, ¿están separados la política y el arte en los Estados Unidos? ¿Puede Ud. pensar en algunos ejemplos?

Figura del Museo de Oro en Colombia.

Rivera, Diego. *Fruits of Labor.* 1932. Lithograph, printed in black. Composition: 16 9/16 × 11 7/8″. Collection, The Museum of Modern Art, New York. Gift of Abby Aldrich Rockefeller.

¡Digamos la última palabra!

SUSTANTIVOS

el **analfabetismo** illiteracy
analfabeto(a) illiterate
la **bomba** bomb
bombardear to bomb
la **cárcel** prison
la **censura** censorship
censurar to censor
el **contenido** contents
contener (contengo) to contain
el **cuadro** painting, picture
la **dictadura** dictatorship
el (la) **dictador(a)** dictator
dictar to dictate
la **escena** scene
el **escenario** scenario
la **escuadrilla** squadron
el **género** genre; gender
el **gobierno** government
gobernar *ie* to govern
el (la) **gobernador(a)** governor
la **guerra** war
la **guerrilla** guerrilla war
el **mensaje** message
la **muerte** death
morir *ue* to die
el **nexo** connection
el **oro** gold
el **punto de vista** viewpoint
el (la) **redactor(a)** editor
redactar to edit
el **suceso** event, happening
suceder to happen
el **temor** fear
temer to fear

VERBOS

adornar to decorate
el **adorno** adornment, decoration
aprovecharse de to take advantage of, to make the most of
aprovechar to use
provechoso(a) advantageous
el **provecho** profit, benefit
arriesgarse to run the risk of
el **riesgo** risk

compadecerse de (compadezco) to sympathize with
complementarse to compliment each other
decorar to decorate
la **decoración** decoration
dejar caer to drop, let fall
destacar to point out
garantizar to guarantee
la **garantía** guarantee
huir (huyo) to flee
intentar + *inf* to try; to intend
el **intento** attempt
matar to kill
la **matanza** killing
presenciar to witness
presente present
recrear to recreate
la **recreación** recreation
referirse a *ie* to refer to
la **referencia** reference

ADJETIVOS

cuyo(a) whose (relative pronoun)
desterrado(a) banished, exiled
desterrar *ie* to banish, exile
la **tierra** land, earth, country
encarcelado(a) incarcerated, imprisoned
encarcelar to imprison
horrífico(a) horrifying, horrific
el **horror** horror
natal native, home
notable notable, renown
notar to notice, note
sofisticado(a) sophisticated, educated
torturado(a) tortured
torturar to torture

PREPOSICION

bajo under (metaphorical)

EXPRESIONES UTILES

dar por descontado/supuesto to take for granted
ni siquiera not even

PRACTIQUEMOS

A. Las asociaciones. ¿En qué piensa Ud. al mencionar las siguientes obras, personas o ideas? Explique su importancia en detalle según la lectura.

1. *Guernica*
2. *El señor presidente*
3. huir de su país natal
4. Jacobo Timmerman
5. los murales de México
6. El Museo de Oro

B. ¿Está Ud. alerta? Aquí tiene algunas definiciones. Dé las palabras de vocabulario y empléelas en frases originales.

1. cuando un país lucha contra otro
2. el contrario de **vida**
3. un sinónimo de **famoso**
4. un sinónimo de **señalar**
5. cuando una persona no sabe leer ni escribir
6. donde los criminales pasan tiempo
7. el encargado de un periódico
8. un sinónimo de **opinión**
9. cuando una persona sale rápida y clandestinamente de un lugar para escaparse
10. llegar a una conclusión a base de algunas indicaciones
11. una forma represiva de gobierno
12. poner en peligro algo
13. un sinónimo de **gustar**
14. un sinónimo de **sacar beneficio**

C. Solicitamos su opinión.

1. Mire cuidadosamente el cuadro *Guernica.* ¿Qué ve Ud.? ¿Dónde y en qué se ve el sufrimiento? ¿Cree Ud. que Picasso tuvo éxito al expresar su protesta de la Guerra Civil? ¿Por qué o por qué no?
2. ¿Practica Ud. alguna forma de arte? Explique.
3. En su opinión, ¿en qué forma de arte es más fácil expresar una opinión: en la literatura, en la escultura, en la música o en la pintura? ¿Por qué?
4. ¿Cree Ud. que el gobierno debe censurar el arte? ¿Por qué o por qué no? ¿Conoce Ud. algún caso de censura en los Estados Unidos o en cualquier otro país?
5. La película es otra forma de arte. ¿Cómo se puede expresar sentimientos políticos en la película? ¿Puede Ud. dar ejemplos?
6. Ya sabe Ud. que el arte en el mundo hispano expresa ideas políticas a menudo. ¿Es igual en los Estados Unidos o es diferente? ¿Puede Ud. pensar en algún ejemplo?
7. Los murales de la Ciudad de México son realmente magníficos. Sin embargo, demuestran mucho sufrimiento e injusticias por parte de los conquistadores y por otros hacia los pobres. ¿Crea esto una impresión favorable para el visitante? ¿Por qué o por qué no?

¿Sabía usted esto?

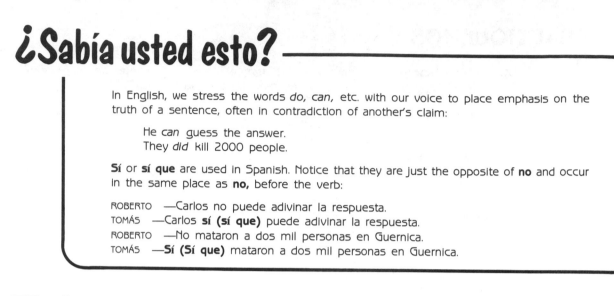

In English, we stress the words *do, can,* etc. with our voice to place emphasis on the truth of a sentence, often in contradiction of another's claim:

> He *can* guess the answer.
> They *did* kill 2000 people.

Sí or **sí que** are used in Spanish. Notice that they are just the opposite of **no** and occur in the same place as **no,** before the verb:

ROBERTO —Carlos no puede adivinar la respuesta.
TOMÁS —Carlos **sí (sí que)** puede adivinar la respuesta.
ROBERTO —No mataron a dos mil personas en Guernica.
TOMÁS —**Sí (Sí que)** mataron a dos mil personas en Guernica.

PRACTIQUEMOS

D. Unas contradicciones. Tomás y Roberto (del ejemplo arriba) continúan su conversación. Las frases siguientes son las opiniones de Roberto. Haga Ud. el papel de Tomás, contradiciendo todo lo que dice Roberto. A veces es necesario hacer unos cambios gramaticales.

1. El gobierno no mandó que el periódico dejara de publicar esos artículos.
2. El redactor no fue encarcelado.
3. El no arriesgó su vida.
4. No debemos compadecernos de su situación.
5. La dictadura no es represiva.
6. Ninguna escuadrilla dejó caer bombas la semana pasada.
7. Nadie huye del país.
8. No se tortura a nadie.
9. Nadie muere.
10. No podemos ayudar.

Estos señores españoles pegan carteles de manifestación a las paredes. ¿Es arte, propaganda política, o los dos?

ENFOQUEMOS EL IDIOMA

Los pronombres relativos
Relative pronouns

A relative pronoun introduces a subordinate clause modifying a noun, and refers back to the noun or pronoun that is its antecedent:

The artists work for political causes. The artists are productive.
The artists, who work for political causes, are productive.

Que is the most common Spanish relative pronoun and refers to both people and things. You have already seen **que** used as both a conjunction and as a relative pronoun. **Que** joins two clauses and is a conjunction here:

Espero **que** ese artista decore las paredes.	*I hope (that) that artist decorates the walls.*

In these two sentences, **que** is a relative pronoun, and it acts as the subject of the subordinate clause:

Ese es el artista **que** decora las paredes.	*That is the artist who decorates the walls.*
Ese es el cuadro **que** decora las paredes.	*That is the painting that decorates the walls.*

Here **que** is a relative pronoun acting as the direct object of the subordinate clause:

Ese es el artista **que** conocimos anoche.	*That is the artist (that, whom) we met last night.*
Ese es el cuadro **que** vimos anoche.	*That is the painting (that, which) we saw last night.*

Notice that the conjunction and direct object relative pronouns are optional in English; they are essential in Spanish.

Besides **que,** other relative pronouns include **quien, el que/el cual, la que/la cual, los que/los cuales, las que/las cuales.**
They can be used in these cases.

● Relative pronouns can be used in restrictive and nonrestrictive clauses.

A restrictive clause contains essential information and is introduced by **que:**

Este es el artista **que** conocimos.	*This is the artist (whom) we met.*
Este es el cuadro **que** pintó.	*This is the painting (that) he painted.*

A nonrestrictive clause is set off by commas and is not considered essential information.

Que is the most common relative in such clauses, although all are acceptable. They are listed in the following examples in order of frequency:

Los pintores,
$$\begin{cases} \textbf{que} \\ \textbf{los que} \\ \textbf{los cuales} \\ \textbf{quienes} \end{cases}$$
a menudo tienen fuertes creencias políticas, expresan sus puntos de vista en sus obras.

The painters, who often have strong political beliefs, express their points of view in their work.

Los cuadros,
$$\begin{cases} \textbf{que} \\ \textbf{los que} \\ \textbf{los cuales} \end{cases}$$
son horríficos, hacen destacar las ideas de los pintores.

The paintings, which are horrifying, make the ideas of the painters stand out.

The parts set off by commas are not considered essential information, the implication being that *all* of the artists mentioned have strong political beliefs, and that *all* of the paintings mentioned are horrifying.

Notice that **quien(es)** can be used only with human antecedents.

The article with **que** and **cual** is often used to clarify a sentence that contains more than one antecedent:

El analfabetismo de los pobres, **el que (cual)** es un gran problema, se ve en los países subdesarrollados.

Illiteracy among the poor, which is a great problem, is seen in underdeveloped countries.

(El que (cual) refers to **el analfabetismo** and not to **los pobres.)**

Quien(es) as well as the article plus **que** are used to express *the one who/the ones who.*

The article plus **que** is just a nominalization and is more common:

Estos hombres son los artistas **que** arriesgan su futuro.

These men are the artists who risk their future.

Estos hombres son
$$\begin{cases} \textbf{los que} \\ \textbf{quienes} \end{cases}$$
arriesgan su futuro.

These men are the ones who risk their future.

● Relative pronouns are used as direct objects.

With nonhuman antecedents, **que** is used:

Este es el mensaje **que** el artista quería promover.

This is the message (that) the artist wanted to convey.

With human direct objects, either **que** or **a quien(es)** may be used. The tendency to use **que** is stronger:

Ese es el artista
$$\begin{cases} \textbf{que} \\ \textbf{a quien} \end{cases}$$
conocimos anoche.

That is the artist (whom) we met last night.

● Relative pronouns can be used as objects of a preposition.

After prepositions, all relatives may be used in the following order of frequency:

article + **que**	human and nonhuman objects
que	only nonhuman objects

article + **cual**   human and nonhuman objects
quien(es)   only human objects

Este es el artista $\begin{cases} \textbf{del que} \\ \textbf{del cual} \\ \textbf{de quien} \end{cases}$ me compadezco.

This is the artist with whom I sympathize.

Esa fue la dictadura $\begin{cases} \textbf{bajo la que} \\ \textbf{bajo que} \\ \textbf{bajo la cual} \end{cases}$ hubo mucha corrupción.

That was the dictatorship under which there was a lot of corruption.

● Here are some other relative pronouns.

Cuyo (a,os,as) means *whose* and can be used with human and nonhuman referents. It must agree in number and gender with the noun it modifies:

El artista, **cuyas** obras son   *The artist, whose works are*
polémicas, no deja de señalar sus   *polemic, doesn't fail to point out*
sentimientos políticos.   *his political feelings.*

Cuyo is never used as an interrogative word. **De quién** is used in questions.

Quien is often used in proverbs as a subject. It is a relative clause containing its own antecedent:

Quien calla otorga.   *He who remains silent assents.*

Lo que and **lo cual** *(which)* are neuter relative pronouns and, rather than referring back to a specific noun, they comment on an idea:

Los artistas tienden a expresar sus   *Artists tend to express their*
puntos de vista en sus obras, **lo**   *viewpoints in their works, which is*
que (lo cual) es natural.   *natural.*

You have seen infinitival relatives in **Capítulo Cinco (¿Sabía usted esto?).**
Here is another example:

Ramón tiene muchos cuadros $\begin{cases} \textbf{que} \\ \textbf{para} \end{cases}$ pintar.

Ramón has a lot of pictures to paint.

A preposition followed by a relative pronoun (**que** or **quien**) plus an infinitive can replace a conjugated verb:

No hay nada de que debas
quejarte. $\left. \right\}$ *There's nothing to complain about.*
No hay nada **de que quejarte.**
No hay nadie con quien pueda
confiar. $\left. \right\}$ *There's no one to trust.*
No hay nadie **con quien confiar.**

Here are some examples of how to subordinate clauses with relative pronouns. Using relative pronouns, you can form more complex, less choppy, and less repetitive sentences:

Este es el pintor. Pintó el cuadro.	This is the painter. He painted the picture.
Este es el pintor **que** pintó el cuadro.	This is the painter who painted the picture.
Esta mujer es artista. La artista pintó el cuadro.	This woman is an artist. The artist painted the picture.
Esta mujer es la artista **que** pintó el cuadro.	This woman is the artist who painted the picture.
Este es el pintor. Lo conociste, ¿no?	This is the painter. You met him, right?

Este es el pintor $\begin{Bmatrix} \textbf{que} \\ \textbf{a quien} \end{Bmatrix}$ conociste, ¿no?

This is the painter (whom) you met, right?

Este es el pintor. Le gustan mis dibujos.	This is the painter. He likes my drawings.

Este es el pintor $\begin{Bmatrix} \textbf{al que} \\ \textbf{al cual} \\ \textbf{a quien} \end{Bmatrix}$ le gustan mis dibujos.

This is the painter who likes my drawings.

Estos son los artistas. Tomamos lecciones con ellos.	These are the artists. We take lessons with them.

Estos son los artistas $\begin{Bmatrix} \textbf{con los que} \\ \textbf{con los cuales} \\ \textbf{con quienes} \end{Bmatrix}$ tomamos lecciones.

These are the artists with whom we take lessons.

Estas son las artistas. Sus obras son polémicas.	These are the artists. Their works are polemic.
Estas son las artistas **cuyas** obras son polémicas.	These are the artists whose works are polemic.
La persona duerme mucho. Poco aprende.	The person sleeps a lot. He learns little.
Quien duerme mucho, poco aprende.	He who sleeps a lot learns little.
El artista recrea una escena horrífica. Eso se ve claramente.	The artist recreates a horrific/horrifying scene. This is clearly seen.
El artista recrea una escena horrífica, **lo que (lo cual)** se ve claramente.	The artist recreates a horrific/horrifying scene which is clearly seen.
La artista tiene muchos modelos. Tiene que pintarlos.	The artist has a lot of models. She has to paint them.

La artista tiene muchos modelos $\begin{Bmatrix} \textbf{que} \\ \textbf{para} \end{Bmatrix}$ pintar.

The artist has a lot of models to paint.

Hay algo en que deben pensar.	There's something about which to think. (There's something to think about.)
Hay algo en **que** pensar.	There's something they should think about.

PRACTIQUEMOS

E. El talento de escribir. Lo que sigue es la vida de Graciela Pérez, una novelista importante. Una las frases con pronombres relativos. A veces habrá que quitar algunas palabras y cambiarlas de orden. En algunos casos, habrá más de una posibilidad.

Modelo: Graciela Pérez es una novelista chilena. Sus obras son famosas.
Graciela Pérez es una novelista chilena cuyas obras son famosas.

1. Las obras de Graciela son literarias. Son sátiras políticas.
2. No vive en su país natal. Eso es difícil a veces.
3. Su hermano quiere que Graciela vuelva a su país. Su hermano también es artista.
4. Es posible que Graciela gane un premio literario. Eso sería fantástico.
5. Los temas son situaciones verdaderas. Graciela basa sus novelas en situaciones verdaderas.
6. Los críticos dicen que ella posee un estilo de escribir magnífico. Los críticos son justos por la mayor parte.
7. Ahora mismo, Graciela está escribiendo otra novela. La novela trata de la vida de un presidente. El presidente quiere eliminar la corrupción.

F. ¿Cuáles son sus propias ideas sobre el arte? Termine las frases siguientes de una manera original, empleando pronombres relativos. Emplee la imaginación y ¡sea filosófico(a)! Componga un párrafo bien organizado con las frases y añada cualquier otra información que quiera.

Modelo: Escribir bien _____ .
Escribir bien, lo que no es fácil, requiere mucha práctica.

1. Mis pintores favoritos, _____ .
2. Algunos artistas _____ .
3. Mis puntos de vista, a base de _____ .
4. El arte, _____ .
5. Una novela que me gusta _____ .
6. Los escritores _____ .
7. Es importante poder expresarse en el arte _____ .
8. Por eso, la política _____ .

G. Un ensayo: El arte y la política son inseparables. Traduzca al español.

1. A dictatorship, which causes much suffering, is a repressive form of government. 2. A dictator, who often promises a great deal, doesn't necessarily guarantee his promises (**promesa**), which can cause problems. 3. People who protest (**protestar**) often live in danger. 4. However, some people who protest, the ones who protest intelligently, make the government hear them, which sometimes produces good results. 5. One way (**manera**) to expose problems is to write novels that disguise (**encubrir**) the facts a little. 6. Novelists, whose opinions are quite clear, use fiction (**la ficción**) as a vehicle (**vehículo**), through which their viewpoints are made. 7. Some novelists, who don't disguise enough, are censured by the govern-

ment, which is a common occurrence. 8. There are still many opinions to express and there are many oppressed (**oprimido**) people about whom to think and worry.

H. Ud., el redactor (la redactora). Un periodista nuevo empezó a trabajar para Ud. hace un rato. Aunque tiene mucho entusiasmo, tiene poco talento. Lo que sigue es la biografía que escribió este periodista, de un colega. Corríjala, quitando todas las repeticiones innecesarias y uniendo todas las frases posibles con pronombres relativos. Antes de empezar esta práctica de subordinación, se sugiere que Ud. lea el trozo entero.

Rodolfo Casona es periodista. Rodolfo trabaja en la América Central. Su redactor vive en los Estados Unidos. Su redactor se preocupa por Rodolfo. Rodolfo dice que no hay nada. No debe preocuparse. Rodolfo escribió un artículo recientemente. El artículo destaca el sufrimiento de la guerra. Eso indica una escena monstruosa. La intención de Rodolfo es escribir todo lo posible para rectificar la situación política de allí. La situación política de allí está ahora en condiciones pésimas.

Los puntos de vista de Rodolfo aparecen en sus artículos. Los puntos de vista de Rodolfo son bastante fuertes. Rodolfo prefiere arriesgar su reputación a callarse. La reputación de Rodolfo es muy buena. La mayoría de los temas son políticos. Rodolfo escribe sobre temas políticos. Eso hace a veces que viva en peligro. Los otros periodistas le tienen mucho respeto. Rodolfo trabaja con los otros periodistas.

Las montañas centroamericanas están llenas de refugiados políticos. Rodolfo pasa a través de las montañas. Rodolfo va a continuar escribiendo así. Eso es un riesgo. Pero Rodolfo cree que los periodistas son los individuos que pueden efectuar cambios si mantienen al tanto a la gente. Esta es la razón. Rodolfo toma tantos riesgos en su periodismo por esta razón. Hay muchos puntos de vista. Debemos pensar en los puntos de vista.

REPASEMOS

I. ¿Es Ud. imaginativo(a)? Ud. tiene la oportunidad de escribir algo literario. Su redactor quiere que Ud. base su obra en algunos eventos políticos. Describa la obra que Ud. piensa escribir.

Palabras útiles:

el ensayo essay	**el personaje** character
la novela novel	**la introducción** introduction
la pieza dramática (la obra) play	**el desarrollo** development
	el punto culminante clímax
el cuento short story	**el desenlace** ending, denouement
el artículo article	**la escena** setting
la trama plot	**el tema** theme, subject

J. ¿Es Ud. periodista? Mire los anuncios en la televisión o lea el periódico. Luego, escriba un breve resumen de un asunto político que le interese a Ud.

CHARLEMOS UN POCO

EL BANCO: UN VERDADERO DEPOSITORIO DE OBRAS DE ARTE

Como hemos visto en la lectura, la política y el arte son inseparables. Tampoco se separan la economía y el arte, así como veremos en el dinero hispano. No importa el país, casi todos los billetes hispanos son en sí mismos un pequeño grabado artístico. En este diálogo, tenemos dos viajeros de Tejas, buscando estas «pinturas» en España.

ANGEL —Oye, Horacio. Me hace falta más dinero español. Tendré que ir a una oficina de cambio o a un banco cercano para cambiar mis dólares. Si no, tengo que pedirte prestado dinero.

HORACIO —¡Mejor que cambies el dinero! Hay una estación de tren en la esquina donde puedes cambiar el dinero o puedes hacerlo en el hotel cuando regresemos.

ANGEL —¡Mira! Me dijiste que la comisión por un cambio es más alta en las estaciones y hoteles que en los bancos, ¿no? A propósito, ¿a cómo está el cambio hoy, sabes?

HORACIO —Creo que está a 165 pesetas el dólar.

ANGEL —¡A 165 pesetas por dólar! ¡Qué bueno!

HORACIO —Sí, a causa de la tasa alta de interés el dólar vale mucho más ahora. Este cambio es el más alto que jamás he visto.

ANGEL —Horacio, parece que sabes manejar bien tu dinero. ¿Me puedes hacer algunas sugerencias?

HORACIO —No es que sepa ningún secreto. Cuando era niño, mis padres me abrieron una cuenta de ahorros y me aconsejaron que ahorrara el dinero en vez de gastarlo en cosas innecesarias. De hecho, recuerdo exactamente lo que pasó la primera vez que fui al banco. Tenía como ocho años y mi padre me escribió un cheque. Entonces, él me explicó cómo endosar el cheque, de-

Banco Hispano Americano

BANCO EXTERIOR DE ESPAÑA
El banco sin fronteras.

BANCO DE ESPAÑA

	positarlo y retirar el dinero cuando lo necesitara. Fui al banco con ellos, muy orgulloso claro, a cobrar mi cheque, a hacer mi primer depósito y a conseguir mi libreta.
ANGEL	—¡Qué buenos recuerdos! Los únicos recuerdos míos no son tan buenos como los tuyos. El saldo de mi cuenta corriente siempre está más alto que el saldo del banco y el cajero me dice «Lo siento, pero es necesario cargarle un poco por este error.» Esto ocurre tanto que sería más fácil poner una grabadora cuando entro.
HORACIO	—¡Oh, Angel! ¡No exageres tanto! No puede ser todo tan malo. Mira, ¿no íbamos a cambiar el dinero?
ANGEL	—Tienes razón, viejo. ¿Dónde está el Banco de España?
HORACIO	—Allá, vamos.

En el banco.

EL CAJERO	—Buenos días, señores. ¿En qué puedo servirles?
ANGEL	—Me gustaría cambiar 50 dólares norteamericanos por pesetas, por favor. Tengo este cheque de viajero.
EL CAJERO	—Bien señor. Endóselo Ud. y deme su pasaporte y otro documento de identificación, por favor. El cambio está a 165 pesetas por dólar hoy. ¿Está bien?
ANGEL	—Muy bien.
EL CAJERO	—¿Quiere Ud. billetes y suelto?
ANGEL	—Sí, gracias.
EL CAJERO	—De nada, señor. Aquí tiene Ud. el dinero en efectivo. Y señor, que no se le olviden el talonario y el pasaporte.
ANGEL	—Muchas gracias, señor.

En el hotel.

ANGEL	—Horacio, mira lo hermosos que son los billetes.
HORACIO	—Sí, son muy bellos. Casi todo el dinero europeo es pintoresco. Y todas las escenas y gente tienen algo que ver o con la política o con la historia del país. Por ejemplo, en la moneda española, hay siluetas de Francisco Franco, el dictador español o de Juan Carlos, rey de España.
ANGEL	—Y en los billetes, hay escenas muy detalladas como los jardines del Generalife, un palacio de la Alhambra de Granada en el billete de cien pesetas. Parece como si fueran hechas por unos grandes artistas.
HORACIO	—Por el arte, se puede aprender mucho de un país al mirar su dinero.
ANGEL	—Entonces, yo quiero aprender todo lo posible, por medio del dinero, claro. ¡Ja! ¡Ja! ¡Ja!

Palabras prácticas

SUSTANTIVOS

el banco bank
el billete bill (money)
el (la) cajero(a) teller
la comisión charge (for money exchange)
la cuenta account; bill
  contar *ue* to count
la cuenta de ahorros savings account
el cheque check
el dólar dollar
el grabado engraving, illustration
la grabadora tape recorder
  grabar to tape, record; to engrave
el jardín garden
la libreta bankbook, passbook
la moneda coin
la oficina de cambio money exchange office
  cambiar to exchange; change
el palacio palace
el rey, la reina king, queen
el saldo balance (in account)
la silueta silhouette
el suelto change, coins
el talonario checkbook
la tasa de interés interest rate

VERBOS

cargar to charge
  la carga charge; load
depositar to deposit
  el depósito deposit
endosar to endorse
exagerar to exaggerate
  la exageración exaggeration
  exagerado(a) given to exaggeration
gastar to spend money
  los gastos expenses
manejar to manage, handle; to drive
pedir prestado to borrow
poner (pongo) to turn on (appliances)
  (apagar to turn off)
retirar to withdraw

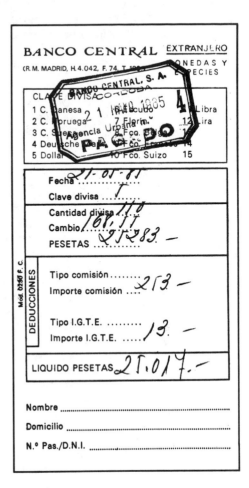

ADJETIVOS

detallado(a) detailed
  el detalle detail
hermoso(a) beautiful
pintoresco(a) picturesque
  pintar to paint

EXPRESIONES UTILES

en efectivo in cash
hacer un depósito to make a deposit
¡Mira! Hey! Look!
¡Oye! Say! Listen! Hey!
viejo(a) old buddy; old

PRACTIQUEMOS

A. El mejor banco de todos. Ud. está encargado(a) de preparar una lista de beneficios que ofrece el banco para el cual Ud. trabaja. Combine las dos palabras en una frase completa y luego, escriba un párrafo con las frases. Puede añadir cualquier otra información que sea necesaria.

1. el billete / la moneda
2. el cajero / el banco
3. la comisión / el cambio
4. endosar / el cheque
5. un préstamo / la tasa de interés
6. hacer un depósito / la ventanilla
7. retirar / la cuenta
8. la cuenta de ahorros / la cuenta corriente

B. ¡Hablemos del dinero! Con un(a) compañero(a) de clase, háganse estas preguntas.

1. ¿Cómo son los billetes norteamericanos? ¿Son pintorescos? ¿Hay grabados detallados? ¿Hay grabados distintos en los billetes de diferente denominación?
2. ¿Cómo son las monedas norteamericanas? ¿Tienen siluetas? ¿De quiénes? ¿Cuáles son las denominaciones de la moneda norteamericana? (**centavo, cent**).
3. ¿Cómo se abre una cuenta corriente? ¿Qué se hace con una cuenta corriente? ¿Qué cosas se asocian con una cuenta corriente?
4. ¿Cuál es el proceso de retirar dinero de su cuenta de ahorros? ¿Qué se necesita? ¿Cuántas veces por mes retira Ud. dinero?
5. ¿Es posible que el estereotipo del estudiante que no puede mantener el saldo correcto sea injusto? ¿Por qué o por qué no?
6. ¿Gasta Ud. mucho dinero? ¿Cuándo? ¿En qué? ¿Le permitían sus padres que Ud. gastara mucho dinero cuando era niño(a)?
7. ¿Sabe Ud. manejar bien su dinero? ¿Tiene Ud. un presupuesto? ¿Se adhiere Ud. a él? ¿Cómo es? ¿Qué le recomienda Ud. a alguien para que pueda manejar bien su dinero?

C. Encuentros personales. Con un(a) compañero(a) de clase, haga los papeles en las siguientes situaciones.

1. You are in Mexico City looking for a bank. Ask a passerby for directions. He (she) tells you to continue straight ahead down the road, to take a right by the old palace and to pass through the public garden. The bank should be on the corner, at the left. Thank him (her) and ask if you can change money there. Finish the conversation.
2. Go to the bank teller and ask if you can change your dollars for Peruvian **intis.** Ask what the exchange rate is and what the charge for exchanging is. The teller answers your questions. Ask if you can write a personal check; then apologize, telling him (her) you forgot to bring your checkbook. The teller says that the bank will be open for another hour, so you have time to go home and get it.
3. Go to the bank and open a savings and checking account. Ask the teller / manager about the interest rate for your savings account and how many withdrawals you can make per month without a charge. He (she) answers your questions.
4. Complete this sentence and give reasons for your completion:
   Si tuviera un millón de dólares en el banco, yo _____.
   Compare your answer with your classmate's.

¿Sabía usted esto?

There are three ways to form exclamations in Spanish.

Cómo is used in front of verbs to exclaim about *how* something is done:

¡**Cómo** exagera Angel!

How Angel exaggerates!
Boy, does Angel exaggerate!

Cuánto,a,os,as is used to declare a quantity:

¡**Cuánto** dinero depositan ellos!

They sure are depositing a lot of money!

¡**Cuántos** cheques cobró Ud.!

Boy, did you ever cash a lot of checks!

¡**Cuánto** me carga!

Boy, does he (ever) charge me a lot!

Qué is followed by a noun or an adjective and means *What a . . . !* If the noun is followed by an adjective, the latter must be preceded by **tan** or **más**. As with the preceding exclamations, the verb and the subject are usually inverted:

¡**Qué** comisión!

What a fee!

¡**Qué** comisión **más** alta!

What a high fee!

¡**Qué** buen cajero es Federico! ⎫
¡**Qué** cajero **tan** bueno es Federico! ⎭

What a good teller Federico is!

PRACTIQUEMOS

D. ¡Qué buen humor! Ud. tiene un(a) amigo(a) que reacciona muy entusiásticamente ante todo lo que Ud. dice. Haga el papel del (de la) amigo(a) y dé frases exclamatorias según el modelo.

Modelo: —Acabo de comprar un buen cuadro.
             —Ah, ¡qué buen cuadro compraste!

1. Gasto demasiado dinero a veces.
2. Manejaba bien el dinero.
3. Deposité mil dólares en el banco.
4. Acabo de conseguir un puesto fantástico en un banco.
5. Voy a ser un(a) cajero(a) magnífico(a).
6. El banco es grandísimo.
7. La presidenta del banco tiene mucho dinero.
8. Ella despidió a un mal cajero; es el puesto que conseguí.
9. Ganaré doscientos dólares por semana.
10. Mi saldo estará por fin correcto.

E. Reacciones. Reaccione Ud. ante cada declaración con una frase exclamatoria original.

1. Mis amigos harán un viaje a Venezuela.
2. Han ahorrado tres mil dólares.

3. Tienen que cambiar sus dólares en bolívares venezolanos.
4. El dinero se llama así por Simón Bolívar, un héroe de la independencia vene-zolana.
5. Van a viajar también a Guatemala por una semana.
6. En Guatemala, van a ir a las ruinas de los mayas.
7. Hay templos muy detallados y pintorescos.
8. Las antiguas ciudades son hermosas.
9. Hay también un palacio viejo con un jardín grandísimo.
10. Se divertirán mucho.

ENFOQUEMOS EL IDIOMA

Frases comparativas
Comparative sentences

There are two types of comparisons, equal and unequal. Comparisons of equality give the same characteristics to the things being compared. In English, we use *as. . .as* to establish this comparison. Comparisons of inequality assign characteristics of either greater or lesser degree to the things being compared. In English, the suffix *-er* or the words *more* or *less* are used.

In Spanish, comparisons of equality use **tan** in front of adjectives or adverbs and **tanto,a,os,as** in front of nouns. If the second part of the comparison is mentioned, it is preceded by **como:**

El camina al banco despacio.	*He walks to the bank slowly.*
Ellos caminan despacio también.	*They walk slowly, too.*
El camina al banco **tan** despacio **como** ellos.	*He walks to the bank as slowly as they (do).*
El tiene mil dólares en su cuenta.	*He has a thousand dollars in his account.*
Ellos tienen mil dólares también.	*They have a thousand dollars, too.*
El tiene **tantos** dólares **como** ellos.	*He has as many dollars as they (do).*

To express **as much as,** use **tanto como:**

El tiene **tanto como** ellos.	*He has as much as they (do).*
El deposita **tanto como** yo.	*He deposits as much as I (do).*

Comparisons of inequality use **más** or **menos** in front of nouns, adjectives, or adverbs and **que** in front of the second part of the comparison:

El tiene **más/menos** dinero **que** yo.	*He has more/less money than I (do).*
El camina **más/menos** despacio **que** ellos.	*He walks slower/less slowly than they (do).*
El es **más/menos** rico **que** yo.	*He is richer/poorer than I (am).*
Ella es **más/menos** rica **que** yo.	*She is richer/poorer than I (am).*

Notice that the adjective agrees with the first part of the comparison.

To indicate the mathematical relations >,< *(more than, less than)* use **más de** and **menos de**; note that **No. . .más que** means *only:*

El tiene **más/menos de** mil dólares.	*He has more/less than a thousand dollars.*
Yo **no** tengo **más que** dos dólares.	*I have only two dollars.*
Yo no tengo **más de** dos dólares.	*What I have left is not in excess of two dollars.*

When a definite article is used in a comparison in Spanish, it has an ambiguous translation:

Ella es **alta.**	*She is tall.*
Ella es **la más alta** de los dos.	*She is the taller of the two.*
Ella es **la más alta** de los tres.	*She is the tallest of the three.*

Más means *more* and *most* (as **menos** means *less* and *least.*) The definite article is only used to indicate definiteness or uniqueness, exactly as in English. It does not signal "superlativeness."

Note that a group among which a comparison is made is preceded by the word **de,** as opposed to the word *in* in English:

Ella es la más alta **de** la clase.	*She is the tallest in the class.*

As in English, there are some irregular comparative forms in Spanish.

bueno	más bueno o mejor
malo	más malo o peor
pequeño	más pequeño o menor
grande	más grande o mayor

It is very common to hear both comparative forms of **bueno** and **malo. Mayor** and **menor** generally are used to denote differences in age, size, status, and importance—like the English *greater, lesser.* **Más viejo/joven,** on the other hand, emphasize youth and age; **más grande/pequeño,** refer to size only. Look at these sentences:

Mi hijo es **más joven** que mi hija.	*My son is younger than my daughter.* (both are young)
Mi abuela es **más vieja** que mi abuelo.	*My grandmother is older than my grandfather.* (both are old)
Yo soy **mayor** que tú.	*I am older than you.* (no implication that either of us is young or old, just relative age rank)

Notice that the forms **mejor, peor, mayor** and **menor** precede the noun:

Este es el **mejor banco** de todos.	*This is the best bank of all.*
Este es el **peor jardín** del barrio.	*This is the worst garden of (in) the neighborhood.*

These are irregular adverbial forms.

bien	mejor
mucho	más
mal	peor
poco	menos

Manejo **bien** el dinero.	*I manage money well.*
Rita lo maneja **mejor** que yo.	*Rita manages it better than I do.*
Sara lo maneja **lo mejor** de todos.	*Sara manages it best of all.*

Notice the use of pronouns in comparisons. The comparative phrase is just the shortening of a full clause. Spanish keeps the emphatic form of the pronoun of that clause when it is whittled down, whereas English speakers often use an object form:

Tú tienes más dinero que **yo** tengo.	*You have more money than I have.*
Tú tienes más dinero que **yo.**	*You have more money than I (me).*

PRACTIQUEMOS

F. La situación financiera de mis amigos. Forme Ud. frases comparativas de igualdad, usando las palabras siguientes.

Modelo: Rogelio / dinero / Horacio
Rogelio tiene tanto dinero como Horacio.

1. Isabel / depositar / Enrique
2. Las amigas mías / cheques / las tuyas
3. La cuenta de Juana / pequeña / la de Pedro
4. Tomás / retirar / frecuentemente / José
5. Mi mejor amigo / gastar / yo

Ahora, forme Ud. frases comparativas de desigualdad.

Modelo: El banco de Horacio / grande / el de Angel
El banco de Horacio es menos (más) grande que el de Angel.

6. Juanita / saber manejar / bueno / Angela
7. El saldo de Angel / bajo / el del banco
8. El gobierno español / una tasa de interés / alto / el gobierno estadounidense
9. Las cajeras de este banco / malo / las de ése

G. Unas comparaciones financieras. Federico tiene que escribir una composición que compare su banco con el de su amigo Daniel. Federico no es un buen escritor porque se repite en cada frase. Ayúdelo, cambiando las dos frases en una, según el modelo. Algunas expresiones comparativas serán de igualdad y otras de superioridad o de inferioridad.

Modelo: Deposito mucho. Daniel deposita mucho.
                Deposito tanto como Daniel.

1. El interior de mi banco es hermoso. El interior de aquél no es hermoso.
2. Hay muchos cuadros pintorescos en mi banco. Los cuadros del otro banco no son pintorescos.
3. Mi banco ofrece muchas cuentas de ahorros y muchas cuentas corrientes. El otro tiene muchas cuentas también.
4. La tasa de interés de mi banco es alta. La del otro es baja.
5. Los cajeros de mi banco son buenos. Los del otro también son buenos.
6. Mi banco cobra poco por su servicio. El otro cobra poco también.
7. El mío está abierto cinco días a la semana. El otro está abierto cuatro días a la semana.
8. Los talonarios de mi banco son de muchos colores. Los del otro son de un solo color.
9. El banco mío garantiza todos sus préstamos. El otro garantiza solamente algunos préstamos.
10. La reputación de mi banco es notable. La del otro no es muy buena.

H. Opiniones personales. Forme Ud. frases comparativas de igualdad o de desigualdad según sus propias opiniones. Después, prepárese a contestar la pregunta ¿por qué?

Modelo: importante: dinero / amor
                El dinero es menos importante que el amor.

1. valioso: una pintura original de un artista famoso / el equivalente en dólares
2. represivo: un dictador absoluto / un presidente constitucional
3. hermoso: el oro de una moneda antigua / el oro de una joya
4. bueno: ahorrar dinero / gastar dinero
5. viejo: la moneda / los billetes
6. difícil: prestar dinero / pedir prestado el dinero
7. interesante: el campo del arte / el campo de los negocios
8. bueno: ganar dinero de artista / ganar dinero como persona de negocios
9. grande: la facultad de arte / la facultad de negocios
10. malo: un gobierno represivo / una democracia

I. Cuestionario personal. Practique estas preguntas con un(a) compañero(a) de clase.

1. ¿Ahorra Ud. tanto dinero hoy como cuando era niño(a)?
2. ¿Gasta Ud. más o menos dinero durante el año escolar que durante el verano?
3. ¿Insisten sus padres en que Ud. gane tanto dinero ahora como ganó en la escuela secundaria?
4. ¿Quieren ellos que Ud. ahorre más o menos dinero? ¿Por qué?
5. ¿Qué haría Ud. si descubriera que era más/menos rico(a) hoy que ayer?
6. ¿Qué querrá hacer cuando tenga más dinero que ahora?
7. ¿Cree Ud. que tendrá tanto dinero cuando se gradúe de la universidad como el que tiene hoy?

J. Verdad o mentira. Aquí siguen unas generalizaciones. Decida si son verdaderas o falsas según su propia opinión y corríjalas según convenga.

1. Las mujeres son las gastadoras más liberales del mundo.
2. Los hombres son los menos generosos de los dos sexos.
3. Los dictadores son los más egoístas del mundo.
4. El analfabetismo es el problema social más peligroso de todos.
5. La guerra es la solución más innecesaria en un conflicto.

Ahora, invente más generalizaciones y, con los compañeros de clase, discútalas con las cinco ya presentadas.

Traducciones de *than*
Translations of than

We have already seen that **que** means *than* in unequal comparisons and that **como** means *than* in equal comparisons. Here are some ways to say *than* when there is a clause in the second part of the comparison with a verb form that is different from that of the first clause.

When comparing an idea to a specific noun, **más/menos** is used, followed by **de lo que,** which introduces the clause containing the idea. An adjective or an adverb will appear directly before the **de lo que:**

La pintura era muy detallada. Tú no creías que la pintura fuera detallada.	*The painting was very detailed. You didn't believe that the painting was detailed.*
La pintura era más detallada **de lo que** tú creías.	*The painting was more detailed than what you believed.*
Ellos habían ahorrado más **de lo que** yo pensaba.	*They had saved more than I thought.*

When a clause that follows a comparison refers directly to a specific noun, **de** + definite article + **que** is used. A noun usually comes directly in front of this construction:

El retiró más dinero **del que** necesitaba.	*He withdrew more money than (the money) he needed.*
Ellos me dieron más cheques **de los que** había pedido.	*They gave me more checks than I had requested.*

This is another example of nominalization.

El retiró más dinero **del** (dinero) **que** necesitaba.	*He withdrew more money than he needed.*

PRACTIQUEMOS

K. Un día horrible. Combine las frases, siguiendo el modelo. A veces hay que hacer unos cambios gramaticales y eliminar algunas palabras.

Modelo: Pasé un mes horrible. No lo creí posible.
Pasé un mes más horrible de lo que creí posible.

1. Quería comprarme un coche más nuevo. Compré un coche usado.
2. Había esperado que el coche fuera mejor. No era bueno.
3. Tuve que pagar una tasa de interés enorme. No pensaba que estuviera tan alta.
4. Había que hacer muchas reparaciones. Ningún otro coche requeriría tantas reparaciones.
5. Tuve que pagar mucho dinero. No quería invertir mucho dinero.
6. La primera cuenta era muy cara. No creía que fuera cara.
7. Les pedí a mis padres veinte dólares para pagarle al mecánico. Me dieron quince dólares.
8. Creía que había cincuenta dólares en mi cuenta de ahorros. Había solamente treinta y cinco.
9. Vendí el coche por poco dinero. Esperaba ganar un poco.

L. Observaciones personales. Termine cada frase de una manera original y diferente de las otras.

Modelo: Sergio es más/menos _____.
               Sergio es más cómico de lo que pensaba.

1. Mi profesor(a) es más/menos _____.
2. Nuestra clase es más/menos _____.
3. Nosotros charlamos más/menos _____.
4. Nuestros exámenes son más/menos _____.
5. Hay más/menos tareas _____.
6. El semestre pasado había más/menos estudiantes _____.
7. (frase original)
8. (frase original)

REPASEMOS

M. ¿Cómo es su clase? Usando los pronombres relativos y las frases comparativas, describa a varios compañeros de clase. Trate de usar pronombres relativos y diferentes frases en su descripciones.

Modelo: Carlos, que es el que mejor habla español, siempre saca buenas notas en sus exámenes.

N. Debate. Formen dos grupos. Uno va a defender la siguiente idea, y el otro va a criticarla.

¿Se puede considerar algo una obra de arte si lo inspira un acto horrendo? Por ejemplo, una realizadora alemana, Leni Riefenstahl, hizo una película llamada *Triumph of the Will* en la que apareció Hitler durante una reunión de nazis. De una manera muy artística, ella mostró un movimiento político que promovía mucho mal.

¿Es esta película una obra de arte o es una forma de propaganda? Uds. tienen que decidir.

O. Tema escrito. Escriba un ensayo bien organizado que desarrolle uno de estos temas.

1. Hay que separar el arte de la política.
2. La responsabilidad de los artistas es exponer la injusticia social.

P. ¿Es Ud. un(a) crítico de arte? Aquí hay un mural de Diego Rivera y otro de José Clemente Orozco, ambos mexicanos. Analice uno en cuanto al mensaje y al contenido general.

Rivera, Diego. *Agrarian Leader Zapata.* 1931. Fresco, 7'9 ¾" × 6'2". Collection, The Museum of Modern Art, New York. Abby Aldrich Rockefeller Fund.

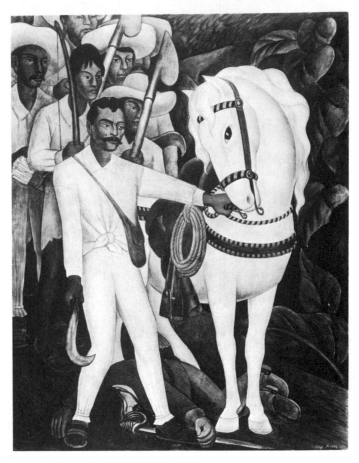

Orozco, Jose Clemente. *Rear Guard.* 1929. Lithograph, printed in black. Composition: 14 × 18¾". Collection, The Museum of Modern Art, New York. Gift of Abby Aldrich Rockefeller.

Estos estudiantes de Granada, España, celebran el último día de clases.

capítulo
trece

LA CELEBRACIÓN DESPUÉS DE LA GRADUACIÓN

Víctor y sus amigos planean un viaje especial este verano.

Por fin, nos hemos graduado de la universidad y vamos a celebrarlo en Europa. Hemos hecho todas las preparaciones y salimos mañana por la mañana. Mis amigos y yo hemos alquilado un coche que vamos a recoger en Portugal y dejar en París después de recorrer todos los países europeos. La compañía de coches de alquiler nos mandó información que debemos examinar antes de llegar a Portugal. También nos ha enviado las reglas que hay que obedecer para conducir por Europa.

La compañía nos aconseja que evitemos las glorietas de tráfico en las ciudades grandes porque a menudo hay embotellamientos enormes a causa del número de coches que hay en las calles. La compañía prefiere que circulemos por las carreteras cuando sea posible. También quieren que repasemos las señales de tráfico internacionales, (que son dibujos en vez de palabras, para que nos pongamos al corriente de las reglas de tráfico y lo que representan. Hay que prestar atención a todos los semáforos y a los guardias que dirigen la circulación. Claro que es necesario parar si hay personas cruzando la calle por el paso de peatones.

En caso de tener problemas con el coche, hay una lista de control que podemos consultar. Por ejemplo, si se calienta demasiado el motor, hay que ver si el radiador tiene agua. Si se cala el coche, hay que ver si hay gasolina en el tanque. Sería una buena idea revisar el aceite también. Si, por azar, ocurre una avería completa y no se puede poner el coche en marcha, hay que llamar un camión grúa para remolcar el coche a una gasolinera.

Según toda probabilidad, seré yo el que conduce el coche por la mayor parte. Tengo un permiso de conducir internacional y mi póliza de seguros es una a todo riesgo. En este país y en cualquier otro país, mi póliza cubre daños causados por mí o por otros. Lo único que no cubre es la multa por estacionamiento indebido o cualquier otra infracción de la ley. Otra razón por la cual conduciré es que dos de mis tres amigos no saben conducir automóviles con transmisión estándar sino sólo los con transmisión automática. El otro amigo tiene la tendencia de ir a toda velocidad y ha recibido muchas multas. Por eso, seguramente conduciré yo.

¡Estamos entusiasmadísimos! Por fin se realizará el viaje que hemos estado planeando desde el primer año de la universidad cuando nos conocimos.

Y Ud., si fuera a graduarse mañana, ¿adónde iría para celebrarlo?

¡Digamos la última palabra!

SUSTANTIVOS

la avería breakdown
el camión grúa tow truck
  la grúa crane
la carretera highway
el daño hurt, harm
  dañar to harm, damage
  dañoso(a) harmful
el dibujo drawing
  dibujar to draw
el embotellamiento traffic jam
  la botella bottle
  embotellar to bottle up
el estacionamiento, (el parqueo) parking
  estacionarse, (aparcarse) to park
la gasolinera service station (Sp.)
  la estación de servicio (Lat. Am.)
la glorieta de tráfico traffic circle (Sp.)
  la encrucijada traffic circle (Lat. Am.)
el (la) guardia traffic cop
la ley law
la lista de control check list
la multa fine, ticket
el paso de peatones crosswalk
  el peatón pedestrian
el permiso/carné de conducir driver's license
la póliza de seguros insurance policy
  los seguros insurance
la señal de tráfico traffic sign
la transmisión transmission

VERBOS

calarse to stall
calentarse *ie* to heat up
  caliente hot
circular to go around
  la circulación traffic
conducir (conduzco) to drive (Sp.)

manejar to drive; to manage (Lat. Am.)
dirigir to direct
evitar to avoid, evade
obedecer (obedezco) to obey
  la obediencia obedience
parar to stop something
  la parada a stop
  pararse to stop oneself
realizar to achieve, accomplish
  la realización accomplishment
recorrer to travel across, cover
remolcar to tow
repasar to review
  el repaso review
revisar to check, revise

ADJETIVOS

automático(a) automatic
estándar standard
indebido(a) illegal

EXPRESIONES UTILES

ir a toda velocidad to speed
poner en marcha to start (a machine)
ponerse al corriente (de) to be up with/on; to bone up on
por azar by chance
por la mayor parte for the most part
según toda probabilidad most likely
el seguro a todo riesgo comprehensive insurance
  el riesgo risk
  arriesgar to risk

PRACTIQUEMOS

A. Lo que todo buen conductor debe saber. Ud. trabaja para una compañía de coches de alquiler y tiene que preparar una guía para sus clientes. Usando cada una de estas palabras, prepare una lista de consejos para el viajero.

1. la avería
2. revisar
3. la transmisión
4. la multa
5. evitar
6. un permiso/carné de conducir
7. ir a toda velocidad
8. la glorieta de tráfico
9. ponerse al corriente
10. el seguro a todo riesgo

B. Un juego de asociaciones. Busque Ud. una palabra o expresión en la columna **B** que tenga algo que ver con una palabra o expresión de la columna **A.** Usando las palabras de ambas columnas, escriba una frase original.

A
1. una avería
2. un accidente
3. manejar
4. el camión grúa
5. una multa
6. obedecer
7. parar o avanzar
8. dirigir la circulación
9. las señales de tráfico
10. gasolina, aceite, agua

B
a. remolcar
b. el estacionamiento indebido
c. calarse o calentarse demasiado
d. unos dibujos
e. la póliza de seguros
f. la gasolinera
g. el permiso de conducir
h. el semáforo
i. el guardia
j. la ley

C. Solicitamos su opinión.

1. ¿Cuáles son las ventajas y las desventajas de saber conducir y de tener un coche en la universidad?
2. Hay un gran problema en cuanto al conducir después de tomar bebidas alcohólicas. ¿Qué opina Ud.? ¿Debe haber leyes más estrictas para disminuir este problema? ¿Por qué o por qué no? ¿Puede Ud. ofrecer alguna solución para mejorar este problema?
3. ¿Qué responsabilidad tiene cada una de las siguientes personas después de un accidente causado por el excesivo consumo de alcohol? ¿Por qué?
   a. el (la) vendedor(a) de la bebida alcohólica
   b. la compañía de seguros
   c. la persona que sirve la bebida alcohólica en un bar
   d. los amigos que permitieron que la persona que causó el accidente condujera borracha.
   e. la persona que invitó a la persona a una fiesta
   f. la persona que cometió el accidente
4. ¿Debe existir la ley que prohibe que los jóvenes consuman alcohol hasta que cumplan 18 ó 21 años? ¿Por qué o por qué no? (A propósito, en el mundo hispano no existe ninguna ley que prohiba el consumo de alcohol.)
5. ¿Ha recibido Ud. alguna vez una multa? ¿Qué tipo de infracción era? ¿Qué puede hacer uno si no quiere pagar una multa?

6. ¿Qué haría Ud. si tuviera un problema con el coche? ¿Y si tuviera una avería completa en medio de una carretera?
7. ¿Puede Ud. narrar un incidente cómico de algo que le pasó a Ud. en o con un coche?

¿Sabía usted esto?

Diminutive suffixes are very common in Spanish. They can be added to both nouns and adjectives. This suffix suggests smallness of size, lesser degree of importance, or affection. There is a variety of choices of diminutive suffixes. For example, the diminutive of **mamá** can be **mamacita, mamita,** or **mamaíta.**

Here are some general guidelines for choosing diminutive suffixes.

Type of word	Suffix	Example	
Words ending in **-a,** **-o,** or a consonant (except **n** or **y**) -add a suffix to the final consonant of the word.	**-ito,a,os,as** **-illo,a,os,as** **-ico,a,os,as**	avería	averita averilla averica
Words ending in **-e,** **-n, or -r**	**-cito,a,os,as** **-cillo,a,os,as**	camión	camioncito camioncillo
Monosyllables ending a consonant, and words containing diphthongs, add a suffix to the final consonant.	**-ecito,a,os,as**	cruz viejo nuevo	crucecita viejecito nuevecito
Monosyllables ending in a vowel	**-cecito,a,os,as** **-cecillo,a,os,as**	té	tececito

Diminutive suffixes agree in both gender and number with nouns and adjectives.

The suffixes **-ín, -iño,** and **-ino** are not quite as common as **-ito,-ico,** and **-illo,** but they are used widely in some regions.

Suffixes are often used serially: **chico, chiquito, chiquitito, chiquitico, chiquititito, chiquitiquito.**

Remember these spelling changes when you are forming diminutives:

saco   saquito
pago   paguito
cruz   crucecita

PRACTIQUEMOS

D. Sofía tiene un día lleno de actividades. Añada un sufijo diminutivo a las palabras en bastardilla.

1. *Sofía* se compró un *coche*. Es *nuevo*.
2. Tiene un *libro* que le explica todo en caso de que tenga una *avería*.
3. Al *hermano* de Sofía le gusta mucho el coche.
4. El quiere comprar su propio coche, pero tiene *poco* dinero.
5. Sofía le ha dicho al *chico* que tiene que tener paciencia.
6. Después de hacer un *examen* del motor, Sofía va a hacer una *excursión* por la ciudad.
7. Su hermano, *Paco*, también quiere ir porque tiene algunas *cosas* que hacer.
8. Hace un *calor* agradable, por eso van con las *ventanas* abiertas.
9. Más tarde, Sofía planea un *viaje* más lejos a un *pueblo* famoso por sus encajes.
10. Quiere comprar varios *ejemplares* de encaje para hacerles *regalos* a sus amigas.
11. Al volver hoy de la ciudad, Sofía va a dormir la *siesta* porque más tarde va a dar un *paseo* en coche con sus amigos.
12. Van a una *tasca* favorita a tomar un *trago*.
13. Después van a un café donde sirven cafés en *tazas* preciosas.
14. Sofía se alegra de tener coche para poder salir con sus *amigos*. Le gusta pasar unos *ratos* charlando.

The following exercises provide a review of the grammar and vocabulary you have been studying in **Charlemos un poco.**

E. ¿Un cambio de planes? Llene los espacios, donde sea necesario, con uno de los pronombres estudiados: un complemento de verbo directo, indirecto o reflexivo, un pronombre relativo, un pronombre recíproco o el pronombre **se.**

_____ envié a la compañía de coches de alquiler una copia de mi póliza de seguros. Era necesario entregar _____ antes de recoger el coche. Ellos _____ mandaron a mí un contrato _____ es muy complicado. Debo firmar _____ y devolver _____/_____ a ellos dentro de dos semanas. _____ he telefoneado a una amiga, _____ es abogada, para pedir _____ a ella que _____ ayude a leer y a comprender el contrato. _____ _____ escapa el tiempo cuando trato de leer y entender este documento. (Ella) _____ invitó a mis amigos y a mí a ir a su oficina para clarificar _____/_____. (_____ dice que los contratos están llenos de cláusulas técnicas y que los abogados son _____ saben explicar _____ sin mucha dificultad.)

El día de la reunión, (yo) _____ levanté temprano para ir al banco antes de ir a la oficina de la abogada. Quería retirar un poco de dinero para pagar _____ a mi amiga, aunque sabía que probablemente no _____ aceptaría nada. (Yo) _____ conocí hace cinco años cuando ella _____ enamoró de mi hermano. (Ellos) Iban a casar _____, pero algo pasó. Mis padres y yo no _____ alegramos al oír que ellos no _____ casaban. De todos modos, continúo siendo muy amigo de _____. De hecho, si yo fuera mayor, _____ pediría a ella que _____ casáramos. _____ conocemos uno a otra muy bien y a ella _____ gusta pasar tiempo con _____. A ver, ¿debo sugerir _____ a ella que _____ acompañe a Europa en vez de mis amigos? ¿_____ _____ ocurre a Uds. alguna solución?

F. Los planes después de la graduación. Escriba las frases de nuevo de dos maneras distintas, poniendo el verbo principal *a.* en el futuro y *b.* en el condicional. Haga todos los cambios necesarios.

Modelo: Hemos organizado una fiesta después de la ceremonia.
              a. Organizaremos una fiesta después de la ceremonia.
              b. Organizaríamos una fiesta después de la ceremonia.

1. Hemos decidido hacer un viaje después de graduarnos.
   a.
   b.
2. Hago las maletas cuando escogemos el destino del viaje.
   a.
   b.
3. Mis amigos van a comprar los boletos si tienen tiempo.
   a.
   b.
4. Uno de ellos quiere alquilar un coche para que no tengamos que viajar por tren.
   a.
   b.
5. Espero que nuestra celebración se realice.
   a.
   b.
6. Si no se realiza el viaje, hacemos otra cosa.
   a.
   b.

G. Observaciones sobre la graduación. Aquí siguen algunos comentarios de estudiantes que van a graduarse mañana. Traduzca la palabra inglesa al español.

1. ¡_____ *(These)* cuatro años _____ *(at)* la universidad han sido los _____ *(best)* años _____ *(in)* mi vida!
2. _____ *(For)* muchos, la vida solamente empieza _____ *(after)* graduarse.
3. Graduarse es _____ *(better)* _____ *(than)* yo pensaba.
4. _____ *(Because of)* mi decisión de asistir a una universidad, (yo) _____ *(will become)* un profesional.
5. (Yo) _____ *(spent)* mucho tiempo y mis padres han _____ *(spent)* mucho dinero. Espero que _____ *(this)* valga la pena.
6. _____ *(My)* notas eran _____ *(as)* buenas _____ *(as)* _____ *(yours)*. ¿Y _____ *(his)*?

7. Voy a trabajar _____ (for) _____ (this) compañía, no _____ (for that one) ni _____ (for that one). Espero quedarme con ellos _____ (for) tres años y tengo que estar en la oficina _____ (around) mayo.

8. ¡_____ (What a) regalo más magnífico! Es _____ (more) fantástico _____ (than) los otros. De hecho, es _____ (the most fantastic of) todos.

9. Me dieron más dinero _____ (than) esperaba, _____ (which) me gusta, claro.

10. _____ (After) la ceremonia, va a haber un desfile que pasará _____ (through) el centro del pueblo, _____ (through) la ciudad universitaria y terminar _____ (at the) lugar _____ (for) la fiesta.

H. Un cambio de planes. Alfonso les presenta sus excusas a unos amigos de la escuela secundaria. Acaba de graduarse de la universidad y quiere cambiar de planes. Escriba Ud. esta carta en un párrafo completo, añadiendo las palabras necesarias y haciendo los cambios necesarios.

Mi / compañeros / haber / invitar / a mí / recorrer / Estados Unidos / y / entrar / México / para que / poder / practicar / el / español. Si / lo / haber / saber / antes, / yo / haber / decirlo / a Uds. Yo / esperar / Uds. no enojarse / con / mí / por / haber / cambiar / nuestro / planes. Cuando / volver-yo, / llamar / a Uds. / en seguida / a fin de que / no se / olvidar / a nosotros / tener / nuestro / celebración. No / importar / a mí / fecha / celebración; / nosotros / celebrar / como si / ser / día / después / graduación. Mi / padres / dar / a mí / coche / nuevo / de regalo. Nosotros / ir / viajar / en / este / coche / para / evitar / un / problema / mecánico. Nosotros / ver / uno / otro / pronto.

Hasta pronto,

Alfonso

I. Entrevista. Con un(a) compañero(a) de clase, traduzca estas preguntas al español y háganselas entre Uds.

1. What will you do as soon as you graduate?
2. Where would you go if you could?
3. If you had chosen a different career/major, what would it have been?
4. Was it necessary for you to take all the courses you did?
5. What was your favorite class? Why?
6. What was your worst class? Why?
7. Will you work this summer? Where?
8. What will your summer job be like? What would your ideal job be like?
9. Who would you like to meet if you could? Why?
10. If you could do anything to celebrate your graduation, what would it be?

UN COCHE ESTROPEADO

Paco va a visitar a su amigo Federico. Federico está de mal humor, y Paco trata de animarlo.

PACO —Oye, Fede. Tina, Guillermo y yo vamos a Cuenca mañana. ¿Quieres acompañarnos?

FEDE —Sí que me gustaría, pero mejor que vayáis sin mí.

PACO —¿Por qué? Te mereces un día de descanso.

FEDE —¡Estoy de acuerdo, pero mi maldito coche no comparte esa opinión! Estoy arreglándolo, o mejor dicho, tratando de arreglarlo.

PACO —¿Qué le pasa?

FEDE —Más apropiado sería, ¿qué no le pasa? Me he comprado lo que los norteamericanos llaman «un limón».

PACO —¡Ja! ¡Ja!

FEDE —*(un poco impaciente)* ¡No te rías! Siempre se me estropea. Si no son los frenos, es el radiador, o algo vibra o cruje o golpea o no sé qué. El verdadero problema es que no soy un mecánico experto, pero no quiero pagar los costos de reparación. A que no adivinas lo que me pasó ayer. ¡Qué pesadilla!

Este señor venezolano llena su radiador con agua. ¡Quiere evitar una avería!

PACO	—Dime. ¿Sufriste un desastre?
FEDE	—¡Ojalá que hubiera sido sólo uno! Decidí ir a Madrid de compras, al Corte Inglés. Necesitaba comprarme un traje nuevo. Cuando traté de poner en marcha el coche, no arrancó. Alcé el capó, pero no pude descubrir el problema. Llamé la gasolinera y vino un mecánico.
PACO	—¿Qué pasó?
FEDE	—Había un cable flojo en el acumulador que se necesitaba apretar.
PACO	—Tienes razón. ¡No eres experto con los coches!
FEDE	—¡Ya te lo he dicho! ¡No me hagas sentirme peor al recordármelo! ¡Lo que necesito es tu comprensión, no tu sarcasmo!
PACO	—Lo siento, amigo. Continúa.
FEDE	—Bueno. Le pagué al mecánico y salí para Madrid. Todo iba bien cuando de repente empezó a vibrar el volante.
PACO	—Eso sí que puede ser peligroso. ¿Sabías lo que ocurría?
FEDE	—Al poco rato, sí. Me paré al borde de la autopista y vi la llanta pinchada. La cambié y continué para Madrid.
PACO	—¿Fue el fin de tus desastres automovilísticos? El tono de tu voz me sugiere que más bien fue el principio.
FEDE	—¡Tienes razón! Llegué a Madrid y fui al Corte Inglés. A propósito, me compré un traje muy bonito, una verdadera ganga. Bueno, al volver al coche, me fijé en que algo estaba goteando. ¡Era aceite! Descubrí que había un pequeño agujero en el sistema de lubricación. No hice nada más que una reparación provisional para poder llegar a casa.
PACO	—Me parece que hubiera sido mejor ir en autobús o en tren.
FEDE	—(desesperado) ¿Qué más da? De una manera u otra me iba a costar dinero.
PACO	—¡Cálmate! Tengo miedo de preguntártelo, pero, ¿qué otros problemas tiene tu coche?
FEDE	—Pues, el carburador necesita ajustes. Usa más gasolina de la que debe. Hay un problema con el embrague—algo está atascado. Necesita bujías nuevas y sigue haciendo ruidos que no reconozco. Ahora sé que necesita bombillas para una luz de freno y una de marcha. Me lo mencionó el policía.
PACO	—¿Qué policía? ¿Ahora eres criminal? ¿Qué hiciste—robar una tienda para conseguir lo que te hacía falta para reparar tu coche?
FEDE	—(impaciente) ¡No me tomes el pelo! No estoy de buen humor. Resulta que, inocentemente, te digo, yo excedía el límite de velocidad rumbo a casa. Tenía prisa porque quería llegar a casa antes de que se me estropeara otra cosa.
PACO	—¿Y te paró la policía?
FEDE	—Sí, y ahora tengo que pagar una multa. Fue entonces que el policía me mencionó lo de las luces.
PACO	—¿Es el fin?
FEDE	—Todavía no. Llegué a casa alicaído. Al salir de mi coche, se me enganchó la manga en el indicador de dirección y ahora está roto.
PACO	—¡Por Dios! Ese coche tuyo trae mala suerte. Prácticamente lo

único con lo que no has tenido problema es el depósito de
gasolina.

FEDE   —Sí que hay problema.

PACO   —¡No me digas!

FEDE   —¡Está vacío! ¡Igual que mi cartera después de tantos líos!

Palabras prácticas

SUSTANTIVOS

el acumulador battery
  la batería battery (Lat. Am.)
el agujero hole
  el hueco hole (dent)
  la grieta hole (crack)
la autopista superhighway,
  expressway
la bujía spark plug
el cable cable
el capó hood
el carburador carburetor
el depósito de gasolina gas
  tank

el embrague clutch
  embragar to clutch
el freno brake
  frenar to brake
el indicador de dirección
  directional light, turn indicator
el límite de velocidad speed
  limit
el lío mess, disaster, problem
la luz de freno brake light
  la luz de marcha headlight
  (el faro Sp.)
**la llanta (el neumático/la
  goma)** tire

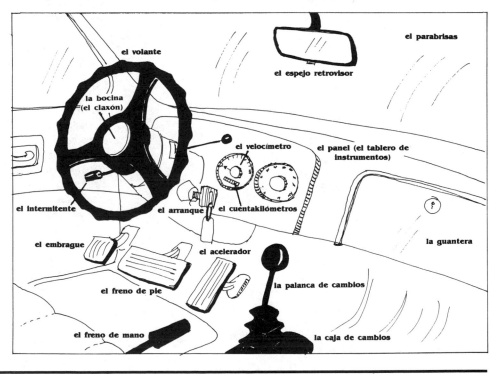

el volante

el parabrisas

el espejo retrovisor

la bocina
(el claxón)

el velocímetro

el panel (el tablero de
instrumentos)

el intermitente

el arranque

el cuentakilómetros

la guantera

el embrague

el acelerador

la palanca de cambios

el freno de pie

el freno de mano

la caja de cambios

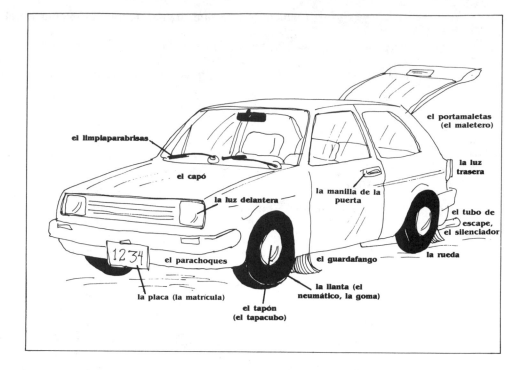

el portamaletas (el maletero)

el limpiaparabrisas

el capó

la luz trasera

la manilla de la puerta

la luz delantera

el tubo de escape, el silenciador

el parachoques

el guardafango

la rueda

la llanta (el neumático, la goma)

la placa (la matrícula)

el tapón (el tapacubo)

la pesadilla nightmare
la reparación (provisional, temporary) repair
reparar to repair
el ruido noise
el sistema de lubricación lubrication system
el volante steering wheel

VERBOS

alzar to raise
apretar *ie* to tighten
apretado(a) tight
arrancar to start (engine)
el arranque starter
arreglar to fix, repair
el arreglo repair; arrangement
crujir to creak
engancharse to get caught, snagged
el gancho hook
estropearse (descomponerse) to break down
fijarse (en) to notice
golpear to knock, hit

gotear to leak, drip
la gota drip, drop
pasarle to happen to, be wrong with
vibrar to vibrate
la vibración vibration

ADJETIVOS

alicaído(a) downcast, depressed
atascado(a) stuck
atascarse to get stuck
flojo(a) loose; lazy
aflojar to loosen
maldito(a) cursed, darned
maldecir to curse
pinchado(a), desinflado(a) punctured (flat)
pincharse, desinflar to get punctured (to go flat)
vacío(a) empty
vaciar (vacío) to empty

PREPOSICIONES

al borde de on the edge of
rumbo a heading toward

al poco rato a little while
afterward
A que no adivinas... Guess
what...
¡No me digas! You don't say!
¿Qué más da? What difference
does it make? What's the use?
traer mala suerte to be a jinx

apagar las luces to turn off the
lights
**poner el claxón (tocar la
bocina)** to sound the horn
poner el intermitente to turn
on the directional light
prender las luces to turn on the
lights
pisar el acelerador, el freno to
step on the accelerator, brake

PRACTIQUEMOS

A. ¡Imagínese! ¡Ud. acaba de conocer a una persona que nunca ha visto un coche en su vida! Consulte los dibujos del coche, al igual que la lista de vocabulario de la sección anterior. Explíquele a esta persona lo siguiente:

1. la función del volante
2. para qué es la palanca de cambios
3. la función del limpiaparabrisas
4. la diferencia entre el acelerador y el freno
5. para qué sirve el tubo de escape
6. la función del intermitente
7. la función de la guantera
8. para qué se usa el claxón o la bocina
9. la función del espejo retrovisor
10. para qué se necesita una placa

B. Ud., el (la) instructor(a). Ahora, Ud. le ha explicado muy bien a esta persona la función del coche. Por eso, ¡quiere que Ud. le enseñe a conducir! ¡Por Dios! Ud. tiene que explicarle detalladísima y exactamente qué debe hacer una persona para ser un conductor excelente. Empiece así: «Primero, se sale de la casa.» ¡No olvide nada; Ud. tiene que ir en el coche con su discípulo!

C. ¡Ojos abiertos! Todo buen conductor debe obedecer las reglas de tráfico. Aquí tiene Ud. unos dibujos de señales de tráfico internacionales. Explique el significado de cada señal.

D. Unas asociaciones automovilísticas. Gracias a Ud., su amigo(a) continúa aprendiendo del coche. Emplee la técnica de asociaciones. ¿Con qué asocia Ud., como automovilista, las siguientes palabras?

1. el depósito
2. los tapacubos
3. el sonido
4. las millas, los kilómetros
5. parar
6. los números y las letras
7. la caja de cambios
8. el aceite
9. pinchado
10. el desastre

E. Una encuesta personal. Conteste las siguientes preguntas.

1. ¿Tiene Ud. coche? Si lo tiene, descríbalo. Si Ud. pudiera comprar cualquier coche que quisiera, ¿cuál compraría? ¿Por qué?
2. ¿Es importante para Ud. que un coche tenga mucho estilo, o simplemente que funcione bien? Comente.
3. ¿Cuál es peor, una llanta pinchada o una batería sin agua? ¿Por qué? ¿Una batería vacía o un depósito vacío? ¿Por qué?
4. ¿Qué haría Ud. si la bocina de su coche estuviera atascada y no dejara de sonar? A propósito, muchas personas usan la bocina en vez de los frenos. ¿Qué piensa de esto?
5. En muchos lugares, es necesario hacer inspeccionar el coche regularmente, dos veces al año en algunos estados. ¿Es esto realmente necesario? ¿Por qué o por qué no?
6. ¿Cree Ud. que debe haber un límite de velocidad? ¿Por qué o por qué no?
7. ¿Cuál es peor: que el coche se le estropee en la ciudad o en el campo? Explique.
8. ¿Prefiere Ud. un coche que tenga transmisión automática o estándar? ¿Por qué?
9. ¿Qué hace Ud. si no puede encontrar un lugar de estacionamiento?

F. Encuentros personales. Con un(a) compañero(a) de clase, haga los papeles de los personajes en las siguientes situaciones.

1. You are a mechanic. A customer comes and tells you that his (her) car broke down and that he (she) doesn't know what the problem is. You ask what happened and the customer tells you that the car keeps stalling. Tell him (her) that the carburetor probably needs adjustment and that he (she) may need new spark plugs. The customer asks if he (she) can leave the car at the garage. Tell him (her) to come back and pick it up in three hours.
2. A police officer stops you for running a red light. Apologize and tell him (her) you're in a hurry because you are late for an appointment to get your car fixed. He (she) asks you what the problem is and you tell him (her) that you need an oil and filter **(filtro)** change and that there's a vibration in the engine **(motor).** He (she) tells you that he's (she's) sorry about your problem, but that you will still have to pay a fine.
3. You are a police officer and you see a car stopped by the side of the road. You stop to see what the problem is. The person's car has overheated and the driver tells you that he (she) also has a flat tire. Call a tow truck on the car radio. Tell the person that it will take an hour or so before the truck arrives.

4. Tell a friend about what happened to you: you were in a traffic jam in the city and your engine overheated and stalled. Tell your friend what you did to solve the problem. She (he) then tells you what happened to her (him). She (he) was in a traffic jam and the horn got stuck. She (he) tells you what she (he) did to correct the problem.
5. You have rented a car and it's not running well. It keeps stalling and the steering wheel vibrates. Call the rental agency and explain your situation. The agent apologizes and tells you to return the car. She (he) tells you that the agency won't charge you for the car you have and will provide you with another.

Si Ud. necesita alquilar un coche en España, hay muchas compañías de las cuales puede escojer una.

¿Sabía usted esto?

Most compound words in Spanish are made up of a verb form (3rd person singular, present indicative) followed by a noun. They are usually masculine, but when they refer to people, they are masculine and feminine. Here are some examples.

guardar to keep
  guardafango (keeps the mud away) mudguard
parar to stop
  parabrisas (stops the breezes) windshield
limpiar to clean
  limpiaparabrisas (cleans what stops the breezes) windshield wiper
contar *ue* to count
  cuentakilómetros (counts the kilometers) odometer
abrir to open
  abrecartas (opens letters) letter opener
quitar to take away
  quitapesares (takes away the pain) consolation
sacar to pull out
  sacadinero (pulls out—takes away—money) swindler
portar to carry (hold)
  portalápiz (holds pencils) pencil holder
cumplir to complete
  cumpleaños (completes years) birthday
matar to kill
  matasellos (kills stamps) postmark (cancelation)

PRACTIQUEMOS

G. Un juego. Conteste estas preguntas, dando la palabra en inglés. Luego, haga frases originales en español con las palabras compuestas.

1. Si **lata** significa *(tin) can*, ¿qué es un **abrelatas?**
2. Si **nuevas** significa *news*, ¿qué es un **portanuevas?**
3. Si **mancha** significa *stain*, ¿qué es un **quitamanchas?**
4. Si **herramientas** significa *tools*, ¿qué es un **portaherramientas?**
5. Si **cadena** significa *chain*, ¿qué es un **guardacadena?**
6. Si **choque** significa *crash*, ¿qué es un **parachoques?**

Ahora, trate de adivinar el español. Consulte el diccionario si es necesario.

7. Si **punta** significa *point*, ¿cómo se dice *pencil sharpener*?
8. Si **caída** significa *fall*, ¿cómo se dice *parachute*?
9. Si **corcho** significa *cork*, ¿cómo se dice *corkscrew*?
10. Si **muela** significa *molar*, ¿cómo se dice *dentist*?
11. Si **mosca** significa *fly*, ¿cómo se dice *fly paper*?

H. Otro juego. Conteste estas preguntas.

1. ¿Qué es un guardarropa?
2. ¿Qué es un quitasueño?
3. ¿Qué es un portadocumentos?
4. ¿Qué es un hacelotodo?
5. ¿Qué es un limpiabotas?
6. ¿Qué es un quitanieves?
7. ¿Qué es un cuentagotas?
8. ¿Qué es un quitasol?
9. ¿Qué es un paraguas?
10. ¿Qué es un paragolpes?

The following exercises continue a review of the grammar and vocabulary you have been studying in **Charlemos un poco.**

I. El cuento del coche. Llene los espacios con la forma correcta de los verbos entre paréntesis. ¡Cuidado! Aquí se permite todo modo y tiempo verbal del indicativo o del subjuntivo. También se permiten el infinitivo o el gerundio.

Tengo algo sensacional que me _____ (gustar) compartir con Ud. si quisiera. Puede ser que Ud. no lo _____ (creer), pero le digo que _____ (ser) verdad. Mi amigo Felipe es dueño de un coche que _____ (parecer) ser perfecto. ¡Sabía que Ud. no me creería si se lo _____ (decir)! Bueno, de todas maneras, voy a continuar con mi cuento hasta que Ud. _____ (darse) cuenta de que no _____ (estar + mentir *ie*).

Antes de _____ (comprar) un coche, Felipe pensaba en lo que _____ (querer). El _____ (decidir) que sería fantástico si _____ (poder) encontrar un coche que nunca se le _____ (estropear). _____ (Saber) que esto era probablemente imposible, Felipe _____ (comprar) un SEAT* nuevo. ¡Qué coche más bonito _____ (ser)! Le _____ (decir-yo) a Felipe que _____ (haber + hacer) una selección excelente. Felipe _____ (ponerse) muy contento, y hasta le _____ (dar) al coche un nombre. ¿Me cree Ud. hasta ahora? ¡_____ (Creerme)! Es verdad, aunque le _____ (parecer) extraño a Ud.

Para _____ (ser) honesto, tengo que _____ (admitir) que al principio _____ (tener-yo) mis propias dudas cuando Felipe me _____ (sugerir)

* The most common make of car in Spain.

por primera vez que su coche era casi perfecto. Resulta que _____ (pasar) algo que me _____ (convencer). Una vez _____ (ir-yo) a las montañas con Felipe. Nosotros _____ (pararse) en un restaurante para almorzar. _____ (Hacer) un frío tremendo; la temperature _____ (estar) a diez grados bajo cero. Felipe trató de arrancar el coche después de que _____ (haber + comer). No pensaba que el coche _____ (poder) arrancar. _____ (Estar + hacer) ruídos extraños y _____ (creer-yo) que _____ (ir) a calarse pero no _____ (tener) razón. Era como si el coche no _____ (sentir) el frío. El coche _____ (arrancar) perfectamente. Fue entonces que yo _____ (empezar) a creer lo que Felipe _____ (creer).

—¡Ridículo!— ¿Ud. dice? ¡Pues, _____ (haber) más!

Hace casi un año, Felipe _____ (conocer) a Cristina, la mujer de sus sueños. _____ (Enamorarse) locamente de ella, y ella de él. _____ (Ser) realmente un cuento de amor, de esos tipos que se _____ (leer) en las novelas. Bueno, un día Felipe y Cristina _____ (tener) un accidente. Felipe y Cristina _____ (estar) en un lugar con mucha circulación y, de repente, _____ (calarse) el coche. El otro coche, que _____ (estar) detrás del coche de Felipe, no _____ (poder) pararse y por eso, _____ (ocurrir) el accidente. Felipe _____ (llamar) una gasolinera y un camión grúa y al _____ (llegar) a la gasolinera, el mecánico le _____ (decir) a Felipe que no _____ (haber) ningún problema. ¡El coche _____ (funcionar) perfectamente bien! ¡El coche _____ (curarse)! Al contármelo, Felipe me dijo que él no lo _____ (haber + creer) si él no hubiera estado allí. La pobre Cristina no _____ (saber) qué _____ (estar + ocurrir).

_____ (Ir) a casa, Felipe _____ (pensar) en las circunstancias. El _____ (concluir) que el coche _____ (ser) sobrenatural. —¡Absurdo!— ¿Ud. dice? Pues, ¿cómo reaccionaría Ud. si le _____ (pasar) tal cosa?

Bueno, Felipe _____ (decidir) tratar de hablar con el coche, y le _____ (decir) que _____ (estar) impresionado con lo que _____ (suceder). Le _____ (mencionar) que no _____ (haber + gastar) ni una peseta en reparaciones y que lo _____ (apreciar) mucho. Felipe le _____ (prometer) al coche que si _____ (seguir) con esta práctica, nunca lo _____ (cambiar) por otro coche. De repente, _____ (sonar) la bocina y se _____ (encender) las luces. ¡Era como si el coche _____ (estar + decir) que había entendido y que _____ (estar) muy contento!

Ahora, ¿me cree Ud.? No sé por qué me fastidiaría si Ud. no me _____ (creer), pero es importante que le _____ (convencer) a Ud. que no hay duda de que todo esto _____ (haber + pasar). Entiendo que sería difícil creerlo a menos que se _____ (ver) los incidentes, pero, ¿por qué le _____ (mentir) a Ud.? No _____ (ser-yo) así. Pues, ¿me cree Ud.? ¿Es posible que esto _____ (ocurrir)?

J. Consejos de un amigo. Llene los espacios con la forma correcta de **ser** o de **estar**.

Vosotros _____ cansados, ¿no? Me parece que pasasteis un día que _____ lleno de preocupaciones. Habría _____ mejor si hubierais comprado otro coche, ¿no? Me parece que siempre _____ estropeado.

Ahora, vosotros _____ inteligentes. ¡Todos los españoles lo _____! Tan pronto como vosotros _____ de vacaciones, empezad a buscar otro coche. Si no _____ tan cansados ahora, yo podría ayudaros. Mirad los anuncios clasificados. Hay uno que _____ puesto por mi jefe. Sabéis que él _____ vendedor de coches, ¿no? Os digo que _____ muy honesto y nunca trata de cubrir la verdad. Ahora mismo, sus coches _____ verdaderas gangas porque la semana que viene, otra remesa de coches nuevos va a _____ entregada.

¿Sabéis dónde _____ la compañía de mi jefe? _____ en el centro, cerca del banco.

Ahora, todo _____ arreglado. Me alegro de que vosotros _____ de acuerdo conmigo. ¡_____ optimistas; no _____ pesimistas! Bueno, ya _____ hora de salir. Nos vemos mañana.

K. El buen servicio. Una las frases con pronombres relativos y, para mejorar las frases, quite las palabras que se repiten. En algunos casos, habrá más de una posibilidad.

1. Carlos Sánchez es un hombre muy astuto. Es dueño de una estación de servicio. La estación de servicio tiene muchos clientes regulares.
2. El parque de diversiones también atrae a otros clientes. Los clientes tienen carros. La estación de servicio de Carlos está cerca del parque de diversiones.
3. Carlos es un hombre sumamente amable. Sus clientes siempre charlan con él. Esta es una razón. Los clientes van a su estación.
4. Los mecánicos de Carlos son excelentes. Los mecánicos recibieron entrenamiento y aprendizaje superiores.
5. Tenemos un carro. Se nos estropea bastante a menudo. Eso nos da dolores de cabeza.
6. Llevamos nuestro carro a la estación de servicio de Carlos. Nuestro carro tiene cinco años. Los precios de reparación de Carlos son razonables.
7. El hombre respeta a sus clientes. El hombre tiene muchos clientes.
8. Vale la pena mantener en buenas condiciones el carro. No podemos vivir sin nuestro carro.

L. ¿Ha tomado Rosita la decisión apropiada? Llene los espacios con una forma de la traducción de *than*. Escoja entre las siguientes expresiones: **que, del que, de los que, de la que, de las que, de lo que, de.**

1. Un coche usado tiende a estropearse más _____ uno nuevo.
2. Rosita es dueña de un coche usado y ahora tiene más problemas _____ quiere admitir.
3. No le dice nada a nadie porque sus amigos le dijeron a Rosita que el coche estaba en peores condiciones _____ le sugirió el vendedor.
4. Rosita compró el coche de todos modos porque era menos caro _____ había visto ella en otros lugares.
5. Rosita gana menos dinero _____ ganan sus amigos; por eso tiene que tener más cuidado con el dinero _____ ellos.
6. Rosita no quería comprar un coche que costara más _____ 600.000 pesetas, y éste costó menos _____ eso.
7. Ahora Rosita tiene más presiones _____ quiere.
8. Sin embargo, es una chica muy responsable, más responsable _____ piensan sus amigos.
9. Va a tomar un curso de mecánica y luego sabrá más _____ sus amigos, y gastará menos _____ ellos en las reparaciones.
10. Al fin y al cabo, ella probablemente tendrá más pesetas _____ tendrán ellos.

M. La decisión de Raúl. Traduzca al español.

1. While starting his car, Raúl was thinking about his finances and worrying about the future.
2. Opening a car rental agency would require capital **(el capital),** especially if he bought new cars.
3. Raúl's wife thinks that if he dares to take the risk, he won't regret it.
4. Today Raúl has to decide if he's going to have his own business.
5. Buying cars, hiring workers and finding a location won't be as easy as Raúl's wife thinks; in fact, it will be a lot harder than she thinks.
6. When he started his car, he heard a noise.
7. After checking it out, he saw that there was a small hole in his muffler.
8. Raúl thought: What would I do if this were happening to one of my rental cars?
9. Raúl fixed the hole. Realizing that it wasn't so difficult, Raúl decided that being his own boss would be a great adventure.
10. While going to work, Raúl made the decision: he was going to do it!
11. Learning how to manage his own business will make Raúl's life interesting.

N. Para alquilar un coche. Este cuestionario es de una compañía que alquila coches. Tiene reglas muy estrictas para la protección de sus clientes. Ud. quiere alquilar un coche; por eso, hay que rellenar el formulario.

Nombre: _____   Fecha: _____

Dirección: _____   Teléfono: _____

Fecha de nacimiento: _____   Número de carné de conducir: _____

Ciudadanía: _____   Número de seguridad social: _____

1. ¿Jamás ha alquilado Ud. un coche? ¿Dónde y por cuánto tiempo?
2. ¿Adónde piensa ir ahora con un coche de alquiler nuestro?
3. ¿Por cuánto tiempo necesita Ud. el coche?
4. ¿Viajan otras personas con Ud.? ¿Cuántas?
5. ¿Sabe Ud. arreglar un coche si se le estropea?
6. ¿Qué haría Ud.:
   a. si se le estropeara el coche en la autopista?
   b. si se le calara en un embotellamiento?
   c. si se le pinchara una llanta?
   d. si se le calentara demasiado el motor?
   e. si no funcionaran las luces de freno o los faros?
   f. si tuviera un accidente?
7. ¿Tiene Ud. póliza de seguros? ¿De qué tipo? ¿De qué compañía?
8. ¿Jamás ha recibido una multa por no respetar el límite de velocidad o por estacionamiento indebido? Explique las circunstancias.

O. Tema escrito. ¡Ya ha terminado el libro! ¡Felicitaciones! Es de esperar que Ud. haya aprendido mucho y que haya gozado mucho de la experiencia. Como probablemente ha notado, mucho del contenido del libro intenta preparar a la persona que piensa viajar en el mundo hispano. Ahora, hojee el libro y escoja sus lugares y temas favoritos. Describa un viaje imaginario que Ud. haría si tuviera la oportunidad. Incluya el lugar de destino, qué haría Ud., dónde se quedaría, problemas o líos que tendría que resolver, personas a quienes conocería, etc. Ojalá que algún día tenga Ud. la suerte de realizar este viaje.

APÉNDICES

I The Spanish sound system

Vocales
Vowels

The vowel sound system is one of the major differences between English and Spanish pronunciation. Whereas English has about thirteen vowel sounds, Spanish has only five. English has a tendency to blur unstressed vowels into an *uh* sound, called a *schwa*, which does not exist in Spanish. In Spanish, stressed and unstressed vowels are pronounced the same. In English, many single vowel sounds are glided—producing two or more sounds per vowel—whereas Spanish vowels are pure sounds.

a   like English sound in *father*: **casa, alfombra, patata**

e   like English sound in *hay*, but without the glide. (It may also be pronounced like the English sound in *get* in some environments: **eso, Pepe, llamé.**)

i   like English sound in *see*, but without the glide: **íntegro, chiquitico, policía**

o   like English sound in *boat*, but without the glide: **globo, toro, tonto**

u   like English sound in *boot*, but without the glide (Never pronounce like the English word *you*, e.g., in *union*: **unión, truco, usual.**

Diptongos
Diphthongs

A diphthong occcurs when an unaccented weak vowel (**i, u**) comes into contact with a strong vowel (**a, e, o**) in the same syllable. The strong vowel dominates, and the weak vowel, in combination with the strong vowel, becomes a glide or semivowel (**y, w**). Diphthongs occur in the following combinations:

Written	Spanish Word	Sound
ai	**naipes**	like English *cry*
au	**aurora**	like English **ou**ch
ei	**treinta**	like English *train*
eu	**Europa**	no English equivalent
ia	**Alicia**	like English **y**ard
ie	**nieta**	like English **y**et
io	**estudio**	like English **y**ogurt
iu	**viuda**	like English **y**ou
oi	**oigo**	like English *bo**y***
ua	**cuarto**	like English a**qua**
ue	**fuente**	like English **w**eight
ui	**fuiste**	like English **w**e
uo	**cuota**	like English q**uo**ta

Both vowels are pronounced as one syllable, but the strong vowel sound is heard more emphatically. When a diphthong occurs with two weak vowels, the second sound dominates, **ciu**dad, **cui**dado. If a weak vowel carries a written accent, it is no longer a diphthong, but a separate syllable: **dí·a, ve·í·a, con·tin·ú·a.**

Consonantes Consonants	Written	Environment (location)	Pronounced
	b, v	Initial sound of a phrase; after a pause; after **n** or **m**	Almost identical to the English sound in *boy:* **béisbol, bomba, vaca**
		Word internal, except after nasals: v___v, v___c, c___v*	Lips are not completely closed, but allow air to pass through (fricative): **barba, ave, probable, alba**
	c, qu, k	All environments	Almost identical to English sound in *car,* except that the Spanish sound isn't aspirated (no puff of air is released): **casa, queso, acto, kilo**
	ce, ci, z	All environments	In Latin America and in some parts of Spain, like the English sound in *school.* In most parts of Spain, like the English sound in *think:* **cesta, delicia, paz**
	ch	All environments	Almost identical to English, except that there is no aspiration: **dicho, charlar, parlanchín**
	d	Initial letter of a phrase; after **n** or **l**	Like the English sound in *dog,* but the tip of the tongue touches the teeth: **día, dando, el dos, son dos, falda**
		v___v, v___c, c___v, (except **n** or **l**); final position	Like the English sound in *they* or *father:* **cada día, ido, padre, verdad, hay dos.**
	f	All environments	Identical to English: **frío, afortunado**
	ge, gi, j	All environments	Similar to the English sound in *house,* but with much more force and friction. Made by articulating an English **k** sound without stopping the air. Never pronounce like the English sound in *Joe:* **general, gitano, Jorge**
	ga, go, gu**	Initial letter of a phrase; after **n**	Like the English sound in *good:* **gato, tengo**
		Anyplace but phrase initial or after **n**	Back of tongue narrows to release friction. Often the **g** sound almost disappears: **agua, pagué, seguir**
	h	All environments	Always silent in Spanish: **hotel, zanahoria, hospital**
	l	All environments	Close to the English sound in *family.* Pronounce a Spanish **i** and touch the tip of the tongue to the ridge behind the teeth: **general, lago, píldora**

c = consonant
v = vowel
In the combinations **gue and **gui**, the **u** is not pronounced but is needed to keep the **g** sound hard

Consonantes Consonants	Written	Environment (location)	Pronounced
	ll, y, hi (before a vowel)	All environments except word final*	Between the English sounds in *yes* and *pleasure*, causing some friction. In some areas, friction is stronger, as in the English sound in *ridge*. In Spain, **ll** is pronounced like the English sound in *million*.
	m (**n** before **b** or **v**)	All environments	Identical to the English sound in *mother*: **masa, cama, conversar, en Bolivia**
	n	All positions except before **k** or **g** sounds	Like the English sound in ca*nn*on: **canción, nieto**
		Before **k** and **g** sounds	Like **ng** sound in English *singing*: **tengo, pongamos, tanque**
	ñ	All environments	Close to the English sound in u*ni*on, without the syllable division between the *n* and *i*. The tip of the tongue is down, and the middle of the tongue is against the palate: **niño, piña, mañana**
	p	All environments	Like the English sound in *pop*, but without aspiration: **papa, piso, papel**
	r	All environments	Like the English sound in la*dd*er or la*tt*er. The tongue flaps once on the ridge behind the teeth: **crema, aroma, hablar**
	rr (**r** when word initial; after **n** or **l**)	All environments	Trilling of the tip of the tongue; there is no English equivalent: **carro, rico, Enrique, alrededor**
	s	All environments except before voiced consonants	Like the English sound in *six*: **sexto, chicos**
		Before voiced consonants	Like the English sound in *cause*: **mismo, rosbif**
	t	All environments	Like the English sound in *top*, but there is no aspiration, and the tip of the tongue touches the back of the teeth: **tapa, patatas, acto**
	x	*v___v*	Like the English sound in e*x*am: **examen, exacto**
		Before a consonant	Like the English sound in hi*s*tory: **extra, extensión**

*__Y__ may also function as a vowel and semivowel (glide), in which case it is pronounced as the Spanish i: **y, hay**

The Spanish alphabet

a	a	**j**	jota	**r**	ere
b	be (**b** grande)	**k***	ka	**rr**	erre
c	ce	**l**	ele	**s**	ese
ch	che	**ll**	elle	**t**	te
d	de	**m**	eme	**u**	u
e	e	**n**	ene	**v**	uve (**b** chica)
f	efe	**ñ**	eñe	**w***	doble ve
g	ge	**o**	o	**x**	equis
h	hache	**p**	pe	**y**	i griega
i	i	**q**	qu	**z**	zeta

*predominately seen in borrowed words

Accentuation

Accentuation in Spanish follows three rules:
- Words ending in a vowel, **n** or **s** are normally stressed on the penultimate syllable: li-bro, can-tan, can-cio-nes.
- Words ending in consonants, except for **n** or **s**, are normally stressed on the last syllable: to-car, ciu-dad, es-pa-ñol, re-loj.
- Words following neither of the above rules must carry a written accent on the stressed vowel: to-cáis, me-tá-fo-ra, te-le-vi-sión, te-lé-fo-no, dá-me-lo, can-tó.

Some one-syllable words have written accents to distinguish them from other one-syllable words with the same spelling. Here are some examples:

Tú (*you*) necesitas **tu** (*your*) lápiz, ¿no?
El (*the*) viaje es un regalo de **él** (*him*); **él** (*he*) es muy generoso.
¿**Te** (*to you*) gusta el **té** (*tea*)?
Si (*if*) me dices **sí** (*yes*), te querré siempre. Habla para **sí** (*himself*).
Sé (*I know*) que ellos **se** (*reflexive pronoun*) casaron.
¡**Sé** (*be*) bueno!
Dé (*give*) la respuesta correcta **de** (*from*) la lección.
Sólo (*only*) quiero estar **solo** (*alone*).
Dame **más** (*more*), **mas** (*but*) sólo un poco.
Aun (*even*) yo no creo que **aún** (*still*) trabajes aquí.

Interrogative words and exclamatory words (direct and indirect) have accents. Used otherwise, they do not.

No se cómo lo haces. (indirect question)
¿Cómo lo haces? (direct question)
Lo hago como quiero.

Es increíble cuánto sabes. (indirect exclamation)
¡Cuánto sabes! (direct exclamation)
Dime cuanto sabes.

Orthographic changes

Changes in spelling occur when verbs, nouns, and adjectives change from one form to another. When a spelling change occurs, it is to maintain the original pronunciation of the word.

The [g] sound pattern is **g**→**gu** before **e** and **i**.

verbs:	**pago** →	**pagué** *preterite*
		pague *present subjunctive*
adjectives:	**largo** →	**larguísimo**
nouns:	**vago** →	**vaguedad**
	lago →	**laguito**

With a **gue** or **gui** combination, the **u** is not pronounced unless there is a dieresis (two dots) over the **u**: **vergüenza** [bergwensa].

Verbs ending in **-guir** drop the **u** in the first person singular of the present indicative and in all forms of the present subjunctive:

seguir → **sigo**
siga, sigas, siga, sigamos, sigáis, sigan

The [k] sound pattern is **c** → **qu** before **e** and **i**. For example,

verbs:	**saco** →	**saqué** *preterite*
		saque *present subjunctive*
adjectives:	**poco** →	**poquísimo**
nouns:	**poco** →	**poquito**
	chico →	**chiquito**
	banco →	**banquero**

With verbs ending in **-ger** and **-gir,** in order to maintain the sound of the infinitive, **g** changes to **j** in the first person singular of the present indicative and in all forms of the present subjunctive:

escoger → **escojo**
escoja, escojas, escoja, escojamos, escojáis, escojan

Although the pronunciation remains the same, **z** changes to **c** before **e** or **i**:

verbs:	**comenzar** →	**comencé** *preterite*
		comience *present subjunctive*
adjectives:	**raza** →	**racista**
nouns:	**vez** →	**veces**
	pozo →	**pocito**

In verbs like **convencer** and **vencer, c** changes to **z** in the first person singular of the present indicative and in all forms of the present subjunctive:

convencer → **convenzo**
convenza, convenzas, convenza, convenzamos, convenzáis, convenzan

Some spelling clues

There are very few double consonants in Spanish. Observe the following:

Words beginning with **n** double the consonant when the prefix **-in** is added: **n**ecesario → **inn**ecesario

Many words in Spanish have two **c**'s, but they represent two sounds, the first [k] and the second [s] (*th* in Spain): le**cc**ión [leksyon]

rr and **ll** are considered single letters in Spanish.

There are no **ph** spelling combinations in Spanish. That English sound is always represented by **f** in Spanish: **philosophy** → **f**iloso**f**ía

Tion in English is spelled **ción** in Spanish.

Cognates spelled with *th* in English are spelled without **h** in Spanish: *t**h**eater* → teatro; *t**h**eory* → teoría.

Cognates of English words beginning with **s** + consonant begin with **es** + consonant in Spanish: *sterile* → **est**éril; *school* → **esc**uela.

Cognates

Spanish and English share thousands of cognates. There are two kinds: those whose spellings are exact, and those whose forms are slightly different but nonetheless easily recognizable. The written similarity is usually stronger than the pronunciation. A good way to practice Spanish pronunciation is to practice with cognates. Say the words in English and then say them in Spanish. The Spanish equivalent should sound different.

Pay particular attention to the vowel sounds; don't reduce them as in English. Notice also that the stressed syllables often differ between English and Spanish.

Exact Cognates			
adobe	general	nostalgia	sentimental
animal	gradual	particular	similar
burro	habitual	peculiar	superior
chocolate	hospital	piano	terrible
detective	hotel	popular	tractor
doctor	industrial	racial	tropical
exterior	mosquito	rodeo	vista
final	musical		

Recognizable Cognates			
adolescente	energía	importante	política
agencia	enorme	influencia	presidente
ambicioso	equilibrio	instrucción	privilegio
análisis	equivalente	inteligente	prohibido
aniversario	escándalo	ironía	pronunciación
arquitectura	especial	irrigación	público
asistente	específico	justicia	realista
astrólogo	estructura	líquido	referencia
auténtico	estúpido	magnífico	refrigerador
brillante	experiencia	matemáticas	religión
categoría	experto	método	religioso
científico	exquisito	monopolio	restaurante
comercial	fantástico	necesario	ridículo
compañía	filosofía	obstáculo	romántico
contradictorio	generación	ópera	símbolo
crédito	geografía	opinión	sustituto
cristiano	guitarra	oportunidad	teléfono
departamento	honesto	organización	tendencia
dictador	identificación	oxígeno	tigre
dignidad	imaginación	paciencia	tradicional
dirección	impaciente	perfección	universidad
distribución		policía	utensilio

Punctuation

.   **el punto**

,   **la coma**

;   **el punto y coma**

:   **dos puntos**

...   **los puntos suspensivos**

¿ ?   **los signos de interrogación**

The initial upside-down question mark appears only before the part of the sentence in which the question begins:
¿Qué haces cuando llegas a casa?
Cuando llegas a casa, ¿qué haces?

¡ !   **los signos de admiración**

As with questions, the initial exclamation mark appears only before the exclamatory remark:
¡Qué hermoso es tu apartamento!
Si tú vienes a tiempo, ¡qué sorpresa será!

( )   **los paréntesis**

—   **la raya**

This punctuation mark has two functions. It can be used as parentheses to introduce additional information:

Mis amigos mexicanos — diferentes de mis otros amigos — son bilingües.
Mis amigos mexicanos (diferentes de mis otros amigos) son bilingües.

Spanish also uses the dash at the beginning of a spoken statement (especially in dialogues) where English uses quotation marks:

—¿Por qué no vienes al cine conmigo?
—Es que tengo mucho trabajo.
—¿Quieres ir conmigo mañana, entonces?
—Si termino el trabajo, sí.
—Bien, nos vemos mañana.
—Hasta luego.

« »   **las comillas**

These are used to surround a direct quote:

El autor famoso dice: «Pensar es crear.»

In a quote, the marks are outside of the final punctuation. But they are placed inside the final punctuation when they are used to surround a foreign word which ends a sentence.

¿Cómo se dice «Excuse me» ?

II Pronouns

Subject Pronoun	Indirect object pronoun (to, for, of, from, etc.)	Direct object pronoun	Reflexive pronoun	Prepositional pronoun (para, a, en, etc.)	Other uses of se
yo I **tú** you **él** he **ella** she **usted (Ud.)** you **nosotros(as)** we **vosotros(as)** you **ellos** they **ellas** they **ustedes (Uds.)** you Must agree with verb Used directly after **que, entre, como**	**me** me **te** you **le** him, her, you **nos** us **os** you **les** them, you Replace or repeat the indirect object noun Indirect object pronoun must appear if there is indirect object noun **Le(s)** in front of **lo(s), la(s)** → **Se**	**me** me **te** you **lo** him, it, you **la** her, it, you **nos** us **os** you **los** them, you **las** them, you Replace direct object noun **Lo(s)** and **la(s)** agree with noun replaced	**me** myself **te** yourself **se** himself, herself, yourself **nos** ourselves **os** yourselves **se** themselves, yourselves Subject = object Subject, object and verb all agree in number and person	**mí** me **ti** you **él** him **ella** her **Ud.** you **sí** himself, herself, yourself **nosotros(as)** us **vosotros(as)** you **ellos** them **ellas** them **Uds.** you Follow all prepositions After **a:** clarify or emphasize objects After **con:** conmigo, contigo, consigo	Impersonal subject **se** + third person singular verb: **se habla inglés.** *One speaks English.* Passive reflexive **se** + third person plural verb: **Se necesitan libros.** *Books are needed.* Reciprocal reflexive **se** + third person plural verb: **Se escriben.** *They write to each other.*

Position of object pronouns

Object pronouns are fixed in the following environments.

In front of a conjugated verb:
Lo compro.

Attached after an affirmative command:
Cómpralo.

Before a negative command:
No lo compres.

Object pronouns can be placed before or after a verb + verb construction if the second verb is an infinitive or gerund:
Voy a comprarlo. *or* **Lo voy a comprar.**
Estoy comprándolo. *or* **Lo estoy comprando.**

III Regular Verbs

	-Ar	-Er	-Ir
Infinitivo *Infinitive*	*to chat* charlar	*to sell* vender	*to insist* insistir
Participio pasado *Past participle*	*chatted* **charlado**	*sold* **vendido**	*insisted* **insistido**
Gerundio *Gerund*	*chatting* **charlando**	*selling* **vendiendo**	*insisting* **insistiendo**
Presente del indicativo *Present indicative*	*I chat, do chat, am chatting* charl**o** charl**as** charl**a** charl**amos** charl**áis** charl**an**	*I sell, do sell, am selling* vend**o** vend**es** vend**e** vend**emos** vend**éis** vend**en**	*I insist, do insist, am insisting* insist**o** insist**es** insist**e** insist**imos** insist**ís** insist**en**
Presente progresivo *Present progressive*	*I am chatting* estoy charlando estás charlando está charlando estamos charlando estáis charlando están charlando	*I am selling* estoy vendiendo estás vendiendo está vendiendo estamos vendiendo estáis vendiendo están vendiendo	*I an insisting* estoy insistiendo estás insistiendo está insistiendo estamos insistiendo estáis insistiendo están insistiendo
Presente del subjuntivo *Present subjunctive*	charl**e** charl**es** charl**e** charl**emos** charl**éis** charl**en**	vend**a** vend**as** vend**a** vend**amos** vend**áis** vend**an**	insist**a** insist**as** insist**a** insist**amos** insist**áis** insist**an**

(Continúa)

	-Ar	**-Er**	**-Ir**
Mandato *Command*	*(don't) chat* charla (tú) no charles (tú) (no) charle (Ud.) (no) charlemos (nosotros) charlad (vosotros) no charléis (vosotros) (no) charlen (Uds.)	*(don't) sell* vende (tú) no vendas (tú) (no) venda (Ud.) (no) vendamos (nosotros) vended (vosotros) no vendáis (vosotros) (no) vendan (Uds.)	*(don't) insist* insiste (tú) no insistas (tú) (no) insista (Ud.) (no) insistamos (nosotros) insistid (vosotros) no insistáis (vosotros) (no) insistan (Uds.)
Futuro *Future*	*I will chat* charlaré charlarás charlará charlaremos charlaréis charlarán	*I will sell* venderé venderás venderá venderemos venderéis venderán	*I will insist* insistiré insistirás insistirá insistiremos insistiréis insistirán
Presente perfecto del indicativo *Present perfect indicative*	*I have chatted* he charlado has charlado ha charlado hemos charlado habéis charlado han charlado	*I have sold* he vendido has vendido ha vendido hemos vendido habéis vendido han vendido	*I have insisted* he insistido has insistido ha insistido hemos insistido habéis insistido han insistido
Presente perfecto del subjuntivo *Present perfect subjunctive*	haya charlado hayas charlado haya charlado hayamos charlado hayáis charlado hayan charlado	haya vendido hayas vendido haya vendido hayamos vendido hayáis vendido hayan vendido	haya insistido hayas insistido haya insistido hayamos insistido hayáis insistido hayan insistido
Futuro perfecto *Future perfect*	*I will have chatted* habré charlado habrás charlado habrá charlado habremos charlado habréis charlado habrán charlado	*I will have sold* habré vendido habrás vendido habrá vendido habremos vendido habréis vendido habrán vendido	*I will have insisted* habré insistido habrás insistido habrá insistido habremos insistido habréis insistido habrán insistido

(Continúa)

	-Ar	-Er	-Ir
Pretérito *Preterite*	*I chatted* charlé charlaste charló charlamos charlasteis charlaron	*I sold* vendí vendiste vendió vendimos vendisteis vendieron	*I insisted* insistí insististe insistió insistimos insististeis insistieron
Imperfecto del subjuntivo *Past subjunctive*	charlara (se) charlaras (ses) charlara (se) charláramos (semos) charlarais (seis) charlaran (sen)	vendiera (se) vendieras (ses) vendiera (se) vendiéramos (semos) vendierais (seis) vendieran (sen)	insistiera (se) insistieras (ses) insistiera (se) insistiéramos (semos) insistierais (seis) insistieran (sen)
Imperfecto *Imperfect*	*I was chatting, used to chat, chatted* charlaba charlabas charlaba charlábamos charlabais charlaban	*I was selling used to sell, sold* vendía vendías vendía vendíamos vendíais vendían	*I was insisting, used to insist, insisted* insistía insistías insistía insistíamos insistíais insistían
Imperfecto progresivo *Imperfect progressive*	*I was chatting* estaba charlando estabas charlando estaba charlando estábamos charlando estabais charlando estaban charlando	*I was selling* estaba vendiendo estabas vendiendo estaba vendiendo estábamos vendiendo estabais vendiendo estaban vendiendo	*I was insisting* estaba insistiendo estabas insistiendo estaba insistiendo estábamos insistiendo estabais insistiendo estaban insistiendo
Condicional *Conditional*	*I would chat* charlaría charlarías charlaría charlaríamos charlaríais charlarían	*I would sell* vendería venderías vendería venderíamos venderíais venderían	*I would insist* insistiría insistirías insistiría insistiríamos insistiríais insistirían

(Continúa)

	-Ar	-Er	-Ir
Pluscuamperfecto *Past perfect*	*I had chatted* había charlado habías charlado había charlado habíamos charlado habíais charlado habían charlado	*I had sold* había vendido habías vendido había vendido habíamos vendido habíais vendido habían vendido	*I had insisted* había insistido habías insistido había insistido habíamos insistido habíais insistido habían insistido
Pluscuamperfecto del subjuntivo *Past perfect subjunctive*	hubiera charlado hubieras charlado hubiera charlado hubiéramos charlado hubierais charlado hubieran charlado	hubiera vendido hubieras vendido hubiera vendido hubiéramos vendido hubierais vendido hubieran vendido	hubiera insistido hubieras insistido hubiera insistido hubiéramos insistido hubierais insistido hubieran insistido
Condicional perfecto *Conditional perfect*	*I would have chatted* habría charlado habrías charlado habría charlado habríamos charlado habríais charlado habrían charlado	*I would have sold* habría vendido habrías vendido habría vendido habríamos vendido habríais vendido habrían vendido	*I would have insisted* habría insistido habrías insistido habría insistido habríamos insistido habríais insistido habrían insistido

Stem-changing verbs

-Ar and **-er** verbs undergo stem changes when they are stressed, i.e., in the present indicative and present subjunctive in all forms except **nosotros** and **vosotros.**

e → ie
pensar   **pienso, piensas, piensa,** pensamos, pensáis, **piensan**

entender   **entiendo, entiendes, entiende,** entendemos, entendéis, **entienden**

o → ue
recordar   **recuerdo, recuerdas, recuerda,** recordamos, recordáis, **recuerdan**

volver   **vuelvo, vuelves, vuelve,** volvemos, volvéis, **vuelven**

-Ir verbs undergo stem changes in the present indicative in all forms except **nostros** and **vosotros.**

e → ie
sentir   **siento, sientes, siente,** sentimos, sentís, **sienten**

o → ue
dormir   **duermo, duermes, duerme,** dormimos, dormís, **duermen**

e → i
seguir   **sigo, sigues, sigue,** seguimos, seguís, **siguen**

-Ir verbs in the present subjunctive undergo the same stem changes as do verbs in the present indicative. Note that in the present subjunctive the **nosotros** and **vosotros** forms change as well.

e → ie, i
sentir   **sienta, sientas, sienta, sintamos, sintáis, sientan**

o → ue, u
dormir   **duerma, duermas, duerma, durmamos, durmáis, duerman**

e → i, i
seguir   **siga, sigas, siga, sigamos, sigáis, sigan**

With **-Ir** verbs in the preterite, the third person singular and plural change. Since the past subjunctive is formed from the preterite (third person plural), the entire past subjunctive shows a stem change.

e → i
sentir   sentí, sentiste, **sintió,** sentimos, sentisteis, **sintieron sintiera, sintieras, sintiera, sintiéramos, sintierais, sintieran**

o → u
dormir   dormí, dormiste, **durmió,** dormimos, dormisteis, **durmieron durmiera, durmieras, durmiera, durmiéramos, durmierais, durmieran**

$$e \rightarrow i$$

seguir	seguí, seguiste, **siguió**, seguimos, seguisteis, **siguieron**
	siguiera, siguieras, siguiera, siguiéramos, siguierais, siguieran

-Ir verb gerunds also undergo these stem changes:

$$e \rightarrow i$$

sentir	**sintiendo**

$$o \rightarrow u$$

dormir	**durmiendo**

$$e \rightarrow i$$

seguir	**siguiendo**

Irregular verbs

The following are the most common irregular verbs. Only those forms that have irregularities are listed here.

abrir   past participle **abierto**
Cubrir, descubrir and **encubrir** have the same irregularity.

andar   preterite **anduve anduviste anduvo anduvimos anduvisteis anduvieron**
past subjunctive **anduviera anduvieras anduviera anduviéramos anduvierais anduvieran**

aparecer   present indicative **aparezco**
present subjunctive **aparezca aparezcas aparezca aparezcamos aparezcáis aparezcan**
Agradecer, conocer, desaparecer, establecer, merecer, ofrecer, parecer, pertenecer, and **reconocer** have the same irregularities.

caber   present indicative **quepo**
present subjunctive **quepa quepas quepa quepamos quepáis quepan**
future **cabré cabrás cabrá cabremos cabréis cabrán**
preterite **cupe cupiste cupo cupimos cupisteis cupieron**
past subjunctive **cupiera cupieras cupiera cupiéramos cupierais cupieran**

construir   gerund **construyendo**
present indicative **construyo construyes construye construyen**
present subjunctive **construya construyas construya construyamos construyáis construyan**
preterite **construyó construyeron**
past subjunctive **construyera construyeras construyera construyéramos construyerais construyeran**
Contribuir, destruir, incluir, influir and **sustituir** have the same irregularities.

caer   present indicative **caigo**
present subjunctive **caiga caigas caiga caigamos caigáis caigan**
preterite **caí caíste cayó caímos caísteis cayeron**
past subjunctive **cayera cayeras cayera cayéramos cayerais cayeran**
past participle **caído**

creer   gerund **creyendo**
preterite **creí creíste creyó creímos creísteis creyeron**
past subjunctive **creyera creyeras creyera creyéramos creyerais creyeran**
past participle **creído**
Leer has the same irregularities.

dar	present indicative **doy**
	present subjunctive **dé des de demos deis den**
	preterite **di diste dio dimos disteis dieron**
	past subjunctive **diera dieras diera diéramos dierais dieran**
decir *i*	present indicative **digo**
	present subjunctive **diga digas diga digamos digáis digan**
	affirmative **tú** command **di**
	future **diré dirás dirá diremos diréis dirán**
	conditional **diría dirías diría diríamos diríais dirían**
	preterite **dije dijiste dijo dijimos dijisteis dijeron**
	past subjuncitve **dijera dijeras dijera dijéramos dijérais dijeran**
	past participle **dicho**
escribir	past participle **escrito**
	Describir and **inscribir** have the same irregularity.
estar	present indicative **estoy**
	present subjunctive **esté estés esté estén**
	preterite **estuve estuviste estuvo estuvimos estuvisteis estuvieron**
	past subjunctive **estuviera estuvieras estuviera estuviéramos estuvierais estuvieran**
haber	present indicative **he has ha hemos han** (but **hay for** *there is* and *there are*)
	present subjunctive **haya hayas haya hayamos hayáis hayan**
	future **habré habrás habrá habremos habréis habrán**
	conditional **habría habrías habría habríamos habríais habrían**
	preterite **hube hubiste hubo hubimos hubisteis hubieron**
	past subjunctive **hubiera hubieras hubiera hubiéramos hubierais hubieran**
hacer	present indicative **hago**
	present subjunctive **haga hagas haga hagamos hagáis hagan**
	affirmative **tú** command **haz**
	future **haré harás hará haremos haréis harán**
	conditional **haría harías haría haríamos haríais harían**
	preterite **hice hiciste hizo hicimos hicisteis hicieron**
	past subjunctive **hiciera hicieras hiciera hiciéramos hicierais hicieran**
	past participle **hecho**
ir	gerund **yendo**
	present indicative **voy vas va vamos vais van**
	present subjunctive **vaya vayas vaya vayamos vayáis vayan**
	affirmative **tú** command **ve**
	affirmative **nosotros** command **vamos**
	preterite **fui fuiste fue fuimos fuisteis fueron**
	past subjunctive **fuera fueras fuera fuéramos fuerais fueran**
	imperfect **iba ibas iba íbamos ibais iban**
morir *ue*	past participle **muerto**
oír	gerund **oyendo**
	present indicative **oigo oyes oye oímos oyen**
	present subjunctive **oiga oigas oiga oigamos oigáis oigan**
	preterite **oí oíste oyó oímos oísteis oyeron**
	past subjunctive **oyera oyeras oyera oyéramos oyerais oyeran**
	past participle **oído**
poder *ue*	gerund **pudiendo**
	future **podré podrás podrá podremos podréis podrán**
	conditional **podría podrías podría podríamos podríais podrían**
	preterite **pude pudiste pudo pudimos pudisteis pudieron**
	past subjunctive **pudiera pudieras pudiera pudiéramos pudierais pudieran**

poner	present indicative **pongo**
	present subjunctive **ponga pongas ponga pongamos pongáis pongan**
	affirmative **tú** command **pon**
	future **pondré pondrás pondrá pondremos pondréis pondrán**
	conditional **pondría pondrías pondría pondríamos pondríais pondrían**
	preterite **puse pusiste puso pusimos pusisteis pusieron**
	past subjunctive **pusiera pusieras pusiera pusiéramos pusierais pusieran**
	past participle **puesto**
querer *ie*	future **querré querrás querrá querremos querréis querrán**
	conditional **querría querrías querría querríamos querríais querrían**
	preterite **quise quisiste quiso quisimos quisisteis quisieron**
	past subjunctive **quisiera quisieras quisiera quisiéramos quisierais quisieran**
resolver *ue*	past participle **resuelto**
	Devolver, envolver, revolver, and **volver** have the same irregularity.
romper	past participle **roto**
saber	present indicative **sé**
	present subjunctive **sepa sepas sepa sepamos sepáis sepan**
	future **sabré sabrás sabrá sabremos sabréis sabrán**
	conditional **sabría sabrías sabría sabríamos sabríais sabrían**
	preterite **supe supiste supo supimos supisteis supieron**
	past subjunctive **supiera supieras supiera supiéramos supierais supieran**
salir	present indicative **salgo**
	present subjunctive **salga salgas salga salgamos salgáis salgan**
	affirmative **tú** command **sal**
	future **saldré saldrás saldrá saldremos saldréis saldrán**
	conditional **saldría saldrías saldría saldríamos saldríais saldrían**
ser	present indicative **soy eres es somos sois son**
	present subjunctive **sea seas sea seamos seáis sean**
	affirmative **tú** command **sé**
	preterite **fui fuiste fue fuimos fuisteis fueron**
	past subjunctive **fuera fueras fuera fuéramos fuerais fueran**
	imperfect **era eras era éramos erais eran**
tener *ie*	present indicative **tengo**
	present subjunctive **tenga tengas tenga tengamos tengáis tengan**
	affirmative **tú** command **ten**
	future **tendré tendrás tendrá tendremos tendréis tendrán**
	conditional **tendría tendrías tendría tendríamos tendríais tendrían**
	preterite **tuve tuviste tuvo tuvimos tuvisteis tuvieron**
	past subjunctive **tuviera tuvieras tuviera tuviéramos tuvierais tuvieran**
traducir	present indicative **traduzco**
	present subjunctive **traduzca traduzcas traduzca traduzcamos traduzcáis traduzcan**
	preterite **traduje tradujiste tradujo tradujimos tradujisteis tradujeron**
	past subjunctive **tradujera tradujeras tradujera tradujéramos tradujerais tradujeran**
	Conducir, producir and **reducir** have the same irregularities.
traer	gerund **trayendo**
	present indicative **traigo**
	present subjunctive **traiga traigas traiga traigamos traigáis traigan**
	preterite **traje trajiste trajo trajimos trajisteis trajeron**
	past subjunctive **trajera trajeras trajera trajéramos trajerais trajeran**
	past participle **traído**

venir *ie* present indicative **vengo**

present subjunctive **venga vengas venga vengamos vengáis vengan**

affirmative **tú** command **ven**

future **vendré vendrás vendrá vendremos vendréis vendrán**

conditional **vendría vendrías vendría vendríamos vendríais vendrían**

preterite **vine viniste vino vinimos vinisteis vinieron**

past subjunctive **viniera vinieras viniera viniéramos vinierais vinieran**

ver present indicative **veo**

present subjunctive **vea veas vea veamos veáis vean**

imperfect **veía veías veía veíamos veíais veían**

past participle **visto**

IV Glossary of Grammatical Terms

Active voice **(la voz activa)** When the subject of the sentence performs the action of the verb. Examples: **(Yo)** hablo español. *I speak Spanish* **(El)** oyó a Juan. *He heard John.*

Adjective **(adjetivo)** a word that describes a noun. Adjectives in Spanish must agree with the nouns they modify. Example: una casa **blanca,** *a white house.*

Adverb **(adverbio)** a word that modifies a verb, sentence, adjective, or adverb, and tells how or when an action is done. Most adverbs in Spanish end in -**mente.** Example: Habla **claramente.** *He speaks clearly.*

Agreement **(concordancia)** agreement, required in Spanish, between subjects and verbs and between nouns and adjectives. Adjectives often change their pronunciation and spelling to agree with the nouns they modify. Examples: **esta** mujer, *this woman;* **estas** mujeres, *these women.*

Antecedent **(antecedente)** a noun or pronoun stated before a clause and referred to by the clause's relative pronoun. Example: **el hombre** que trabaja en un restaurante, *the man who works in a restaurant.*

Aspect **(aspecto)** a particular focus on the time of a tense. Spanish has two tenses, present and past, and they have several aspects. For example, the simple present, the present progressive and the present perfect are all aspects of the present, but each focuses on a different time of the present. Examples: María **está cantando.** *Maria is singing.* María **canta.** *Maria sings.* The focus of the first sentence is on the progress of the action (now). The focus of the second sentence is on a statement of fact, (the action is not necessarily in progress now). Both sentences are set in the present, but each has a different focus.

Auxiliary verb **(verbo auxiliar)** a helping verb. In a compound aspect, the auxiliary verb is conjugated, followed by a participle or gerund. Examples: Tú **estás** hablando. *You are speaking.* El **ha** hablado. *(He has spoken.)*

Clause **(oración)** a phrase composed of a subject and a predicate. There can be several clauses in one sentence. Example: **El cree /que va a llover.** *He thinks/that it will rain.*

Comparative **(comparativo)** a sentence in which two or more things are compared, equally or unequally. Examples: El tiene **tantos** libros **como** yo. *He has as many books as I do.* El es **más** alto **que** yo. *He is taller than I am.*

Compound or perfect aspect **(tiempo compuesto o perfecto)** a verb that is composed of an auxiliary verb and a participle or gerund in the present or past. The auxiliary verb indicates the tense. Examples: **Estamos cantando** (present). *We are singing.* **Habían cantado** (past). *They had sung.*

Conjugated verb **(verbo conjugado)** a verb that has a subject. In Spanish, conjugated verbs must agree with the subject. Example: Yo **soy.** *(I am.)*

Conjugation **(conjugación)** forms verbs take to show changes in person, number, tense, mood and voice. In Spanish, the infinitive marker is removed and endings are added to the stem to show the subject of the verb. Infinitives, participles and gerunds are not conjugated. Examples: hablo, hablas, habla, *I talk, you talk, he (she) talks;* hablé, hablaste, habló, *I talked, you talked, he (she) talked.*

Conjunction **(conjunción)** a word that joins two phrases, words, or sentences. Common conjunctions are **pero** *(but),* **y** *(and),* and **que** *(that).* Example: Queremos ir, **pero** no tenemos tiempo. *We want to go, but we don't have time.*

Definite article **(artículo definido) el, la, los, las.** In Spanish, definite articles precede and must agree with nouns. They refer to *definite* things. Examples: **el**

hombre, *the man,* **la** mujer, *the woman,* **los** árboles, *the trees,* **las** manzanas, *the apples.*

Demonstrative (demonstrativo) pronouns or adjectives that point out objects. In Spanish, demonstratives must agree with the nouns they modify. Examples: **esta casa,** *this house;* **esos** guantes *those gloves.*

Exclamation (frase de admiración) an expression of emotion or surprise on the part of the speaker. Example: **¡Qué examen!** *What a test!*

Gender (género) nouns classified as masculine or feminine (not always having to do with masculine or feminine characteristics). Every noun in Spanish is either masculine or feminine. Neuter pronouns and adjectives are neither masculine nor feminine.

Indefinite article (artículo indefinido) un, una, unos, unas, *A, An, Some.* Indefinite articles precede and must agree with the noun they modify. They refer to *indefinite* things. Examples: **un** hombre, *a man;* **una** mujer, *a woman;* **unos** libros, *some books;* **unas sillas,** *some chairs.*

Infinitive (infinitivo) an unconjugated verb. Infinitives in Spanish end in **-ar, -er,** and **-ir.** Examples: charl**ar,** *to chat,* vend**er,** *to sell,* insist**ir,** *to insist.*

Interrogative (interrogativo) a word used to ask a question. Examples: **¿Dónde?** *Where?* **¿Por qué?** *Why?* **¿Cómo?** *How?* **¿Cuándo?** *When?* **¿Qué?** *What?*

Intransitive verb (verbo intransitivo) a verb that cannot take a direct object. Example: **Voy** allí. *I'm going there.*

Main clause (oración principal) a clause that is composed of a subject and a predicate and completes a thought by itself. Example: **El hombre piensa que va a comprar la casa.** *The man thinks that he will buy the house.*

Modify (modificar) to describe a noun, pronoun or verb, giving it a quality; to tell quantity; to tell how, when, etc. Examples: la casa **grande,** *the big house;* **tres** gatos, *three cats;* comer **rápido,** *to eat quickly.*

Mood (modo) the subjective frame of mind or attitude on the part of the speaker. The choice of moods conveys the attitude of the speaker. The subjunctive mood shows doubt or emotion: **Dudo** que **venga.** *I doubt he comes.*

The indicative mood gives factual, objective information: **Es cierto** que **viene.** *It's certain that he comes.*

The imperative mood gives commands or orders: **Vengan** a las nueve. *Come at nine.*

Noun (nombre, sustantivo) a word used to denote a person, thing, place, quality, idea, etc. All nouns are either masculine or feminine in Spanish. Infinitives may also function as nouns. Examples: una **casa,** *a house;* un **coche,** *a car;* **el correr,** *running;* el **funcionar,** *functioning.*

Number (número) a term that tells whether a noun is singular or plural.

Object (complemento) indirect, direct, prepositional. A direct object refers to a person or a thing that receives the action of the verb. Example: Llamé a **María.** *I called María.*

An indirect object usually refers to a person to, for, from, or on whom an action is done. Example: **Le** compré un libro a **Juan.** *I bought a book for John.*

A prepositional object is a noun or a pronoun that functions as an object of a preposition. Example: Se sienta delante de **María.** *She sits in front of Mary.*

Passive voice (voz pasiva) When the object of an active voice sentence has become the subject. The active voice subject becomes the agent that expresses by whom the action was accomplished. Example: **Juan escribió el libro.** *John wrote the book.* (active) El libro **fue escrito por Juan.** *The book was written by John.* (passive)

Past participle (participio pasado) a verb form used as an adjective or with the verb **haber** to form the present, future, past, or conditional compound aspects. In Spanish, with the exception of some irregular participles, the past participle of **-ar**

verbs ends in **-ado**, and the past participle of **-er** and **-ir** verbs ends in **-ido.** A past participle used as an adjective must agree in gender and number with the noun it modifies. Examples: La ventana está **abierta.** *The window is open.* (adjective) **He abierto** la ventana. *I have opened the window.* (verb)

Person (persona) first person: person or persons doing the talking (**yo,** *I;* **nosotros(as),** *we*).

second person: person or persons spoken to: **tú, Ud., Uds., vosotros(as)** *you*

third person: person or persons spoken about: **él,** *he;* **ella,** *she;* **ellos, ellas** *they.*

it is important to use person correctly when you are working with pronouns or verb forms.

Preposition (preposición) a word that governs a noun or pronoun and introduces a prepositional phrase. In Spanish, if a verb follows a preposition, it must be in the infinitive form. Examples: **para, con, a, en, delante de, antes de, después de.**

Present participle (gerundio) a verb that is used as a modifier of a verb or as part of a compound verb. Examples: **Saliendo,** no dijo nada. *Leaving, he said nothing.* (modifier) Está **saliendo.** *He is leaving.* (verb).

In English the present participle ends in **-ing.** In Spanish, it generally ends in **-ando** for **-ar** verbs and in **-iendo** for **-er** and **-ir** verbs.

Pronoun (pronombre) a word that takes the place of a noun. There are several types: subject (pronombres personales—**yo, tú, él, ella, Ud. nosotros(as), vosotros(as), ellos, ellas, Uds.),** direct (pronombre de complemento directo— **me, te, lo (le), la, nos, os, los (les), las),** indirect (pronombre de complemento indirecto—**me, te, le, nos, os, les),** reflexive (pronombre reflexivo—**me, te, se, nos, os, se),** prepositional (pronombre de preposición—**mı, ti, él, ella, ello, Ud., nosotros(as), vosotros(as), ellos, ellas, Uds.**

Radical (stem-changing) verbs (verbos de cambio radical/que cambian de raíz) verbs that undergo a change in their stems when conjugated. These changes—**o** to **ue, e** to **ie, e** to **i,** and **o** to **u**—are a result of stress. They follow a specific pattern, depending on the aspect and tense. Example: **pensar** → p**ie**nso, p**ie**nsas, p**ie**nsa, pensamos, pensáis, p**ie**nsan.

Reflexive pronoun (pronombre reflexivo) a pronoun that agrees with the subject. Example: **Se** lavan. *They wash (themselves).*

Relative pronoun (pronombre relativo) a pronoun that introduces a clause that refers back to the antecedent. Example: Busco a la persona **que** tiene la llave. *I'm looking for the person who has the key.*

Simple aspect (aspecto simple) a verb form that doesn't have an auxiliary verb. Example: El **escribe.** *He writes.*

Subject (sujeto) a noun or pronoun (or any other word with the function of a noun or pronoun) that serves as the starting point of an action or about which something is said. The subject must agree with the verb. Examples: **El gato está** aquí. *The cat is here.* **Yo soy** estudiante. *I am a student.*

Subordinate clause (oración subordinada) a clause composed of a subject and a predicate that depends on a main clause to complete a thought. Example: Espero **que venga.** *I hope that he will come.*

Tense (tiempo) the form a verb takes to express time. There are two basic tenses in Spanish time—present and past. There are several aspects of each tense that specify a focus of the action.

Transitive verb (verbo transitivo) a verb that can take a direct object. Example: Necesito **el dinero.** *I need the money.*

Verb (verbo) a word that expresses some type of action, existence or occurrence. A verb can be transitive or intransitive. Examples: **Estoy** aquí. *I am here.* **Almuerza.** *He's eating lunch.*

Glosario Español-Inglés

This vocabulary is alphabetized according to the Spanish alphabet; therefore, **ch** follows **c, ll** follows **l, ñ** follows **n** and **rr** follows **r.** Words that are listed in the **¡Digamos la última palabra!** or in the **Palabras prácticas** sections are followed by a number indicating in which chapter they appear. (Some words appear in the text before they are included in vocabulary lists.) The letters **ie, ue** and **i** indicate stem-changing verbs. Most conjugated verb forms are not included; consult the verb paradigms in the preceding appendices for these. The following abbreviations are used in this glossary.

adj adjective
adv adverb
conj conjunction
f feminine
inf infinitive
Lat. Am. Latin America
m masculine
n noun

obj of prep object of preposition
prep preposition
pres present
pron pronoun
refl pron reflexive pronoun
rel pron relative pronoun
Sp. Spain
subj subjunctive

a to, at
a base de based on **4**
a cambio de in exchange for
a causa de because of **1**
a condición de que provided that
a la derecha on the right **5**
a fin de que so that
a finales de at the end of **8**
a fondo in depth **2**
a la izquierda on the left **5**
a mediados de around the middle of **8**
a medida que as **9**
a lo largo de along
a lo mejor most likely, probably **1**
a menudo often **4**
a pesar de despite, in spite of **1**
a pie on foot **7**
a la plancha grilled
a principios de at the beginning of **8**
a propósito by the way; on purpose **5**
a que so that
a tiempo on time **7**
a través de across, through **4**
a veces sometimes **2**
a ver Hello? (Colombia) **2** Let's see. **4**
a la vez (que) at the same time (as) **9**
a la vuelta de once back

from; around, after
abajo below, down **7**
abandonar to abandon
abierto, abierta open; open-minded
el abogado, la abogada lawyer
abordar to board **7**
abrazar to hug
el abrazo hug
el abrecartas letter opener
el abrigo coat **4**
abril April
abrir to open
abstenerse (de) to abstain (from)
el abuelo, la abuela grandfather, grandmother
aburrido, aburrida bored; boring
aburrir to bore
aburrirse to get bored
acabar to finish
  acabar de + *inf* to have just + *past participle*
acabársele to run out
acaso maybe, perhaps
el aceite oil **6**
la aceituna olive **6**
el acelerador accelerator **13**
  pisar el acelerador to step on the accelerator **13**
acentuarse to emphasize
aceptar to accept
  aceptar el pago to accept

the charges **2**
la acera sidewalk **9**
acercar to draw near, pull up **7**
acercarse to approach **7**
acogedor acogedora warm, hospitable **8**
acompañar to accompany **6**
el acondicionador de aire air conditioner **9**
aconsejable advisable **8**
aconsejar to advise **8**
acordarse *ue* (de) to remember
acostar *ue* to put to bed
acostarse *ue* to go to bed
acostumbrado, acostumbrada accustomed
acostumbrarse (a) to get used to **11**
la actitud attitude
actual present, modern **1**
la actualidad present
actualmente presently **1**
el acuerdo agreement
de acuerdo OK, agreed **9**
estar de acuerdo (con) to agree with **3**
el acumulador battery **13**
adecuado, adecuada adequate
adelante ahead **7**
además besides **4**
adentro *adv* inside **7**
adherir *ie* to adhere, stick to
la adivinanza guess **11**
adivinar to guess **11**

A que no adivinas ... Guess what ... **13**

adjunto, adjunta attached **11**

la administración de negocios business administration **11**

admitir to admit

adobado, adobada marinated

adonde (to) where

¿adónde? (to) where?

adornar to decorate **12**

el adorno decoration **12**

la aduana customs **5**

el, la oficial de aduanas customs official **5**

el aeromozo airline steward **7**

el aeropuerto airport **7**

afectar to affect

afeitar to shave

afeitarse to shave oneself

el aficionado, la aficionada fan, enthusiast **2**

aflojar to loosen **13**

afortunadamente fortunately **11**

afuera outside **4**

las afueras outskirts **8**

la agencia agency **7**

la agencia de viajes travel agency **7**

el, la agente de viajes travel agent **7**

agosto August

agradecer to thank; to be thankful for **11**

agradecido, agradecida appreciated

agresivo, agresiva aggressive

agrícola farm, agricultural **2**

la agricultura agriculture

agrio, agria sour **6**

el agua *f* water

el aguacero downpour

aguantable bearable

aguantar to bear, put up with, stand **4**

el águila eagle

el agujero hole **13**

ahora now

de ahora en adelante from now on **3**

ahorrar to save money **9**

los ahorros savings **9**

la cuenta de ahorros savings account **12**

ahumado, ahumada smoked

el aire air **9**

aire acondicionado air conditioned **9**

el acondicionador de aire air conditioner **9**

al aire libre outdoors, open air **2**

el ajo garlic

al to the

al + *inf* upon, when

al aire libre outdoors, open air **2**

al borde de on the edge of **13**

al corriente up-to-date **13**

al igual que as well as, just like **2**

al fin y al cabo after all **6**

al horno baked **6**

al lado de beside, next to **5**

al otro lado de on the other side of **5**

al poco rato a little while after **13**

al principio at the beginning **2**

al revés in reverse

la alcachofa artichoke

alegrarse (de) to be glad

alegre glad, happy

la alegría joy

la alergia allergy **10**

alérgico, alérgica allergic **10**

alicaído, alicaída downcast, depressed **13**

la alfombra rug, carpet **3**

algo something

alguien someone

alguno, alguna some

algún día someday

la almeja clam

alimentar to feed **3**

el alimento food, nourishment **3**

el almacén department store **4**

la almohada pillow **9**

almorzar *ue* to have lunch

el almuerzo lunch

Aló. Hello? (Colombia, Ecuador, Peru) **2**

alquilar to rent **5**

el alquiler rent **11**

alrededor de around **7**

alto, alta high, tall, height

la altura height

alzar to lift, raise **13**

allá there

allí there

amable kind, likeable, friendly

la amargura bitterness

amarillo, amarilla yellow **4**

ambos, ambas both

el ambiente atmosphere

ambulante walking

el amigo, la amiga friend **8**

la amistad friendship **8**

amistoso, amistosa friendly **8**

el amor love **6**

amoroso, amorosa loving

el analfabetismo illiteracy **12**

analfabeto, analfabeta illiterate **12**

anaranjado, anaranjada orange colored

ancho, ancha wide **8**

andar to walk, go around

¡Anda! Get going!

el andén train platform **7**

el anexo enclosure **11**

la angula baby eel

animar to inspire, encourage **10**

¡Ánimo! Cheer up!

el ánimo spirit **10**

anoche last night **6**

ante before, in front of

anteayer day before yesterday

(de) antemano ahead of time **8**

anterior previous

antes before **3**

antes de *prep* before

antiamericano, antiamericana anti-American

anticonformista nonconformist

antifeminista antifeminist

antiguo, antigua old

anunciar to announce; to advertise

el anuncio comercial ad, commercial

el anuncio clasificado classified ad **11**

añadir to add

el año year

tener...años to be ...years old

apagar to shut off (appliances) **9**

el aparato eléctrico appliance **9**

aparcarse to park **13**

aparecer to appear **9**

la apariencia appearance **9**

el apartado postal post office box **5**

aparte aside, apart, away from **4**

el apellido last name

apenas scarcely, hardly **10**

apetecer to feel like eating **6**

el apetito appetite **6**

Buen apetito. Enjoy your meal. **6**

aplicar to apply (for)

el apoyo support (moral)

apreciar to appreciate

aprender (a) to learn (to)

el aprendiz apprentice

el aprendizaje apprenticeship

apresurado, apresurada in a hurry **5**

apresurarse to hurry up **5**

apretado, apretada tight **4**

apretar *ie* to tighten, squeeze;

to be tight **13**

aprobar *ue* to pass an exam;
    to approve
apropiado,
    apropiada appropriate
aprovechar to use **12**
aprovecharse de to take
    advantage of; to make the
    most of **12**
apuntar to take notes, jot
    down **8**
los apuntes notes **8**
apurar to hurry someone
apurarse to rush
aquel, aquella that (over there)
aquí here
el árbol tree
la arena sand
la armonía harmony
el arte *f* art
arrancar to start (engine) **13**
el arranque starter, ignition **13**
arreglar to arrange, fix **13**
el arreglo arrangement **8**
arrepentirse ie to repent,
    regret
arriba up **7**
arriesgarse to run the risk **12**
el arroz rice **4**
asado, asada roasted **6**
ascender to go up
el ascensor elevator **9**
asegurar to insure, make sure
    5
así like this, so, thus, like that
    9
    así que as soon as
asidos, asidas del brazo arm
    in arm **6**
el asiento seat **7**
la asignatura course **8**
    seguir una asignatura to
    take a course **11**
la asistencia attendance **8**
el, la asistente assistant **11**
asistir (a) to attend **8**
la aspiradora vacuum cleaner
    3
    pasar la aspiradora to
    vacuum **3**
el, la aspirante candidate
    el, la aspirante a
    empleo job candidate **11**
el asunto topic, theme, matter,
    deal **2**
asustado, asustada scared
asustar to scare, frighten
asustarse to become
    frightened
atacar to attack
atascado, atascada stuck **13**
atascar to obstruct
atascarse to get stuck **13**
atenerse (a) to abide (by),

adhere, stick (to)
atento, atenta attentive
aterrizar to land (plane) **7**
el aterrizaje landing **7**
atlético, atlética athletic **10**
atraer to attract
atrás back, behind **3**
atrasado, atrasada behind,
    backward **3**
atravesar ie to cross **9**
atreverse (a) to dare (to) **6**
atrevido, atrevida daring, bold
    6
aumentar to increase **6**
el aumento increase **6**
aunque although **1**
el auricular phone receiver **2**
la ausencia absence **3**
ausente absent **3**
el ausentismo absence **8**
la autobiografía autobiography
autocriticar to self-criticize
la autodefensa self-defense
autoexaminar to examine
    oneself
automático,
    automática automatic **13**
la autopista highway **13**
el autorretrato self-portrait
autosuficiente self-sufficient
la autosugestión self-
    suggestion
avanzar to advance
el ave *f* fowl
la avería breakdown **13**
averiguar to make sure, verify
la aviación air force
el avión plane
    por avión air mail **5**
    por/en avión by plane
ayer yesterday
la ayuda help **3**
el, la ayudante assistant **11**
ayudar to help **3**
la azafata airline stewardess **7**
el azar chance
    por azar by chance **13**
el azúcar sugar **6**
azul blue **4**

bailar to dance
el baile dance
bajar to lower; to get down **3**
bajo, baja low; short **3**
    under **12**
el banco bank **12**
bañar to bathe someone
    bañarse to bathe, to take a
    bath **9**
el baño bathroom **9**
el bar bar
barato, barata inexpensive,
    cheap **7**
la barba beard **5**

la barbería barbershop **5**
el barbero *m* barber
el barco boat, ship
    por barco by boat
barrer to sweep **3**
la barriada part of a
    neighborhood (often: slum) **9**
el barrio neighborhood
basado, basada based
Basta. Enough! **3**
    ¡Basta ya! Cut it out! **3**
bastante quite, enough **3**
bastar to be enough **3**
la basura garbage **3**
la batería battery **13**
la batidora mixer **8**
batir to blend **8**
beber to drink
    beberse to drink all up
la bebida drink
la beca scholarship
el beicon bacon **6**
beige beige **4**
el béisbol baseball
las Bellas Artes fine arts
la belleza beauty **10**
bello, bella beautiful **10**
bendecir to bless
el beneficio benefit
besar to kiss **11**
el beso kiss
bien *adv* well
el bienestar well-being, welfare
    4
la bienvenida welcome **1**
bienvenido, bienvenida
    adj welcome
bilingüe bilingual
el bilingüismo bilingualism
el billete ticket **7**
    bill (money) **12**
blanco, blanca white **4**
la blancura whiteness
la blusa blouse **4**
los bluyines blue jeans **4**
el bobo, la boba silly person,
    fool, dummy (used
    affectionately) **3**
la boca mouth **10**
el bocadillo sandwich **6**
la bocina horn **13**
la bodega wine shop **5**
el bodeguero, la
    bodeguera wine merchant
el boleto ticket (Lat. Am.) **7**
el bolígrafo pen **5**
la bolsa pocketbook, bag **4**
la bomba bomb **12**
bombardear to bomb **12**
el bombero firefighter
la bombilla lightbulb **9**
el bombón candy, chocolate **5**
la bombonería candy store **5**
el borde edge

al borde de on the edge of 13

borracho, borracha drunk

borrar las diferencias to close the gap 3

el bosque forest, woods 7

el bosquejo sketch

las botas boots 4

la botella bottle 6

el botones bellboy 9

el brazo arm 10

breve brief

bronceado, bronceada tanned 10

bueno, buena good; Hello? (Mexico) 2

la bujía spark plug 13

bullir to boil

burgués, burguesa middle class, bourgeois

buscar to look for 1

en busca de in search of 1

el buzón mailbox 5

caber to fit 7

los cabellos hair 10

la cabeza head 10

el cable cable 13

la cabina telefónica phone booth 2

el cacto cactus

cada each

¿cada cuánto? how often?

cada vez every time 6

cada vez más more and more 3

la cadera hip 10

caer(se) to fall (down) 10

caérsele to drop, fall

el café coffee shop; coffee; *adj* brown 5

la caja box

la caja de cambios gearbox 13

el cajero, la cajera teller 12

la cajita little box

el calamar squid

calarse to stall 13

los calcetines socks 4

el calculador calculator 11

calcular to calculate 11

los cálculos calculations

el caldo broth

calentarse *ie* to overheat 13

la calidad quality

caliente *adj* hot 4

la calificación grade, note 8

calificar to grade; to qualify 8

calmar to calm someone

calmarse to calm down

el calor heat 4

tener calor to be hot (people)

la caloría calorie 6

calorífico, calorífica caloric, high-calorie 6

los calzoncillos undershorts 4

los calzones shorts; undershorts 4

callado, callada quiet 9

callar to silence

callarse to shut up 9

¡Cállate! Shut up!

la calle street 7

calle abajo down the street 7

calle arriba up the street 7

la cama bed 3

la cama matrimonial double bed 9

hacer la cama to make the bed 3

el camarero, la camarera waiter, waitress 6

cambiar to change; to exchange 1

el cambio change; exchange; exchange rate 1

a cambio de in exchange for

en cambio on the other hand 8

el camión truck 13

el camión grúa tow truck 13

caminar to walk 7

el camino road, path 7

la camisa shirt 4

el campesino, la campesina peasant 4

el campo countryside; field; area 2 sports field, court 10

canadiense Canadian

la canción song

cansado, cansada tired

cansar to tire

cansarse to get, become tired

el, la cantante singer

cantar to sing

la capacitación training 11

la capacidad capability 11

capacitado, capacitada qualified, able

capaz capable 11

el capó hood (car) 13

la cara face

cara a facing

el carburador carburetor 13

la cárcel prison 12

carecer (de) to lack; to not have 11

cargar (con) to carry (around); to be loaded down with 5

cargar to charge 12

la carga charge 12

la carne meat 5

el carné de conducir driver's license 13

el carné de estudiante

student ID card 8

la carnicería butcher shop 5

el carnicero, la carnicera butcher

caro, cara expensive

la carta letter 5 menu 6

la cartera wallet 4

el cartero mailman 5

la carrera career 3

la carretera highway 13

el carro car (Lat. Am.); cart (Sp.) 4

casado, casada married 3

casar to marry (officiate)

casarse to get married 3

casi almost

el castellano Spanish language

el catarro cold (illness) (Sp.) 10

causar to cause

cavar to dig 9

la cazuela casserole

la ceja eyebrow 10

celebrar to celebrate

los celos jealousy

tener celos to be jealous

la cena dinner 6

cenar to have dinner 6

el cenicero ashtray 3

la censura censorship 12

censurar to censor 12

el centavo cent

cerca near 5

cerca de *prep* near 5

cercano nearby

cerrar *ie* to lose 8

certificar to register (a letter) 5

la cerveza beer 5

la cervecería brewery, bar 5

el ciego, la ciega blind person 9

el cielo sky

las ciencias sciences

las ciencias económicas economics

las ciencias exactas mathematics

cierto, cierta certain, true

el cigarrillo cigarette

el cine movies, movie theatre 10

la cintura waist 10

circular to go around, through 13

la circulación traffic 13

el cirujano, la cirujana surgeon

la cita date, apppointment 5

citar to quote; to note

la ciudad city 1

el ciudadano, la ciudadana citizen 1

claro, clara *adj* clear, light; of

course 4

claro que no of course not

claro que sí yes, of course 1

la clase type, kind, class

la clasificación classification 4

clasificar to classify 4

la clave clue, key

el claxón horn 13

el, la cliente client, customer

el clima climate

el, la cobarde coward

cobrar to cash; to charge; to collect 9

cobrar al número llamado to reverse the charges 2

el cobro charge 2

el cobro revertido reverse charges 2

cocido, cocida boiled 6

la cocina kitchen 3

cocinar to cook 3

el cocinero, la cocinera chef, cook

el coctel cocktail

el coche car (Sp.) 4

el coche-cama sleeper 7

el cochinillo baby pig

el codo elbow 10

el cognado cognate

el, la colega colleague

colgar *ue* to hang up (phone) 2

la colonia colony

la colonización colonization

el colonizador, la colonizadora colonist

colonizado, colonizada colonized

colonizar to colonize

la columna column

el comedor dining room

comenzar *ie* to begin

comer to eat 11

comerse to eat all up

comercial commercial 2

el comercio commerce, business, trade 2

los comestibles groceries, food 11

la comida food; meal

la comisión charge for money exchange 12

como like, as

como de costumbre as usual 6

¿cómo? how? what?

¿Cómo de + adj...? How + adj...?

¿Cómo es eso? How come?

Cómo no. Of course. 1

¿Cómo se dice ...? How do you say...? 1

como si as if

compadecerse to sympathize 12

el compañero, la compañera companion, friend 6

el compañero (la compañera) de clase classmate

el compañero (la compañera) de cuarto roommate

el compartimiento compartment 7

compartir to share 2

compatible compatible 11

la competencia competition 11

competir *i* to compete 11

el complejo complex 10

complementarse to compliment each other 12

complicado, complicada complicated; compound 10

complicar to complicate 10

componer to compose, make up 9

comportarse to behave

comprar to buy 5

la compra purchase 5

la comprensión comprehension, understanding

comprobar *ue* to verify, prove

computar to compute 2

la computadora computer 2

común common

tener en común to have in common

comunicarse to communicate

la comunidad community

con with

Con permiso. Excuse me. 1

con retraso late 7

con tal de que provided that

conceder to allow, grant, give 4

el concierto concert

concluir to conclude 9

la conclusión conclusion 9

la concordancia agreement

concurrido, concurrida busy, crowded 9

conducir to drive 8

el conductor, la conductora driver 9

la conferencia lecture

confesar *ie* to confess

la confianza confidence, trust 11

confiar (en) to confide in, trust 11

confirmar to confirm

la confitería candy store 6

confundido, confundida confused

confuso, confusa confused

la congestión congestion

conjugar to conjugate

el conjunto collection 8

conocer to know, be familiar with; to meet 1

lo no conocido the unknown 1

el conocimiento knowledge, familiarity 11

la consciencia conscience 9

consciente conscious 9

conseguir *i* to get, obtain 7

el consejero, la consejera advisor 7

los consejos advice 7

el, la conserje desk clerk (Sp.), concierge 9

conservador, conservadora conservative

la consideración consideration 4

considerar to consider 4

consistir (en) to consist (of)

constipado, constipada stuffed up, congested 10

constituir to consist of, constitute 8

construir to construct

la consulta consultation

consultar to consult 10

el consultorio doctor's office 10

el consultorio sentimental advice column

consumir to consume

la contabilidad accounting 11

contado, contada counted

la contaminación contamination

la contaminación atmosférica air pollution 9

contar *ue* to count 6

contar *ue* **con** to count on, have, rely on 9

contener to contain 12

el contenido contents 12

contento, contenta happy

la contestación answer

contestar to answer

continuar to continue 9

continuo, continua continuous 9

contra against 4

contraatacar to counterattack

el contraataque counterattack

la contracorriente crosscurrent

contradecir to contradict

la contradicción contradiction

la contrafirma countersignature

contrafirmar to countersign

lo contrario opposite

contribuir to contribute

convencer to convince

convencido, convencida convinced

convenir *ie* to be suitable

conversar to talk about; to converse
convertir *ie* **en** to become; to change
la cooperación cooperation
cooperativo, cooperativa cooperative
la copa wine glass **6**
el corazón heart **10**
la corbata necktie **4**
el cordero lamb **6**
corregir *i* to correct
el correo mail; post office **5**
  el correo certificado certified, registered mail **5**
  el correo ordinario regular mail **5**
  el correo registrado registered, certified mail **5**
  el correo regular regular mail **5**
  por correo aéreo air mail **5**
correr to run
la correspondencia mail, correspondence
corriente *adj* current, up-to-date
  al corriente up-to-date **13**
cortar *ue* to cut off (phone) **2** to cut; to shorten **10**
cortés polite
la cortesía manners, courtesy
corto, corta short **4**
coser to sew
costar *ue* to cost **11**
  costar trabajo to be a lot of work, effort **11**
el costo cost **11**
costoso, costosa costly **11**
la costumbre custom **8**
la creación creation **10**
crear to create **10**
crecer to grow **9**
el crecimiento growth **9**
la creencia belief **4**
creer to believe **4**
la crema cream **6**
crepuscular twilight
creyente believing **4**
la criada maid
criticar to criticize
el cruce crossroads **7**
crujir to creak **13**
la cruz cross **7**
cruzar to cross **7**
la cuadra city block **7**
el cuadro picture, painting **12**
la cuajada cottage cheese
¿cuál? which? what?
el (la) cual *rel pron* who, which
cualquier any, any at all **4**
cuando when
  de cuando en cuando from

time to time **11**
de vez en cuando sometimes
¿cuándo? when?
¿cuánto. . .? how much. . .?
  ¿cuánto tiempo. . .? how long. . .?
  ¿cada cuánto. . .? how often. . .?
el cuarto room; quarter, fourth
el cubo de la basura wastebasket **3**
cubrir to cover
la cuchara spoon **6**
la cucharilla teaspoon **6**
la cucharita teaspoon **6**
el cuchillo knife **6**
el cuello neck **10**
la cuenta bill **6**
           account **12**
  la cuenta de ahorros savings account **12**
  la cuenta corriente checking account **11**
el cuentakilómetros odometer **13**
el cuento short story **9**
el cuerpo body **10**
cuidado care
  tener cuidado to be careful
cuidar (de) to take care (of)
cuidarse (de) to take care (of oneself)
culpable guilty **4**
culpar de to blame for **4**
el cumpleaños birthday
cumplir (con) to fulfill, complete **5**
la cura cure **10**
la curita Band-Aid **10**
el curriculum vitae résumé **11**
el curso course, year of study (Sp.)
cuyo, cuya *rel pron* whose **12**

el champán champagne **6**
el champiñón mushroom
el champú shampoo **3**
la chaqueta jacket **4**
  la chaqueta americana sports jacket (Sp.)
la charla chat **5**
charlar to chat **5**
el cheque check
  el cheque de viajero traveler's check **4**
los chícharos peas **6**
el chipirón squid
el chismorreo gossip
chocante shocking
chocar to shock, crash, clash **2**
el chocolate chocolate
el choque shock, crash, clash **2**

el chorizo sausage
la chuleta de cerdo pork chop

dado, dada given **1**
dañar to harm; to damage **13**
dañino, dañina harmful **4**
el daño hurt, harm **13**
dañoso, dañosa harmful **13**
dar to give **1**
  dar gracias to thank, give thanks
  dar la mano to shake hands **1**
  dar miedo to frighten **1**
  dar por descontado to take for granted **12**
  dar por supuesto to take for granted **12**
  dar puntos to give stitches **10**
  dar un bocado to take a bite, eat a mouthful **6**
  dar un paseo to take a walk **6**
  darse cuenta de to realize **10**
  darse prisa to hurry up
datar to date
de of, from
  de acuerdo OK; agreed **9**
  de ahora en adelante from now on **3**
  de antemano ahead of time **8**
  de cobro revertido collect **2**
  de compras shopping **5**
  de costumbre generally, usually **6**
  de hecho as a matter of fact **1**
  de ida y vuelta round trip **7**
  de improviso all of a sudden **8**
  de larga distancia long distance **2**
  de manera que so that **5**
  de modo que so that
  de nada you're welcome **2**
  de nuevo again **3**
  de persona a persona person-to-person **2**
  de repente suddenly **6**
  de sobra extra, left over, remaining **7**
  de todos modos at any rate **9**
  de vez en cuando sometimes
  de visita visiting
  de vuelta on the return trip **2**
debajo de under, underneath **7**
el debate debate
debatir to debate

deber should, ought to **1**
los deberes homework
débil weak **3**
la debilidad weakness **3**
la década decade
decidir to decide
décimo, décima tenth
decir to say, tell **8**
  es decir that is (to say) **1**
la decisión decision
  tomar una decisión to make
   a decision **9**
la declaración para la
  aduana customs forms **5**
decorar to decorate **12**
la decoración decoration **12**
el dedo finger **10**
el dedo del pie toe **10**
defender *ie* to defend
    to leave, drop off **5**
dejar to leave, allow **9**
  dejar de + *inf* to stop +
   verb + *-ing* **2**
  dejar caer to let fall or drop
   12
  dejar un recado to leave a
   message **2**
delante de in front of **1**
delantero, delantera *adj* in
  front **13**
delgado, delgada thin **6**
los, las demás the masses;
  others
demasiado, demasiada *adv* too
  much, too, excessively; *adj*
  too much, too many **4**
la demora delay **7**
demorar to delay **7**
demostrar *ue* to demonstrate
  11
la demostración demonstration
  11
dentro de inside of, within **3**
la dependencia dependence **2**
depender (de) to depend (on) **2**
el, la dependiente clerk
el deporte sport **2**
el, la deportista sportsman,
  sportswoman **8**
deportivo, deportiva sporty,
  sporting **8**
depositar to deposit **12**
el depósito deposit **12**
  el depósito de gasolina gas
   tank **13**
deprimido, deprimida
  depressed
la derecha right (direction)
  a la derecha on the right **5**
  derecho straight ahead **7**
el derecho right, privilege;
  study of law **3**
  derecho a + *inf* the right to **3**
el desacuerdo disagreement

desafortunado, desafortunada
  unfortunate
desagradable disagreeable
desagradar to displease, dislike
desanimado, desanimada
  uninspired; depressed
desanimar to depress,
  discourage
desaparecer to disappear
la desaprobación disapproval
desaprobar *ue* to disapprove
desarreglado, desarreglada
  untidy
el desarreglo disorder,
  confusion
desarreglar to mess up, disturb
desarrollado, desarrollada
  developed
desarrollar to develop **1**
el desarrollo development **1**
desastroso, desastrosa
  disastrous
desayunar to have breakfast **6**
el desayuno breakfast **6**
descansar to rest **4**
el descanso rest **4**
descifrar to decipher
descomponer to decompose,
  decay
descomponerse to fall apart **13**
descomponérsele to fall apart
descompuesto, descompuesta
  broken down
la desconfianza distrust
desconfiar to distrust
desconocido, desconocida
  unknown
desconocer to ignore; not to
  know, not to recognize
el desconocimiento ignorance
descontar *ue* to discount **8**
descontento, descontenta
  unhappy
descubierto, descubierta
  discovered
el descubrimiento discovery
descubrir to discover
el descuento discount **8**
descuidado, descuidada
  careless
descuidar to neglect
desde from, since **9**
desear to wish, want
la desemejanza dissimilarity
desempeñar to carry out **11**
  desempeñar un papel to play
   a role **11**
desempleado, desempleada
  unemployed
el desempleo unemployment **1**
el desenlace ending,
  denouement
desenvolver *ue* to unwrap; to
  expound on an idea

el deseo wish, desire
desesperado, desesperada
  desperate **6**
la desesperanza despair
desesperar to despair
desesperarse to become
  desperate **6**
desfilar to parade through,
  travel through
el desfile parade
deshacer to undo; to unpack
deshecho, deshecha undone;
  unpacked
desilusionado, desilusionada
  disillusioned
desinflado, desinflada flat (tire)
  13
desinflar to go flat **13**
el desinterés disinterest, lack of
  interest
desinteresado, desinteresada
  uninterested
desmayarse to faint
desobedecer to disobey
la desobediencia disobedience
desobediente disobedient
el desodorante deodorant **3**
el desorden disorder, mess **3**
despacio slowly
despectivo, despectiva
  insulting, derogatory **4**
despedir *i* to dismiss, fire
despedirse *i* **(de)** to say good-
  bye (to)
despegar to take off **7**
el despegue take-off **7**
despejado, despejada clear
despertar *ie* to wake someone
despertarse *ie* to wake up
la despreocupación
  carelessness
despreocupado,
  despreocupada carefree
  despreocuparse to neglect
después after
  después de *prep* after
destacar to point out **12**
desterrado, desterrada exiled,
  banished **12**
desterrar *ie* to exile, banish **12**
la destreza skill **4**
destruir to destroy
la desventaja disadvantage **3**
detallado, detallada detailed **12**
el detalle detail **12**
detener to arrest, detain, stop
  detenerse to stop oneself
detrás de behind **7**
devolver *ue* to return
  (something) **4**
el día day **2**
el Día de la Raza Columbus
  Day
el diagnóstico diagnosis

diariamente daily
diario, diaria adj dairy 2
el diario daily newspaper
dibujar to draw 13
el dibujo drawing 13
el diccionario dictionary
diciembre December
dictar to dictate 12
el dictador, la dictadora dictator 12
la dictadura dictatorship 12
el dicho saying 8
dicho y hecho said and done; OK, accepted 4
los dientes teeth 3
la dieta diet 6
　estar a dieta to be on a diet 6
　ponerse a dieta to go on a diet 6
la diferencia difference 8
diferente different 8
diferir i to differ 8
Diga. (Dígame.) Hello? (Sp.) 2
el dinero money
el dinero en efectivo cash 4
Dios God
　¡Dios mío!
　¡Madre de Dios! ⎫ Good
　¡Por Dios! ⎬ heavens!
　¡Válgame Dios! ⎭
la dirección address; direction 5
　la dirección del destinatario receiver's address 5
　la dirección del remitente sender's address 5
dirigir to direct 13
dirigirse to go; to direct oneself 7
la discriminación discrimination
Disculpe. Excuse me. 1
discutir to discuss; to argue
diseñar to design
disfrutar de to enjoy; to benefit from 1
disminuir to diminish
el disparate blunder 8
disponer de to arrange, get ready; to have at one's disposal; to dispose of 8
disponerse a to get ready 8
disponible available 8
dispuesto dispuesta inclined, ready, willing 8
distinto, distinta different, distinct
distraído, distraída distracted, absent-minded
la diversión pastime, entertainment, fun
divertido, divertida funny 7
divertir ie to amuse
divertirse ie to have a good time, have fun 7

doblar to turn (left or right) 7
doble double
doméstico, doméstica domestic
　el quehacer doméstico chore 3
　los quehaceres domésticos housework 3
el dólar dollar 12
doler ue to hurt, ache, pain 7
el dolor hurt, ache, pain 10
　dolor de . . . . . . ache 10
dominante dominant
dominar to dominate
el domingo Sunday
donde where
¿dónde? where?
dormir ue to sleep
　dormirse ue to fall asleep
el dormitorio bedroom
la ducha shower 8
ducharse to shower 8
la duda doubt
dudar to doubt
dudoso, dudosa doubtful
el dueño, la dueña owner 5
el dulce candy, sweet 6
　dulce adj sweet 6
　el dulce de membrillo quince preserves
los dulces sweets 6
la duración duration
duradero, duradera long-lasting 8
durante during 4
durar to last 6

e (y) and
económico, económica economical 11
economizar to save, economize 11
echar to mail; to throw; deposit 5
　echar de menos to miss 2
　echar un vistazo (a) to glance at 9
la edad age
el edificio building 8
la editorial publishing house
la educación education; upbringing 8
educado, educada educated; brought up
educar to educate; to bring up
educarse to educate oneself; to bring oneself up 8
el efecto effect 3
efectuar to effect, bring about 3
eficaz efficient; effective 7
egoísta selfish 2
el ejecutivo, la ejecutiva executive 11
el ejemplar sample; copy

el ejemplo example
él he; obj of prep him
el electivo elective
la electricidad electricity
el elegido, la elegida the chosen one
elegir i to elect; to choose
eliminar to eliminate
ella she; obj of prep her
ellas they; obj of prep them
ellos they; obj of prep them
embarazada pregnant 11
embellecer to beautify
el embotellamiento traffic jam 13
embotellar to bottle up 13
embragar to clutch 13
el embrague clutch 13
empeñarse (en) to be determined; to persist (in) 8
empeorar to worsen 7
empezar ie to begin
el empleado, la empleada employee
emplear to use; to employ 1
el empleo job, employment 1
en on; in; about
　en absoluto at all 3
　en broma only kidding, in jest 3
　en busca de in search of 1
　en cambio on the other hand 8
　en caso de que in case
　en común in common 2
　en cuanto as soon as 5
　en cuanto a regarding, as for 2
　en efectivo cash 12
　en el extranjero abroad 8
　en seguida immediately
　en vez de instead of 1
enamorado, enamorada in love 6
enamorarse de to fall in love with
el encaje lace
encantado, encantada delighted 1
encantador, encantadora enchanting 1
encantar to delight 1
encarcelado, encarcelada incarcerated 12
encarcelar to incarcerate 12
encargado, encargada in charge of 10
encargar to put in charge 10
encargarse (de) to take charge (of)
encasar to set (a bone)
encender ie to put on, turn on (appliances) 9

encerrarse *ie* to bury oneself **8**
encima de on top of
encontrar *ue* to find; to meet **2**
la encrucijada traffic circle, intersection, crossroads (Sp.) **13**
encubrir to disguise, cover up
el encuentro encounter, meeting **2**
la encuesta poll **4**
enchufar to plug in **9**
el enchufe plug **9**
endosar to endorse **12**
el enemigo, la enemiga enemy
enero January
enfadado, enfadada angry
  enfadarse to get/become angry
el énfasis emphasis
enfermarse to get/become ill **10**
la enfermedad illness **10**
el enfermero, la enfermera nurse **10**
enfermo, enferma ill **10**
enfocar to focus
el enfoque focus
enfrentarse to confront, face
en frente de in front of **7**
engancharse to get caught, snag **13**
engordar to gain weight **6**
enojado, enojada angry
enojar to anger
enojarse to get/become angry
enriquecer to enrich
la ensalada salad
ensanchar to widen, broaden **8**
el ensayo essay
la enseñanza teaching **8**
enseñar to teach; to show **8**
entender *ie* to understand
entenderse *ie* **(con)** to get along (with) **8**
enterarse (de) to find out **5**
entero, entera entire **8**
entonces well; then
la entrada main course; entrance **6**
entrar (en) to enter (in, into) **6**
  entrarle un pánico to panic
entre among; between **1**
entreabierto, entreabierta half-open
el entrecot sirloin
entregar to turn in, deliver **7**
el entremés appetizer **6**
entremeterse to interfere
entremetido, entremetida nosey; busybody
entrenado, entrenada trained **10**

el entrenador, la entrenadora trainer
entrenar(se) to train **10**
entretener to entertain
entretenido, entretenida entertaining
el entretenimiento entertainment
la entrevista interview **8**
el entrevistador, la entrevistadora interviewer
entrevistar to interview **8**
entristecer to sadden
entusiasmado, entusiasmada excited
el entusiasmo enthusiasm; excitement
envejecer to grow old **11**
enviar to send **5**
envolver *ue* to wrap up **4**
envuelto, envuelta wrapped up **4**
enyesar to put in a cast **10**
la época period of time; epoch
el equipaje luggage **7**
  el equipaje de mano hand luggage **7**
el equipo team
equivocarse to make a mistake
erudito, erudita scholarly **8**
el erudito, la erudita scholar **8**
erróneo, errónea mistaken
escabechado, escabechada marinated
la escala stop **7**
la escala de la báscula scales **6**
el escalofrío chill **10**
escapársele to get away from **9**
el escape escape **9**
la escena scene **12**
el escenario scenario **12**
escoger to choose
escolástico, escolástica scholastic
escrito, escrita written
el escritor, la escritora writer
el escritorio desk
la escuadrilla squadron **12**
la escuela school
ese, esa that
esencial essential
el esfuerzo effort **1**
el esmalte enamel, polish
  el esmalte para las uñas nail polish **5**
el espacio space
la espalda back **10**
espantar to scare, frighten **9**
la especialidad specialty
  la especialidad de la casa house specialty **6**

la especialización major
especializarse (en) to major (in)
el espectáculo spectacle, show
el espejo mirror **13**
  el espejo retrovisor rearview mirror **13**
la esperanza hope
esperar to wait for; to hope; to expect **2**
las espinacas spinach **6**
la esposa wife **3**
el esposo husband **3**
la esquina corner
establecer to establish
la estación station; season
  la estación de ferrocarril train station **7**
  la estación de servicio service station, garage **13**
  la estación terminal plane terminal **7**
estacional seasonal
el estacionamiento parking **13**
estacionarse to park **13**
la estadística statistics
los Estados Unidos (EE.UU.) United States **1**
estadounidense pertaining to the United States **1**
la estampilla stamp **5**
el estanco tobacco shop **5**
estándar standard **13**
el estanquero, la estanquera tobacco-shop employee
estar to be
  ¿Está? Is he/she in? **2**
  ¿Está incluido el servicio? Is the service included? **6**
  está claro it's clear
  estar acostumbrado, acostumbrada a to be accustomed, used to **2**
  estar a dieta to be on a diet **6**
  estar a favor de to be in favor of **3**
  estar al tanto de to be up with **1**
  estar con retraso to be late **7**
  estar de acuerdo (con) to agree (with) **3**
  estar de vacaciones to be on vacation
  estar de viaje to travel, be traveling
  estar de visita to visit, be visiting **2**
  estar de vuelta to return, be returning
  estar equivocado, equivocada

to be mistaken **2**

estar resfriado, resfriada to have a cold **10**

estar seguro, segura to be sure

la estatura height

este, esta this

este . . . um . . .

el este east **7**

el estereotipo stereotype

el estilo style

la estimación esteem, respect **8**

estimado, estimada esteemed (opening of formal letter) **11**

estimar to esteem, respect **8**

estofado, estofada stewed

el estómago stomach

estornudar to sneeze **10**

la estrella star **10**

estreñido, estreñida constipated

estricto, estricta strict

estropearse to break down **13**

la estructura structure

el, la estudiante student

  de primer año freshman

  de segundo año sophomore

  de tercer año junior

  de cuarto año senior

estudiantil *adj* student

la etapa stage

la etiqueta tag, label **7**

étnico, étnica ethnic

evitar to avoid **13**

la exageración exaggeration **12**

exagerado, exagerada given to exaggeration **12**

exagerar to exaggerate **12**

el examen exam

examinarse to take an exam

la excavación excavation **9**

excavar to excavate **9**

exceder to exceed **11**

el exceso excess

existir to exist

el éxito success

  tener éxito to be successful

la experiencia experience **2**

experimentar to experience **2**

el experto, la experta expert

explicar to explain

la explosión explosion

la explotación exploitation

explotado, explotada exploited

exponer to expose

la exportación exportation (business) **11**

exportar to export **11**

extraer to extract

extranjero, extranjera foreign **8**

  en el extranjero abroad **8**

extraño, extraña strange

la fábrica factory **11**

la fabricación manufacturing

fabricado, fabricada manufactured

el, la fabricante manufacturer

fabricar to manufacture **2**

fácil easy

  Es fácil que + *subj* It's likely that . . .

facilitar to facilitate

la factura bill **2**

facturar to check (luggage) **7**

la facultad division of a university; college **8**

la falda skirt **4**

la falta lack, need **1**

faltar to miss, lack **8**

fallar to fail, let down **6**

familiar familiar; pertaining to family

la familiaridad familiarity

fanático, fanática fanatic

el farmacéutico, la farmacéutica pharmacist

la farmacia drugstore, pharmacy **5**

la farmacología pharmacology

el faro light **13**

  el faro delantero headlight **13**

  el faro trasero rear light **13**

fascinar to fascinate

fastidiar to annoy, bother

la fealdad ugliness

febrero February

la fecha date

Felicitaciones. Congratulations.

felicitar to congratulate **6**

feliz happy

femenino, femenina feminine

el feminismo feminism

el fenómeno phenomenon

la ferretería hardware store

el ferrocarril railroad

la ficción fiction

ficticio, ficticia fictitious

la ficha form **9**

la fiebre fever **10**

fiel loyal, faithful

fijar to fix, set, establish **4**

fijarse (en) to notice **13**

  ¡Fíjate! Look! Imagine!

fijo, fija fixed, set **4**

filosofía y letras humanities

el filtro filter

el fin end

  a fin de que so that

  a finales de at the end of **8**

  a fines de around the end of

  al fin y al cabo after all; after all is said and done **6**

el fin de semana weekend

financiero, financiera financial **11**

las finanzas finances **11**

la firma signature **5**

firmar to sign **5**

la física physics

físico, física physical **10**

flaco, flaca skinny, thin **10**

el flan custard **6**

flojo, floja loose **13**

la flor flower **6**

la florería florist shop **5**

el floristero, la floristera florist

el forastero, la forastera out-of-towner, stranger **9**

la forma form, shape

la formación formation

formado, formada formed

formar to form

¡Formidable! Great! **11**

el formulario form, questionnaire **9**

la foto photo, picture

la fotografía photograph

la fractura fracture **10**

frágil fragile **5**

la frambuesa raspberry

franco, franca frank

el franqueo postage **5**

frecuentemente frequently

  con frecuencia frequently

frenar to brake **13**

el freno brake **13**

el freno de mano hand brake **3**

el freno de pie foot brake **13**

la frente forehead **10**

fresco, fresca fresh, cool **5**

  Hace fresco. It's chilly, cool.

la frescura freshness

el fresón strawberry

el frijol bean

frío, fría *adj* cold

el frío *n* cold

  Hace frío. It's cold (outside).

  tener frío to be cold

frito, frita fried

la fruta fruit

frustrado, frustrada frustrated

la fuente source, fountain **11**

fuera de outside of **3**

fuerte strong **3**

la fuerza force, strength **10**

las fuerzas armadas armed forces **3**

fumar to smoke

la función function **2**

funcionar to function, work (mechanical; figurative) **2**

las gafas eyeglasses

la galleta cookie, cracker **6**

la gamba prawn
la gana desire, wish
de buena gana willingly
  tener ganas de + *inf* to feel like + verb + *-ing*
el ganador, la ganadora winner 1
ganado, ganada earned 8
ganar to win; to earn
ganarse la vida to earn a living 4
el gancho hook 13
la ganga bargain 4
garantizar to guarantee 12
la garantía guarantee 12
la garganta throat 10
la gasolinera gas station (Sp.) 13
el gastador, la gastadora spender
gastar to spend (money) 12
el gasto expense 11
el gazpacho cold vegetable soup 6
general general
  por lo general generally
el género genre; gender 12
genial nice, friendly; inventive, clever 8
la gente people (collective)
el, la gerente manager
la gimnasia exercise 10
  hacer gimnasia to do exercises, to exercise 10
la glándula gland
la glorieta de tráfico traffic circle (Sp.) 13
el gobernador, la gobernadora governor 12
gobernar *ie* to govern 12
el gobierno government 12
golpear to knock, hit 13
la goma tire 13
gordo, gorda overweight, fat 6
el gorro (la gorra) cap, hat 4
la gota drip, drop 13
gotear to drip 13
gozar (de) to enjoy
la grabadora tape recorder 12
grabar to tape 12
gracias thanks
  mil gracias thanks very much 1
muchísimas gracias many thanks 1
graduarse to graduate
grande large, big (**gran:** great)
granizar to hail
el granizo hail
gratis free of charge 4
gratuito, gratuita free
el griego Greek language
la grieta hole (crack) 13
el grifo faucet 9

abrir el grifo to turn on the faucet 9
la gripe flu 10
gritar to scream, shout
el grito shout
la grúa crane 13
  el camión grúa tow truck 13
el grupo group
  el grupo sanguíneo blood type 10
los guantes gloves 4
la guantera glove compartment 13
el guardafango mudguard 13
guardar to guard; to keep
el, la guardia traffic cop
la guarnición garnish
guatemalteco, guatemalteca Guatemalan
la guerra war 12
la guerrilla guerrilla war
la guía guidebook
  la guía telefónica telephone book, directory 2
los guisantes peas 6
gustar to like; to be pleasing to 1
el gusto pleasure 1
  taste (sense) 6
  Mucho gusto en conocerlo. Pleased to meet you. 1

haber to have
hábil skillful 8
la habilidad ability
la habitación room 4
  la habitación doble double room 9
  la habitación sencilla single room 9
habitar to live, inhabit 4
el hábito habit 11
la habituación orientation 8
habituarse (a) to familiarize oneself (with) 8
el habla *f* (spoken) language 8
hablar to speak 1
hacer to do, make
  hacer las compras to do the shopping 5
  hacer un depósito to make a deposit 12
  hacer falta to lack, need
  hacer un favor to do a favor
  hacer gimnasia to exercise 10
  hacer juego (con) to match (with) 4
  hacer una llamada to make a phone call 2
  hacer llenar to have filled 5
  hacer la maleta to pack
  hacer novillos to cut class

(slang) 8
  hacer el papel to play the role
  hacer una pregunta to ask a question
  hacer las preparaciones to prepare
  hacer recados to do errands 3
  hacerse to become
  hacer un viaje to take a trip
hacia toward 7
el hacha *f* ax
el hada fairy
hallar to find 1
el hambre *f* hunger 6
  tener hambre to be hungry 6
hambriento, hambrienta hungry 2
la hamburguesa hamburger
harto, harta fed up
hasta until; even 1
  Hasta luego. See you later.
  hasta que until
hay there is, there are
  hay que one must
  No hay de qué. You're welcome. 1
hecho, hecha done, finished 3
  dicho y hecho said and done; OK, agreed 4
el hecho fact
el helado ice cream 6
la herencia heritage 4
la herida wound, injury
hermoso, hermosa beautiful 12
el hielo ice 6
el hijo, la hija son, daughter; child
hinchado, hinchada swollen 10
hinchar to swell 10
la hipoteca mortgage 11
hipotecar to mortgage 11
el, la hispanohablante Spanish speaker 1
hojear to leaf through
Hola. Hello? (Mexico, Argentina); Hi. 2
el hombre man
el hombro shoulder 10
hondamente deeply 10
la hora time; hour
  es hora de + *inf* it's time to. . .
  media hora half hour
  las horas puntas rush hour 9
el horario schedule
el horno oven 6
  al horno baked, roasted 6
horrífico, horrífica horrifying 12

el horror horror 12
hospedarse to stay, lodge 9
hoy today
  hoy en día nowadays 3
el hueco hole (dent) 13
la huelga strike 8
el, la huelguista striker 8
la huerta garden, orchard 8
el hueso tough professor (slang) 8
  bone 10
el huevo egg 4
huir to flee 12
el humo smoke
el humor humor, mood
  estar de buen/mal humor to be in a good/bad mood 9

la ida going, outward journey
  de ida y vuelta round trip 7
la identidad identity
el idioma language
igual equal 2
  al igual que as well as, just like 2
la igualdad equality 2
igualmente equally 1
imaginar(se) to imagine
imbatible unbeatable
imbebible undrinkable
la impaciencia impatience
imparcial impartial
impedir i to prevent, impede
la imperfección imperfection
imperfecto, imperfecta imperfect
el impermeable raincoat 4
la importación importing (business) 11
importado, importada imported
importar to import; to matter, be important 4
imprescindible essential 7
impresionante impressive 9
impresionar to impress 9
impreso, impresa printed 7
imprimir to print 7
improviso, improvisa unforseen
  de improviso all of a sudden 8
el impuesto tax 5
inaguantable unbearable
la incapacidad inability
incapaz incapable 3
incluir to include
increíble incredible
indebido, indebida unlawful, illegal 13
la indecisión indecision
indeciso, indecisa indecisive
indefinido, indefinida indefinite

la indicación indication 7
indicar to show, direct 7
el indicador de dirección blinker, directional signal 13
el indicativo indicative
el índice de natalidad birthrate 9
indígena native, indigenous
indiscreto, indiscreta tactless, indiscreet 1
la indiscreción tactless remark 1
individual individual 11
el individuo individual (person) 11
la industria industry
la industrialización industrialization
inesperado, inesperada unexpected
infeliz unhappy
la inferioridad inferiority
la influencia influence 1
influido, influida influenced
influir (en) to influence 1
la información information 1
informar to inform, tell about 1
la informática computer science
informativo, informativa informative
el informe report
la ingeniería engineering
el ingeniero engineer
el ingenio ingenuity
ingenuo, ingenua naive 4
el ingreso income 11
inimaginable unimaginable 9
la injusticia injustice
injusto, injusta unfair, unjust
el, la inmigrante immigrant
el inodoro toilet 9
inolvidable unforgettable
inquietar to worry, disturb 1
inquieto, inquieta worried, anxious 1
inscribir to record, enter (data)
insistir (en) to insist upon
insoportable unbearable 6
inspirar to inspire
la instrucción education 3
instruido, instruida educated 3
instruir to educate
intentar + inf to try; to intend 12
el intento attempt 12
intercambiable interchangeable
intercambiado, intercambiada exchanged
intercambiar to exchange 2
el intercambio exchange 2
el interés interest
interesar to interest

el intermitente directional signal 13
el interruptor switch (appliances) 9
el inti Peruvian currency 5
íntimo, íntima intimate
la inversión investment 10
invertir ie to invest 10
el invierno winter
el invitado, la invitada guest
la inyección shot 10
ir to go 7
  ir a toda velocidad to speed 13
  ir bien/mal to go well/badly
  ir de compras to go shopping 5
  ir al extranjero to go abroad 8
  irse to go away
  irse de parranda to go on a binge 6
la isla island
el itinerario itinerary
la izquierda left
  a la izquierda to the left 5

el jabón soap 3
jamás never; ever
el jamón ham
el japonés Japanese language
el jardín garden 12
el, la jefe boss
¡Jesús! Bless you!
joven young 1
la joya jewel 5
el joyero, la joyera jeweler
la joyería jewelry store 5
jubilarse to retire
las judías beans
el juego game
el jueves Thursday
el, la juez judge 4
el jugador, la jugadora player
jugar ue to play
el jugo juice 6
el juguete toy
julio July
junio June
juntar to gather 4
juntos, juntas together 4
justo, justa fair, just
juvenil boyish, childish 10
la juventud youth 2
juzgar to judge 4

el labio lip 10
el lado side
  al lado de beside, next to 5
  al otro lado de on the other side of 5
  por otro lado on the other hand 8
la lámpara lamp 9

la langosta lobster 6
el lápiz pencil
largo, larga long 4
   a lo largo de along
la largura length
la lástima pity
   ¡Qué lástima! What a pity!
lastimar to hurt
   lastimarse to get hurt
la lata (tin) can
la lavandería laundry 5
el lavandero, la lavandera
   launderer, laundress
la lavadora washer 3
lavar to wash 3
   lavarse to wash up, get
   washed
leal loyal
la lectura reading passage
la leche milk 6
leer to read
la legumbre vegetable 5
lejos far
   lejos de prep far from
el lema motto
la lengua language; tongue 1
   Saque la lengua. Stick out
   your tongue. 10
el lenguado sole
el letrero sign 8
levantar to raise, lift 6
   levantarse to get up 6
la letra letter (alphabet)
la ley law 13
libre free
la librería bookstore 5
la libreta passbook, bankbook
   12
el librero, la librera bookseller
el libro book 5
el, la líder leader 9
la liga league
ligero, ligera light (weight and
   color)
el límite limit
   el límite de velocidad speed
   limit 13
la limosna alms
   pedir limosna to beg 9
el limpiaparabrisas windshield
   wiper 13
limpiar to clean 3
la limpieza cleaning;
   cleanliness 3
limpio, limpia clean 3
lindo, linda nice; pretty 9
la línea line
   La línea está ocupada. the
   line is busy 2
la lingüística linguistics
lingüístico, lingüística
   linguistic
el lío mess; disaster 13
   ¡Qué lío! What a mess!

la lista de control checklist 13
listo, lista ready, smart 4
el litro liter 13
lo it; him
   lo no conocido the unknown
   1
   lo que rel pron what, which
   Lo siento. I'm sorry. 1
lógico, lógica logical
logrado, lograda successful 1
lograr to succeed 1
el logro success
la lucha fight, struggle 1
luchar to fight, struggle 1
luego then; next
el lugar place 5
el lujo luxury 11
lujoso, lujosa luxurious 11
el lunes Monday
la luz light
   la luz de freno brakelight 13
   la luz de marcha headlight
   13

la llamada phone call 2
   hacer una llamada to make
   a phone call 2
   la llamada común station-to-
   station call 2
   la llamada de cobro
   revertido collect call 2
   la llamada de larga
   distancia long-distance call
   2
   la llamada de persona a
   persona person-to-person
   call 2
   la llamada local local call 2
llamar to call 2
   llamar la atención to call
   attention to 2
llamarse to be named
la llanta tire 13
la llave key 9
llegar to arrive
   llegar con retraso to arrive
   late; to be late 7
llenar to fill, fill out 5
   hacer llenar to have filled 5
lleno, llena (de) full (of), filled
   (with) 4
llevar to wear; to carry, bring 4
   llevar puesto to wear, have
   on 4
llevarse to carry off, take away
   llevarse con to get along
   with
llorar to cry 3
llover ue to rain
la llovizna drizzle
lloviznar to drizzle
la lluvia rain

la madre mother

¡Madre de ⎫ Good
Dios!   ⎬ heavens!
¡Madre   ⎭ Gosh!
mía!   Wow!
la madrugada dawn, daybreak
   de la madrugada at dawn,
   daybreak
el magullón bruise 10
el maíz corn 4
mal badly
maldecir to swear, curse 13
maldito, maldita cursed,
   damed 13
malentender ie to
   misunderstand
el malentendido
   misunderstanding 1
la maleta suitcase 7
el maletero (car) trunk 13
malo, mala bad, evil
   A mal tiempo, buena
   cara. Look on the bright
   side; keep a stiff upper lip. 8
malsano, malsana unhealthy
   10
la mancha stain 9
manchado, manchada stained
   9
mandar to order, command; to
   send, mail 5
el mandato command, order
manejar to manage, handle 12
   to drive 13
la manera way, manner
   de manera que so that 5
la manga sleeve 4
la manía madness 8
la manilla de la puerta door
   handle 13
la mano m hand 10
   dar la mano to shake hands
   1
el mantel tablecloth 6
mantener to maintain, support
   (financially) 9
el mantenimiento
   maintainance 9
la mantequilla butter 6
la manzana apple; city block
   (Sp.) 7
la máquina machine 10
maravilloso, maravillosa
   wonderful 7
marcar to dial 2
   marcar directamente to dial
   direct 2
mareado, mareada dizzy 10
el marido husband 3
los mariscos shellfish
el martes Tuesday
marzo March
marrón brown 4
más more
   más allá de beyond

más **bien** rather
más **de** more than (numbers)
más **o menos** more or less
más **que** more than
más **tarde** later
Más vale que + *subj* It's better that. . .
¿Qué más da? What's the use? What difference does it make **13**
Vale más de. . . It's worth more than. . . **5**
la **matanza** killing **12**
matar to kill **12**
el **matasellos** postmark, cancellation **5**
la **materia** subject matter, material **11**
la **matrícula** registration **8** license plate **13**
matricularse to register **8**
el **matrimonio** married couple; marriage **6**
la **maxifalda** maxiskirt **4**
la **máxima** saying, proverb **10**
mayo May
mayor major; older; oldest **1**
por la mayor parte for the most part **13**
la **mayoría** majority **2**
¿Me puedes ayudar? Can you help me? **1**
mediano, mediana average
la **medianoche** midnight
las **medias** stockings **4**
la **pantimedia** pantyhose **4**
la **medicina** medicine
el **médico, la médica** doctor
mediante through, by means of **8**
medio, media *adj* half **3**
a mediados de around the middle of **8**
el **medio** means
los **medios de difusión** mass media **2**
por medio de by means of **4**
el **mediodía** noon
medir *i* to measure
la **mejilla** cheek **10**
mejor better, best **10**
a lo mejor most likely, probably **1**
mejor dicho rather, that is **8**
el **mejoramiento** improvement **10**
mejorar to improve **10**
el **melocotón** peach
el **mendigo, la mendiga** beggar **9**
menor minor; younger; youngest
menos minus; less
menos de less than

(numbers)
menos que less than
más o menos more or less
por lo menos at least **10**
Vale menos de . . . It's worth less than . . . **5**
el **mensaje** message **12**
mensual monthly **11**
la **mente** mind **8**
el **menú** menu **6**
el **mercado** market **5**
merecer to deserve **9**
la **merluza** hake
el **mes** month **11**
el **mes pasado** last month
el **mes que viene** next month
la **mesa** table **3**
poner la mesa to set the table **3**
el **mesero, la mesera** waiter, waitress **6**
el **mestizo, la mestiza** person of Indian and Spanish ancestry
meter to put, place insert **8**
meter la pata to put one's foot in one's mouth; to "blow it" **8**
meterse (en) to get involved (in, with) **8**
el **método** method
los **métodos anticonceptivos** birth control
el **metro** meter; subway
tener . . . metros de alto/largo to be . . . meters tall
la **mezcla** mixture **2**
mezclado, mezclada mixed
mezclar to mix
el **miedo** fear **1**
tener miedo to be afraid
mientras while
el **miércoles** Wednesday
mil thousand
Mil gracias. Thanks very much. **1**
la **milla** mile
el **millón** million
la **minifalda** miniskirt **4**
mío, mía mine; of mine
¡Mira! Look! **12**
la **mirada** glance, look **11**
mirar to look at **11**
mismo, misma same; himself, herself **2**
la **mitad** half
el **mito** myth
la **moda** style, fashion
el, la **modelo** model **10**
la **modernidad** modernity
la **modernización**

modernization
modernizar to modernize
moderno, moderna modern
el **modo** manner, way, mode; mood
de modo que so that
molestar to bother, annoy
la **moneda** money; coin **12**
la **monja** nun
el **monte** mountain; forest **9**
morado, morada purple **4**
la **morcilla** blood sausage
morir *ue* to die **12**
morirse *ue* to die
la **mosca** fly
el **mostrador** counter **7**
mostrar *ue* to show **7**
el **motor** motor, engine
mover *ue* to move
moverse *ue* to move
el **mozo, la moza** porter; waiter, waitress **7**
mucho, mucha a lot, many, much *adj* and *adv*
muchas veces often
Muchísimas gracias. Many thanks. **1**
por mucho que + *subj* no matter how much. . .
mudarse to move, change location
la **muela** molar
la **muerte** death **12**
la **muestra** example **1**
la **mujer de negocios** businesswoman **2**
las **muletas** crutches **10**
la **multa** fine; ticket **13**
mundial *adj* world, worldwide **9**
el **mundo** world **9**
la **muñeca** wrist; doll **10**
el **muñeco** puppet
el, la **músico** musician
el **muslo** thigh **10**
muy very
muy bien very well, good
por muy + *subj* **que** no matter how. . .

el **nacimiento** birth
nada nothing
De nada. You're welcome. **1**
nadar to swim **10**
nadie nobody, no one
el **náhuatl** Aztec language **9**
las **nalgas** buttocks **10**
la **naranja** orange (fruit)
la **nariz** nose **10**
las **narices** nostrils **10**
la **narración** narration
narrar to narrate
la **natación** swimming **10**
la **nata** cream
natal native **12**

natural natural **8**
el, la natural native **8**
la naturaleza nature **8**
la neblina mist
necesario, necesaria necessary
la necesidad necessity
necesitar to need
negar *ie* to deny
negarse *ie* to refuse
el negocio business **10**
los negocios business matters;
business major
negro, negra black **4**
el neumático tire **13**
nevar *ie* to snow
el nexo connection **12**
ni . . . ni neither . . . nor
¡Ni pensarlo! Don't even
think of it! **9**
ni siquiera not even **12**
la niebla fog
la nieve snow
ningún no; none
ninguno, ninguna no; none;
nobody, no one
la niñez childhood
el niño, la niña boy, girl
de niño, niña as a child
no no, not
¿no? isn't that so? right?
¿No es así? Is that right? Am
I right? **9**
No hay de qué. You're
welcome. **1**
¡No me digas! You don't say!
13
¿No te parece? Don't you
think so? **11**
el noreste northeast
el noroeste northwest **7**
el norte north **7**
norteamericano,
norteamericana North
American
nosotros, nosotras we; us
la nota grade
sacar notas to get grades
notable notable, renown **12**
notar to notice **2**
la noticia news item
las noticias news
la novela novel **5**
noveno, novena ninth
la novia girlfriend **8**
noviembre November
el novillo young bull
hacer novillos to cut class,
play hooky (slang) **8**
el novio boyfriend **8**
la nube cloud
nublado, nublada cloudy
nuestro, nuestra our; ours; of
ours
las nuevas news

nuevo, nueva new
de nuevo again **3**
el número shoe size; number **4**
el número de teléfono
telephone number **2**
nunca never

o or
o sea rather, or, that is **2**
obedecer to obey **13**
la obediencia obedience **13**
la obra work of art **1**
la obra dramática play
el obrero, la obrera worker
la observación observation
observar to observe
obtener to obtain
octavo, octava eighth
octubre October
ocupado, ocupada busy
ocuparse (de) to do; to see
to; to be in charge of
ocurrir to happen, occur
odiar to hate **1**
el odio hate, hatred **1**
la odontología dentistry
el oeste west **7**
el, la oficial de aduanas
customs official **5**
la oficina office
la oficina de cambio money
exchange office **12**
la oficina de correos post
office **5**
ofrecer to offer
el oído inner ear; hearing
(sense) **10**
oír to hear
¡Oye! Listen! Say! Hey! **12**
ojalá I hope + *pres subj*; if
only + *past subj*
el ojo eye **4**
oler *ue* to smell **6**
el olfato smell (sense) **10**
el olor smell, odor **6**
olvidar to forget **3**
olvidarse (de) to forget
la operación operation **10**
operar to operate **10**
operarse (de) to have an
operation **10**
opinar to think, have an
opinion about
la opinión opinion
oponerse (a) to oppose
oprimido, oprimida oppressed
la oración sentence; clause
el orden order, sequence
la orden order, command
la oreja outer ear **10**
la organización organization
organizar to organize
el orgullo pride **4**
orgulloso, orgullosa proud **4**

oriundo, oriunda de native to,
indigenous **2**
el oro gold **12**
oscuro, oscura dark
la ostra oyster
el otoño autumn, fall
otro, otra other, another
otra vez again

la paciencia patience **10**
tener paciencia to be patient
paciente patient
el, la paciente patient **10**
padecer to suffer **10**
el padre father
los padres parents
la paella paella (a dish of
meat, seafood, and rice)
pagar to pay **6**
el pago payment **11**
el pago a plazos installment
payment **11**
el pago inicial down
payment **11**
la página page
el país country
la palabra word
la palabrota curse word
el palacio palace **12**
la palanca (de cambios)
gearshift, lever, stick **13**
pálido, pálida pale
el pan bread **5**
la panadería bakery **5**
el panadero, la
panadera baker
el panecillo roll **6**
el panel dashboard **13**
el pánico panic
entrarle un pánico to panic
el pantalón a pair of pants **4**
los pantalones pants **4**
la pantimedia pantyhose **4**
la papa potato **6**
las papas fritas French fries
el puré de papas mashed
potatoes **6**
el papel paper; role **5**
el papel de
escribir stationery **5**
el papel higiénico toilet
paper **3**
hacer un papel to play a
role
la papelería stationery store
las paperas mumps
el paquete package **5**
el par pair **8**
para in order to; for; in the
opinion of; considering
¿Para qué? For what
purpose? Why?
para que so that
el parabrisas windshield **13**

el parachoques bumper **12**
la parada stop (e.g., bus, train) **7**
parar to stop (someone, something) **7**
pararse to stop oneself **13**
parecer to seem, appear
  ¿No le parece? Don't you think so?
  ¿Qué le parece? What do you think of. . .?
parecerse (a) to resemble **10**
parecido, parecida similar **10**
la pareja couple
el, la pariente relative
parlanchín, parlanchina talkative
la parte part
  por parte de on the part of **1**
  por todas partes everywhere **7**
particular private; particular **8**
el partido game, match
el párrafo paragraph
la parranda spree
  irse de parranda to go on a binge **6**
el pasado past
  pasado mañana day after tomorrow
el pasaporte passport **7**
pasar to happen, pass; to spend time to turn (page) **6**
pasar a recoger to pick (someone) up; to meet someone **5**
pasar un buen rato to have a good time
pasarle to happen; to be wrong (with) **13**
pasarlo bien to have a good time
el pasatiempo pastime, hobby **10**
Pase Ud. Come in. **1**
el paseo walk; way
  dar un paseo to take a walk **6**
el paso step
  el paso de peatones crosswalk **13**
la pasta dentífrica toothpaste **3**
el pastel pie, cake **5**
la pastelería bakery **5**
el pastelero, la pastelera baker
la pastilla pill **10**
la patata potato (Lat. Am.)
patriarca father-centered
pavoroso, pavorosa scary **9**
el peatón pedestrian **7**
  el paso de peatones

crosswalk **13**
el pecho chest **10**
la pechuga breast (fowl)
la pedagogía pedagogy **8**
pedagógico, pedagógica pedagogical **8**
el pedazo piece, slice, chunk, bit **6**
el pedido order; request **6**
pedir *i* to order in a restaurant; to request **6**
  pedir prestado to borrow **12**
pegado, pegada close to, stuck together **8**
el pegamento glue **8**
pegar to attach, make adhere; to hit (someone) **7**
la película movie, film **1**
el peligro danger **2**
peligroso, peligrosa dangerous **4**
pelirrojo, pelirroja redhead **4**
el pelo hair **4**
  tomarle el pelo a alguien to tease; pull someone's leg **3**
la peluquería beauty salon **5**
el peluquero, la peluquera barber, hairdresser
el pensamiento thought **6**
pensar *ie* to think **1**
  ¡Ni pensarlo! Don't even think of it! **9**
  pensar + *inf* to intend to **1**
  pensar de to think of, have an opinion about **1**
  pensar en to think about **1**
peor worse
el, la peor the worst **7**
pequeño, pequeña small; little
la percepción perception **4**
percibir to perceive **4**
perder *ie* to lose; to miss (e.g., a flight) **7**
  perder de vista to lose sight of **9**
  perder tiempo to waste time **3**
la pérdida loss **8**
la perdiz partridge
perdonar to pardon, excuse; to forgive **1**
Perdone./Perdóneme. Excuse me. **1**
la pereza laziness **4**
perezoso, perezosa lazy **4**
perfecto, perfecta perfect; sheer
el periódico newspaper **5**
el periodismo journalism **5**
el, la periodista journalist **5**
el permiso permission
  el permiso de conducir driver's license **13**

Con permiso. Excuse me. **1**
permitir to allow, permit **1**
pero but **1**
¡Pero, claro! Of course! **1**
el perro dog
perseguir *i* to pursue
la persona person
el personaje character (fiction) **2**
personal *adj* personal
el personal personnel
la perspectiva perspective, point of view **8**
pertenecer to belong **4**
la pesadilla nightmare **13**
pesado, pesada heavy **7**
pesar to weigh **5**
  a pesar de in spite of, despite **1**
la peseta Spanish money **6**
pésimo, pésima very bad **9**
el peso weight **2**
la pestaña eyelash **10**
  quemarse las pestañas to burn the midnight oil **8**
picante hot, spicy **1**
el pie foot **10**
  a pie on foot **7**
  el dedo del pie toe **10**
la piel skin **4**
la pierna leg **10**
la pieza dramática play
la píldora pill **10**
la pimienta black pepper **6**
pinchado, pinchada punctured (tire) **13**
pincharse to go flat **13**
pintar to paint; to depict **1**
el pintor, la pintora painter **1**
pintoresco, pintoresca picturesque **12**
la pintura painting
pisar to step on (e.g., the gas pedal) **13**
la piscina swimming pool **10**
la placa license plate **13**
plagado, plagada overflowing, full of **8**
el plan plan **5**
  el plan callejero street plan **8**
planear to plan **5**
la planta baja ground floor **8**
el platillo small plate **6**
el plato dish; large plate **3**
la playa beach
la población population **1**
poblar *ue* to populate **1**
pobre poor (penniless); unfortunate
la pobreza poverty
poco, poca *adj* a few; *adv* a little
  poco a poco little by little **6**

por poco almost 11
un poco de a little (of)
poder *ue* can, to be able
  Puede que + *subj* It's possible that. . . 8
  ¿Pudiera . . .? Could you . . .?
el poder power
la poesía poetry
el policía policeman
la policía police (institution); policewoman
la política politics
político, política political
el político politician
la póliza de seguros insurance policy 13
el polvo dust 3
  quitar el polvo to dust 3
el pollo chicken
el pomelo grapefruit
poner to put, place; to turn on 12
  poner atención to pay attention
  poner en marcha to start (engine) 13
  poner la bocina/el claxón to sound the horn 13
  poner la mesa to set the table 3
  poner una inyección to give a shot 10
ponerse to become
ponerse a to begin
  ponerse a dieta to go on a diet 6
  ponerse al corriente de to be up with/on 13
  ponerse de acuerdo to come to an agreement 11
por for; by; around; because of; in exchange for; on behalf of; for the sake of; per; instead of; in search of; through; along
  por avión air mail; by plane 5
  por azar by chance 13
  por casualidad by chance
  por correo aéreo air mail 5
  por correo certificado registered mail 5
  por correo ordinario regular mail 5
  por correo recomendado registered mail 5
  por correo regular regular mail 5
  ¡Por Dios! Gosh! Good heavens!
  por eso therefore, so
  por falta de for the lack of 4
  por favor please 1
  por fin finally

por la mañana in the morning
por la mayor parte for the most part 13
por la noche in the evening
por la tarde in the afternoon
por lo general generally
por lo menos at least 10
por lo tanto therefore 8
por medio de by means of 4
por mucho que, por muy que + *subj* no matter how. . .
por otro lado on the other hand 8
por parte de on the part of 1
por poco almost, nearly 11
por primera vez for the first time
¿Por qué? Why?
por segunda/tercera clase second/third class 7
Por supuesto. Of course. 2
por teléfono by phone
por todas partes everywhere 7
por último finally 5
porque because 1
el portalápiz pencil holder
el portamaletas (car) trunk 13
portar to carry
portugués, portuguesa Portuguese
poseer to possess
pos-graduado, pos-graduada graduate (after BA degree)
el postre dessert 6
el precio price 10
predecir *i* to predict
la predicción prediction
preferir *ie* to prefer
prefijo, prefija planned ahead of time
el prefijo prefix
la pregunta question
  hacer una pregunta to ask a question
preguntar to ask a question
el prejuicio prejudice 1
el premio prize
prender to turn on (lights) 13
la preocupación worry, preocupation
preocupado, preocupada worried
preocupar to worry (someone)
preocuparse (de/con) to worry (about)
prescindir (de) to dispell; to do without; dispense with 4
presenciar to witness 12
la presentación introduction, presentation 1

presentar to introduce, present 1
presente present 12
la presión pressure
el préstamo loan 9
prestar to lend
  pedir prestado to borrow 9
  prestar atención to pay attention
el presupuesto budget 11
prevenir to prevent
prever to foresee
la primavera spring
primero, primera first
el principio beginning
  a principios de at the beginning of 8
  al principio at the beginning, at first 2
la prisa haste
  darse prisa to hurry
  tener prisa to be in a hurry
el probador fitting room 4
probar *ue* to taste; to try, sample 6
probarse *ue* to try on 4
la producción production 10
producir to produce 10
el profesorado faculty
prohibir to prohibit
la promesa promise
prometedor, prometedora promising
prometer to promise
la promoción promotion 3
el promovedor, la promovedora promoter
promover *ue* to promote 3
pronto soon
la propina tip 6
propio, propia own; characteristic 1
proponer to propose
el propósito goal, purpose
  a propósito by the way; on purpose 5
la protesta protest
protestar to protest
el provecho profit; benefit 12
  Buen provecho. Enjoy your meal. 6
provechoso, provechosa beneficial 10
provisional temporary 13
próximo, próxima next 7
la prueba quiz, test
  a (la) prueba de proof against
¿Pudiera. . .? Could you. . .?
el pueblo people; town 9
Puede que + *subj* It's possible that. . . 8
la puerta door
puertorriqueño,

puertorriqueña Puerto Rican

pues well

el puesto position, job; place, spot

los pulmones lungs 10

la punta point

el punto culminante climax

el punto de vista viewpoint 12

los puntos stitches 10

el puré de papas mashed potatoes 6

puro, pura pure; sheer

que that, which, what, who, whom

  el, la que who, whom; the one who

  lo que that which; what

  para que so that

¿qué? what? which?

  ¡Qué . . . ! What (a) . . . !

  ¿Qué clase/tipo? What kind?

  ¿Qué hora es? What time is it?

  ¿A qué hora? At what time?

  Qué lástima. What a pity.

  ¿Qué le parece. . .? What do you think of. . .?

  ¿Qué más da? What's the use? What difference does it make? 13

  ¿Qué tal? How's it going?

  ¿Qué tan + adj. . .? How + adj . . ?

  ¿Qué tiempo hace? What's the weather like?

  ¡Qué va! C'mon! 4

  ¿En qué puedo servirle? How can I help you? 1

  ¿Para qué? Why? For what purpose?

  ¿Por qué? Why? For what reason?

quebrar ie to break (a bone) 10

quedar to be located; to be; to be left 8

  quedarle bien/mal To look good/bad; to fit well/badly 4

  quedarse to remain, stay 8

los quehaceres domésticos housework 3

  el quehacer doméstico chore, job 3

la queja complaint 3

quejarse (de) to complain (about) 3

quemar to burn

  quemarse las pestañas to burn the midnight oil 8

querer ie to want; to love

  querer decir to mean 1

  como quieras as you wish

Quisiera. . . I would like. . . 1

sin querer by accident; unintentionally 1

Te quiero. I love you.

querido, querida dear (letter opening); dear one

quien(es) who, whom

  ¿Quién? Who?

  ¿A quién? To whom? Whom?

  ¿De quién? Whose? From whom?

  ¿Con quién? With whom?

la química chemistry

químico, química chemical

quinto, quinta fifth

el quiosco newsstand 5

el quitapesares consolation

quitar to take away; to take off 3

  quitar el polvo to dust 3

  quitarle los puntos to take out stitches 10

quitarse to take off oneself

quizás perhaps, maybe

la raíz root

rápidamente quickly

la rapidez speed

rápido, rápida adj quick; adv quickly

el rápido express train 7

el rasgo characteristic, trait 3

el rato while

  al poco rato a little while afterwards 13

  pasar un buen rato to have a good time

el rayo equis X-ray 10

la raza race (of people) 4

la razón reason 9

  (no) tener razón to be right (wrong)

razonable reasonable 9

la reacción reaction

reaccionar to react

la readaptación readaptation

readaptar to readapt

la realización achievement, realization 13

el realizador, la realizadora director (film) 1

realizar(se) to achieve, accomplish; to do, carry out 13

reaparecer to reappear

la reaparición reappearance

rebozado, rebozada battered

el recado message; errand 2

  dejar un recado to leave a message 2

  hacer recados to do errands 3

la recepción front desk 9

el, la recepcionista desk clerk (Sp.) 9

la receta prescription; recipe 5

recetar to prescribe 10

recibir to receive

recién recently + adj 8

recoger to pick up; to collect, gather together 5

  pasar a recoger to pick someone up; to meet someone 5

recomendable recommended 8

recomendar ie to recommend

reconocer to recognize 2

la reconstrucción reconstruction

reconstruir to reconstruct

recordar ue to remember; to remind 9

recorrer to travel across, cover 13

recostado, recostada leaning against 4

la recreación recreation 12

recrear to recreate 12

el recuerdo souvenir; memory 9

recuperarse to recuperate 8

el recurso resource 2

rechazar to reject 3

el rechazo rejection 3

redactar to edit 12

el redactor, la redactora editor 12

la reducción reduction 10

reducir to reduce 10

reelecto, reelecta reelected

reelegir i to reelect

la referencia reference 12

referirse ie (a) to refer to 12

reflejar to reflect 9

el reflejo reflection 9

el refrán proverb, saying

el refresco drink

regalar to give as a gift 5

el regalo gift 5

regatear to bargain 4

el régimen routine; diet

la regla rule 8

  por regla general usually, as a rule 8

regresar to return

rehacer to redo

rehecho, rehecha redone

rehusar to refuse 4

la reina queen

reír(se) to laugh

el relámpago lightning

el reloj watch, clock 5

  el reloj de arena hourglass 10

la relojería watch store 5

el relojero, la relojera watchmaker

rellenar to fill out

la remesa shipment

el, la remitente sender 5
remolcar to tow 13
la reorganización reorganization
reorganizar to reorganize
reñir *i* to quarrel, argue
la reparación repair 13
reparar to repair 13
repartir to deliver 5
repasar to review, check 13
el repaso review 13
repetir *i* to repeat
el reportaje report
requerir *i* to require 8
el requisito requirement 8
la reservación reservation 6
reservar to reserve 6
el resfrío cold; illness 10
  estar resfriado, resfriada to have a cold 10
la residencia estudiantil dormitory 8
resolver *ue* to solve
la respiración breathing 10
respirar to breathe 10
la respuesta answer
el resultado result 2
resultar (en) to result (in) 3
retener to retain
retirar to withdraw 12
el retraso delay
  estar con retraso to be late 7
el retrato portrait; portrayal 10
el retrete toilet 9
la reunión meeting; reunion 8
reunir to gather
reunirse to meet 8
el revés reverse, back; wrong side
  al revés backwards; the other way around
revisar to check, examine, inspect; to review 13
el revisor, la revisora conductor 7
la revista magazine 10
revolver *ue* to scramble; to stir
revuelto, revuelta scrambled
el rey king 8
rico, rica rich, delicious 6
el riesgo risk 12
el ritmo rhythm 9
robar (a) to rob, steal (from) 9
el robo robbery 9
la rodilla knee 10
rojo, roja red 4
romper to break
el rompecabezas puzzle; riddle
la ropa clothing, clothes 3
  la ropa interior underwear 4
rosado, rosada pink 4
roto, rota broken
rubio, rubia blond 4

la rueda wheel 13
el ruido noise 13
rumbo a heading toward 13
el ruso Russian language
la rutina routine 10

el sábado Saturday
la sábana sheet 3
  cambiar las sábanas to change the sheets 3
el, la sabelotodo know-it-all 9
saber to know (facts, information) 9
la sabiduría wisdom
el sabor taste 1
sabroso, sabrosa tasty, delicious 6
sacar to stick out; to pull out; to take out; to remove; to get
  sacar beneficio to benefit
  sacar notas to get grades
  Saque la lengua. Stick out your tongue. 10
el saco suit jacket 4
la sal salt 6
el saldo balance (in an account) 12
la salida exit
salir (con) to leave, exit; to go out (with)
  salir con retraso to leave late 7
  salirse con la suya to have one's own way 9
el salón de belleza beauty parlor 5
el saltamontes grasshopper 9
saltar to jump 9
  saltarse to skip, omit
la salud health 10
saludable healthy 10
saludar to greet; to wave 5
los saludos greetings 5
la salvación salvation 10
salvar to save 10
salvo, salva *adj* safe; *adv* except 10
sancionado, sancionada sanctioned 8
sancionar to sanction 8
la sandalia sandal 4
la sangre blood 10
sanguíneo, sanguínea *adj* blood 10
  el grupo sanguíneo blood type 10
sano, sana healthy 10
el sarampión measles
satisfacer to satisfy 4
satisfecho, satisfecha satisfied 4
se one; himself; herself; themselves; yourself;

yourselves
Se despide de Ud. atentamente Sincerely yours 11
la secadora dryer 3
secar to dry 3
  secar los platos to dry the dishes 3
la sección de (no) fumar smoking (nonsmoking) section 7
la sed thirst
  tener sed to be thirsty
seguir *i* to continue; to follow 7
  seguir derecho to go straight ahead 7
  seguir una asignatura to take a course 11
  Siga. Go ahead. 2
según according to 7
  según toda probabilidad most likely 13
segundo, segunda second
seguramente surely 11
la seguridad security
seguro, segura sure; safe 5
  estar seguro, segura to be sure
los seguros insurance 13
  el seguro a todo riesgo comprehensive insurance 13
el sello stamp 5
el semáforo traffic light 7
la semana week 11
  la semana pasada last week
  la semana que viene next week
semanal weekly 11
semejante similar; such 2
la semejanza similarity 2
sentado, sentada seated 6
sentar *ie* to seat
sentarse *ie* to sit down 6
  Siéntese. Sit down. 1
el sentido sense 10
el sentimiento feeling 8
sentir *ie* to feel, sense, perceive; to be sorry, regret 1
  Lo siento. I'm sorry. 1
  Cuánto lo siento. I'm so sorry.
sentirse *ie* to feel + *adj* 1
la señal signal
  la señal de tráfico traffic sign 13
  la señal para marcar dial tone 2
señalar to point out
las señas address 7
septiembre September
séptimo, séptima seventh
ser to be

o sea rather 2
No puede ser. It can't be.
Sea lo que sea. . . Be that as it may. . .
la serie series
serio, seria serious 11
el servicio service
   el servicio de habitación room service 9
   la estación de servicio service station 13
   ¿Está incluido el servicio? Is the service included? 6
la servilleta napkin 6
servir i to serve
sexto, sexta sixth
si if
sí yes
sí que yes (emphatic)
la sicología psychology
siempre always
la siesta nap
el siglo century 1
el significado meaning
significar to mean
siguiente following; next 7
la silueta silhouette 12
la silla chair 11
simpático, simpática nice
simple simple; simple-minded
sin without
   sin embargo nevertheless 3
   sin que without
   sin querer by accident; unintentionally 1
el sinnúmero endless number 2
sino but (rather, instead) 1
el sinónimo synonym
el síntoma symptom 10
el sistema de lubricación lubrication system 13
sobrar to be left over, remain 7
   de sobra extra, remaining 7
sobre on, on top of; about, concerning 7
el sobre envelope 5
sobreabundante overabundant
sobreexponer to overexpose
sobreexpuesto overexposed
sobrehumano, sobrehumana superhuman
sobrenatural supernatural
la sobrepoblación overpopulation
sobrepoblar to overpopulate
la sobrevivencia survival 3
sobrevivir to survive 3
la sociedad society
el socio, la socia member 10
la sociología sociology
el socorro help 10
   ¡Socorro! Help!

sofisticado, sofisticada sophisticated; educated 12
el sol sun
soler ue to be in the habit of; to be accustomed to 8
solicitar to apply for; to solicit 11
la solicitud application form 11
solo, sola alone
sólo only; just
   solamente only; just
el solomillo sirloin
soltar ue to loosen, release 4
   soltar tacos to swear, curse
el soltero, la soltera unmarried person 3
el sombrero hat 4
sonar ue to ring (telephone); to sound (horn) 2
el sonido sound
soñar (con) to dream (about)
sonreír i to smile
la sonrisa smile
la sopa soup
soportar to bear, stand 6
sorprendente surprising
sorprender to surprise
sorprenderse to become surprised 9
sorprendido, sorprendida surprised
la sorpresa surprise 9
la sospecha suspicion 5
sospechar to suspect 5
sospechoso, sospechosa suspicious 5
sostener to sustain; to support (hold up)
el sótano basement, cellar
su his; her; your; their
la subalimentación undernourishment
la subconciencia subconscious
subconciente subconscious
subdesarrollado, subdesarrollada underdeveloped 2
el subdesarrollo underdevelopment 2
el subempleo underemployment
subir to go up; to board; to rise 7
   Súbase la manga. Roll up your sleeve. 10
la subproducción underproduction
subrayado, subrayada underlined
el subtítulo subtitle
subyacente underlying
suceder to happen 12
el suceso event 12
sucio, sucia dirty 3

la sucursal (business) branch 2
el sueldo salary 11
el suelo floor 3
suelto, suelta loose 4
el suelto change; coins 12
el sueño dream
   tener sueño to be sleepy
la suerte luck
   tener suerte to be lucky
   traer mala suerte to be a jinx 13
el suéter sweater 4
el sufrimiento suffering 10
sufrir to suffer 10
   sufrir un examen to take an exam
la sugerencia suggestion
sugerir ie to suggest
suicidarse to commit suicide
el sujeto subject
la suma sum 11
sumar to add (math) 11
sumiso, sumisa submissive
la superioridad superiority
el supermercado supermarket
suplir to supply; to add
suponer to suppose 3
supuesto, supuesta supposed
   dar por supuesto to take for granted 12
   por supuesto of course 2
el sur south 7
el sureste southeast 7
surgir to emerge, surface 9
el suroeste southwest 7
el surtido assortment
suspender to fail (an exam)
el sustantivo noun
la sustitución substitution 8
sustituir (por) substitute (for) 8
suyo, suya (of) his; her; your; their

la tabaquería tobacco shop 5
el tabaquero, la tabaquera tobacco shop employee
el tablero de instrumentos dashboard 13
tacaño, tacaña stingy, mean 8
el tacto touch 10
tal such 8
   tal vez maybe, perhaps 3
   ¿Qué tal? How's it going?
el talón baggage claim ticket 7
   heel 10
el talonario checkbook 12
la talla size (clothing) 4
también also, too
el tamaño size (expanse) 9
tampoco neither; either
tan as
   tan . . . como as . . . as

tan pronto como as soon as
tanto, tanta *adj, adv* so much
tanto como as much
por lo tanto therefore
tanto, tanta . . . como as much . . . as
tanto como as much
el tapacubo hubcap **13**
el tapón hubcap **13**
la taquilla ticket window **7**
tardar (en) to take time in doing something
la tarea task
las tareas homework
la tarifa charge, rate **2**
la tarjeta card
la tarjeta de crédito credit card **4**
la tarjeta de embarque boarding pass **7**
la tarjeta de gracias thank-you note
la tarjeta postal postcard **5**
la tasca bar
la tasa rate
la tasa de interés interest rate **12**
el taxi taxi **9**
el, la taxista taxi driver **9**
la taza cup **6**
telefonear to telephone **2**
el teléfono público public telephone **2**
el televisor television set **4**
el tema theme
temer to fear **12**
el temor fear **12**
la temperatura temperature **10**
temprano *adv* early
la tendencia tendency **4**
tender ie (a) to tend (to) **4**
el tenedor fork **6**
tener to have
tener . . . años to be . . . years old
tener calor to be hot (people)
tener celos to be jealous
tener cuidado to be careful
tener en común to have in common **2**
tener éxito to be successful
tener frío to be cold (people)
tener ganas de + inf to feel like + verb -*ing*
tener hambre to be hungry
tener . . . metros de alto/largo to be . . . meters tall, long (objects, not people)
tener miedo (de) to be afraid (of)
tener paciencia to be patient
tener prisa to be in a hurry

tener que + inf to have to + *inf*
tener que ver con to have to do with
(no) tener razón to be right (wrong)
tener sed to be thirsty
tener sueño to be sleepy
tener suerte to be lucky
tener vergüenza to be ashamed
la tentación temptation **6**
tentar ie to tempt **6**
tercero, tercera third
el tercio one-third
terminar to finish, end **7**
el término term, word **11**
la ternera veal
el textil textile **11**
el tío, la tía uncle, aunt
el tiempo time; weather
¿Qué tiempo hace? What's the weather like?
A mal tiempo, buena cara. Look on the bright side; keep a stiff upper lip. **8**
perder tiempo to waste time **3**
la tienda store **2**
la tierra land, earth **8**
la tinta ink; dye
el tintorero, la tintorera dry cleaner
la tintorería dry cleaner's **5**
titularse to get a degree
el título (university) degree; title **3**
el tobillo ankle **10**
el tocadiscos record player
tocar to play (instrument); to touch
tocarle a alguien to be one's turn
el tocino bacon **6**
todavía still; yet **3**
todo, toda *adj* all
todo all, everything
el tomacorriente (electrical) outlet **9**
tomar to take; to drink
tomar el metro to take the subway
tomar una decisión to make a decision **9**
tomar un examen to take an exam
Toma. Here. Take this.
tomarle el pelo to tease; to pull someone's leg **3**
tomarle en serio to take someone seriously **11**
la tontería foolishness **8**
tonto, tonta foolish, silly, dumb **8**

torcer ue to twist **10**
la tormenta storm
la toronja grapefruit **6**
la torta cake **5**
torturado, torturada tortured **12**
torturar to torture **12**
la tos cough **10**
toser to cough **10**
tostado, tostada tanned; toasted **6**
la tostada piece of toast (Lat. Am.) **6**
trabajador, trabajadora hard-working **4**
trabajar to work **4**
el trabajo work **4**
el trabajo escrito term paper
trabar amistades to make friends **8**
la traducción translation
traducir to translate
el traductor, la traductora translator
traer to bring, carry
traer mala suerte to be a jinx **13**
el traje suit **4**
la trama plot
la tranquilidad peace, tranquility **9**
tranquilo, tranquila peaceful, calm **9**
transbordar to change trains **7**
el transformador transformer **9**
la transmisión transmission **13**
el tránsito traffic **9**
el transporte transportation
tras after (in a sequence)
el tratamiento treatment **8**
tratar to treat **8**
tratar de to try to **8**
tratarse de to be a question of **8**
trazar to trace; to depict **9**
el tren train
el tren correo local ("mail") train **7**
trigueño, trigueña brunette, dark-haired **4**
triste sad
la tristeza sadness
el trozo bit, piece (of literature)
la trucha trout
el trueno thunder
tu your (familiar, singular)
tú you (familiar, singular)
el tubo de escape muffler **13**
tuyo, tuya your; of yours; yours

u or (**o**)
la úlcera ulcer

último, última last **7**
  por último finally **5**
único, única only; unique **7**
la unidad credit, unit, unity **8**
unir to unite, join **8**
la uña fingernail **10**
usar to wear; to use **4**
el uso use **4**
usted (Ud.) you (formal, singular)
ustedes (Uds.) you (formal, plural)
útil useful **11**
la utilidad utility **11**
utilizar to use

la vaca cow **2**
vaciar to empty **3**
la vacilación hesitation **11**
vacilar (en) to hesitate (in), waver **11**
vacío, vacía empty **13**
valenciano, valenciana from Valencia
el valenciano dialect of Catalan
valer to be worth **1**
  Vale más/menos de. . . It's worth more/less than . . . **5**
  ¡Válgame Dios! Good Heavens!
  Vale la pena. It's worth it. **1**
  ¿Cuánto vale? How much is it worth/does it cost?
valiente brave **7**
valioso, valiosa valuable
vamos a + inf Let's + inf
  ¡Vamos! Let's go! C'mon!
  ¡Vámonos! Let's go!
el vaquero, la vaquera cowboy, cowgirl **2**
los vaqueros blue jeans **4**
variar to differ **4**
la variedad variety **4**
varios, varias several **1**
el vaso glass **3**
la vecindad neighborhood **1**
el vecino, la vecina neighbor **1**
el vehículo vehicle
la vejez old age **11**
la vela candle **6**
la velocidad speed
  ir a toda velocidad to speed **13**
el velocímetro speedometer **13**
vencer to conquer
la venda bandage **10**
vendar to bandage **10**
el vendedor, la vendedora salesperson
vender to sell
venir to come
  (noun) + que viene next + noun
la venta sale

la ventaja advantage **3**
la ventana window
la ventanilla service window; little window **5**
la ventilación ventilation **9**
el ventilador fan **9**
ver to see **9**
  A ver. Let's see. **4**
  tener que ver con to have to do with
  ver es creer seeing is believing
el verano summer
la verdad truth **8**
  ¿Verdad? Isn't that so? Really?
verdadero, verdadera true, real **8**
verde green **4**
la vergüenza shame
  tener vergüenza to be ashamed
la verificación verification
verificar to verify **8**
vestido, vestida dressed (in) **4**
el vestido dress **4**
los vestidos clothes **4**
vestir i to dress **4**
vestirse i to dress oneself, get dressed **4**
la vez time, occasion, instance
  a veces sometimes **2**
  algunas veces sometimes
  a la vez at the same time **9**
  a la vez que at the same time; as, while
  cada vez más more and more **2**
  de vez en cuando from time to time; sometimes
  en vez de instead of **1**
  muchas veces often, many times
  otra vez again
  por primera vez for the first time
  tal vez perhaps, maybe **3**
viajar to travel **1**
el viaje trip **7**
el viajero, la viajera traveler **7**
la vibración vibration **13**
vibrar to vibrate **13**
la vida life **1**
  mi vida my life; sweetheart
el vidrio glass (material)
viejo, vieja old; former **11**
  old buddy *m* **12**
el viento wind
el viernes Friday
el vinagre vinegar **6**
el vino wine **5**
  el vino tinto/blanco red/white wine **6**
la viruela smallpox

las viruelas locas chicken pox
la visa visa **7**
el visado visa (Sp.) **7**
la visita visit
  de visita visiting
el, la visitante visitor
visitar to visit
la vista view, sight **9**
  el punto de vista point of view **12**
  perder de vista to lose sight of **9**
el vistazo glance
  echar un vistazo to glance **9**
el viudo, la viuda widower, widow **8**
la vivienda dwelling; housing; living accommodations **4**
vivir to live **4**
el volante steering wheel **13**
volar ue to fly **7**
volcar ue to spill; to tip over
  volcarse ue to fall over; to capsize
la voluntad willpower **6**
voluntario, voluntaria volunteer; voluntary **6**
volver ue to return **7**
  volver a + inf to + inf + again **2**
volverse ue to become
  volverse loco to go crazy
vosotros you (familiar, plural Sp.)
el vuelo flight **7**
  el vuelo de tres escalas three-stop flight **7**
  el vuelo sin escalas nonstop flight **7**
la vuelta return
  a la vuelta de once back from; around; after
  de vuelta on the return trip **2**
vuestro, vuestra your; of yours; yours (familiar, plural Sp.)
y and
  y pico and a little more; a little after
ya already **3**
  ¡Ya está! That's it! There!
ya no no longer **3**
yo I

la zanahoria carrot **6**
la zapatería shoe store
el zapatero, la zapatera shoemaker
el zapato shoe **4**
la zeta (letter) z
la zona zone
  la zona postal zip code **5**
  la zona telefónica area code **2**

Índice

Permissions

p. 3 Ad on Gabriel García Márquez. Taurus Ediciones, S.A. Madrid, Spain.

p. 25 *The Persistence of Memory*, by Salvador Dalí. Collection, The Museum of Modern Art. New York.

p. 30 Bilingual classified ad. *The Flyer*. Miami, Florida.

p. 37 Wendy menu. Wendy's International, Inc. Dublin, Ohio.

p. 49 AT&T. AT&T. New York.

p. 54 Trident wrapper. Adams/Trident. Morris Plains, New Jersey.

p. 62 Management Center ad. AMA International. Mexico, D.F.

p. 65 Cartoon by Rogelio Naranjo. By permission of Cartoonists and Writers Syndicate.

p. 68 Cartoon by Randy Glasbergen. Reprinted with permission of Singer Communications, Inc. Anaheim, California.

p. 75 and p. 92 Ads for physicians. Páginas Amarillas. Houston, Texas.

p. 97 Cartoon by Roberto Fontanarrosa. *Pienso, luego insisto*. Editorial Nueva Imagen. Mexico, D.F.

p. 97 Matchbook cover. Permission granted by Tortilla Flat Restaurant, Portsmouth, N.H.

p. 165 Menu. Antiqua Casa - Sobrino de Botín. Madrid, Spain.

p. 175 RENFE ticket. RENFE. Madrid, Spain.

p. 190 Travel agency ad. Páginas Amarillas. Houston, Texas.

p. 231 Cartoon by Rogelio Naranjo. By permission of Cartoonists and Writers Syndicate.

p. 258 Health club ad. Fuente de Juventud. Quito, Ecuador.

p. 283 CESCE ad. Compañía Española de Seguros de Crédito a la Exportación, S.A. Madrid, Spain.

p. 302 Utility bill. Autoridad de Energía Eléctrica de Puerto Rico. San Juan, Puerto Rico.

p. 312 *Guernica*, by Pablo Picasso. Collection, Prado Museum. Madrid, Spain.

p. 313 *Fruits of Labor*, by Diego Rivera. Collection, The Museum of Modern Art. New York.

p. 334 *Rear Guard*, by Jose Clemente Orozco. Collection, The Museum of Modern Art. New York.

Photo Credits

D. Donne Bryant Stock Photography 11; **Stuart Cohen** vi, 5, 31, 80, 193, 257, 343; **Beryl Goldberg** 63, 103, 107, 116, 123, 184, 211, 265, 311; **David Kupferschmid** ii, 1, 15, 33, 93, 233, 236; **Peter Menzel** 140, 149, 161, 229, 255, 281, 285, 293; **Monkmeyer Press Photo Service** (Renate Hiller) 189, (Rogers) 127, 157, 173, 200, 305, 316, 335; **Museum of Modern Art, New York** (Soichi Sunami) 25, 313, 334 top and bottom; **Stock Boston** (Peter Menzel) 47, 57, 130, (Nicholas Sapieha) 87, (Rick Smolan) 69, (Cary Wolinsky) 241; **Ulrike Welsch** 147, 197, 349.